빅데이터
분석기사 실기
| Python |

김태헌 지음

시나공 빅데이터 분석기사 실기

초판 1쇄 발행 • 2025년 5월 19일

지은이 • 김태헌
발행인 • 이종원
발행처 • (주)도서출판 길벗
출판사 등록일 • 1990년 12월 24일
주소 • 서울시 마포구 월드컵로 10길 56(서교동)

대표 전화 • 02)332-0931 | **팩스** • 02)323-0586
홈페이지 • www.gilbut.co.kr | **이메일** • gilbut@gilbut.co.kr

책임편집 • 임은정(eunjeong@gilbut.co.kr) | **기획** • 정미정 | **본문디자인** • 강은경
마케팅 • 조승모, 유영은 | **제작** • 이준호, 손일순, 이진혁 | **영업관리** • 김명자 | **독자지원** • 윤정아 | **유통혁신** • 한준희

표지디자인 • 박찬진 | **전산편집** • 예다움 | **CTP 출력 및 인쇄** • 금강인쇄 | **제본** • 금강제본

ⓒ 김태헌, 2025

▶ 이 책은 저작권법의 보호를 받는 저작물로 이 책에 실린 모든 내용, 디자인, 이미지, 편집 구성은 허락 없이 복제하거나 다른 매체에 옮겨 실을 수 없습니다.
▶ 인공지능(AI) 기술 또는 시스템을 훈련하기 위해 이 책의 전체 내용은 물론 일부 문장도 사용하는 것을 금지합니다.
▶ 잘못된 책은 구입한 서점에서 바꿔 드립니다.

ISBN 979-11-407-1329-5 13000
(길벗 도서번호 030960)

정가 32,000원

독자의 1초까지 아껴주는 길벗출판사

(주)도서출판 길벗 | IT단행본&교재, 성인어학, 교과서, 수험서, 경제경영, 교양, 자녀교육, 취미실용 www.gilbut.co.kr
길벗스쿨 | 국어학습, 수학학습, 어린이교양, 주니어 어학학습, 학습단행본 www.gilbutschool.co.kr

인스타그램 | @study_with_sinagong

머리말

빅데이터 분석기사의 중요성

오늘날 우리는 빅데이터 시대에 살고 있습니다. 데이터는 단순한 정보, 그 이상의 가치를 만들어 내고 의사결정에 있어 아주 중요한 역할을 합니다. 그래서 요즘 기업들은 모든 직원들이 데이터를 잘 이해하고 활용할 줄 아는 능력을 갖추는 것을 중요하게 여깁니다. 따라서 현실적으로 빅데이터 분석기사 자격증의 중요성은 점점 더 커지고 있습니다. 빅데이터 분석기사 자격증은 데이터 분석 기본 역량을 입증하는 국가 공인 자격증으로, 이를 획득함으로써 자신의 전문성과 경쟁력을 한층 높일 수 있습니다.

이 책의 목표와 특징

이 책은 빅데이터 분석기사 실기 시험 합격을 목표로 집필했습니다. 시험에 필요한 핵심 내용을 선별해 파이썬, 판다스, 머신러닝 그리고 통계의 기본을 간결하고 명료하게 설명합니다. 이 책의 주요 특징은 다음과 같습니다.

입문자 친화적 접근

파이썬을 처음 접하는 수험생도 문제 해결에 집중할 수 있도록 쉽고 직관적인 코딩을 지향합니다. 코드의 성능보다는 이해하기 쉬운 해결 방안에 초점을 맞춰 설명했습니다.

실전 상황 대비

시험에서 나올 수 있는 다양한 상황과 효율적인 대처 방법을 제시합니다. 코드를 분할해 셀별로 설명하고, 셀별 결과를 직접 확인할 수 있게 했습니다. 이를 통해 수험생은 시험 상황에 빠르고 정확하게 대응할 수 있는 능력을 키울 수 있습니다.

반복 학습

학습 내용은 기본 내용을 바탕으로 반복하면서 자연스럽게 패턴을 체득할 수 있도록 구성했습니다. 이를 통해 수험생은 시험에 필요한 실력을 효과적으로 향상시킬 수 있습니다. 이 책을 따라 코딩을 수행하다 보면 시험에 대한 확고한 자신감을 얻게 될 것입니다.

목차

빅데이터 분석기사 실기 개요
시험 응시 전략
시험 환경 소개
코드 및 데이터 불러오기
자주하는 질문 FAQ

PART 1 작업형1

CHAPTER 01 | 파이썬　　　　　　　　　　　　028
SECTION 01 | 출력　　　　　　　　　　　　　029
SECTION 02 | 주석　　　　　　　　　　　　　030
SECTION 03 | 산술 연산자　　　　　　　　　031
SECTION 04 | 자료형　　　　　　　　　　　　034
SECTION 05 | 변수　　　　　　　　　　　　　036
SECTION 06 | 자료형 변환　　　　　　　　　038
SECTION 07 | 비교 연산자　　　　　　　　　039
SECTION 08 | 조건문　　　　　　　　　　　　042
SECTION 09 | 리스트　　　　　　　　　　　　046
SECTION 10 | 딕셔너리　　　　　　　　　　　049
SECTION 11 | 인덱싱과 슬라이싱　　　　　　052
SECTION 12 | 내장 함수　　　　　　　　　　054
SECTION 13 | 문자열　　　　　　　　　　　　056
SECTION 14 | 반복문　　　　　　　　　　　　058
SECTION 15 | 함수　　　　　　　　　　　　　062
확인문제　　　　　　　　　　　　　　　　　　065

CHAPTER 02 | 판다스　　　　　　　　　　　　068
SECTION 01 | 데이터프레임과 시리즈　　　　069
SECTION 02 | 데이터 저장 및 불러오기　　　073
SECTION 03 | 탐색적 데이터 분석(EDA)　　　076
SECTION 04 | 자료형 변환　　　　　　　　　082
SECTION 05 | 새로운 컬럼 추가　　　　　　　084
SECTION 06 | 데이터 삭제　　　　　　　　　085
SECTION 07 | 인덱싱/슬라이싱(loc)　　　　　088
SECTION 08 | 인덱싱/슬라이싱(iloc)　　　　　090
SECTION 09 | 데이터 추가/변경　　　　　　　093
SECTION 10 | 정렬　　　　　　　　　　　　　095
SECTION 11 | 필터링　　　　　　　　　　　　098
SECTION 12 | 결측치 처리　　　　　　　　　104
SECTION 13 | 값 변경　　　　　　　　　　　106

SECTION 14	문자열	109
SECTION 15	내장 함수	116
SECTION 16	그룹핑	126
SECTION 17	시계열 데이터(datetime)	136
SECTION 18	시계열 데이터(Timedelta)	143
SECTION 19	데이터프레임 합치기	148
SECTION 20	피벗테이블	150
확인문제		158

CHAPTER 03 | 작업형1 연습문제 — 162

SECTION 01	필터링, 최솟값, 중앙값	164
SECTION 02	카테고리, 인덱스, 문자열 슬라이싱	165
SECTION 03	파생변수, 정렬, 인덱싱	166
SECTION 04	값 변경, 정렬, 합계	167
SECTION 05	문자열 슬라이싱, 파생변수, 평균값	168
SECTION 06	필터링, 분산	170
SECTION 07	값 변경(연산), 필터링 절댓값	171
SECTION 08	시계열 데이터, 필터링, 데이터 개수	172
SECTION 09	필터링, 카테고리, 최빈값	173
SECTION 10	그룹핑, 최댓값, 정렬	174
SECTION 11	슬라이싱, 사분위수, 결측치 제거	176
SECTION 12	결측치 처리, 최빈값, 데이터 개수	177
SECTION 13	결측 데이터 찾기, 필터링, 평균값	179
SECTION 14	중복 데이터 제거, 값 변경, 데이터 개수	180
SECTION 15	컬럼 삭제, 행 단위 합계, 필터링	182
SECTION 16	이상치, IQR	183
SECTION 17	이상치, 소수점 있는 데이터 찾기, 표준편차	184
SECTION 18	데이터(행) 기준 평균값, 인덱싱	185
SECTION 19	결측치(뒤의 값으로 대체), 그룹합	187
SECTION 20	시계열 데이터, 월별 집계, 인덱스	188
SECTION 21	시간 간의 차이 계산(분), 필터링	189
SECTION 22	시간 간의 차이 계산(분), 그룹핑	190
SECTION 23	시간 간의 차이 계산(분), 비율	191
SECTION 24	그룹핑, 값 찾기, 필터링	192
SECTION 25	시간 간의 차이 계산(일)	193
SECTION 26	날짜와 시간 정보 변환, 비율	194
SECTION 27	시간 범위, 속도(km/h)	195
SECTION 28	날짜와 시간, 문자열	196
SECTION 29	함수, 월별 집계	197

SECTION 30	주말, 평일 구분	199
SECTION 31	문자열, 형 변환	200
SECTION 32	합계(열 방향), 상위 값 선택	201
SECTION 33	데이터프레임 재구조화	202
SECTION 34	데이터 합치기(concat)	203
SECTION 35	데이터 합치기(merge)	204
SECTION 36	조건별 변환(transform)	205
SECTION 37	재구조화(unstack), 맵핑	206
SECTION 38	피벗테이블	208
SECTION 39	재구조화(melt), 그룹핑	209

PART 2 작업형2

CHAPTER 01 | 머신러닝 기초 — 212
SECTION 01 | 지도학습, 비지도학습, 강화학습 — 213
SECTION 02 | 분류와 회귀 — 214
SECTION 03 | 정형 데이터 — 215
SECTION 04 | 머신러닝 프로세스 — 216

CHAPTER 02 | 머신러닝 실습(분류) — 224
SECTION 01 | 문제 정의 — 225
SECTION 02 | 라이브러리 및 데이터 불러오기 — 225
SECTION 03 | 탐색적 데이터 분석(EDA) — 226
SECTION 04 | 데이터 전처리 — 232
SECTION 05 | 검증 데이터 나누기 — 246
SECTION 06 | 머신러닝 학습 및 평가 — 247
SECTION 07 | 예측 및 결과 파일 생성 — 252

CHAPTER 03 | 머신러닝 평가지표 — 254
SECTION 01 | 이진 분류 평가지표 — 255
SECTION 02 | 다중 분류 평가지표 — 258
SECTION 03 | 회귀 평가지표 — 260

CHAPTER 04 | 머신러닝 실습(회귀) — 263
SECTION 01 | 문제 정의 — 264
SECTION 02 | 라이브러리 및 데이터 불러오기 — 264
SECTION 03 | 탐색적 데이터 분석(EDA) — 264
SECTION 04 | 데이터 전처리 — 269
SECTION 05 | 검증 데이터 나누기 — 272

SECTION 06 | 머신러닝 학습 및 평가 — 273
SECTION 07 | 예측 및 결과 파일 생성 — 276

CHAPTER 05 | 머신러닝 실습(다중 분류) — 278

SECTION 01 | 문제 정의 — 279
SECTION 02 | 라이브러리 및 데이터 불러오기 — 279
SECTION 03 | 탐색적 데이터 분석(EDA) — 279
SECTION 04 | 데이터 전처리 — 282
SECTION 05 | 검증 데이터 나누기 — 284
SECTION 06 | 머신러닝 학습 및 평가 — 284
SECTION 07 | 예측 및 결과 파일 생성 — 286

CHAPTER 06 | 이진 분류 연습문제 — 287

SECTION 01 | 환자의 당뇨병 여부 예측 — 288
SECTION 02 | 이직 여부 예측 — 294
SECTION 03 | 신용카드 신청자의 미래 신용 예측 — 302

CHAPTER 07 | 다중 분류 연습문제 — 310

SECTION 01 | 신용 등급 예측 — 311
SECTION 02 | 약물 종류 예측 — 317
SECTION 03 | 유리 종류 예측 — 324

CHAPTER 08 | 회귀 연습문제 — 329

SECTION 01 | 항공권 가격 예측 — 330
SECTION 02 | 노트북 가격 예측 — 338
SECTION 03 | 중고차 가격 예측 — 345

PART 3 작업형3

CHAPTER 01 | 가설검정 — 356

SECTION 01 | 가설검정의 이해 — 357
SECTION 02 | 단일 표본 검정 — 358
SECTION 03 | 대응 표본 검정 — 364
SECTION 04 | 독립 표본 검정 — 369

CHAPTER 02 | 분산 분석 — 375

SECTION 01 | 일원 분산 분석 — 376
SECTION 02 | 이원 분산 분석 — 379

CHAPTER 03 | 카이제곱 검정 — 385

SECTION 01 | 적합도 검정 — 386
SECTION 02 | 독립성 검정 — 387
SECTION 03 | 동질성 검정 — 392

CHAPTER 04 | 회귀 분석 — 395

SECTION 01 | 상관 계수 — 396
SECTION 02 | 단순 선형 회귀 분석 — 399
SECTION 03 | 다중 선형 회귀 분석 — 408
SECTION 04 | 범주형 변수 — 413

CHAPTER 05 | 로지스틱 회귀 분석 — 416

SECTION 01 | 로지스틱 회귀 분석 — 417
SECTION 02 | 오즈와 오즈비 — 420

CHAPTER 06 | 작업형3 연습문제 — 421

SECTION 01 | 단일 표본 검정 — 422
SECTION 02 | 독립 표본 검정 — 423
SECTION 03 | 대응 표본 검정 — 425
SECTION 04 | 일원 분산 분석 — 426
SECTION 05 | 이원 분산 분석 — 429
SECTION 06 | 적합도 검정 — 431
SECTION 07 | 독립성 검정 — 432
SECTION 08 | 다중 선형 회귀 — 435
SECTION 09 | 로지스틱 회귀 — 439

PART 4

최신 기출 문제

예시문제 — 444
제2회 기출 문제 — 457
제3회 기출 문제 — 473
제4회 기출 문제 — 487
제5회 기출 문제 — 500
제6회 기출 문제 — 513
제7회 기출 문제 — 532
제8회 기출 문제 — 550
제9회 기출 문제 — 566

이 책의 구성과 활용 방법

이 책은 총 4개의 파트로, 작업형1, 2, 3 그리고 최신 기출 문제로 구성되어 있습니다. 각 파트는 최소한의 개념 설명으로 문제를 이해할 수 있는 출발점을 맞춘 후, 연습문제를 통해 필요한 새로운 지식을 확장하고 반복 학습할 수 있도록 만들었습니다. 이 방식은 한 번에 이해하기 어려운 입문자가 단기간 시험을 준비하기에 매우 적합한 방법입니다.

1 개념에 대한 확인문제를 통해
   첫 번째 기초를 다집니다.

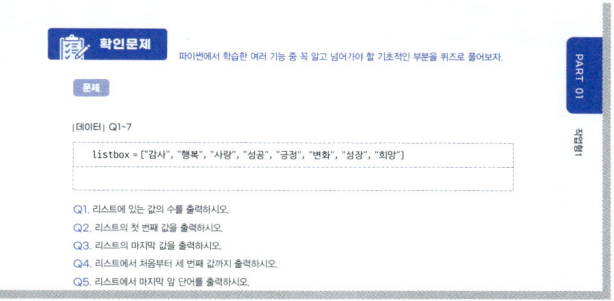

2 첫 번째 기초가 다져졌다면
   연습문제를 통해 응용을 해봅니다.

3 마지막으로 최신 기출 문제를 풀면서
   합격을 위한 다지기를 합니다.

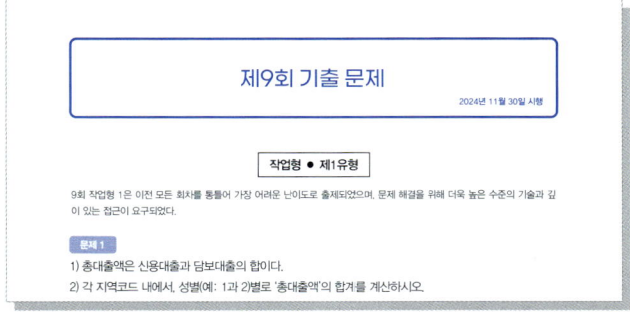

빅데이터 분석기사 실기 개요

빅데이터 분석기사는 2022년을 시작으로 매년 필기 2회, 실기 2회 자격 검정을 시행하고 있습니다.

시험 환경

① 시험 시간: 180분(3시간)
② 시험 환경: 클라우드 기반 CBT(Computer Based Test), 크롬(chrome) 브라우저 사용
③ 언어 선택: 문항별로 R 또는 Python 중 언어 선택 가능
④ 제약사항
   - 코드 라인별 실행 불가
   - 그래프 기능, **단축키**, **자동 완성** 기능 **미제공**
   - 코드 실행 시간은 **1분으로 제한**되며, 시간 초과 시 강제 실행 취소
   - 제공된 패키지만 이용할 수 있으며, 시험 중 **패키지 추가 설치 불가**
⑤ 기타
   - 문제별 과락 및 시간 제한 없음(총 3시간)
   - 원하는 문제로 언제든 이동 가능(다시 풀기 가능)

시험 주요 내용

실기 시험은 작업형1, 2, 3으로 구성되어 있습니다.
① 작업형1(30점): 주어진 데이터를 정제, 변환, 연산하고 요구하는 조건에 맞는 값 제출
② 작업형2(40점): 머신러닝 모델을 만들고 예측 결과 제출(데이터 전처리, 평가 등 수행)
③ 작업형3(30점): 가설검정, 회귀 분석, 로지스틱 회귀, 카이제곱검정 등 통계 결괏값 제출

주요 항목	세부 항목
데이터 수집 작업	데이터 수집, 데이터 불러오기
데이터 전처리 작업	데이터 정제, 데이터 변환
데이터 모형 구축 작업	분석 모형 선택, 분석 모형 구축
데이터 모형 평가 작업	구축된 모형 평가, 분석 결과 활용

답안 제출 및 채점 기준

응시 전에 빅데이터 분석기사 실기 응시 가이드를 통해 채점 기준과 유의사항을 공지하고 있습니다. 응시 회차에 따라 달라지는 부분이 있으므로 정확한 내용은 시험 직전에 자격 검정 사이트 공지사항을 확인하기 바랍니다.

구분	작업형1	작업형2	작업형3	합계
문항 수	3문항, 문항당 10점	1문항	2문항, 문항당 15점(소문항 배점 합산)	6문항
점수	30점	40점	30점	100점

작업형1

① 각 문항별로 **코딩 화면에서 문제를 풀이**한 후, 답안은 별도의 **답안 제출 화면으로 이동**해 **제출**하며, **지시된 제출 형식(소수점) 준수**

제출 형식: 반올림하여 소수점 둘째 자리까지 작성(산출된 값: 0.167, 정답: 0.17)

② 채점 기준
- 각 문항별로 정답 여부에 따라 배점 기준이 만점 또는 0점
- 작성 코드에 대한 부분 점수 없음. 제출한 답안만 채점함

작업형2

① 평가용 데이터를 이용한 **예측 결과를 CSV 파일로 제출**하며, 지시된 제출 형식 준수
- 예측 결과는 **지시된 컬럼명**을 사용해 생성(예: pred)
- **자동 생성**되는 **index 컬럼 제거**(예: to_csv (index=False))
- 답안 파일에는 **예측 결과 컬럼 1개만 생성**
- 답안 파일은 **지시된 파일명**을 사용해 생성(예: result.csv)
- 답안 파일 **별도 디렉토리 지정 금지**

② 채점 기준
- 평가지표에 따라 구간별 점수 부여(점수 구간 미공개)
- 작성 코드에 대한 부분 점수 없음(생성한 csv 파일로만 평가함)
- 평가지표에 따른 구간 점수를 획득해도 제출 형식을 위반하면 득점 점수에서 감점하며, 감점 유형이 중복되면 누적해 감점

작업형3

① 각 문항별로 **코딩 화면에서 문제를 풀이**한 후 별도의 **답안 제출 화면으로 이동**해 각 문항별 소문항의 순서대로 **답안을 제출**하며, 지시된 제출 형식 준수

② 채점 기준
- 각 문항의 소문항별로 정답 여부에 따라 배점
- 작성 코드에 대한 부분 점수 없음

실기 시험 합격 기준

100점을 만점으로 60점 이상(과목별 과락 없음)

시험 응시 전략

목표 점수 수립하기

75점을 목표로 학습하길 권장합니다. 빅데이터 분석기사 합격 점수는 60점 이상입니다. 작업형2를 40점, 작업형1은 20점, 작업형3은 15점으로 계산해서 75점입니다. 작업형2가 코드 양이 많아 어렵게 느껴질 수 있지만 작업형2는 패턴이 있습니다. 시간이 지날수록 작업형2가 정답이 있는 작업형1과 3보다 오히려 쉬운 문제로 느껴질 것입니다. 그리고 작업형1과 3에서 난이도가 높은 문제가 한 문제씩 출제된다고 가정했을 때, 입문자가 안정적으로 합격하기 위해서는 75점을 목표로 하는 것이 적절합니다.

주석을 활용한 문제 해결 전략

문제를 풀기 전에 해결 과정을 주석으로 먼저 정리하는 것이 좋습니다. 특히 작업형 1번 문제에서는 단위 변환, 새로운 컬럼 생성 등 복잡한 작업이 점점 더 자주 출제되고 있습니다. 이러한 경우 주석을 활용하여 작업 순서를 명확히 정리해 두면 문제 해결에 큰 도움이 됩니다. 작업형 2번 문제 역시 모델링 과정이 복잡해질 수 있으므로, 데이터 전처리부터 모델 학습 및 평가까지의 순서를 주석으로 정리해 두는 것이 좋습니다.

또한 작업형2의 마지막에는 반드시 1) 예측된 데이터프레임 행의 수와 test 데이터를 불러왔을 때 행의 수가 같은 지 확인하고, 2) 생성한 csv의 컬럼명과 컬럼의 수가 문제에서 요구하는 것이 맞는지 확인이 필요합니다.

```
# 데이터 불러오기
# 데이터 전처리
# 검증 데이터 나누기
# 모델 학습 및 평가
# test 데이터로 예측 및 제출(중요함)
# 1) 예측 행의 수 및 2) 생성한 csv 확인(중요함)
```

작업형2 전략: 베이스라인 모델을 빠르게 구축하기

작업형2 문제를 풀 때는 먼저 간단한 베이스라인 모델을 빠르게 만드는 것이 중요합니다. 베이스라인 모델이란 최소한의 전처리와 간단한 모델링을 통해 csv 파일을 생성할 수 있는 코드를 의미합니다. 이 단계에서는 복잡한 전처리 과정을 고민하기보다는 수험생이 가장 쉽게 구현할 방법으로 모델을 만들어 CSV 파일을 생성하는 것이 목표입니다.

베이스라인 모델이 완성되면, 이 모델의 평가 지표 점수를 기준으로 삼아 더 높은 성능을 달성하는 모델을 만드는 데 도전할 수 있습니다. 시간이 허락한다면 다양한 전처리 기법과 모델링 기법을 적용해 보면서, 베이스라인 모델의 성능을 뛰어넘는 모델을 만들어 봅니다. 단, 수정한다면 반드시 제출 버튼을 한 번 더 클릭해야 합니다.

작업 단위별로 중간 결과를 출력하여 확인하기

코딩 과정에서 각 작업 단위마다 중간 결과를 출력하여 눈으로 확인하는 습관을 들이는 것이 좋습니다. 예를 들어, 인코딩 전후의 데이터 크기(shape) 변화, 결측치 처리 전후의 결측값 개수, 검증용 데이터 분리 후의 데이터 크기 등을 'print( )' 함수를 사용하여 확인하면서 문제를 해결해야 합니다.

이렇게 하면 각 작업이 의도대로 수행되었는지 확인할 수 있고, 오류를 빠르게 발견하고 수정할 수 있습니다. 특히 데이터를 변경했음에도 불구하고 해당 변경사항을 변수에 재할당(=)하지 않거나 'inplace=True' 옵션을 설정하지 않아 변경사항이 저장되지 않는 실수를 방지할 수 있습니다.

에러 발생 시 코드를 역순으로 주석 처리하여 문제 찾기

파이썬은 에러가 발생한 위치와 관련 메시지를 실행 결과의 마지막에 표시해 주기 때문에 마지막 줄을 읽고 어떤 유형의 에러인지 파악하는 것이 중요합니다. 만약 에러 내용을 이해하기 어렵다면, 당황하지 말고 코드의 가장 아랫부분부터 위로 올라가면서 블록 단위로 주석 처리를 하면 됩니다.

에러가 나지 않는 부분까지 주석 처리가 되었다면, 그 지점부터 문제가 되는 부분을 찾아볼 수 있습니다. 저자가 주로 사용하는 방법은 변수명을 다시 한번 확인하거나 print( ) 함수를 사용하여 데이터의 형태(shape)나 값(value)이 예상한 대로인지 확인하는 것입니다. 초보자들에게 가장 흔한 에러는 오타입니다.

시험 1~2주 전부터는 시험 환경에 적응하기

시험을 1~2주 정도 앞둔 시점에서 시험 환경에 적응하는 것은 중요합니다. 이는 두 가지 목적이 있습니다. 첫째, 실제 시험 환경에서 코딩하는 것에 익숙해지기 위함입니다. 이를 통해 시험 당일 환경의 차이로 인한 당황스러움을 최소화할 수 있습니다. 둘째, 그동안 학습하면서 사용했던 코딩 방식이 시험 환경에서도 경고나 에러 없이 잘 동작하는지 확인하기 위함입니다. 단, 학습 과정 중에서는 학습 속도가 느려지기 때문에 사용을 추천하지 않습니다.

생성형AI를 활용한 실기 준비

ChatGPT, Claude를 활용해 실기 시험 준비에 도움을 받습니다.
1. 에러 해결 요청(예: '내가 작성한 코드'와 '에러 메시지'를 입력하고 에러 원인과 해결)
2. 내 코드에 문제가 없는지 피드백 요청(예: 내 코드를 점검해 줄래?)
3. 다른 풀이 방법으로 코드 작성 요청(예: 더 쉬운 방법으로 코드를 작성해 줄래?)
4. 코드와 설명 요청(예: 원핫 인코딩을 예시 코드와 함께 설명해 줄래?)
5. 작업형2의 경우 채점 기준을 지키고 있는지 확인 요청

판다스 출력 옵션 설정하기

시험 환경에서 데이터프레임 출력 결과가 일부 생략되어 출력될 때가 있습니다. 설정 변경 방법을 반드시 숙지해 주세요.
- 컬럼(열): pd.set_option('display.max_columns',None)
- 행: pd.set_option('display.max_rows',None)
- 숫자(일반 표기법): pd.set_option('display.float_format', '{:.10f}'.format)

```
import pandas as pd

pd.set_option('display.max_columns',None) # 컬럼(열)
pd.set_option('display.max_rows',None) # 행
pd.set_option('display.float_format', '{:.10f}'.format) # 소수 10번째 자리까지 출력
```

상황에 따라 컬럼과 행이 보이지 않을 때는 최대 출력 수를 숫자 또는 None(제한 없음)으로 변경할 수 있고, 숫자가 지수 표기법으로 표시된다면 일반 표기법으로 변경할 수 있습니다.

작업형1 dir( )과 help( ) 사용하기

시험 중에 함수나 메소드의 철자가 기억나지 않거나 사용 방법이 갑자기 생각나지 않는 경우 dir( )과 help( ) 함수를 활용할 수 있습니다.

1. dir(pd): 판다스 함수(메소드)명

```
1  import pandas as pd
2  print(dir(pd))
```

판다스 함수의 풀네임을 확인할 수 있습니다.

실행결과

> ['BooleanDtype', 'Categorical', 'CategoricalDtype', 'CategoricalIndex', 'DataFrame', 'DateOffset', 'DatetimeIndex', 'DatetimeTZDtype', 'ExcelFile', 'ExcelWriter', 'Flags', 'Float32Dtype', 'Float64Dtype', 'Float64Index', 'Grouper', 'HDFStore', 'Index', 'IndexSlice', 'Int16Dtype

2. help(pd.함수명): 함수 사용 방법 및 예시 코드

```
1  import pandas as pd
2  # print(dir(pd))
3  print(help(pd.to_datetime))
```

함수명에서는 dir(함수명)이 아닌 help(함수명)을 사용합니다. 예를 들어, pd.to_datetime 함수에 대한 설명과 예시 코드를 확인할 수 있습니다.

실행결과

  can be common abbreviations like ['year', 'month', 'day', 'minute', 'second', 'ms', 'us', 'ns']) or plurals of the same

작업형2 사이킷런에서 __all__ , help( ), dir( ) 활용하기

사이킷런에서는 __all__을 사용해 어떤 모듈을 구체적으로 살펴볼 것인가 리스트를 확인합니다.

1. sklearn.__all__ (all 앞뒤로 언더바(_) 2개씩): 판다스 함수(메소드)명

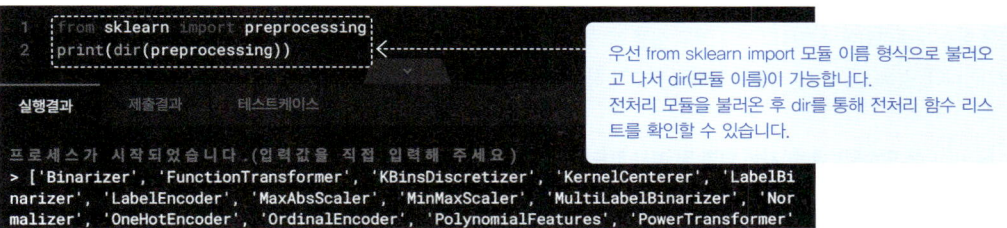

2. dir(preprocessing): 전처리의 함수명

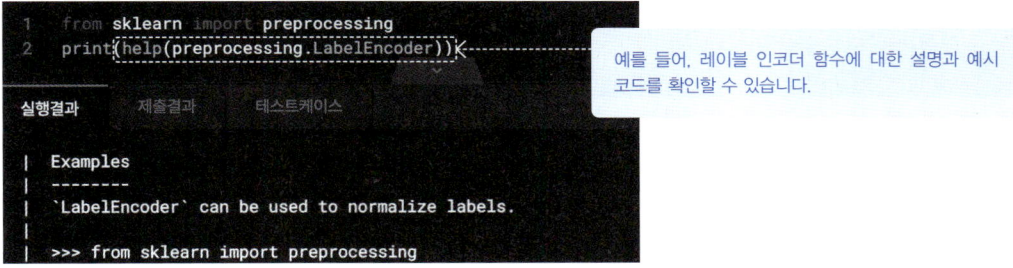

3. help(preprocessing.함수명): 함수 사용 방법 및 예시 코드

```
1  from sklearn import preprocessing
2  print(help(preprocessing.LabelEncoder))

실행결과   제출결과   테스트케이스

|  Examples
|  --------
|  `LabelEncoder` can be used to normalize labels.
|
|  >>> from sklearn import preprocessing
```

예를 들어, 레이블 인코더 함수에 대한 설명과 예시 코드를 확인할 수 있습니다.

작업형3 사이파이에서 dir( ), help( ), 메모장 사용하기

사이파이에서도 사이킷런처럼 __all__ 을 사용하지만, 우리가 사용할 사이파이는 stats 모듈로 한정되어 있습니다. 따라서 stats 모듈을 불러와서 dir부터 사용합니다.

1. dir(stats): 전처리의 함수명

```
from scipy import stats
print(dir(stats))
```

실행결과:
```
ene', 'levy', 'levy_l', 'levy_stable', 'linregress', 'loggamma', 'logistic', 'loglapl
ace', 'lognorm', 'logser', 'loguniform', 'lomax', 'mannwhitneyu', 'matrix_normal', 'm
axwell', 'median_abs_deviation', 'median_absolute_deviation', 'median_test', 'mielke'
```

우선 from scipy import stats로 불러온 후 dir(stats)를 실행하면 사용이 가능한 함수를 확인할 수 있습니다.

2. 메모장 활용(단, 시험 환경 자체 메모장만 사용 가능)

많은 함수가 출력되어 스크롤이 생길 경우 실행 결과를 전체 선택하고 마우스 오른쪽 버튼을 클릭해 복사한 후 메모장에 붙여 넣기합니다. 검색(Ctrl + F) 기능을 활용해 찾고자 하는 함수명을 검색해 봅니다.

3. help(stats.함수명): 함수 사용 방법 및 예시 코드

```
from scipy import stats
print(help(stats.ttest_rel))
```

실행결과:
```
axis : int or None, optional
    Axis along which to compute test. If None, compute over the whole
    arrays, `a`, and `b`.
```

help( ) 함수를 활용해 사용 방법을 확인합니다. 예를 들어, 대응 표본 t-test 설명과 예시 코드를 확인할 수 있습니다.

작업형3 스태츠모델즈(statsmodels)에서 dir( )과 help( ) 활용하기

statsmodels 라이브러리에서 ols와 anova_lm 함수를 찾고, 그 도움말을 출력하는 과정을 체계적으로 설명하겠습니다.

1. ols( ) 함수 찾는 방법

```
import statsmodels.api as sm
print(dir(sm))
print(dir(sm.formula))
print(help(sm.formula.ols))
```

import statsmodels.api as sm을 불러온 후 dir(sm), dir(sm.formula), help(sm.formula.ols) 순으로 ols( ) 함수 설명 글을 찾습니다.

실행결과 제출결과 테스트케이스

프로세스가 시작되었습니다.(입력값을 직접 입력해 주세요)
> ['BayesGaussMI', 'BinomialBayesMixedGLM', 'Factor', 'GEE', 'GLM', 'GLMGam', 'GLS', 'GLSAR', 'GeneralizedPoisson', 'Logit', 'MANOVA', 'MI', 'MICE', 'MICEData', 'MNLogit', 'MixedLM', 'NegativeBinomial', 'NegativeBinomialP', 'NominalGEE', 'OLS', 'OrdinalGE

```
import statsmodels.api as sm
import statsmodels
print(dir(statsmodels))
print(dir(statsmodels.stats))
print(dir(statsmodels.stats.anova))
print(help(statsmodels.stats.anova.anova_lm))
```

import statsmodels.api as sm과 import statsmodels를 불러온 후 dir(statsmodels), dir(statsmodels.stats), dir(statsmodels.stats.anova), help(statsmodels.stats.anova.anova_lm) 순으로 anova_lm 함수 설명 글을 찾습니다.
import statsmodels.api as sm과 import statsmodels가 둘 다 필요한 이유는 statsmodels.api는 자주 사용되는 모듈과 함수만 불러오기 때문에 별도로 statsmodels를 임포트해야 합니다.

실행결과 제출결과 테스트케이스

See Also
----
model_results.compare_f_test, model_results.compare_lm_test

메모장 활용하기

시험 환경에서 제공하는 메모장은 다음과 같이 활용할 수 있습니다.

1. 코드 백업용
시험 환경에서 자동 저장 기능이 제공되지만, 만일의 상황에 대비해 메모장을 코드 백업용으로 사용할 수 있습니다.

2. 자체 공식 문서(feat. 자동 완성)
dir(pd) / sklearn.__all__ / dir(stats) 등을 사용해 얻은 정보를 시험 환경의 메모장에 저장해 둘 수 있으며, 정확한 스펠링을 빠르게 확인할 수 있습니다.

시험 환경 소개

한국데이터산업진흥원에서는 실기 시험 체험 환경을 제공하고 있습니다. 아래 링크는 주최측 사정에 따라 변경될 수 있습니다. 만약 링크가 제대로 연결되지 않는 경우에는 Kdata 데이터 자격검정 사이트 공지사항을 참고하면 됩니다.

작업형1	문제: https://m.site.naver.com/1hO7N
	답안 제출: https://m.site.naver.com/1hO83
작업형2	문제 및 답안 제출: https://m.site.naver.com/1hO88
작업형3	문제: https://m.site.naver.com/1hO8d
	답안 제출: https://m.site.naver.com/1hO8m

레이아웃

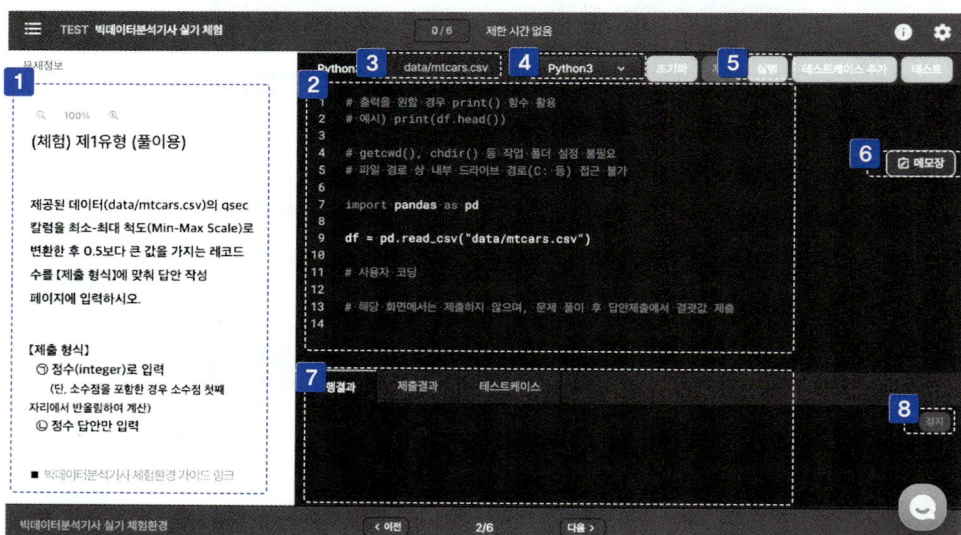

1 문제 제시(코딩 화면을 넓히기 위해 마우스로 공간 조절 가능)
2 코딩할 수 있는 환경(에디터)으로, 기본적으로 데이터 로드까지 작성되어 있음
3 탭을 클릭하면 제공된 데이터를 표 형태로 확인할 수 있음
4 각 문제마다 파이썬 또는 R 언어를 선택할 수 있음
5 코드를 실행하는 버튼(단축키 없음)
6 시험에서 사용 가능한 메모장(윈도우 메모장 사용할 수 없음)
7 실행 결과는 print( ) 함수를 활용해 결과 출력(마우스로 공간을 조절할 수 있음)
8 코드 실행 중 중지하는 버튼

확대 및 축소

시험장에서 모니터 비율이 좋지 않은 경우 약간 축소해 사용하는 것을 추천합니다. 폰트가 크게 설정된 경우 코딩이 한눈에 보이지 않거나 실행 결과가 밀려 올라가서 보이지 않을 때가 있습니다.
시험은 크롬 환경에서 응시하므로 크롬에서 기본적으로 제공하고 있는 확대/축소가 가능합니다.

- 확대: Ctrl + + (맥: ⌘ + + . 단, 시험 환경은 윈도우입니다.)
- 축소: Ctrl + - (맥: ⌘ + -)

코드 에러

만약 코드 에러가 발생하면 "실행에 실패했습니다. 코드를 확인해 주세요."라는 팝업이 나타납니다. 파이썬에서는 하단에 있는 실행 결과에서 어떤 에러가 발생했는지 확인할 수 있습니다.

다른 문제로 이동

다른 문제로 이동할 때는 좌측 최상단에 있는 메뉴 버튼(≡)을 사용합니다. 현재 풀고 있는 문제를 음영으로 확인할 수 있고, 제출이 완료된 문제에는 체크 표시가 나타납니다. 또한, 문제는 순서대로 풀지 않아도 됩니다. 예를 들어, 작업형1의 1번 문제를 풀다가 작업형1의 3번 문제로 이동이 가능합니다.

[작업형1, 3 유형]

작업형1과 3은 문제 '풀이용' 화면과 '답안 제출' 화면이 분리되어 있습니다. 풀이용 화면에서의 결괏값을 '답안 제출' 화면에 입력하면 됩니다.

[작업형2 유형]

작업형2는 별도의 '답안 제출' 화면이 없습니다. 풀이 과정에서 csv 파일을 생성하는 코드를 작성하고 '제출' 버튼을 클릭하면 됩니다.

코드 및 데이터 불러오기

코드 및 데이터

이 책에 작성된 코드는 주피터 노트북 형태로 제작되었습니다.

https://github.com/lovedlim/bigdata_analyst_cert_v2 에서 확인할 수 있습니다.

파트와 챕터

각 파트(part) 폴더에는 여러 개의 챕터(ch) 폴더로 구성됩니다.

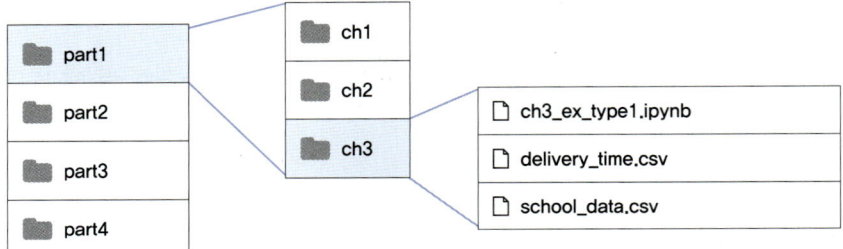

각 챕터(ch) 폴더 안에는 주피터 노트북 파일(.ipynb)과 데이터 파일(.csv)이 포함되어 있습니다.
- 코드로 데이터가 생성되는 경우 데이터 파일은 없을 수도 있습니다.
- 각 챕터마다 주피터 노트북 파일이 1개씩 있습니다.
- 단, PART 4에는 3개의 주피터 노트북이 있으며, 이는 작업형1, 2, 3을 의미합니다.

코랩으로 열기

각 챕터에 있는 노트북(ipynb 파일)을 클릭하면 다음과 같이 미리보기(Preview)가 나타납니다. 상단의 "구글 코랩(Colab)에서 실행하기" 링크를 클릭하면 코랩으로 열립니다.

단, 새 창에 코랩을 열고 싶다면 Ctrl + 클릭(맥: ⌘ + 클릭)합니다.

바로 실행하기

"Drive로 복사" 버튼을 클릭합니다. 구글 로그인이 필요하며, 내 구글드라이브로 복사됩니다.

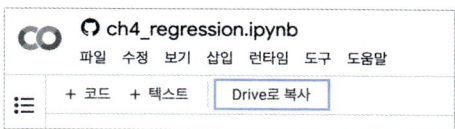

복사된 노트북은 자유롭게 코드 수정이 가능하며 일반적으로 "내 드라이브 - Colab Notebooks" 안에 저장됩니다. 정확한 위치를 확인하는 방법은 "파일 - 드라이브에서 찾기"를 통해 할 수 있습니다.

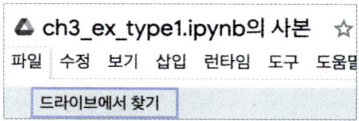

데이터 자동 불러오기

노트북에서는 데이터 업로드 없이 자동으로 불러오기 위해 데이터 URL로 변경했습니다. 자동으로 웹에서 데이터를 불러옵니다.

```python
# 라이브러리 및 데이터 불러오기
import pandas as pd
# train = pd.read_csv("train.csv")
# test = pd.read_csv("test.csv")
train = pd.read_csv("https://raw.githubusercontent.com/lovedlim/bigdata_analyst_cert/main/part2/ch4/train.csv")
test = pd.read_csv("https://raw.githubusercontent.com/lovedlim/bigdata_analyst_cert/main/part2/ch4/test.csv")
```

코드 및 데이터 전체 다운로드

데이터 및 코드를 모두 다운받는 방법: "Code" 버튼 클릭 - "Download Zip"
모든 파일을 다운받은 후 코랩 또는 로컬 환경에서 실습을 진행할 수도 있습니다.

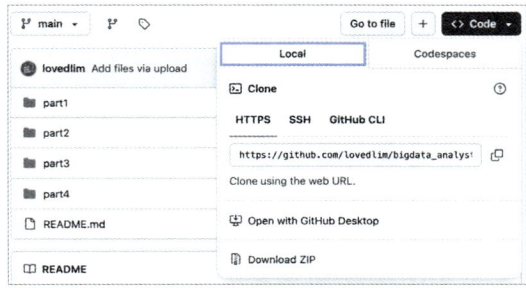

자주하는 질문 (FAQ)

Q Python vs. R 중 어떤 것이 유리한가요?

A 이미 경험이 있는 언어를 사용하는 것이 유리합니다. 만약 둘 다 경험이 없다면 Python을 추천합니다. Python은 시험에서 에러 메시지가 명확하여 문제점을 찾기 쉽고, 학습 자료가 풍부합니다. 또한 업무 자동화, 머신러닝, 딥러닝 등 다양한 분야로 확장할 수 있으며, 기업에서도 Python을 활용한 데이터 분석 교육이 많아지고 있습니다.

Q 학습 시, 환경설정이나 설치가 필요한가요?

A 아닙니다. 이 교재는 Google Colab(클라우드) 환경에서 학습하는 것을 설명합니다. 그러나 Google Drive를 사용할 수 없는 환경에서는 Colab 사용이 어렵습니다. Chrome 브라우저의 최신 버전을 사용하는 것이 좋으며, Internet Explorer에서는 Colab이 작동하지 않습니다.

Q 준비 기간은 어느 정도 필요한가요?

A Python을 모르는 비전공자 기준으로 7주 정도를 추천합니다. 일반적으로 필기시험과 실기 시험일이 약 2달 간격으로 있으므로 이 기간 동안 학습하면 충분합니다. 더 짧은 기간에도 열심히 준비한다면 충분히 가능하지만, 여유 있게 준비하는 것이 좋습니다.

Q 코딩을 잘하려면 어떻게 해야 하나요?

A 에러를 많이 경험하는 것이 중요합니다. 코드를 직접 입력하고 다양한 에러와 경고를 마주치면서 성장할 수 있습니다. 책에 있는 코드를 입력하며 학습하는 것이 큰 도움이 됩니다.

Q 시간이 부족한 경우 어떻게 준비하는 것이 좋을까요?

A 기출 문제와 연습 문제를 직접 코딩하며 풀어보는 것이 좋습니다. 문제를 반복해서 풀다 보면 손에 익숙해집니다. 모르는 부분이 나오면 이론을 찾아보며 공부하면 됩니다. 시간이 없다고 문제를 읽기만 하는 것은 큰 도움이 되지 않으니, 직접 코드를 입력해야 합니다.

Q 작업형1, 2, 3 중 어디에 집중하는 것이 좋을까요?

A 작업형2의 점수를 반드시 확보해야 합니다. 작업형2는 일정한 패턴이 있는 문제로, 40점 만점 중 40점을 받는 것을 목표로 하는 것이 도움이 됩니다. 그리고 작업형1과 3에서 30점 이상 확보하는 것이 좋습니다.

Q 작업형2에서 분류 문제인지 회귀 문제인지 어떻게 알 수 있나요?

A 예측할 데이터나 평가 지표를 보면 알 수 있습니다. 예측 값이 두 개로 나뉘거나 몇 개의 종류로 나뉘면 분류입니다. 연

속적인 숫자라면 회귀입니다. 예를 들어, 가격이나 수요량처럼 연속적인 숫자는 회귀 문제입니다. 반면, 두 개 이상의 카테고리로 나뉘는 데이터는 분류 문제입니다. 평가 지표를 통해서도 구별할 수 있습니다. 회귀 문제의 평가 지표에는 주로 MAE, MSE, RMSE, RMSLE 등 E(Error)가 들어가고, 결정계수(R2)도 사용됩니다. 분류 문제의 평가 지표에는 정확도(Accuracy), 정밀도(Precision), 재현율(Recall), F1-Score 등이 있습니다.

Q 수험생이 작성한 코드도 채점하나요?

A 아닙니다. 코드는 채점하지 않으며, 결과값만 채점합니다. 작업형1과 3은 "답안제출" 화면에 입력한 값을, 작업형2는 생성한 CSV 파일을 채점합니다. 따라서 코드에 print( )와 같은 출력은 채점에 영향을 미치지 않습니다.

Q 시험 준비 시 "체험 환경"에서 처음부터 코딩하며 학습하는 것이 좋을까요?

A 학습 속도가 느리므로 시험 1~2주 전부터 체험 환경에 적응하는 것이 좋습니다. 체험 환경에서 처음부터 연습하는 것은 비효율적입니다. 학습 단계에서는 Colab(주피터 노트북)을 활용하고, 시험 1~2주 전부터 체험 환경에 익숙해지는 것을 추천합니다. Colab에서 자동완성 기능을 제외 설정하는 방법은 "우측 상단 설정 – 편집기 – 코드 완성 제안을 자동으로 표시"를 해제하는 것입니다.

Q Colab은 열리지만 런타임 연결이 되지 않습니다. 어떻게 해야 하나요?

A 열려 있는 Colab 탭이 3개 이상인지 확인하세요. Colab의 무료 런타임은 동시에 3개까지 연결 가능합니다. '런타임 – 세션 관리'에서 사용하지 않는 세션을 종료하면 문제를 해결할 수 있습니다. 그래도 연결되지 않는다면, Colab 무료 버전의 일일 사용 가능 런타임 시간을 모두 소진했을 가능성이 있습니다. 이 경우 다음 날 다시 사용하거나, 새로운 구글 계정을 생성하여 사용하는 것도 하나의 방법입니다.

Q 감점 및 평가 기준을 알고 싶습니다.

A 실기시험 응시 가이드는 시험 직전에 공식 사이트에서 안내됩니다. 작업형 1번과 3번의 채점 기준은 명확하게 제시되며, 작업형 2번의 세부 구간 기준은 공개되지 않았습니다. 자세한 기준은 응시 가이드를 통해 확인하세요.

Q 윈도우가 아닌 맥으로 시험을 준비해도 되나요?

A 네, 가능합니다. 필자도 주로 맥을 사용합니다. 하지만 시험은 윈도우 환경에서 진행되므로, 몇 가지 주의할 점이 있습니다. 특히 '한글-영문 변환'과 '복사-붙여넣기'의 단축키가 맥과 윈도우에서 서로 다르기 때문에, 시험 중에 오타가 발생할 가능성이 있습니다. 하지만 이 정도의 차이로 인해 시험 응시 자체가 어려울 정도는 아니니 너무 걱정하지 않으셔도 됩니다. 시험 전에 윈도우 환경에서 단축키 사용에 익숙해지는 연습을 해 보는 것이 도움이 될 것입니다.

Q 작업형1, 2, 3 사이를 자유롭게 이동할 수 있나요? 답안을 여러 번 제출할 수 있나요?

A 네, 문제 사이를 자유롭게 이동할 수 있으며 답안도 여러 번 수정하여 제출할 수 있습니다. 코드를 수정한 후 반드시 "다시 제출하기" 버튼을 눌러야 합니다. 그렇지 않으면 이전에 제출한 답안으로 채점될 수 있기 때문입니다. 만약 한 번도 제출하지 않은 작업형이라면 미제출 상태로 표시되므로 제출 여부를 쉽게 확인할 수 있습니다. 그러나 한 번이라도 제출한 적이 있는 작업형은 제출 완료로 표시됩니다. 따라서 답안을 수정한 후 출력값만 확인하고 제출하기 버튼을 누르는 것을 잊지 않도록 주의해야 합니다.

Q 주로 사용하는 파이썬 라이브러리는 무엇인가요?

A 주로 사용하는 라이브러리는 다음과 같습니다.
- 작업형1 유형: 판다스(Pandas)
- 작업형2 유형: 판다스(Pandas), 사이킷런(Scikit-learn)
- 작업형3 유형: 사이파이(SciPy), 스테츠모델즈(Statsmodels)

Q 시험 환경에서 공식 문서(인터넷) 사용이 가능한가요?

A 아니요, 공식 문서나 인터넷 사용은 허용되지 않습니다. 대신 dir( ), help( ), __all__ 등을 활용하여 공식 문서와 유사한 내용을 확인할 수 있습니다.

Q 대괄호[ ], 중괄호{ }, 소괄호( )의 사용법이 헷갈립니다. 어떻게 구분해야 할까요?

A 각 괄호의 사용 용도는 다음과 같습니다.
- 대괄호 [ ]: 리스트와 데이터프레임에 사용
  - 예시: 리스트 생성: [1, 2, 3], 데이터프레임 인덱싱 및 슬라이싱: df[0], df[1:2]
- 중괄호 { }: 딕셔너리에 사용
  - 예시: 딕셔너리 생성: {'사과': 1000, '딸기': 2000}
- 소괄호 ( ): 함수 호출에 사용
  - 예시: 함수 호출: print( )

Q 작업형2 문제(회귀)에서 예측값 예시가 정수인데 소수점으로 나온 예시를 정수로 변경해야 하나요?

A 아니요, 정수로 변경할 필요가 없습니다. 소수점 그대로 제출하면 됩니다. 예를 들어, MAE(Mean Absolute Error)는 실제값과 예측값의 차이를 절대값으로 계산한 뒤 평균을 낸 값입니다.

실제값	예측값
6	5.8
7	6.2
10	9.1

[소수점 그대로 제출]

- 예측값이 5.8일 때, 실제값이 6인 경우: |6−5.8|=0.2
- 예측값이 6.2일 때, 실제값이 7인 경우: |7−6.2|=0.8
- 예측값이 9.1일 때, 실제값이 10인 경우: |10−9.1|=0.9
- MAE: (0.2 + 0.8 + 0.9)/3 = 0.6333

[정수로 변환하여 제출]

- 예측값이 6(반올림된 값)일 때: |6−6|=0
- 예측값이 6(반올림된 값)일 때: |7−6|=1
- 예측값이 9(반올림된 값)일 때: |10−9|=1
- MAE: (0+1+1)/3=0.6667

따라서, 소수점 그대로 제출하는 것과 정수 변환은 미미한 차이입니다. 결과적으로 MAE는 소수점 숫자로 나오기 때문에 정수변환은 필요하지 않습니다. 더불어, MSE, RMSE, RMSLE 등의 다른 지표들도 동일하게 소수점 값을 사용하는 것이 더 정확합니다.

Q FutureWarning이 발생했어요.

A 코랩에서 사용하는 판다스, 사이킷런 등 라이브러리가 업데이트되면서 FutureWarning이 발생할 수 있습니다. 예를 들어, LightGBM에서 Dask와 관련된 FutureWarning이 발생할 수 있으며, 이는 미래 버전에서 오류가 발생할 수 있음을 알려줍니다. FutureWarning은 무시하셔도 좋습니다.

Part 1에서는 프로그래밍 언어 '파이썬'과 데이터 분석 라이브러리 '판다스'에 대한 기초를 탄탄히 다지게 됩니다. 파이썬은 그 강력함과 다재다능함으로 인해 데이터 과학자들 사이에서 널리 채택되고 있고, 판다스는 파이썬에서 데이터를 효율적으로 처리하고 분석하는 데 필수적인 도구입니다.

Chapter 1. 파이썬
파이썬의 기본 개념들을 학습합니다. 출력부터 시작해 산술 연산자, 자료형, 변수, 조건문, 반복문, 함수 등 프로그래밍의 핵심적인 요소들을 살펴보게 됩니다. 또한, 리스트, 딕셔너리, 문자열과 같은 중요한 데이터 구조들에 대해서도 깊이 있게 다룹니다.

Chapter 2. 판다스
데이터프레임이나 시리즈와 같은 기본 구조부터 시작해 데이터의 저장, 불러오기, 탐색적 데이터 분석(EDA), 자료형 변환, 컬럼 추가 및 삭제, 인덱싱과 슬라이싱, 정렬, 필터링, 결측치 처리, 그룹화 등 데이터 분석에 필요한 다양한 기술들을 배우게 됩니다.

Chapter 3. 작업형1 연습문제
작업형1 문제를 통해 배운 이론을 실습합니다. 연습문제들은 실제 데이터 분석 과정에서 마주칠 수 있는 다양한 상황들을 시뮬레이션하며, 이를 통해 이론과 실습의 균형을 맞추고 실제 시험 환경에서의 적용력을 강화할 수 있습니다.

이 모든 내용을 통해 여러분은 작업형1을 충분하게 준비할 수 있습니다.

이 책의 활용 파이썬 라이브러리

이 책에서는 파이썬 라이브러리 중 판다스(pandas), 사이킷런(sckit-learn), 사이파이(scipy), 스태츠모델즈(statsmodels), 넘파이(numpy) 등을 활용하는데, Part 1에서는 그중 파이썬과 판다스를 중점적으로 다룹니다.

PART 1

작업형1

CHAPTER 01

파이썬

파이썬은 배우기 쉽고, 인기 있는 프로그래밍 언어다. 데이터 분석뿐만 아니라 업무 자동화, 웹 프로그래밍 등 다양한 환경에서 사용되고 있다. 빅데이터 분석기사를 위한 파이썬은 기본적인 내용만 알고 있으면 충분하다. 이미 다른 언어를 접해본 경험이 있다면 파이썬 문법만 간단히 훑고 지나가도 좋다. 파이썬을 깊이 있게 파헤치기보다 자격증 취득을 위한 파이썬 프로그래밍 기초를 학습해 보자.

Section 01 | 출력
Section 02 | 주석
Section 03 | 산술 연산자
Section 04 | 자료형
Section 05 | 변수
Section 06 | 자료형 변환
Section 07 | 비교 연산자
Section 08 | 조건문
Section 09 | 리스트
Section 10 | 딕셔너리
Section 11 | 인덱싱과 슬라이싱
Section 12 | 내장 함수
Section 13 | 문자열
Section 14 | 반복문
Section 15 | 함수
확인문제

SECTION 01 | 출력

파이썬에서 출력은 print( ) 함수 (또는 print문)을 활용한다. print 단어 뒤의 괄호 안에 출력하고자 하는 값을 넣어주면 된다. 숫자는 그대로 사용하고, 문자는 반드시 큰따옴표(" ") 또는 작은따옴표(' ')로 묶어준다. 이 책에서는 큰따옴표와 작은따옴표를 혼용해 사용하고 있다.

1 문자 출력

가장 먼저 "안녕! 시나공"을 출력해 보자.

```
print("안녕! 시나공")
```

```
안녕! 시나공
```

2 숫자 출력

주피터 노트북에서 결과는 입력 셀 바로 아래 출력된다. 셀 단위로 코딩하고 결괏값을 바로바로 확인하면서 학습하자. 다음의 숫자를 출력해 보자. 숫자를 출력할 때는 따옴표 없이 숫자만 작성한다.

```
print(2024)
```

```
2024
```

3 자동 출력

주피터 노트북에서는 각 셀의 가장 마지막 문장을 자동으로 출력한다. 다음 두 줄의 코드에서 마지막 코드만 자동으로 출력된 것을 볼 수 있다. 이 책에서 마지막 코드를 출력할 때 print문을 생략할 수도 있다.

```
"길벗은"
"여러분의 합격을 응원합니다."
```

```
' 여러분의 합격을 응원합니다.'
```

시험에서도 마지막 문장이 자동으로 출력되나요?

아니다. 반드시 print( ) 함수를 작성해야 출력된다. 일반적으로 데이터를 분석할 때 코딩을 작업하는 환경은 크게 두 가지다. 스크립트 환경과 주피터 노트북 환경이다. 스크립트 환경은 코드 전체를 처음부터 끝까지 순차적으로 실행하고 print( ) 함수가 있다면 출력 부분에서 모두 한번에 출력된다. 주피터 노트북 환경은 셀 단위로 나눠 실행하고 중간 결과를 즉시 확인할 수 있는 대화형 환경을 제공한다. 시험에서는 스크립트 환경, 학습 과정에서는 주피터 노트북 환경(코랩)을 권장한다. 셀 단위로 만들어진 코드 결과를 확인할 수 있어서 학습에 효과적이기 때문이다.

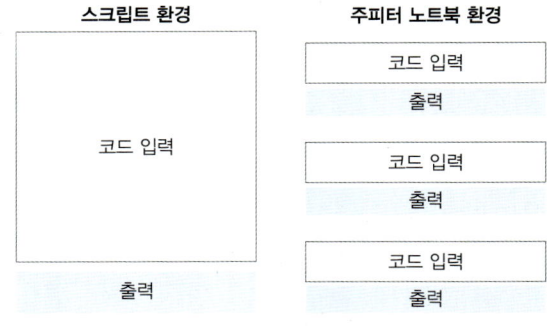

SECTION 02 주석

코드에 설명을 달거나 다른 방법으로 코드를 작성하면서 이전 코드는 실행되지 않고 잠시 컴퓨터가 인식하지 못하게 만들고 싶을 때 주석을 활용한다. 주석은 코드에 메모를 추가하는 데 사용되며, 주석 처리된 부분은 컴퓨터가 인식하지 못한다. 시험에서는 이전 코드는 남겨둔 채 풀이 방식을 다양하게 시도 또는 검증해 보기 위해 주석을 많이 활용한다.

1 한 줄 주석 처리

주석은 # 기호로 시작하며, 해당 기호 뒤에 오는 모든 텍스트가 주석으로 처리된다.

```
print("파이썬")
# print("파이썬은 쉽다")
```

```
파이썬
```

⊕ 특수 문자 #을 직접 입력하기보다 단축키를 활용한다. 주석 처리하고 싶은 코드의 줄(행) 아무 곳에나 커서를 위치하게 한 후 "Ctrl + /"(맥: ⌘ + /)를 입력하면 주석 처리가 된다. 한 번 더 누르면 주석이 해제된다.

2 여러 줄 주석 처리

코드 한 줄을 주석 처리할 때도 있지만, 여러 줄을 한번에 주석 처리하는 경우가 더 많다. 주석 처리하고 싶은 줄(행)을 블록 처리한 후 "Ctrl + /"를 활용하면 주석 처리 또는 주석 해제가 된다.

```
# print("이 책의 저자 김태헌입니다.")
print("여러분을 합격의 가장 빠른 길로 안내할게요!")
# print("믿고 따라와주세요!")
```

```
여러분을 합격의 가장 빠른 길로 안내할게요!
```

SECTION 03 | 산술 연산자

1 사칙연산

파이썬에서 더하기(+), 빼기(-), 곱하기(*), 나누기(/) 등 산술 연산은 "1+2"와 같이 직관적으로 사용할 수 있다. 그리고 자동으로 계산 결괏값이 출력되는 것을 확인할 수 있다.

```
print(1+2, 4-1, 2*3, 16/3)
```

```
3 3 6 5.333333333333333
```

2 나누기 결과

나누기는 나머지가 0이더라도 소수점 형태(5.0)의 결과를 확인할 수 있다.

```
15/3
```

```
5.0
```

3 몫 연산자

16/3을 하면 5.333이다. 이때 몫 연산자인 //(슬러시 2개)는 소수점을 버리고 5만 반환한다.

16//3
5

4 나머지 연산자

나머지 연산자인 %(퍼센트)를 사용하면 16을 3으로 나눈 나머지는 1이다.

16%3
1

5 거듭제곱

거듭제곱(Exponentiation)은 어떤 수를 여러 번 곱하는 연산을 의미한다. **(별 모양 2개)를 사용해 계산한다. 예를 들어, 4**2는 4의 제곱(4^2)과 같고, 결과는 16이다.

4**2
16

6 제곱근

어떤 수의 제곱근(Square Root)은 그 수를 제곱했을 때 그 결과가 되는 수다. 제곱근을 구하는 한 가지 방법은 거듭제곱 연산자를 사용해 해당 수에 0.5를 거듭제곱하는 것이다. 예를 들어, 16**0.5는 16의 제곱근을 계산하며 결과는 4.0이다. $\sqrt{16}=4$와 동일하다. (작업형2 회귀 모델 평가에서 사용된다.)

16**0.5
4.0

7 산술 연산자 우선순위

연산자에는 우선순위가 있다. 예를 들어, 곱하기(*)와 더하기(+)가 있다면 곱하기(*)를 우선적으로 연산한다.

```
4+3*2
```
```
10
```

거듭제곱은 곱하기보다 우선순위가 높고, 곱하기는 더하기보다 우선순위가 높다. 더하기나 빼기와 같이 우선순위가 같은 경우에는 왼쪽에서 오른쪽 순서대로 계산한다. 이 우선순위를 알면 좋지만, 외울 필요는 없다. 최상위 우선순위는 "괄호"이기 때문에 원하는 우선순위대로 괄호를 작성하면 원하는 결괏값을 얻을 수 있다.

```
(4+3)*2
```
```
14
```

▼ 산술 연산자 우선순위 표

우선순위	연산자	설명
높음	**	거듭제곱
↕	*, /, //, %	곱하기, 나누기, 나누기 몫, 나머지
낮음	+, −	더하기, 빼기

8 문자끼리 더하기

숫자가 아니라 문자끼리 더하면 문자가 합쳐진다 "py"와 "thon"을 더하면 python이 결과로 출력된다.

```
"py" + "thon"
```
```
'python'
```

9 문자와 숫자 더하기

문자와 숫자를 더하면 어떻게 될까? 문자와 숫자는 더할 수 없기 때문에 타입 에러(TypeError)가 발생한다.

```
"py" + 3
```
```
TypeError: can only concatenate str (not "int") to str
```

에러를 해결하기 위해 숫자를 문자처럼 사용하는 경우 다음과 같이 문자 형태로 합칠 수 있다.

```
"py" + "3"
```

```
py3
```

SECTION 04 | 자료형

파이썬의 자료형에는 숫자형, 문자열, 불리언(참과 거짓), 리스트, 딕셔너리 등이 있다. 여기서는 숫자형과 문자열을 먼저 알아보고, 리스트와 딕셔너리는 뒤에서 다룰 예정이다.

자료형		예시
숫자(정수)	int	1, 2, 3
숫자(실수)	float	1.0, 2.0, 3.0
문자열	str(string)	'hello', '3'
참과 거짓	bool(boolean)	True, False

1 정수형

type( ) 함수를 통해 어떤 자료형인지 확인할 수 있다. 1은 정수로 int형이다.

```
type(1)
```

```
int
```

2 실수형

숫자 1.1과 같이 소수점을 포함한 실수 값은 float형이다.

```
type(1.1)
```

```
float
```

3 문자열

문자열은 문자들이 순서를 갖고 있는 자료형이다. 작은따옴표나 큰따옴표로 둘러싸여 있다. str 형인데, str은 string의 약자다.

```
type('hello')
```
```
str
```

4 숫자로 된 문자

숫자도 따옴표로 묶으면 파이썬에서는 문자와 같다. 따옴표로 묶은 숫자의 자료형은 str로 나타남을 확인할 수 있다.

```
type('3')
```
```
str
```

5 같지만 다른 숫자

3과 3.0 그리고 '3'은 그냥 볼 때는 모두 같은 3이지만, 프로그래밍에서는 전혀 다르게 인식한다. 각각 정수형, 실수형, 문자열이다. 파이썬에서는 한 줄에 여러 값을 출력하기 위해 콤마를 사용할 수 있다. 간단한 코드일 때는 한눈에 보기 쉽게 콤마를 사용해 출력하도록 한다. 단, 콤마로 구분할 경우에는 소괄호로 묶여서 출력된다.

```
type(3), type(3.0), type('3')
```
```
(int, float, str)
```

6 참과 거짓

불리언(Boolean)은 참(True)과 거짓(False)을 나타내는 두 가지 값이 있다. 문자를 쓸 때와 달리, 따옴표가 없는 것을 알 수 있다. 예약어로 설정되어 있어 따옴표가 없더라도 에러가 발생하지 않고, 정상적으로 동작한다. 이때 주의할 점은 첫 글자가 대문자라는 것이다. 예약어가 파이썬에서는 미리 정의된 단어인데, 일반적으로 색깔로 구분된다. 코랩에서는 파란색, 시험 환경에서는 True와 False가 붉은색으로 표기된다.

```
type(True), type(False)
```
```
(bool, bool)
```

7 참은 1, 거짓은 0

불리언 값은 내부적으로 True는 1, False는 0으로 사용된다. 따라서 불리언 값들 간의 산술 연산이 가능하며, 이때 True와 False는 각각 1과 0으로 계산한다.

True + True + True + False + False
3

⊕ 작업형1에서는 참(True)의 개수를 알아야 할 때가 있다. 불리언은 산술 연산이 가능하므로 불리언 값을 모두 더하면 참(True)의 개수를 셀 수 있다.

SECTION 05 변수

지금까지는 숫자와 문자를 그대로 사용했다. 하지만 실제 코딩에서는 숫자와 문자를 그대로 사용하는 일은 드물며 변수에 담아서 사용한다. 변수는 파이썬에서 데이터를 저장하고 참조하는 데 사용되는 식별자다. 누군가 나의 이름을 부르면 쳐다보듯이, 변수명을 부르면 변수에 저장된 값을 알려준다. 변수를 활용하기 위해서는 우선 이름을 지어야 한다. 변수명은 원하는 대로 정할 수 있다. 단, 몇 가지 기준은 지켜야 한다. 대소문자 혹은 문자와 숫자 그리고 밑줄(_)을 사용할 수 있다. 단 숫자가 먼저 오면 안된다.

- 대소문자를 구분한다. Data와 data는 다른 변수다.
- True, False와 같은 예약어를 사용할 수 없다. 예약어란 파이썬에서 특정 기능을 수행하도록 예약되어 있는 단어다. 예약어를 외울 필요는 없다. 시험 환경과 코랩에서는 예약어 사용 시 색깔이 달라짐을 확인할 수 있다.

⊕ 예약어 36개(python v3.9 기준)

False	None	True	__peg_parser__	and	as
assert	async	await	break	class	continue
def	del	elif	else	except	finally
for	from	global	if	import	in
is	lambda	nonlocal	not	or	pass
raise	return	try	while	with	yield

1 변수에 값 대입

다음 코드에 변수명을 americano로 작성했고 "="과 4500이 작성되었다. 여기서 말하는 등호(=)는 우리가 흔히 일상에서 사용하는 "같다"가 아니라 "대입(할당)"으로 이해해야 한다. 오른쪽의 결과가 왼쪽에 대입된다. 따라서 4500값이 americano라는 변수에 들어간다.

```
americano = 4500
```

2 변수 출력

변수명을 출력하면 변수에 담겨 있던 값(4500)이 출력된다. 변수명은 따옴표가 없고, 문자는 따옴표가 존재한다.

```
print(americano)    # 변수 출력
print('americano')  # 문자 출력

4500
americano
```

3 변수 연산

변수명끼리 더하기 연산을 진행하면 숫자형일 경우 그 변수 값끼리 더해진다. americano 변수에 4500이 있고, latte 변수에 5000이 있어 더하면 9500이 출력된다.

```
latte = 5000
print(americano + latte)

9500
```

4 결괏값 변수에 대입

연산된 결괏값을 바로 출력하는 것이 아니라 새로운 result 변수에 담아서 출력해 보자. 일반적으로 결괏값을 변수에 담아두는 방식을 많이 사용한다.

```
result = americano + latte
print(result)

9500
```

5 변수 업데이트

다음 코드는 "="을 기준으로 왼쪽에도 오른쪽에도 americano 변수명이 있다. 앞서 언급한 대로 오른쪽의 결괏값을 왼쪽에 대입한다. 따라서 오른쪽에 있는 4500 – 1000의 결괏값이 americano에 대입되어 americano의 변수 값은 3500으로 변경되어 출력된다. 프로그래밍이 처음이라면 복잡할 수 있지만, 빈번하게 활용하는 개념이다.

```
americano = 4500
americano = americano - 1000
print(americano)
```
```
3500
```

6 다중 변수 할당

파이썬에서는 다중 변수 할당이 가능하다. 여러 변수에 동시에 여러 값을 할당할 수 있다. a 변수에는 10이 할당되고, b 변수에는 20이 할당되며, c 변수에는 30이 할당된다. 이 값을 모두 더하여 print( ) 함수를 활용해 출력했다.

```
a, b, c = 10, 20, 30
print(a+b+c)
```
```
60
```

SECTION 06 | 자료형 변환

형 변환은 자료형(데이터 타입)을 변경하는 것이다. 파이썬에는 자료형이 자동으로 변경되는 암시적 자료형 변환이 있고, 사용자가 원하는 자료형으로 변경되는 명시적 자료형 변환이 있다.

1 암시적 자료형 변환

a(정수)와 b(실수)를 더하고 결괏값을 a에 대입하면 변수 a는 실수로 자동 변환된다.

```
a = 2
b = 0.17
a = a + b
type(a)
```
```
float
```

2 명시적 자료형 변환

실수인 2.17을 문자열과 정수형으로 변환해 보자. 2.17을 문자로 변경하면 "2.17"이 되고, 정수형으로 변경하면 소수점이 절사되어 2가 된다.

```
box = 2.17
print("문자열:", str(box))
print("정수형:", int(box))
```

```
문자열: 2.17
정수형: 2
```

3 자료형 변환

문자열 자료형을 실수형으로 변환하면 산술 연산이 가능하다. 만약 자료형 변환 없이 문자와 숫자를 산술 연산하면 타입 에러가 발생한다.

```
box = "3.14"
box = float(box) + 10
box
```

```
13.14
```

SECTION 07 | 비교 연산자

비교 연산자는 2개의 값을 비교해 결괏값으로 True(참) 또는 False(거짓)를 반환한다. 파이썬에서는 다음 연산자를 자주 사용하는데, 주로 조건문에서 활용한다.

기호	의미 (왼쪽값이 오른쪽값보다)	기호	의미 (두 값은)
>	크다	==	같다
<	작다	!=	다르다
>=	크거나 같다		
<=	작거나 같다		

1 참 조건

비교 연산 결과, 10이 5보다 크기 때문에 True(참)를 반환한다.

```
10 > 5
```

```
True
```

2 거짓 조건

10이 5보다 작지 않으므로 False(거짓)를 반환한다.

```
10 < 5
```

```
False
```

3 크거나(작거나) 같다

'크거나 같다 또는 작거나 같다'고 표현할 때는 ">=" 또는 "<="로 사용한다.

```
10 >= 5
```

```
True
```

4 두 값이 같다

'같다'는 표현은 "=="이다. 흔히 발생하는 실수로 "="을 1개만 입력하는 경우가 많으므로 주의해야 한다.

```
10 == 10
```

```
True
```

5 두 값이 다르다

'다르다'는 표현은 "!="이다. 서로 다를 경우 True를 반환한다.

```
10 != 5
```

```
True
```

⊕ **부등호 순서**: 부등호가 2개일 때 흔히 하기 쉬운 실수가 있다. 예를 들어, B가 A보다 크다고 할 때 "A <= B"와 "A =< B" 사이에서 어떤 것을 선택해야 할지 헷갈리기도 하고, A와 B가 다르다고 할 때 "A!=B"와 "A=!B" 사이에서 고민하기도 한다. 항상 "=" 기호가 뒤에 있음을 기억하자.

6 변수 값 비교

변수에 숫자를 담아 비교 연산자를 활용해 보자. a와 b에 각각 10을 대입했다. a와 b가 같은지 비교하기 위해 "==" 비교 연산자를 사용했고, 두 값이 같을 경우 True를 반환한다.

```
a = 10
b = 10
a == b
```

```
True
```

- **참 조건**: a가 b보다 같거나 크다는 조건이 성립하므로 True를 반환한다.

```
a >= b
```

```
True
```

- **거짓 조건**: a가 b보다 크다는 조건이 성립하지 않으므로 False를 반환한다.

```
a > b
```

```
False
```

7 문자 비교

문자로도 비교 연산이 가능하다. c == d의 결과는 두 변수가 동일한 문자열을 갖고 있으므로 True가 된다. 반면에 d == e의 결과는 두 변수가 서로 다른 문자열을 갖고 있으므로 False가 된다.

```
c = "빅데이터"
d = "빅데이터"
e = "데이터"

print(c == d)
print(d == e)
```

```
True
False
```

SECTION 08 | 조건문

조건문은 프로그래밍에서 흐름을 제어하거나 결정을 내릴 때 사용되며, if, elif, else 키워드를 이용해 조건문을 구성한다. 조건문을 사용해 주어진 조건이 참이면 특정 코드를 실행하고, 그렇지 않으면 다른 코드를 실행할 수 있다.

조건문을 작성할 때 다음과 같은 구조를 따른다.
① if 키워드로 시작하며, 한 칸 띄어쓰기 후 조건을 작성한다.
② 조건을 작성한 후에는 콜론(:)을 붙이고, 조건이 참일 때 실행될 코드를 다음 줄에 들여쓰기 후 작성한다.
③ elif(else if의 줄임말)를 사용해 추가 조건을 사용할 수 있다. elif도 조건 뒤에 콜론을 사용한다.
④ if와 elif 조건이 모두 거짓일 때 실행될 코드는 else 블록에 작성한다. else는 조건을 체크하지 않으므로 뒤에 조건을 작성하지 않으며, 콜론만 붙인다.
⑤ 조건문 안에 들어가는 코드는 들여쓰기를 통해 구분한다. 파이썬은 들여쓰기를 매우 중요하게 여기며, 이를 통해 코드를 식별한다.

다음과 같이 코드로 표현될 수 있다.

```
점수 = 87

if 점수 >= 90:
    print("A")
elif 점수 >= 80:
    print("B")
elif 점수 >= 70:
    print("C")
else:
    print("D")
```

여기서 if 점수 >= 90:은 '점수가 90점 이상인지 검사한다'다. 이 조건이 참이면 print("A")가 실행된다. 하지만 점수가 80점 이상이라면 elif 점수 >= 80: 블록이 실행되어 print("B")가 출력된다. 만약 점수가 70점 이상이라면 elif 점수 >= 70: 블록이 실행되고, 그렇지 않으면 else: 블록이 실행되어 "D"가 출력된다.
여기서는 87점이 if 조건과 elif 점수 >= 90: 조건에는 부합하지 않지만, elif 점수 >= 80: 조건에는 부합하므로 "B"가 출력된다.

파이썬에서는 조건문의 각 조건이 불리언(Boolean) 값인 True(참) 또는 False(거짓)를 반환하게 된다. 예를 들어, 1 > 0는 True, 0 > 1는 False를 반환한다.

이런 방식으로 if, elif, else 구문을 사용해 프로그램의 흐름을 다양한 상황에 따라 제어할 수 있다. 조건문에서 if 키워드는 반드시 필요하고, elif와 else는 상황에 따라 사용하지 않아도 된다.

➕ **들여쓰기와 내어쓰기**: 파이썬에서는 들여쓰기(Indentation)와 내어쓰기(Dedentation)가 중요하다. 파이썬에서는 들여쓰기와 내어쓰기가 문법의 일부로, 코드의 블록을 구분하는 역할을 한다. 가독성뿐만 아니라 코드의 실행 흐름을 제어하는 데도 중요한 역할을 한다.

- 들여쓰기: [Tab]
- 내어쓰기: [Shift] + [Tab]

1 조건문(참)

다음 코드는 if 뒤에 오는 조건이 참일 때 "실행"이 출력된다. 이 코드의 경우 항상 참(True)이므로 print("실행")이 항상 실행된다. print( ) 함수는 if문 아래 들여쓰기 되어 있다.

```python
if True:
    print("실행")
```

```
실행
```

조건문(거짓)

다음 코드는 if 뒤에 오는 조건이 항상 거짓이므로 if문 아래 들여쓰기 된 코드는 실행되지 않는다.

```python
if False:
    print("무시")
```

➕ **흔히 하는 실수**: 조건문에서 흔히 하는 실수는 콜론(:)을 입력하지 않아 에러가 자주 발생한다는 것이다. 일반적으로 "if 조건:" 형식을 정상적으로 작성하고 [Enter↵]를 누르면 대부분 자동으로 들여쓰기가 된다. 만약 자동으로 들여쓰기가 되지 않는다면 대부분 콜론(:)을 빠뜨린 경우다.

2 비교 연산자

if 뒤에 비교 연산자를 활용해 코드를 작성해 보자. score >= 10의 결과가 참으로 판단되면 조건문 아래의 들여쓰기 된 코드를 실행한다.

```python
score = 10
if score >= 10:
    print("10보다 크거나 같다")
```

```
10보다 크거나 같다
```

```
if score > 9:
    print("9 보다 크다")
```

9 보다 크다

```
if score <= 10:
    print("10 보다 작거나 같다")
```

10 보다 작거나 같다

```
if score < 11:
    print("11 보다 작다")
```

11 보다 작다

```
if score == 10:
    print("score는 10이다")
```

score는 10이다

```
if score != 11:
    print("score는 11과 같지 않다")
```

score는 11과 같지 않다

3 논리 연산자

조건문에서는 논리 연산자인 and와 or를 함께 사용하는 경우가 많다. 논리 연산자에서 and 연산자는 모든 조건이 참일 때 참을 반환하고, or 연산자는 하나 이상의 조건이 참일 때 참을 반환한다.

기호	코드	설명	결과
and	True and False	참 and 거짓	거짓(False)
	True and True	참 and 참	참(True)
or	True or False	참 or 거짓	참(True)
	True or True	참 or 참	참(True)

```
print("True and False:", True and False)
print("True and True:", True and True)
print("True or False:", True or False)
print("True or True:", True or True)
```

```
True and False: False
True and True: True
True or False: True
True or True: True
```

4 else

if 조건이 거짓일 때 실행할 코드가 필요하면 else를 활용한다. else는 별도 조건이 필요하지 않으므로 if의 조건이 성립되지 않았을 때 else 아래의 들여쓰기 된 코드를 실행한다.

```
if score < 10 and score >= 5:
    print("score는 5 이상, 10 미만입니다.")
else:
    print("score는 5 미만, 10 이상입니다.")
```

```
score는 5 미만, 10 이상입니다.
```

5 elif

점수를 A, B, C 등급으로 구분하는 조건문을 만들어 보자. 조건이 2개 이상이므로 이때는 if와 else 사이에 elif를 활용한다. elif도 if처럼 조건이 필요하다.

```
score = 7

if score >= 10:
    print("A")
elif score < 10 and score >= 5:
    print("B")
else:
    print("C")
```

```
B
```

6 조건문의 구성

조건문에서 if와 else는 각각 한 번씩만 사용할 수 있는 반면에 elif는 필요에 따라 여러 번 사용할 수 있다.

```
score = 2

if score >= 10:
    print("score는 10 이상입니다.")
elif score < 10 and score >= 5:
    print("score는 5 이상 10 미만입니다.")
elif score < 4 and score >= 3:
    print("score는 3 이상 4 미만입니다.")
else:
    print("score는 2 이하입니다.")
```

score는 2 이하입니다.

SECTION 09 | 리스트

파이썬의 리스트(list)는 여러 개의 값을 저장할 수 있는 자료형 중 하나다. 앞서는 하나의 변수에 하나의 값만 담았다. 예를 들어, 여러 개의 데이터를 저장하기 위해 box1, box2, box3… 등과 같이 여러 변수를 사용해야 하지만, 이 방법은 데이터가 많아질 경우 관리가 어렵고 비효율적이다. 리스트를 사용하면 이런 문제를 해결할 수 있다. 리스트는 여러 개의 값을 하나의 변수에 저장할 수 있기 때문에 데이터 관리가 훨씬 편리하다. 또한, 리스트는 순서가 있어 인덱스를 통해 접근이 가능하다.

1 리스트 생성

리스트에 데이터를 대입할 때는 대괄호([ ])로 묶어주고, 각 값은 콤마(,)로 구분한다. 콤마와 콤마 사이는 가독성을 높이기 위해 띄어쓰기를 해도 된다.

```
listbox = [4,2,10,6,8]
print(listbox)
```

[4, 2, 10, 6, 8]

리스트는 순서가 있는 자료형으로 데이터를 입력한 순서대로 저장한다. 중요한 점은 리스트에서 인덱스는 0부터 시작한다는 것이다. 즉, 첫 번째 요소의 인덱스는 0, 두 번째 요소의 인덱스는 1이 된다. 예를 들어, 5개의 요소를 가진 리스트가 있다면 이 리스트의 인덱스는 0부터 4까지 존재하며, 이를 통해 리스트의 각 요소에 접근할 수 있다.

listbox					
값	4	2	10	6	8
인덱스	[0]	[1]	[2]	[3]	[4]

2 리스트의 첫 번째 값

리스트 변수에서 첫 번째 값을 찾아보자. 인덱스 번호 0을 대괄호 안에 넣는다.

```
print(listbox[0])
```
```
4
```

3 리스트 자료형 확인

리스트 변수의 자료형을 확인해 보면 list라는 자료형이다.

```
print(type(listbox))
```
```
<class 'list'>
```

4 리스트 생성(문자)

문자도 대입할 수 있다. 문자를 입력할 때는 작은따옴표나 큰따옴표로 반드시 묶어야 한다.

```
listbox = ['길벗','시나공','빅데이터']
print(listbox)
```
```
['길벗', '시나공', '빅데이터']
```

5 리스트 값 추가

리스트는 다양한 함수(메소드)가 내장되어 있다. append() 함수를 통해 이미 만들어진 리스트에 값을 추가할 수 있다.

```
listbox.append('분석')
print(listbox)
```
```
['길벗', '시나공', '빅데이터', '분석']
```

6 리스트 정렬

리스트는 값의 순서가 있는 자료형으로 순서를 정렬할 때는 sorted() 함수를 통해 리스트 안에 있는 값을 정렬할 수 있다. 기본적으로는 오름차순으로 정렬된다.

```
listbox = [4,2,10,6,8]
listbox_sorted = sorted(listbox)
listbox_sorted
```

```
[2, 4, 6, 8, 10]
```

주피터 노트북에서 셀의 마지막 라인은 자동으로 출력된다. 필자는 주로 print() 함수를 생략해 사용할 것이다. 하지만 셀의 마지막 라인이 아닌 값을 출력하기 위해서는 print() 함수가 필요하다.

내림차순으로 정렬하고 싶다면 reverse = True를 사용한다.

```
sorted(listbox, reverse = True)
```

```
[10, 8, 6, 4, 2]
```

문자가 있는 리스트 자료형도 가나다 순으로 정렬된다. 단, 문자와 숫자가 섞여 있다면 정렬할 수 없다.

```
listbox = ['길벗','시나공','빅데이터']
listbox_sorted = sorted(listbox)
listbox_sorted
```

```
['길벗', '빅데이터', '시나공']
```

SECTION 10 | 딕셔너리

딕셔너리(dictionary)는 리스트와 같이 여러 개의 데이터를 한번에 담을 수 있는 자료형이다. key(키)와 value(값)의 쌍을 저장하는 연관 배열이고, 키를 통해 값을 찾을 수 있다.

1 딕셔너리 생성

딕셔너리는 중괄호({ })를 사용해 정의하고, 각 key(키)와 value(값)는 콜론(:)으로 구분한다. key(키)는 고유한 값으로 중복할 수 없다.

```
dictbox = {'name':'쿼카', 'level': 5}
dictbox
```

```
{'name': '쿼카', 'level': 5}
```

2 딕셔너리 자료형

딕셔너리 자료형은 dict로 출력된다. dict는 dictionary의 약자다.

```
type(dictbox)
```

```
dict
```

3 딕셔너리 값 출력

딕셔너리 변수명[key]로 value(값)를 확인할 수 있다.

```
print(dictbox['name'])
print(dictbox['level'])
```

```
쿼카
5
```

4 딕셔너리 값 변경

대괄호 안에 key를 입력하고 새로운 값(value)으로 변경할 수도 있다. 'level'의 key값(value)을 5에서 6으로 변경해 보자.

```
dictbox['level'] = 6
dictbox['level']
```

```
6
```

5 딕셔너리 키

딕셔너리 변수에 ".keys()"를 사용해 전체 key만 확인할 수 있다.

```
dictbox.keys()
```

```
dict_keys(['name', 'level'])
```

6 딕셔너리 값

딕셔너리 변수에 ".values()"를 사용해 전체 value만 확인할 수 있다.

```
dictbox.values()
```

```
dict_values(['쿼카', 6])
```

7 딕셔너리 키와 값

딕셔너리 변수에 ".items()"를 사용해 전체 key와 value를 확인할 수 있다.

```
dictbox.items()
```

```
dict_items([('name', '쿼카'), ('level', 6)])
```

8 딕셔너리를 리스트로 변환

딕셔너리 자료형에 있는 value만 리스트 형태로 변경하고 싶을 경우 dictbox.values()를 list()로 묶어주면 리스트 자료형으로 변환된 값을 얻을 수 있다.

```
list(dictbox.values())
```

```
['쿼카', 6]
```

9 딕셔너리 생성(변수)

딕셔너리를 만들 때 key나 value에 변수를 사용할 수 있다. 변수에 담겨진 값이 전달되어 딕셔너리를 만든다. a, b는 value(값)로, c는 key로 딕셔너리가 만들어졌다.

```
a = '합격맛집'
b = '길벗'
c = '출판사'

dictbox = {'닉네임' : a, c : b}
dictbox
```

{'닉네임' : '합격맛집', '출판사' : '길벗'}

10 딕셔너리 생성(리스트)

딕셔너리를 만들 때 리스트를 활용할 수도 있다. 두 리스트를 딕셔너리 dictbox에 각각 '가게'와 '평점'이라는 키로 사용한다. '가게'라는 키에는 listbox1의 값인 ['딴짓분식', '딴짓카페', '딴짓피자']가 할당되고, '평점'이라는 키에는 listbox2의 값인 [4.8, 4.9, 5.0]이 할당된다. 작업형2에서는 이 방법을 응용해 사용한다.

```
listbox1 = ['딴짓분식','딴짓카페','딴짓피자']
listbox2 = [4.8, 4.9, 5.0]

dictbox = {'가게': listbox1, '평점': listbox2}
dictbox
```

{'가게' : ['딴짓분식', '딴짓카페', '딴짓피자'], '평점' : [4.8, 4.9, 5.0]}

SECTION 11 | 인덱싱과 슬라이싱

인덱싱(indexing)과 슬라이싱(slicing)은 파이썬에서 매우 중요한 개념이다. 인덱싱은 리스트에서 특정한 하나의 값에 접근하는 것이고, 슬라이싱은 리스트의 특정 구간을 추출(생성)하는 것이다.

인덱싱과 슬라이싱은 순서가 있는 리스트, 문자열과 같은 자료형에 가능하며, 딕셔너리에는 순서가 없다. 따라서 인덱스를 사용할 수 없고 특정 키(key)에 대한 값을 가져온다.

	listbox				
값	2	4	6	8	10
인덱스	[0]	[1]	[2]	[3]	[4]

1 인덱싱

인덱스는 0부터 시작한다. listbox 변수에 있는 첫 번째 값과 네 번째 값을 찾아보자.

```
listbox = [2,4,6,8,10]
print(listbox[0])  # index 0, 첫 번째 값
print(listbox[3])  # index 3, 네 번째 값

2
8
```

리스트에서 가장 마지막 값을 찾을 때는 마지막 인덱스 번호를 입력한다. 하지만 데이터가 많을 경우 마지막 번호를 알고 있기 어렵다. 이때는 마이너스 기호를 활용해 "-1"로 마지막 값을 찾을 수 있다. 뒤에서 두 번째 값을 찾는다면 "-2"가 된다. 마이너스는 끝에서부터 값을 출력한다.

```
print(listbox[-1])

10
```

2 슬라이싱

슬라이싱은 순서가 있는 자료형에서 범위를 지정하여 특정 부분을 추출해 새로운 리스트로 생성한다.

'list[시작 인덱스:끝 인덱스]'와 같이 시작 지점과 끝 지점을 입력하면 슬라이싱이 된다. 이때 주의할 점은 "끝 지점 앞"까지만 슬라이싱된다. 인덱스 0, 1, 2의 값을 슬라이싱(추출)할 때는 [0:3]으로 입력한다.

```
print(listbox[0:3])
```

```
[2, 4, 6]
```

⊕ **인덱스 번호**: 슬라이싱할 때 인덱스의 시작과 끝을 잘 모르겠다면 출력해 보자. 출력한 결과를 보고 수정하면 된다. 시작 지점은 "이상", 끝 지점은 포함되지 않으므로 "미만"으로 이해해도 좋다.

인덱스 번호 1과 2의 값을 슬라이싱하기 위해서는 [1:3]으로 시작 인덱스와 끝 인덱스를 입력한다.

```
print(listbox[1:3])
```

```
[4, 6]
```

시작 또는 끝 인덱스 값을 생략할 수도 있다. 끝을 생략하면 마지막까지 슬라이싱한다. 인덱스 3부터 끝까지 슬라이싱해 보자.

```
print(listbox[3:])
```

```
[8, 10]
```

시작 인덱스를 생략해 보자. 시작을 생략하면 처음부터를 의미한다. [:3]은 시작 인덱스 0부터 끝 인덱스 3으로 슬라이싱한다.

```
print(listbox[:3])
```

```
[2, 4, 6]
```

슬라이싱에는 시작 인덱스, 끝 인덱스 그리고 간격이 있다. 간격은 시작부터 끝까지 N개씩 인덱스를 건너뛸 수 있다. 간격을 입력하지 않으면 기본값은 1이다. 'list[시작 인덱스:끝 인덱스:간격]'의 형태며, 간격에 2를 입력하면 한 칸씩 건너뛰어 인덱스 0, 2, 4의 값을 슬라이싱한다.

```
print(listbox[::2])
```

```
[2, 6, 10]
```

3 값 변경(슬라이싱 활용)

특정 인덱스 범위의 값을 변경해 보자. 인덱스 1에는 10, 2에는 20을 대입했다. 새로운 값 대입으로 값 변경이 가능하다.

```
listbox[1:3] = [10, 20]
listbox
```

```
[2, 10, 20, 8, 10]
```

SECTION 12 | 내장 함수

파이썬에는 사전에 정의된 여러 내장 함수가 있다. 앞서 학습한 print()는 지정된 값을 출력하는 함수고, type()은 데이터 타입을 반환하는 함수다. 이외에도 자주 활용되는 sum(), max(), min(), len(), round() 함수를 살펴보자.

1 합계

sum() 함수는 리스트 안에 있는 모든 값을 더하는 데 사용한다. 이 함수는 리스트에 포함된 모든 숫자들을 순서대로 더한 후 그 합계를 반환한다. 예를 들어, 리스트 변수가 [4, 2, 10, 6, 8] 데이터를 담고 있다면 4 + 2 + 10 + 6 + 8의 계산이 수행되며, 그 결과로 합계인 30이 반환된다.

```
listbox = [4,2,10,6,8]
sum(listbox)
```

```
30
```

리스트에 있는 요소들을 더하는 것은 숫자(정수 또는 실수)뿐만 아니라 불리언(Boolean) 값에도 적용할 수 있다. 불리언 데이터 타입에서는 True와 False가 각각 숫자 1과 0으로 계산된다.
예를 들어, boolbox라는 리스트가 [True, False, True]라는 3개의 불리언 값을 가진 경우는 1 + 0 + 1과 같으며, sum(boolbox)의 결과는 2가 된다.

```
boolbox = [True, False, True]
sum(boolbox)
```

```
2
```

2 최댓값

max( ) 함수는 최댓값을 찾는 데 사용한다. max( ) 함수에 리스트를 넣으면 리스트의 값 중에서 가장 큰 값을 찾아 반환한다.

```
max(listbox)
```

```
10
```

3 최솟값

min( ) 함수는 최솟값을 찾는 데 사용한다. min( ) 함수에 리스트를 넣으면 리스트의 값 중에서 가장 작은 값을 찾아 반환한다.

```
min(listbox)
```

```
2
```

4 항목의 개수

len( ) 함수는 자주 사용되는 함수로 리스트에 포함된 항목의 수, 문자열에 포함된 문자의 개수를 세어 반환한다.

```
len(listbox)
```

```
5
```

5 반올림

round( ) 함수는 숫자를 반올림하는 데 사용한다. 반올림할 자리가 5 미만이면 버리고, 5 이상이면 올리게 된다. round(값, 반올림 후 소수점 개수)

```
round(1.2345, 2), round(1.2375, 2)
```

```
(1.23, 1.24)
```

SECTION 13 | 문자열

문자열은 문자의 순서가 있는 자료형이다. 작은따옴표(' '), 큰따옴표(" ")로 둘러싸여 있다. 문자열의 기능 중 특정 부분 변경과 인덱싱 및 슬라이싱을 살펴보자.

1 문자 변경

문자열에서 특정 단어를 변경하기 위해서는 replace(변경 전 단어, 변경 후 단어)를 통해 문자를 변경한다.

```
text = "빅데이터 분석기사 파이썬 공부"
text = text.replace("공부","스터디")
text
```

' 빅데이터 분석기사 파이썬 스터디'

복수의 단어를 변경하는 방법에는 여러 가지가 있지만, 간단하게 다음과 같은 방법으로 변경할 수 있다.

```
text = "빅데이터 분석기사 파이썬 공부"
text = text.replace("파이썬","머신러닝").replace("분석기사","분석을 위한")
text
```

' 빅데이터 분석을 위한 머신러닝 공부'

2 문자열 슬라이싱

문자열도 리스트와 같이 순서가 있는 자료형이다. 따라서 인덱싱과 슬라이싱할 수 있다. 다음 문장에서 "안녕"을 슬라이싱하기 위해서는 인덱스 0부터 1까지 필요하다. 시작 인덱스는 0이므로 생략 가능하고, 끝 인덱스는 포함하지 않으므로 [:2]로 표기한다.

							text								
값	안	녕	하	세	요	!		함	께		성	장	해	요	.
인덱스	[0]	[1]	[2]	[3]	[4]	[5]	[6]	[7]	[8]	[9]	[10]	[11]	[12]	[13]	[14]

```
text = "안녕하세요! 함께 성장해요."
text[:2]
```

```
'안녕'
```

문자열 중간에 있는 "함께"만 슬라이싱해 보자. '함'은 인덱스 7, '께'는 인덱스 8이다. 따라서 text[7:9]로 슬라이싱한다.

```
text[7:9]
```

```
'함께'
```

문자(날짜) 데이터에서 "월-일"만 슬라이싱해 보자. 5번째 인덱스부터 끝까지 출력하면 된다.

```
date = "2022-12-25"
date[5:]
```

```
'12-25'
```

> **잠깐만요**
>
> **문자열 출력에서 따옴표가 왜 있나요?**
> 주피터 노트북에서 문자열을 자동 출력했을 때 작은따옴표가 붙기도 한다. 만약 print(date[5:])으로 자동 출력 대신 print() 함수를 사용했다면 따옴표 없이 12-25만 출력된다. 따라서 자동 출력했을 때 나타나는 작은따옴표(' ')는 신경 쓰지 않아도 된다.

3 문자열 분리

데이터에서 띄어쓰기나 특정 문자를 기준으로 값을 구분할 때는 split() 함수를 활용한다. date 변수에 있는 값을 특수 문자(-)를 기준으로 구분하고, text 변수에서는 띄어쓰기를 기준으로 구분해 보자. split() 함수를 활용하면 값을 구분한 후 구분된 값을 리스트로 반환한다. 괄호 안에 특정 문자가 없다면 띄어쓰기를 기준으로 구분한다.

```
print(date.split('-'))
print(text.split())
```

```
['2022', '12', '25']
['안녕하세요!', '함께', '성장해요.']
```

문자열을 list( )로 자료형 변환하면 한 글자씩을 순서대로 값으로 가진 리스트가 된다.

```
list(date)
```

```
['2', '0', '2', '2', '-', '1', '2', '-', '2', '5']
```

SECTION 14 | 반복문

데이터만 다르고 같은 작업을 여러 번 처리할 때는 반복문을 사용한다. 빅데이터 분석기사 실기 시험에서는 리스트에 있는 값을 하나씩 불러와 동일한 작업 수행이 필요할 때가 있다.

1 for 함수

리스트에 있는 모든 값을 출력할 수 있다. 리스트에 있는 모든 값을 반복해 불러오기 위해서는 "for 변수명 in 리스트" 형식으로 작성하고 뒤에 ":(콜론)"을 붙인다. for문은 리스트의 값을 순서대로 불러와 "변수명"에 넣고, for 아래의 들여쓰기 된 코드를 실행한다.

```
listbox = [2,4,6,8,10]
for item in listbox:
    print(item)
```

```
2
4
6
8
10
```

리스트에 있는 문자도 숫자와 같이 반복문을 통해 출력할 수 있다. 앞에서부터 단어를 하나씩 꺼내 출력한다.

```
listbox = ['길벗','시나공','빅분기']
for i in listbox:
    print(i)
```

```
길벗
시나공
빅분기
```

2 for문 코드 범위

for문 아래의 들여쓰기 된 코드와 그렇지 않은 코드를 확인해 보자. 반복문에 해당하는 코드는 들여쓰기 된 코드다. 반복문 안의 들여쓰기에 해당하는 코드가 모두 실행된 후 반복문 밖의 코드가 순서대로 실행된다.

```
listbox = [2,4,6,8,10]
for item in listbox:
    print(item)
print("끝")
```

```
2
4
6
8
10
끝
```

반복문에 해당하는 코드는 for문 아래의 들여쓰기 된 모든 코드다. 리스트에 있는 모든 값에 1씩 더해 출력하는 반복문을 작성해 보자.

```
listbox = [2,4,6,8,10]
for item in listbox:
    result = item + 1
    print(result)
```

```
3
5
7
9
11
```

3 range() 활용

반복문을 활용할 때 list() 외에도 range()를 활용할 수 있다. range(N)은 0부터 N-1까지의 수를 나열한다. 반복문에서 활용 시 N개만큼 반복이 가능하다.

```
for item in range(5):
    print(item)

0
1
2
3
4
```

0부터가 아니라 원하는 숫자가 있다면 range( )에서 시작 숫자와 끝 숫자를 입력할 수 있다. 슬라이싱과 같이 끝 숫자 앞까지 실행된다. range(5, 10) 입력 시 5부터 9까지 출력되는 것을 확인할 수 있다. for문에서 사용하는 변수명은 임의로 작성하면 되는데, 흔히 i, item 등을 많이 사용한다.

```
for i in range(5,10):
    print(i)

5
6
7
8
9
```

심화학습

심화학습은 다양한 방법으로 문제를 풀 수 있어 도움이 되지만, 다른 방식으로도 문제를 풀 수 있으므로 내용이 어렵다면 건너뛰어도 좋다.

1 list.append( )

list.append( ) 함수와 반복문을 함께 사용해 보자. list.append( )는 리스트에 값을 추가하는 함수다. 반복문을 통해 1부터 5까지의 값을 갖는 리스트 자료형을 만들어 보자. 우선 빈 리스트 변수를 만든다. 이를 초기화라고 한다. 그리고 반복문이 1부터 5까지 5번 반복하도록 만들기 위해 range 범위를 1부터 6(6을 포함하지 않음)까지 설정한다. 반복할 때마다 1부터 5까지의 값은 i 변수에 담겨진다. i 변수 값을 리스트 변수에 추가한다. 5번 반복되고 나면 다음과 같은 결과를 확인할 수 있다.

```
listbox = []
for i in range(1,6):
    listbox.append(i)

listbox
```
```
[1, 2, 3, 4, 5]
```

2 enumerate( )

리스트에 있는 값을 출력할 때 인덱스 번호를 함께 알고 싶을 때가 있다. 이때는 enumerate( ) 함수를 활용한다. enumerate( ) 함수는 반복문에 사용되며, 인덱스와 값을 함께 반환한다. 따라서 for문 안에 2개 변수를 작성한다. 첫 번째 변수는 인덱스, 두 번째 변수는 리스트에 있는 값을 받을 변수다.

```
listbox = ['길벗','시나공','빅분기', '분석']
for index, item in enumerate(listbox):
    print(index, item)
```
```
0 길벗
1 시나공
2 빅분기
3 분석
```

3 zip( )

반복문을 사용할 때 zip( ) 함수를 사용하기도 한다. zip( ) 함수는 여러 개의 값을 묶어주는 역할을 한다. 딕셔너리 변수에 있는 key와 value를 zip( ) 함수로 묶어서 출력해 보자.

```
person_info = {
    'name': '사랑',
    'age': 20,
    'city': '부산',
    'hobbies': ['연애', '수영', '코딩']
}
for k, v in zip(person_info.keys(), person_info.values()):
    print(k, v)
```
```
name 사랑
age 20
city 부산
hobbies ['연애', '수영', '코딩']
```

SECTION 15 | 함수

함수는 프로그램에서 재사용이 가능한 코드 블록이다. print( ), max( ), len( ) 등의 함수는 파이썬에서 기본 함수로 사전에 정의했기 때문에 사용만 하면 된다. 비유하자면 이사를 갔는데 풀옵션이라 세탁기, 건조기, 냉장고, TV가 빌트인 되어 있어 사용하기만 하면 되는 것과 같다. 만약 식기세척기가 필요한데 없다면 구매해 횟수 제한 없이 사용할 수도 있다. 이처럼 필요한 함수가 있다면 def로 함수를 만들어 사용할 수 있다. def는 define의 약자다. 이때 주의할 점은 함수 정의를 먼저하고 함수를 실행해야 한다는 것이다.

1 일반 함수

인사를 출력하는 hello( ) 함수를 만들어 보자. 여기서 hello( )는 임의로 만든 함수다. def hello( )로 함수를 정의하고 여러 번 실행할 수 있다.

```
def hello():      # 함수 정의
    print("안녕하세요!")

hello()           # 함수 호출
hello()           # 함수 호출
hello()           # 함수 호출
```

```
안녕하세요!
안녕하세요!
안녕하세요!
```

2 매개변수가 있는 함수

print( ), len( ) 등의 함수를 사용할 때 괄호 안에 넣는 변수를 "매개변수(parameters)"라고 부른다. 매개변수는 함수에 전달되는 값을 받기 위해 사용되는 변수로 함수를 실행할 때 괄호 안에 값을 넘겨주고 함수에서 매개변수 name에 그 값을 대입한다.

```
def hello(name):
    print("hello " + name)

hello("빅분기")
```

```
hello 빅분기
```

잠깐만요

매개변수의 범위

매개변수 name은 일반 변수와 달리, hello( ) 함수 안에서만 사용할 수 있다. 함수 안에서 함수 print(name)은 에러 없이 정상 출력되지만, 함수 밖에서 print(name)을 출력하면 "name 변수를 알 수 없다"라는 에러가 발생한다.

```
def hello(name):
    print(name)
print(name)

hello("빅분기")
```

```
NameError                          Traceback (most recent call last)
<ipython-input-29-89da2b7ed7a9> in <cell line: 4>()
      2 def hello(name):
      3     print(name)
----> 4 print(name)
      5
      6 hello("빅분기")

NameError: name 'name' is not defined
```

2개의 매개변수를 받아 이를 더하는 함수를 만들어 보자. plus( ) 함수를 실행할 때 콤마(,)로 구분해 값을 넘겨주고, plus( ) 함수에서 매개변수 x와 y에 대입받아 실행한다.

```
def plus(x, y):
    print(x+y)

# 함수 호출
a=2
b=3
plus(a,b)
```

```
5
```

3 반환 값이 있는 함수

함수에서 가장 많이 활용하는 것은 반환(return, 리턴)이다. 함수 안에서 작업이 진행되고 작업 결과를 반환받는다. len( )과 max( ) 함수의 예를 들면 len( ) 함수는 개수를 return해 주고, max( ) 함수는 최댓값을 return해 준다.

더하기 함수에서 결과를 return하는 함수로 변경해 보자. plus( ) 함수를 실행하면 결괏값을 return하고, 그 값을 a라는 변수에 대입받은 후 출력한다.

```
def plus(x, y):
    result = x+y
    return result

a = plus(2,3)
print(a)
```

```
5
```

파이썬에서는 반환 값이 1개가 아니라 복수도 가능하다. 다음 코드에서는 리스트의 최솟값과 최댓값을 함께 리턴(반환)하고 있다.

```
listbox = [15, 46, 78, 24, 56]
def min_max(data):
    mi = min(data)
    ma = max(data)
    return mi, ma

a, b = min_max(listbox)
print(a,b)
```

```
15 78
```

평균을 구하는 함수를 만들어 보자. 식이 간단할 때는 변수를 추가로 사용하지 않고 다음 코드와 같이 return 뒤에 수식을 적기도 한다. 그러면 연산한 결괏값을 반환한다.

```
listbox = [15, 46, 78, 24, 56]
def mean(data):
    return sum(data) / len(data)

mean(listbox)
```

```
43.8
```

확인문제

파이썬에서 학습한 여러 기능 중 꼭 알고 넘어가야 할 기초적인 부분을 퀴즈로 풀어보자.

문제

|데이터| Q1~7

```
listbox = ["감사", "행복", "사랑", "성공", "긍정", "변화", "성장", "희망"]
```

Q1. 리스트에 있는 값의 수를 출력하시오.
Q2. 리스트의 첫 번째 값을 출력하시오.
Q3. 리스트의 마지막 값을 출력하시오.
Q4. 리스트에서 처음부터 세 번째 값까지 출력하시오.
Q5. 리스트에서 마지막 앞 단어를 출력하시오.
Q6. 리스트 값 중 '행복'과 '사랑'만 출력하시오.
Q7. 리스트 값 중 '변화' → '웃음'으로 변경하시오.

|데이터| Q8

```
cols = ['name', 'age', 'phone']
```

Q8. cols 변수는 컬럼명을 담고 있다. cols 리스트에 있는 name, age, phone 컬럼명을 반복문을 통해 출력하시오.

|데이터| Q9

```
listbox = [15, 46, 78, 24, 56]
```

Q9. 리스트에서 최댓값에서 최솟값을 뺀 결과를 리턴(반환)하는 함수를 만들고 실행하시오.

|데이터| Q10

```
str_data = "여러분의 합격을 응원합니다!"
```

Q10. 문자열에서 "여러분"을 "당신"으로 변경한 결과를 리턴하는 함수를 만들고 실행하시오.

풀이

Q1. 리스트에 있는 값의 수를 출력하시오.

```
len(listbox)
```
```
8
```

Q2. 리스트의 첫 번째 값을 출력하시오.

```
listbox[0]
```
```
'감사'
```

Q3. 리스트의 마지막 값을 출력하시오.

```
listbox[-1]
```
```
'희망'
```

Q4. 리스트에서 처음부터 세 번째 값까지 출력하시오.

```
listbox[:3]
```
```
['감사', '행복', '사랑']
```

Q5. 리스트에서 마지막 앞 단어를 출력하시오.

```
listbox[-2]
```
```
['성장']
```

Q6. 리스트 값 중 '행복'과 '사랑'만 출력하시오.

```
listbox[1:3]
```
```
['행복', '사랑']
```

Q7. 리스트 값 중 '변화' → '웃음'으로 변경하시오.

```
listbox[5] = '웃음'
listbox
```
```
['감사', '행복', '사랑', '성공', '긍정', '웃음', '성장', '희망']
```

Q8. cols 변수는 컬럼명을 담고 있다. cols 리스트에 있는 name, age, phone 컬럼명을 반복문을 통해 출력하시오.

```
cols = ['name', 'age', 'phone']
for col in cols:
    print(col)
```

```
name
age
phone
```

Q9. 리스트에서 최댓값에서 최솟값을 뺀 결과를 리턴(반환)하는 함수를 만들고 실행하시오.

```
listbox = [15, 46, 78, 24, 56]
def maxmin(data):
    return max(data) - min(data)
maxmin(listbox)
```

```
63
```

Q10. 문자열에서 "여러분"을 "당신"으로 변경한 결과를 리턴하는 함수를 만들고 실행하시오.

```
str_data = "여러분의 합격을 응원합니다!"
def rep(data):
    return data.replace("여러분", "당신")

rep(str_data)
```

당신의 합격을 응원합니다!

CHAPTER 02

판다스

판다스(pandas)는 데이터 분석을 위한 파이썬 라이브러리다. 파이썬에서 데이터를 만들고 수정하고 정렬하고 채우고 집계하고 분석하는 것을 쉽게 할 수 있게 해준다. 엑셀에 비유하면 표 데이터에 어떤 작업을 할 때 마우스와 키보드로 하던 일을 파이썬 코드로 쉽게 할 수 있도록 도와준다. 빅데이터 분석기사 작업형1, 2, 3에 모두 활용되는 부분이기 때문에 반드시 이해해야 하고 반복 학습이 필요하다. 판다스를 실습을 통해 알아보자.

Section 01 | 데이터프레임과 시리즈
Section 02 | 데이터 저장 및 불러오기
Section 03 | 탐색적 데이터 분석(EDA)
Section 04 | 자료형 변환
Section 05 | 새로운 컬럼 추가
Section 06 | 데이터 삭제
Section 07 | 인덱싱/슬라이싱(loc)
Section 08 | 인덱싱/슬라이싱(iloc)
Section 09 | 데이터 추가/변경
Section 10 | 정렬
Section 11 | 필터링
Section 12 | 결측치 처리
Section 13 | 값 변경
Section 14 | 문자열
Section 15 | 내장 함수
Section 16 | 그룹핑
Section 17 | 시계열 데이터(datetime)
Section 18 | 시계열 데이터(timedelta)
Section 19 | 데이터프레임 합치기
Section 20 | 피벗테이블
확인문제

SECTION 01 | 데이터프레임과 시리즈

판다스의 데이터는 시리즈(Series)와 데이터프레임(DataFrame)으로 구성되어 있다. 시리즈는 1차원 형태고, 데이터프레임은 행(rows)과 열(columns)이 있는 2차원(표) 형태다. 데이터프레임을 설명하기 전에 행과 열의 개념은 반드시 이해하고 넘어가야 한다.

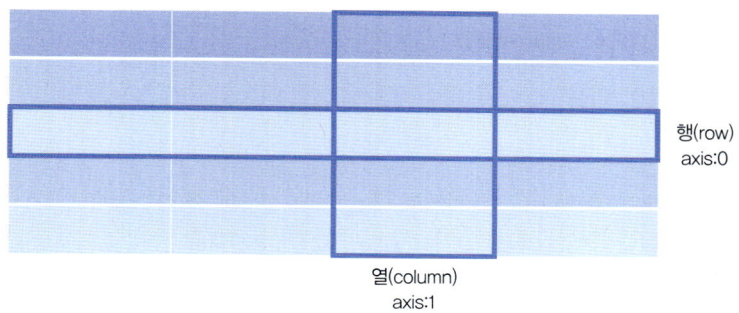

1 행과 열

행은 각 데이터/레코드(가로)고, 열은 컬럼 전체(세로)다. 행과 열이 무엇인지 이해했다면 "행렬"로 순서대로 머릿속에 기억하자. 판다스에서 축(axis)을 숫자로 나타낼 때 행은 0, 열은 1로 표시하므로 숫자 순서대로 "행(0)렬(1)"로 기억하면 좋다.

2 판다스의 별칭

판다스 라이브러리를 불러오자. import pandas 뒤에 as pd가 붙은 것을 확인할 수 있다. 앞으로 pandas는 pd라는 별칭(alias, 줄여서 as로 사용)으로 사용하기 위함이다.

```
import pandas as pd
```

3 시리즈(Series)

시리즈는 pd.Series(데이터)로 만들 수 있다. 시리즈의 괄호 안 데이터는 리스트를 활용해 만들 수 있다. 출력을 해보면 인덱스와 값이 출력되고, 자료형은 'object'다. 판다스에서 object형은 주로 문자열 데이터를 나타내는 데 사용된다.

```
menu = pd.Series(['비빔밥', '김치찌개', '된장찌개'])
menu
```

```
0    비빔밥
1    김치찌개
2    된장찌개
dtype: object
```

숫자를 리스트 형태로 만들고, 이를 pd.Series( )로 감싸게 되면 시리즈로 변경된다. 이 시리즈 값의 자료형(타입)은 int다. 판다스는 리스트에 포함된 데이터 타입을 기반으로 시리즈의 데이터 타입을 자동으로 결정한다.

```
price = pd.Series([10000, 9000, 8000])
price

0    10000
1     9000
2     8000
dtype: int64
```

int 뒤의 숫자는 무엇인가요?

int64에서 64는 비트(bit) 수를 나타낸다. 2의 64승인 매우 큰 정수 범위를 표현할 수 있다. int32, int16, int8 등 다양한 크기를 표현할 수 있는 정수형이 있지만, 빅데이터 분석기사에서는 중요하지 않은 부분이기 때문에 숫자는 무시하고 int로만 알고 있어도 충분하다. 실무에서는 비트 수를 변경해 데이터의 용량을 줄이기도 한다.

4 데이터프레임(DataFrame)

앞서 만든 2개의 시리즈를 합쳐 데이터프레임(표 형태)으로 만들어 보자. 데이터프레임은 pd.DataFrame({"컬럼명":데이터})로 만든다. 자세히 살펴보면 소괄호 안에 중괄호로 묶여 있다. 컬럼명의 "메뉴"는 문자(따옴표 있음) 그 자체고, 데이터의 menu는 변수명(따옴표 없음)이다.

```
pd.DataFrame({
    "메뉴" : menu,
    "가격" : price
})
```

	메뉴	가격
0	비빔밥	10,000
1	김치찌개	9,000
2	된장찌개	8,000

데이터프레임을 만들 때 시리즈를 꼭 거쳐야 하는 것은 아니다. 다음과 같이 데이터프레임을 바로 만들 수도 있다. 일반적으로 데이터프레임을 담는 변수명은 DataFrame의 약자인 df를 주로 사용한다.

```
df = pd.DataFrame({
    "메뉴":['비빔밥', '김치찌개', '된장찌개'],
    "가격":[10000, 9000, 8000],
    "원산지":['국내산', '국내산', '국내산']
})
df
```

	메뉴	가격	원산지
0	비빔밥	10,000	국내산
1	김치찌개	9,000	국내산
2	된장찌개	8,000	국내산

5 컬럼 선택

데이터프레임에서 특정 컬럼만 선택해 표시할 수 있다. df['컬럼명'] 또는 df["컬럼명"]으로 컬럼명을 작은따옴표 또는 큰따옴표로 묶어주면 된다. 1개의 컬럼명만 선택하면 시리즈 형태로 출력한다.

```
df['메뉴']

0 비빔밥
1 김치찌개
2 된장찌개
Name: 메뉴, dtype: object
```

⊕ **데이터프레임에서 컬럼명 선택 시 주의사항**: df["컬럼명"] 외에도 df.컬럼명과 같이 "."를 사용하는 방법도 있지만, 추천하지 않는다. 컬럼명에 공백이 있으면 에러가 발생할 수 있다.

6 데이터프레임과 시리즈 자료형

데이터프레임에서 특정 컬럼 1개만 선택하면 시리즈 형태가 된다. 시리즈 형태가 아닌 데이터프레임이 필요할 때가 있는데, 1개의 컬럼을 시리즈가 아닌 데이터프레임으로 만드는 간단한 방법은 한 번 더 대괄호로 묶어주는 것이다.

```
df[['메뉴']]
```

	메뉴
0	비빔밥
1	김치찌개
2	된장찌개

복수의 컬럼을 선택할 때는 대괄호 2개를 사용한다. 결과는 데이터프레임 자료형이다.

```
df[['메뉴', '가격']]
```

	메뉴	가격
0	비빔밥	10,000
1	김치찌개	9,000
2	된장찌개	8,000

📢 **잠깐만요**

컬럼을 1개 선택하더라도 다음과 같이 데이터프레임 자료형으로 필요할 때 대괄호를 2개 사용할 수 있다.

구분	반환된 자료형	설명	예
df[]	시리즈	1개 컬럼 선택	df['컬럼1']
df[[]]	데이터프레임	1개 이상의 컬럼 선택	df[['컬럼1']] df[['컬럼1', '컬럼2']]

컬럼을 복수로 선택할 때는 주로 리스트를 활용한다. cols 변수에 메뉴와 가격 컬럼명을 담고 df[cols]를 실행하면 cols 변수에 있는 컬럼이 선택되어 데이터프레임으로 출력된다. 대괄호가 하나처럼 보이나 df[['메뉴', '가격']]과 같음을 이해하자.

```
cols = ['메뉴', '가격']
df[cols]
```

	메뉴	가격
0	비빔밥	10,000
1	김치찌개	9,000
2	된장찌개	8,000

7 자료형 비교

type( ) 함수로 자료형을 확인해 보자. df는 데이터프레임, df['컬럼명']은 시리즈, df[['컬럼명']]은 데이터프레임이다. 머신러닝(작업형2)에서 입력 데이터로 특정 컬럼을 데이터프레임으로 넣어야 할 때가 있다. df['컬럼명']과 같이 컬럼명을 1개만 선택하면 시리즈 형태가 된다. 데이터프레임으로 만들기 위해 df[['컬럼명']]으로 사용한다. 컬럼이 1개일 때 시리즈가 아닌 데이터프레임으로 만들기 위해 대괄호 2개가 종종 사용된다.

```
print("df          :", type(df))
print("df['가격']  :", type(df['가격']))
print("df[['가격']]: ", type(df[['가격']]))
```

```
df          : <class 'pandas.core.frame.DataFrame'>
df['가격']   : <class 'pandas.core.series.Series'>
df[['가격']] : <class 'pandas.core.frame.DataFrame'>
```

SECTION 02 | 데이터 저장 및 불러오기

판다스로 학습에 필요한 카페 메뉴판 데이터를 만들어 보자. 메뉴, 가격, 칼로리가 있는 데이터프레임을 만들고 각 데이터 값을 입력한다.

```
df = pd.DataFrame({
    "메뉴":['아메리카노', '카페라떼', '카페모카', '카푸치노', '에스프레소', '밀크티', '녹차'],
    "가격":[4500, 5000, 5500, 5000, 4000, 5900, 5300],
    "칼로리":[10, 110, 250, 110, 20, 210, 0],
})
df
```

	메뉴	가격	칼로리
0	아메리카노	4,500	10
1	카페라떼	5,000	110
2	카페모카	5,500	250
3	카푸치노	5,000	110
4	에스프레소	4,000	20
5	밀크티	5,900	210
6	녹차	5,300	0

1 csv로 저장

판다스를 학습하는 동안 데이터를 반복해 불러오기 위해 csv 파일로 저장하자. 데이터프레임을 저장할 때는 df.to_csv('파일명')으로 저장한다.

```
df.to_csv('temp.csv')
```

2 csv 불러오기

저장된 데이터를 불러보자. pd.read_csv('파일명')으로 csv 데이터를 불러올 수 있다. 기존 df와의 구분을 위해 임시로 temp_df 변수를 활용했다. 출력된 결과를 보면 알 수 없는 "Unnamed: 0" 컬럼이 보인다. 데이터를 저장할 때 기본 설정으로 기존 인덱스가 값으로 함께 저장된 것이다. 가장 왼쪽에 있는 이 인덱스는 pd.read_csv( )로 데이터를 불러올 때 새로 생성된 인덱스다.

```
temp_df = pd.read_csv('temp.csv')
temp_df.head()
```

	Unnamed: 0	메뉴	가격	칼로리
0	0	아메리카노	4,500	10
1	1	카페라떼	5,000	110
2	2	카페모카	5,500	250
3	3	카푸치노	5,000	110
4	4	에스프레소	4,000	20

3 csv 저장 옵션

인덱스를 제외하고 저장하기 위해 index=False로 설정한다. 저장 후 데이터를 불러와 확인해 보자. 기존 인덱스를 제외하고 csv에 저장된 것을 확인할 수 있다. 데이터를 저장할 때 인덱스를 제외하는 것은 작업형2에서 필수로 사용하는 기능이다.

```
df.to_csv('cafe.csv', index=False)
df = pd.read_csv('cafe.csv')
df.head()
```

	메뉴	가격	칼로리
0	아메리카노	4,500	10
1	카페라떼	5,000	110
2	카페모카	5,500	250
3	카푸치노	5,000	110
4	에스프레소	4,000	20

심화학습

데이터 불러오기 옵션

데이터를 불러올 때 사용하는 판다스의 read_csv( ) 함수는 주요 파라미터다. 시험에서는 데이터를 불러오는 코드를 제공하므로 암기할 필요는 없다. 간혹 제공된 코드에 index_col 등이 포함되기도 하므로 심화학습을 원한다면 살펴보자.

(1) index_col

인덱스로 사용할 컬럼명 또는 열의 번호를 지정한다.
- pd.read_csv('data.csv', index_col='컬럼명')
- pd.read_csv('data.csv', index_col=0)

(2) usecols

불러올 컬럼명 또는 열의 번호를 지정한다.
- pd.read_csv('data.csv', usecols=['컬럼명1', '컬럼명2', …])
- pd.read_csv('data.csv', usecols=[열 번호1, 열 번호2, …])

(3) parse_dates

데이터를 불러올 때 parse_dates로 컬럼명을 지정하면 문자열로 된 컬럼을 날짜 datetime으로 변경할 수 있다. 이를 파싱(parsing)한다고 한다.
- pd.read_csv('data.csv', parse_dates= ['컬럼명'])

(4) encoding

일반적으로 판다스는 'UTF-8'을 기본 인코딩 방식으로 사용한다. 만약 한국어가 포함된 텍스트 파일이 UTF-8이 아닐 경우 글자가 깨지는 현상을 볼 수 있다. 데이터를 불러올 때 'cp949' 또는 'euc-kr'로 설정한다.
- pd.read_csv('data.csv', encoding='cp949')
- pd.read_csv('data.csv', encoding='euc-kr')

탐색적 데이터 분석(EDA)

탐색적 데이터 분석(Exploratory Data Analysis, EDA)은 데이터를 탐색하고 이해하기 위해 수행한다. 앞서 만든 데이터는 매우 작은 데이터여서 한눈에 모든 데이터를 관찰할 수 있지만, 일반적으로 데이터는 한눈에 관찰할 수가 없다. 시험에서 제공하는 데이터는 눈으로 식별할 수 있는 크기라고 하더라도 시간이 많이 소요된다. 따라서 탐색적 데이터 분석(EDA) 과정을 통해 데이터를 다양한 각도에서 관찰하고 이해해야 한다. 이는 결측치, 이상치, 패턴, 변수 파악 등 데이터 전처리를 하기 전에 데이터에 대한 이해를 돕는 중요한 단계다.

주로 시각화를 많이 사용하지만, 빅데이터 분석기사 실기 시험 환경에서는 시각화를 지원하지 않는다. 따라서 시각화를 제외한 아주 간단한 탐색적 데이터 분석을 진행해 보자.

1 데이터프레임 샘플 확인

판다스에서 데이터프레임의 일부를 확인하는 방법은 세 가지인데, head, tail, sample이 그것이다. head(N)은 데이터프레임의 상위 N개의 행을 반환한다. N은 양의 정수로 기본값은 5다. 데이터를 불러온 후 가장 많이 사용하는 함수(메소드)다.

```
df.head(2)
```

	메뉴	가격	칼로리
0	아메리카노	4,500	10
1	카페라떼	5,000	110

tail(N)은 데이터프레임의 하위 N개의 행을 반환한다. N은 양의 정수로 기본값은 5다.

```
df.tail(3)
```

	메뉴	가격	칼로리
4	에스프레소	4,000	20
5	밀크티	5,900	210
6	녹차	5,300	0

sample(N)은 데이터프레임에서 임의로 샘플링해 N개의 행을 반환한다. N은 양의 정수로 기본값은 1이다. head 또는 tail과 달리, 실행할 때마다 다른 결과를 샘플링해 보여준다.

```
df.sample(3)
```

	메뉴	가격	칼로리
3	카푸치노	5,000	110
4	에스프레소	4,000	20
1	카페라떼	5,000	110

2 데이터프레임의 크기

전체 데이터의 크기를 확인할 때는 df.shape를 활용한다. 주의할 점은 뒤에 괄호가 없는 속성을 갖고 있다는 것이다.

```
df.shape

(7, 3)
```

⊕ **속성과 함수(메소드)**: shape는 데이터프레임의 속성이어서 괄호가 없고, head( ), tail( )은 함수(메소드) 형태라서 괄호가 존재한다.

3 컬럼별 자료형

데이터프레임 안 컬럼의 자료형(type)은 info( )를 통해 확인한다. Dtype에서 문자는 object, 숫자는 int로 표시됨을 확인할 수 있다. 시험에서 int 또는 float 뒤에 오는 숫자(비트)는 무시해도 좋다.

```
df.info()

<class 'pandas.core.frame.DataFrame'>
RangeIndex: 7 entries, 0 to 6
Data columns (total 3 columns):
 #   Column  Non-Null Count  Dtype
---  ------  --------------  -----
 0   메뉴      7 non-null      object
 1   가격      7 non-null      int64
 2   칼로리    7 non-null      int64
dtypes: int64(2), object(1)
memory usage: 296.0+ bytes
```

4 상관 관계

상관관계는 판다스의 corr( )를 통해 확인한다. 가격과 칼로리는 0.7의 양의 상관 관계를 확인할 수 있다.

```
df.corr(numeric_only=True)
```

	가격	칼로리
가격	1.000000	0.713227
칼로리	0.713227	1.000000

 잠깐만요

코랩과 시험환경에서 발생하는 에러와 그 해결 방법

판다스 라이브러리가 업데이트되면서 몇 가지 주의할 점이 생겼다. 데이터프레임에 숫자형과 문자형 컬럼이 혼합되어 있을 때, corr( ), mean( ), sum( ) 같은 함수를 사용하면 다음과 같은 에러가 발생할 수 있다.

```
에러 예)
ValueError: could not convert string to float: '아메리카노'
```

이는 문자열 데이터를 숫자로 변환할 수 없기 때문에 발생하는 문제이다. 코랩 환경에서 이 문제를 해결하기 위해서는 해당 함수에 numeric_only=True 옵션을 추가해주어야 하며 이 설정은 함수가 숫자형 데이터에만 적용되도록 한다. 시험 환경에서도 판다스 버전이 업데이트되면서 numeric_only 설정이 필요해졌다. 단, 숫자만 포함된 데이터프레임에서는 필요하지 않다.

```
df.corr(numeric_only=True)
```

	가격	칼로리
가격	1.000000	0.713227
칼로리	0.713227	1.000000

5 범주형 데이터 탐색

다음은 자동차의 종류와 크기를 나타낸 중복 값이 있는 데이터다.

```
df_car = pd.DataFrame({
  "car":['Sedan','SUV','Sedan','SUV','SUV','SUV','Sedan','Sedan','Sedan','Sedan','Sedan'],
  "size":['S','M','S','S','M','M','L','S','S', 'M','S']
})
df_car.head(3)
```

	car	size
0	Sedan	S
1	SUV	M
2	Sedan	S

6 고유한 값의 개수

데이터프레임에서 컬럼별로 고유한 값의 개수를 찾을 때는 nunique()를 활용한다. car 종류는 2개, size 종류는 3개가 있는 것을 확인할 수 있다.

```
df_car.nunique()
```

```
car     2
size    3
dtype: int64
```

(1) 고유한 값

nunique()로는 종류의 수는 파악할 수 있지만, 어떤 데이터인지는 알 수 없다. 구체적인 항목을 파악하기 위해서는 unique()를 활용한다. car에는 Sedan과 SUV가 있고, size에는 S, M, L이 있다.

```
print(df_car['car'].unique())
print(df_car['size'].unique())
```

```
['Sedan' 'SUV']
['S' 'M' 'L']
```

(2) 고유한 값과 개수

앞서 배운 nunique( )와 nunique( )의 결과 내용을 한번에 파악할 수도 있다. value_counts( )는 항목별로 개수를 출력해 데이터를 탐색하는 데 매우 유용하게 사용된다.

```
print(df_car['car'].value_counts())
print(df_car['size'].value_counts())
```

```
Sedan   7
SUV     4
Name: car, dtype: int64
S   6
M   4
L   1
Name: size, dtype: int64
```

TIP

value_counts( )

value_counts( )는 작업형2에서 빈번하게 사용된다. 주로 시리즈(데이터프레임 특정 컬럼)에 적용한다. 데이터프레임에서 특정 컬럼 1개만 선택하면 시리즈 형태가 된다. df['컬럼명'].value_counts( )와 같이 사용한다. 판다스 1.1.0 이상(시험 환경 포함)에서는 데이터프레임에도 df.value_counts( )와 같이 사용이 가능하다. 다만, 결과 보기가 불편할 수 있으므로 시리즈(컬럼을 선택한 df['컬럼명']. value_counts( ))에서 사용하기를 추천한다.

(3) 기술통계

데이터의 기술통계량은 describe( )를 통해 확인할 수 있다. 더욱 명확한 결과를 보여주기 위해 수치형 데이터를 확인할 때는 기존에 사용했던 df 변수를 활용하고, 범주형 데이터를 확인할 때는 앞서 새로 만들었던 df_car 변수를 활용하자.

describe( )는 기본적으로 수치형 데이터(int, float 등)만 기본적으로 적용해 기술통계 결과를 확인할 수 있다.

- **count**: 값이 있는 데이터 수
- **mean**: 평균
- **std**: 표준편차
- **min**: 최솟값
- **00%:** 백분위수에서 00%
- **max**: 최댓값

```
df.describe()
```

	가격	칼로리
count	7.000000	7.000000
mean	5028.571429	101.428571
std	631.702160	99.402980
min	4000.000000	0.000000
25%	4750.000000	15.000000
50%	5000.000000	110.000000
75%	5400.000000	160.000000
max	5900.000000	250.000000

(4) 기술통계(object 자료형)

데이터 타입이 object인 기술통계를 확인할 때는 include 파라미터를 활용한다. "O"(대문자) 또는 "object"를 입력한다.

- **count**: 값이 있는 데이터 수
- **unique**: 고유한 데이터 수(종류)
- **top**: 가장 많이 나오는 값(최빈값)
- **freq**: 가장 많이 나오는 값의 빈도 수

예를 들어, car 컬럼 기술통계 값을 확인해 보자. 데이터의 수(count)는 11개고, 고유한 데이터 (unique)의 수는 2개다. 최빈값은 Sedan, 최빈값의 빈도 수는 7임을 확인할 수 있다.

```
df_car.describe(include="O")
```

	car	size
count	11	11
unique	2	3
top	Sedan	S
freq	7	6

카페 데이터에서 "메뉴"의 기술통계 값을 확인해 보자. df.describe(include="O") 결과, count 와 unique가 동일하다. 이때는 "메뉴" 컬럼 데이터 전체가 고유 값을 가졌기 때문에 여기서 top 과 freq는 큰 의미가 없다.

```
df.describe(include="O")
```

	메뉴
count	7
unique	7
top	아메리카노
freq	1

SECTION 04 | 자료형 변환

판다스에서 주로 볼 수 있는 자료형은 int(정수), float(실수), object(문자)다. 문제 상황에 따라 문자를 숫자로 변환하거나 실수형을 정수형으로 변환할 때가 있다.

다음 데이터는 가격은 float형, 칼로리는 object형으로 만들어진 데이터이다.

```
data = {
    "메뉴":['아메리카노', '카페라떼', '카페모카', '카푸치노', '에스프레소', '밀크티', '녹차'],
    "가격":[4500.0, 5000.0, 5500.0, 5000.0, 4000.0, 5900.0, 5300.0],
    "칼로리":['10', '110', '250', '110', '20', '210', '0'],
}
df = pd.DataFrame(data)
df.info()
```

```
<class 'pandas.core.frame.DataFrame'>
RangeIndex: 7 entries, 0 to 6
Data columns (total 3 columns):
 #   Column  Non-Null Count  Dtype
---  ------  --------------  -----
 0   메뉴      7 non-null      object
 1   가격      7 non-null      float64
 2   칼로리     7 non-null      object
dtypes: float64(1), object(2)
memory usage: 296.0+ bytes
```

1 int로 변환

변경하고자 하는 자료형을 astype('변경할 자료형')의 괄호 안에 넣는다. float 자료형인 가격 컬럼을 int 자료형으로 변경해 보자. 이때 소수점 이하는 절사된다.

```
df['가격'] = df['가격'].astype('int')
df.info()
```

```
<class 'pandas.core.frame.DataFrame'>
RangeIndex: 7 entries, 0 to 6
Data columns (total 3 columns):
 #   Column  Non-Null Count  Dtype
---  ------  --------------  -----
 0   메뉴      7 non-null      object
 1   가격      7 non-null      int64
 2   칼로리     7 non-null      object
dtypes: int64(1), object(2)
memory usage: 296.0+ bytes
```

2 float로 변환

object 자료형인 칼로리 컬럼을 float형으로 변경해 보자. 이때 주의할 점은 칼로리가 정수형으로 변경 가능한 데이터라면 문제가 없지만, 만약 문자 데이터가 있다면 에러가 발생한다는 것이다. df['칼로리'] = df['칼로리'].astype('float')의 결과를 살펴보면 칼로리가 object형에서 float형으로 변경되었다.

```
df['칼로리'] = df['칼로리'].astype('float')
df.info()
```

```
<class 'pandas.core.frame.DataFrame'>
RangeIndex: 7 entries, 0 to 6
Data columns (total 3 columns):
 #   Column  Non-Null Count  Dtype
---  ------  --------------  -----
 0   메뉴      7 non-null      object
 1   가격      7 non-null      int64
 2   칼로리     7 non-null      float64
dtypes: float64(1), int64(1), object(1)
memory usage: 296.0+ bytes
```

SECTION 05 | 새로운 컬럼 추가

데이터프레임에 새로운 컬럼을 추가해 보자. 현재 데이터프레임은 다음과 같다.

```
df = pd.read_csv('cafe.csv')
df.head(2)
```

	메뉴	가격	칼로리
0	아메리카노	4,500	10
1	카페라떼	5,000	110

1 새로운 컬럼 추가

새로운 컬럼을 추가할 때는 df['새 컬럼명']과 같이 새로운 컬럼명을 대괄호 안에 작성한다. 그리고 임의의 값(0)을 대입해 보자. df.head()로 확인해 보면 끝에 새로운 컬럼이 추가되었고, 모든 값이 0임을 알 수 있다.

```
df['new'] = 0
df.head(2)
```

	메뉴	가격	칼로리	new
0	아메리카노	4,500	10	0
1	카페라떼	5,000	110	0

2 기존 컬럼을 사용한 계산

새로운 컬럼을 만들고 메뉴별 정상가에 20%를 할인한 금액을 새로운 컬럼에 대입해 보자. df['할인가'] = df['가격'] * (1 - 0.2)로 작성하면 각 행별로 계산해 결괏값을 대입한다. 할인가라는 새로운 컬럼이 생성되었고, 값으로는 df['가격'] * 0.8의 결과가 저장된다.

```
discount = 0.2
df['할인가'] = df['가격'] * (1-discount)
df.head(2)
```

	메뉴	가격	칼로리	new	할인가
0	아메리카노	4,500	10	0	3600.0
1	카페라떼	5,000	110	0	4000.0

SECTION 06 데이터 삭제

판다스에서 데이터를 삭제할 때는 행(row)을 삭제하는 것과 열(column)을 삭제하는 것이 있다. 이를 구분하기 위해 '축(axis)'이라는 개념을 사용한다. 축은 데이터의 방향을 나타내는데, 0과 1의 두 가지 값을 사용한다.

- axis=0: 행(row) – 특정 행을 삭제하고 싶을 때는 'axis=0'을 사용한다.
- axis=1: 열(column) – 특정 열을 삭제하고 싶을 때는 'axis=1'을 사용한다.

예를 들어, 판다스에서 데이터프레임의 drop( ) 함수를 사용해 데이터를 삭제할 때 어떤 축을 선택하는지에 따라 행을 삭제할지, 열을 삭제할지 결정할 수 있다.

```
df = pd.read_csv('cafe.csv')
df.head(3)
```

	메뉴	가격	칼로리
0	아메리카노	4,500	10
1	카페라떼	5,000	110
2	카페모카	5,500	250

행 또는 열 삭제 시 주의사항

행 또는 열을 삭제하는 코드(셀)를 실행하고 난 후 재실행하면 에러가 발생한다. 행이라면 "KeyError: ['인덱스'] not found in axis" 에러, 열이라면 "KeyError: ['컬럼명'] not found in axis" 에러 메시지를 볼 수 있다. 이는 이미 삭제했기 때문에 특정 컬럼명(인덱스)을 찾을 수 없다는 의미다.

만약 현재 셀부터 다시 실행하고 싶다면 "런타임 - 이전 셀 실행"을 클릭하자. 처음부터 현재 셀 이전까지를 모두 실행한다. 그러고 나서 현재 셀을 실행하면 된다. 참고로 "모두 실행"은 노트북에 있는 코드 전체를 다시 실행한다.

런타임	도구	도움말	
모두 실행			⌘/Ctrl+F9
이전 셀 실행			⌘/Ctrl+F8

1 행 삭제

행은 DataFrame.drop("index명", axis=0)을 통해 삭제할 수 있다. 인덱스명이 1인 행(row)을 삭제했다. 이때 특정 행을 삭제했지만, 삭제된 결괏값이 자동 저장되지는 않는다. 저장하는 방법으로 drop에 있는 inplace 파라미터를 활용한다. 기본값은 False고, drop 결괏값을 저장하지 않는다. True로 설정하게 되면 drop 결괏값이 저장된다. 따라서 기본값을 사용하더라도 inplace=False 또는 True를 함께 작성하는 것이 좋다.

```
df.drop(1, axis=0, inplace=True)
df.head(3)
```

	메뉴	가격	칼로리
0	아메리카노	4,500	10
2	카페모카	5,500	250
3	카푸치노	5,000	110

2 컬럼(열) 삭제

컬럼은 DataFrame.drop("컬럼명", axis=1)을 통해 삭제할 수 있다. 저장할 때 inplace 대신 대입(=) 연산자를 통해 drop 결과를 저장하는 방법도 있다. df = df.drop('칼로리', axis=1)을 삭제한 결과를 다시 df 변수에 대입해 결과를 저장한다. 칼로리가 삭제된 결과를 확인할 수 있다.

```
df = df.drop('칼로리', axis=1)
df.head(3)
```

	메뉴	가격
0	아메리카노	4,500
2	카페모카	5,500
3	카푸치노	5,000

3 삭제 후 저장 방법

결과를 저장할 경우 inplace 또는 대입(=) 연산자 중 어떤 방법을 사용하더라도 같다. inplace를 사용하면 반환 값이 없고, 사용하지 않으면 반환 값으로 대입이 가능하다. 하지만 "df = df.drop(1, axis=0, inplace=True)"과 같이 대입(=) 연산자와 inplace를 함께 사용하면 안 된다. 반드시 둘 중 하나만 사용하도록 하자.

구분	예	반환 값
inplace 활용	df.drop('가격', axis=1, inplace=True)	없음
대입 연산자 활용	df = df.drop('가격', axis=1)	있음

삭제 전후의 데이터 크기 확인

삭제할 때는 실수를 방지하기 위해 삭제하기 전의 데이터 크기와 삭제 후의 데이터 크기를 df.shape를 통해 확인하는 방법을 추천한다.
- df.shape # 삭제 전
- df.drop(1, axis=0, inplace=True) # 행 또는 열 삭제 코드
- df.shape # 삭제 후

SECTION 07 | 인덱싱/슬라이싱(loc)

인덱싱과 슬라이싱은 문제를 풀 때 중요한 부분이다. 인덱스로 값을 찾거나 슬라이싱으로 특정 영역을 추출할 수 있다.

```
df = pd.read_csv('cafe.csv')
df.head(2)
```

	메뉴	가격	칼로리
0	아메리카노	4,500	10
1	카페라떼	5,000	110

1 인덱싱

loc는 location의 약자로 인덱스명 또는 컬럼명을 통해 데이터에 접근한다. 즉, df.loc[인덱스명]을 통해 해당 인덱스 데이터에 접근할 수 있다. 인덱스가 0인 데이터를 loc를 활용해 출력해 보자. 이때 인덱스명이 숫자(loc[숫자])인 경우에는 그대로 작성하고, 문자(loc['문자'])인 경우에는 작은따옴표 또는 큰따옴표로 묶어야 한다. loc로 인덱싱을 할 때는 'loc[인덱스명]'과 같은 방식으로 작성한다.

```
df.loc[0]
```

```
메뉴    아메리카노
가격    4500
칼로리   10
Name: 0, dtype: object
```

특정 행과 특정 컬럼(열)의 교차점에 있는 단일 값을 출력할 때는 df.loc[1, "가격"]과 같이 콤마로 구분해 인덱스명이 1인 행과 컬럼명이 가격인 값을 찾을 수 있다.

```
df.loc[1, "가격"]
```

```
5000
```

2 슬라이싱

loc를 활용한 슬라이싱은 'loc[행 범위 또는 특정 행, 컬럼(열)의 범위 또는 특정 컬럼]'을 활용한다. 범위는 '시작 인덱스:끝 인덱스'로 구간을 나타낸다. 시작 인덱스를 생략하면 처음부터, 끝 인덱스를 생략하면 마지막까지다. 만약 시작과 끝 인덱스 모두 생략하고 ':'만 남는다면 전체를 의미한다. 행은 전체 데이터고 컬럼은 '가격'인 데이터를 loc로 선택해 보자.

```
df.loc[:, "가격"]

0 4500
1 5000
2 5500
3 5000
4 4000
5 5900
6 5300
Name: 가격, dtype: int64
```

컬럼의 범위를 '메뉴'에서 '칼로리'까지로 했을 때 '메뉴'부터 '칼로리' 사이에 있는 컬럼도 모두 포함된다.

```
df.loc[2, '메뉴':'칼로리']

메뉴    카페모카
가격    5500
칼로리   250
Name: 2, dtype: object
```

만약 특정 컬럼을 선택해 슬라이싱하고 싶다면 컬럼을 리스트 형태로 해서 원하는 컬럼명을 넣으면 된다.

```
df.loc[2, ['메뉴', '칼로리']]

메뉴    카페모카
칼로리   250
Name: 2, dtype: object
```

인덱스 또한 구간으로 설정할 수 있는데, 인덱스명이 1인 데이터(행)부터 3인 데이터(행)를 출력한다.

```
df.loc[1:3, '메뉴':'가격']
```

	메뉴	가격
1	카페라떼	5,000
2	카페모카	5,500
3	카푸치노	5,000

SECTION 08 | 인덱싱/슬라이싱(iloc)

인덱싱 및 슬라이싱을 하는 또 다른 방법은 iloc를 사용할 수 있다. iloc는 integer location의 약자로 데이터프레임의 행이나 열의 순서에 따른 인덱스 번호로 값을 슬라이싱한다. 수험생은 인덱싱 및 슬라이싱이 필요할 때는 loc와 iloc 중 필요에 따라 선택해 활용하면 된다. cafe.csv 데이터를 불러와 loc와의 차이를 보여주기 위해 인덱스가 0인 첫 번째 행을 삭제한다.

```
df = pd.read_csv('cafe.csv')
df.drop(0, axis=0, inplace=True) # 첫 번째 행 삭제
df.head(2)
```

	메뉴	가격	칼로리
1	카페라떼	5,000	110
2	카페모카	5,500	250

1 인덱싱

loc에서 대괄호 안의 0은 인덱스명을 의미한다. 따라서 순서가 변경되더라도 아메리카노의 인덱스명이 0이면 아메리카노 데이터를 인덱싱한다. 하지만 iloc에서 대괄호 안의 0은 순서를 의미한다. 0은 첫 번째 행 (또는 컬럼), 1은 두 번째 행 (또는 컬럼)을 의미한다. 따라서 iloc[0]은 첫 번째 행의 값을 출력한다.

```
df.iloc[0]
```

```
메뉴      카페라떼
가격      5000
칼로리    110
Name: 1, dtype: object
```

다음 데이터에서 카페라떼로 선택하는 방법은 loc와 iloc를 사용하는 방법이 있다.
- loc[1, '메뉴']
- iloc[0, 0]

		메뉴	가격	칼로리
0	1	카페라떼	5,000	110
1	2	카페모카	5,500	250
2	3	카푸치노	5,000	110
3	4	에스프레소	4,000	20
4	5	밀크티	5,900	210
5	6	녹차	5,300	0

(iloc 인덱스 번호: 행 0~5, 열 0~2)

2 슬라이싱

iloc에서 특정 컬럼 값만 출력할 때도 인덱스 번호를 활용한다. 다음은 가격데이터만 슬라이싱하기 위해 행은 단계를 선택하고, 열은 인덱스 번호를 작성했다 콜론(:) 앞뒤를 생략하면 처음부터 끝까지다.

```
df.iloc[:, 1]

1 5000
2 5500
3 5000
4 4000
5 5900
6 5300
Name: 가격, dtype: int64
```

iloc를 활용해 인덱스 번호 2의 메뉴와 가격만 출력해 보자. 1개를 선택할 때는 인덱싱, 붙어 있는 2개 이상을 선택할 때는 슬라이싱한다. 1개 행과 2개 열이므로 iloc[행 인덱싱, 열 슬라이싱]

으로 사용한다. 파이썬은 기본적으로 인덱스를 0부터 시작한다. iloc에서 0은 가장 첫 번째 행 또는 열을 의미한다. iloc에서 슬라이싱 범위는 마지막 인덱스 번호 앞까지 결과를 반환한다. 따라서 0:1이 아닌 0:2가 된다.

```
df.iloc[2, 0:2]
```

```
메뉴     카푸치노
가격     5000
Name: 3, dtype: object
```

loc와 iloc의 범위 차이

iloc로 범위(슬라이싱)를 정할 때 loc와의 차이점은 범위를 설정했을 때 끝 인덱스를 포함하지 않는다는 것이다. 0:2일 경우 인덱스 0부터 2까지 출력되는 것이 아니라 1까지만 출력된다.

방식	방식	범위	예시
loc	인덱스명, 컬럼명	끝 인덱스 포함	[0:2]일 때 2 포함 (0,1,2 선택)
iloc	인덱스 번호(위치 숫자), 컬럼 번호(위치 숫자) *번호는 0부터 시작함	끝 인덱스 포함하지 않음 (끝 인덱스 − 1)	[0:2]일 때 2 미포함 (0,1 선택)

iloc 대괄호 안에 범위가 1개만 있다면 행 인덱스 범위다. 컬럼 범위는 전체를 의미하며, df.iloc[1:3, :]과 결과가 같다.

```
df.iloc[1:3]
```

	메뉴	가격	칼로리
2	카페모카	5,500	250
3	카푸치노	5,000	110

추가로 loc로 같은 결과를 얻기 위해서는 다음과 같이 사용한다. 컬럼 범위는 전체이므로 생략 가능하지만, 이해를 돕기 위해 지정했다.

```
df.loc[2:3,'메뉴':'칼로리']
```

	메뉴	가격	칼로리
2	카페모카	5,500	250
3	카푸치노	5,000	110

SECTION 09 | 데이터 추가/변경

loc/iloc를 활용해 값을 추가하거나 변경해 보자.

```
df = pd.read_csv('cafe.csv')
df.head(2)
```

	메뉴	가격	칼로리
0	아메리카노	4,500	10
1	카페라떼	5,000	110

'원산지'라는 새로운 컬럼을 만들고 데이터는 '값 없음'을 의미하는 NaN(Not a Number)을 대입해 보자. NaN(결측치)이 포함된 데이터를 받을 수도 있다. 따라서 결측치가 있는 데이터를 만들어 보자. NaN은 넘파이 라이브러리를 통해 만들 수 있다.

⊕ **넘파이(numpy):** 넘파이(numpy)는 판다스와 같은 파이썬 라이브러리로 판다스보다 빠르게 수치 연산하는 것이 특징이다. 연산량이 많은 딥러닝에서 주로 많이 활용된다. 이 책에서는 판다스에 없는 기능을 사용할 때만 넘파이를 사용한다.

1 결측치(NaN) 대입 심화

결측치가 있는 데이터셋을 만들기 위해 넘파이 라이브러리를 불러오고, 원산지 컬럼에 np.nan을 대입한다. 원산지라는 새로운 컬럼이 추가되고 해당 열의 모든 값이 결측치(NaN)로 설정된 것을 확인할 수 있다. 여기서 결측치 대입은 결측치가 있는 데이터를 만들기 위함이다. 시험에서는 결측치가 있는 데이터가 주어지기 때문에 이 과정을 암기할 필요는 없다.

```
import numpy as np
df['원산지'] = np.nan
df
```

	메뉴	가격	칼로리	원산지
0	아메리카노	4,500	10	NaN
1	카페라떼	5,000	110	NaN
2	카페모카	5,500	250	NaN
3	카푸치노	5,000	110	NaN

2 loc를 활용한 값 변경

loc를 활용해 특정 위치에 값을 대입할 수 있다. 작업형1에서 특정 컬럼 범위의 값을 대체할 때 loc[인덱스명(범위), 컬럼명(범위)]가 활용된다.

```
df.loc[0, "원산지"] = '콜롬비아'
df.loc[2:3, "원산지"] = '과테말라'
df.head(4)
```

	메뉴	가격	칼로리	원산지
0	아메리카노	4,500	10	콜롬비아
1	카페라떼	5,000	110	NaN
2	카페모카	5,500	250	과테말라
3	카푸치노	5,000	110	과테말라

3 loc를 활용한 값 추가

loc를 활용해 새로운 데이터 행(row)을 추가할 수 있다. loc의 대괄호 안에 새 인덱스명을 넣고 값을 대입한다. 인덱스명은 숫자가 아닌 문자도 가능하다. '시즌'이란 인덱스를 만들고 리스트 형태로 데이터를 추가할 수 있다.

```
df.loc['시즌'] = ['크리스마스라떼', 6000, 300, '한국']
df.tail(3)
```

	메뉴	가격	칼로리	원산지
5	밀크티	5,900	210	NaN
6	녹차	5,300	0	NaN
시즌	크리스마스라떼	6,000	300	한국

4 loc와 딕셔너리를 활용한 값 추가

리스트가 아닌 딕셔너리 형태로도 새로운 데이터 행(row)을 추가할 수 있다. 차이점이 있다면 리스트의 경우에는 반드시 행의 컬럼 수와 리스트의 데이터 수가 일치해야 한다. 반면에 딕셔너리는 특정 컬럼이 없다면 결측치(NaN)로 입력된다. 원산지 값을 제외하고 새로운 컬럼을 추가해 보자.

```
df.loc[7] = {'메뉴':'딴짓커피', '가격':2000, '칼로리':20}
df.tail(3)
```

	메뉴	가격	칼로리	원산지
6	녹차	5,300	0	NaN
시즌	크리스마스라떼	6,000	300	한국
7	딴짓커피	2,000	20	NaN

인덱스 '시즌'의 데이터(행)는 삭제하고, cafe2.csv 파일로 저장하자.

```
df.drop("시즌", axis=0, inplace=True)
df.to_csv('cafe2.csv', index=False)
```

SECTION 10 | 정렬

데이터를 오름차순 또는 내림차순으로 정렬할 수 있다. 오름차순은 작은 수에서 큰 수로 정렬되고, 내림차순은 큰 수에서 작은 수로 정렬된다. 우선 작업에 필요한 데이터를 불러오자.

```
df = pd.read_csv('cafe2.csv')
df.head(2)
```

	메뉴	가격	칼로리	원산지
0	아메리카노	4,500	10	콜롬비아
1	카페라떼	5,000	110	NaN

1 정렬 방법

정렬 방법에는 인덱스 기준과 데이터 값 기준이 있다.
- **인덱스 기준**: sort_index( )
- **데이터 값 기준**: sort_values( )

기본 설정은 오름차순이다. 따라서 내림차순 정렬이 필요할 때는 ascending값을 False로 대입한다.

정렬	파라미터	기본값
오름차순	ascending=True	기본값(생략 가능)
내림차순	ascending=False	

2 인덱스 기준 정렬

현재 인덱스가 오름차순으로 정렬되어 있다. 이를 내림차순으로 변경해 정렬해 보자. 인덱스 기준 정렬은 sort_index( )를 활용하는데, 내림차순으로 변경하기 위해 ascending=False로 입력하면 내림차순으로 정렬된 결과를 확인할 수 있다.

```
df.sort_index(ascending=False)
```

	메뉴	가격	칼로리	원산지
7	딴짓커피	2,000	20	NaN
6	녹차	5,300	0	NaN
5	밀크티	5,900	210	NaN
4	에스프레소	4,000	20	NaN
3	카푸치노	5,000	110	과테말라
2	카페모카	5,500	250	과테말라
1	카페라떼	5,000	110	NaN
0	아메리카노	4,500	10	콜롬비아

3 데이터 값 기준 정렬

sort_values( )를 활용한다. 반드시 들어가야 할 파라미터는 by='컬럼명'이다. 이때 'by='은 생략하고 컬럼명만 작성해도 된다. '메뉴' 컬럼을 기준으로 내림차순으로 정렬된 결과를 확인해 보자.

```
df.sort_values('메뉴',ascending=False)
```

	메뉴	가격	칼로리	원산지
3	카푸치노	5,000	110	과테말라
2	카페모카	5,500	250	과테말라
1	카페라떼	5,000	110	NaN
4	에스프레소	4,000	20	NaN
0	아메리카노	4,500	10	콜롬비아
5	밀크티	5,900	210	NaN
7	딴짓커피	2,000	20	NaN
6	녹차	5,300	0	NaN

4 2개 이상의 기준 정렬

정렬하고자 하는 컬럼이 2개 이상일 때도 있고, 또 각 컬럼마다 오름차순/내림차순이 다를 수 있다. 이때는 순서에 맞게 리스트 형태로 대입한다. 우선 가격을 내림차순으로 먼저 정렬한 후 메뉴를 오름차순으로 정렬한다. 먼저 작성된 컬럼이 우선순위가 높다. inplace를 활용해 변경 사항을 저장했다.

```
df.sort_values(['가격', '메뉴'],ascending=[False, True], inplace=True)
df
```

	메뉴	가격	칼로리	원산지
5	밀크티	5,900	210	NaN
2	카페모카	5,500	250	과테말라
6	녹차	5,300	0	NaN
1	카페라떼	5,000	110	NaN
3	카푸치노	5,000	110	과테말라
0	아메리카노	4,500	10	콜롬비아
4	에스프레소	4,000	20	NaN
7	딴짓커피	2,000	20	NaN

5 인덱스 초기화

sort_values( )로 정렬된(변경된) 상태에서 인덱스를 새로 만들고 싶을 때는 reset_index( )를 활용한다. 인덱스가 0부터 새롭게 만들어진다. 단, 기존 인덱스는 새로운 컬럼에 저장된다. 만약 기존 인덱스가 필요없다면 drop=True로 설정하자. 출력 결과를 보면 밀크티가 0, 카페모카가 1로 순서대로 인덱스가 초기화된 것을 확인할 수 있다.

```
df.reset_index(drop=True)
```

	메뉴	가격	칼로리	원산지
0	밀크티	5,900	210	NaN
1	카페모카	5,500	250	과테말라
2	녹차	5,300	0	NaN
3	카페라떼	5,000	110	NaN
4	카푸치노	5,000	110	과테말라
5	아메리카노	4,500	10	콜롬비아
6	에스프레소	4,000	20	NaN
7	딴짓커피	2,000	20	NaN

SECTION 11 | 필터링

필터링을 통해 데이터프레임에서 조건을 적용해 부합하는 데이터만 선택할 수 있다.

```
df = pd.read_csv('cafe2.csv')
df.head(2)
```

	메뉴	가격	칼로리	원산지
0	아메리카노	4,500	10	콜롬비아
1	카페라떼	5,000	110	NaN

1 1개 조건 필터링

특정 컬럼에 조건식(<, >, ==, != 등)을 적용하면 True/False가 반환된다. 불리언(Boolean) 자료형이다. 조건에 만족하는 값은 True, 만족하지 않는 값은 False다. 각 행에 대해 True 또는 False가 반환되고, 이 결과는 '칼로리' 컬럼의 각 값이 50보다 작은지를 나타낸다.

```
df['칼로리'] < 50

0    True
1    False
2    False
3    False
4    True
5    False
6    True
7    True
Name: 칼로리, dtype: bool
```

이 불리언(Boolean) 결과를 데이터프레임의 대괄호 안에 넣으면 True로 표시된 행들만 선택된다. 예를 들어, df[cond] 형태로 사용하면 '칼로리'가 50보다 작은 행들만 필터링되어 선택된다. 여기서 cond는 df['칼로리'] < 50의 결과를 저장한 변수다.

```
cond = df['칼로리'] < 50
df[cond]
```

	메뉴	가격	칼로리	원산지
0	아메리카노	4,500	10	콜롬비아
4	에스프레소	4,000	20	NaN
6	녹차	5,300	0	NaN
7	딴짓커피	2,000	20	NaN

물론 df[df['칼로리'] < 50]와 같이 변수 없이 한 줄로 사용해도 같은 결과를 얻을 수 있다. 하지만 입문자에게는 다소 코드가 복잡해 보이고, 조건이 2개 이상일 때는 괄호 수가 많아진다. 특히 '['괄호 수와 ']'의 괄호 수가 맞지 않아 에러가 발생하기 때문에 조건을 변수에 담는 방식을 추천한다.

```
df[df['칼로리'] < 50]
```

	메뉴	가격	칼로리	원산지
0	아메리카노	4,500	10	콜롬비아
4	에스프레소	4,000	20	NaN
6	녹차	5,300	0	NaN
7	딴짓커피	2,000	20	NaN

2 NOT 연산자

'~' 연산자는 조건의 반대를 필터링하는 데 사용한다. 즉, True(1)을 False(0)으로, False(0)을 True(1)로 변경해 조건의 반대 결과가 출력된다.

```
cond = df['칼로리'] < 50
df[~cond]
```

	메뉴	가격	칼로리	원산지
1	카페라떼	5,000	110	NaN
2	카페모카	5,500	250	과테말라
3	카푸치노	5,000	110	과테말라
5	밀크티	5,900	210	NaN

3 복수 조건 필터링

조건이 2개 이상일 때는 합집합(OR)이거나 교집합(AND)인지를 구분해야 한다. 판다스에서 & 와 | 연산자는 데이터프레임을 필터링하는 데 사용한다.

2개 이상의 조건	설명	판다스에서 활용하는 기호
교집합	두 조건이 모두 참일 때 True를 반환	&
합집합	두 조건 중 하나 이상이 참일 때 True를 반환	| ([Enter↵] 위, [Back space] 아래 있는 키)

 잠깐만요

언제 and/or 또는 &/| 연산자를 사용하나요?

파이썬 조건문에서는 and와 or 연산자를 사용하고, 판다스 데이터프레임을 필터링할 때는 &와 | 연산자를 사용한다. 시험에서는 판다스로 데이터를 다루는 일이 많으므로 &와 | 연산자를 머릿속에 기억해 두자.

참고로 파이썬에서도 &와 | 연산자를 사용한다. 다만, 비트(0과 1) 연산을 수행하고, 시험에서는 사용하지 않는다.

구분	설명	예

파이썬	and: 교집합
	or: 합집합
		if 조건1 and 조건2:
		　　print("두 조건 모두 참")
		if 조건1 or 조건2:
		　　print("두 조건 중 하나 이상 참")

판다스	&: 교집합 |: 합집합	df[조건1 & 조건2] df[조건1 | 조건2]

가격이 5,000원 이상이면서 칼로리가 100보다 큰 데이터를 필터링할 때는 두 조건 사이에 '&'를 사용한다.

```
cond1 = df['가격'] >= 5000
cond2 = df['칼로리'] > 100
df[cond1 & cond2]
```

	메뉴	가격	칼로리	원산지
1	카페라떼	5,000	110	NaN
2	카페모카	5,500	250	과테말라
3	카푸치노	5,000	110	과테말라
5	밀크티	5,900	210	NaN

가격이 5,000원 이상이거나 칼로리가 100보다 큰 데이터를 필터링할 때는 두 조건 사이에 '|'를 활용한다. '|'는 Enter↵ 위, Back space 아래에 있는 키다.

```
df[cond1 | cond2]
```

	메뉴	가격	칼로리	원산지
1	카페라떼	5,000	110	NaN
2	카페모카	5,500	250	과테말라
3	카푸치노	5,000	110	과테말라
5	밀크티	5,900	210	NaN
6	녹차	5,300	0	NaN

'원산지' 컬럼에서 '과테말라' 데이터만 필터링해 보자. 만약 조건식에서 '='과 '=='가 동시에 있어 어색하다면 cond = (조건)과 같이 소괄호로 묶어주면 된다.

```
cond = (df['원산지'] == "과테말라")
df[cond]
```

	메뉴	가격	칼로리	원산지
2	카페모카	5,500	250	과테말라
3	카푸치노	5,000	110	과테말라

'원산지'가 '과테말라'면서 '가격'이 5,000원 이하인 데이터를 필터링해 보자. 조건이 2개 이상일 때는 '&'로 조건을 추가하면 된다.

```
cond1 = df['원산지'] == "과테말라"
cond2 = df['가격'] <= 5000
df[cond1 & cond2]
```

	메뉴	가격	칼로리	원산지
3	카푸치노	5,000	110	과테말라

4 isin( )을 사용한 필터링

isin( )은 주어진 값이 있는지 확인한다. 데이터프레임이나 시리즈의 값 중에 포함되어 있는지를 체크해 포함되어 있으면 True, 그렇지 않으면 False를 반환한다. isin( )을 사용해 녹차를 찾아보자.

```
df['메뉴'].isin(['녹차'])

0    False
1    False
2    False
3    False
4    False
5    False
6     True
7    False
Name: 메뉴, dtype: bool
```

isin( )의 결과는 True/False다. 앞서 사용한 조건식과 결과가 같다. 데이터프레임에 불리언(True/False)을 대입하면 녹차 데이터(행)만 찾을 수 있다.

```
cond = df['메뉴'].isin(['녹차'])
df[cond]
```

	메뉴	가격	칼로리	원산지	이벤트가
6	녹차	5,300	0	대한민국	NaN

isin( )을 사용할 때 유용한 점은 여러 개의 값을 한번에 찾을 수 있다는 것이다. 예를 들어, 100개의 값을 조건식으로 찾는다면 최대 100개의 조건식이 필요하다. 하지만 isin( )을 활용할 경우 한번에 찾을 수 있다. 리스트에 찾는 값을 담고, 그 리스트를 isin( )의 괄호 안에 작성하면 녹차, 카푸치노, 카페라떼가 포함된 행 데이터를 찾을 수 있다.

```
box = ['녹차', '카푸치노', '카페라떼']
cond = df['메뉴'].isin(box)
df[cond]
```

	메뉴	가격	칼로리	원산지
1	카페라떼	5,000	110	NaN
3	카푸치노	5,000	110	과테말라
6	녹차	5,300	0	NaN

isin( )은 주어진 값과의 완전한 일치를 검사한다. 따라서 '카페라떼'는 찾을 수 있지만, '라떼'는 찾을 수 없다. 문자열 안에 특정 문자열(예: 라떼)이 포함되었는지 알고 싶다면 문자열을 다루는 섹션에서 그 방법을 배워보자.

SECTION 12 결측치 처리

데이터에 결측치가 있다면 삭제하거나 특정 값으로 채울 수 있다. 우선 데이터를 불러오자.

```
df = pd.read_csv('cafe2.csv')
df.head(2)
```

	메뉴	가격	칼로리	원산지
0	아메리카노	4,500	10	콜롬비아
1	카페라떼	5,000	110	NaN

1 결측치 탐색

결측치를 확인하는 데는 df.isnull()을 사용한다. df.isnull()을 입력하면 각 값마다 True/False가 나타난다. 결측치(NaN)면 True를 반환하고, 값이 있다면 False를 반환한다. '메뉴', '가격', '칼로리' 컬럼은 모두 False고, '원산지' 컬럼에는 결측치인 True가 보인다.

```
df.isnull()
```

	메뉴	가격	칼로리	원산지
0	False	False	False	False
1	False	False	False	True
2	False	False	False	False
3	False	False	False	False
4	False	False	False	True
5	False	False	False	True
6	False	False	False	True
7	False	False	False	True

df.isnull()에 sum()을 붙이면 컬럼별로 모두 더할 수 있다. True는 1이고, False는 0이다. 컬럼별로 더하면 결측치 수를 확인할 수 있다. '메뉴', '가격', '칼로리'는 결측치가 없고, '원산지'는 5개의 결측치가 있다.

```
df.isnull().sum()
```

```
메뉴      0
가격      0
칼로리     0
원산지     5
dtype: int64
```

isnull( ) 외에 isna( )를 활용해도 같은 결과를 얻을 수 있다.

```
df.isna().sum()
```

```
메뉴      0
가격      0
칼로리     0
원산지     5
dtype: int64
```

2 결측치 채우기

'원산지' 컬럼에 있는 결측치를 fillna( )를 활용해 임의의 값으로 채워보자. '코스타리카'로 결측치를 모두 채웠다.

```
df['원산지'].fillna('코스타리카', inplace=True)
df
```

	메뉴	가격	칼로리	원산지
0	아메리카노	4,500	10	콜롬비아
1	카페라떼	5,000	110	코스타리카
2	카페모카	5,500	250	과테말라
3	카푸치노	5,000	110	과테말라
4	에스프레소	4,000	20	코스타리카
5	밀크티	5,900	210	코스타리카
6	녹차	5,300	0	코스타리카
7	딴짓커피	2,000	20	코스타리카

결측치가 처리된 결괏값을 cafe3.csv로 저장한다.

```
df.to_csv("cafe3.csv", index=False)
```

SECTION 13 | 값 변경

특정 값을 찾아 대체가 필요할 때가 있다. replace()를 활용하면 쉽게 값을 찾고 변경할 수 있다.

```
df = pd.read_csv("cafe3.csv")
df.head(3)
```

	메뉴	가격	칼로리	원산지
0	아메리카노	4,500	10	콜롬비아
1	카페라떼	5,000	110	코스타리카
2	카페모카	5,500	250	과테말라

1 replace() 활용

replace()는 변경 전 값과 변경 후 값 순서로 입력해 사용한다. 여러 개의 값을 변경하기 위해 replace()를 여러 번 사용해도 된다.

```
df.replace('아메리카노', '룽고', inplace=True)
df.replace('녹차','그린티', inplace=True)
df
```

	메뉴	가격	칼로리	원산지
0	룽고	4,500	10	콜롬비아
1	카페라떼	5,000	110	코스타리카
2	카페모카	5,500	250	과테말라
3	카푸치노	5,000	110	과테말라
4	에스프레소	4,000	20	코스타리카
5	밀크티	5,900	210	코스타리카
6	그린티	5,300	0	코스타리카
7	딴짓커피	2,000	20	코스타리카

여러 개의 값을 변경할 때 replace( )를 여러 번 사용하기도 하지만, 딕셔너리를 활용할 수도 있다. '변경 전 값 : 변경 후 값' 형태로 딕셔너리를 만든 후 replace( )의 괄호 안에 넣어주면 된다.

```
change = {'롱고':'아메리카노', '그린티':'녹차'}
df.replace(change, inplace=True)
df
```

	메뉴	가격	칼로리	원산지
0	아메리카노	4,500	10	콜롬비아
1	카페라떼	5,000	110	코스타리카
2	카페모카	5,500	250	과테말라
3	카푸치노	5,000	110	과테말라
4	에스프레소	4,000	20	코스타리카
5	밀크티	5,900	210	코스타리카
6	녹차	5,300	0	코스타리카
7	딴짓커피	2,000	20	코스타리카

2 loc/iloc 활용

loc를 활용해 '녹차'의 원산지를 '대한민국'으로 변경해 보자. loc는 인덱스명을 사용한다. 녹차의 인덱스명은 6이므로 인덱스명에는 '6', 컬럼명에는 '원산지'를 입력한다.

```
df.loc[6, '원산지'] = '대한민국'
df.tail(3)
```

	메뉴	가격	칼로리	원산지
5	밀크티	5,900	210	코스타리카
6	녹차	5,300	0	대한민국
7	딴짓커피	2,000	20	코스타리카

loc를 활용해 새로운 컬럼 '이벤트가'를 만들고 카페라떼와 카페모카에 1,000원을 대입해 보자. 새로운 컬럼을 만들고 값을 대입하지 않으면 자동으로 'NaN'이 들어간 것을 확인할 수 있다.

```
df.loc[1:2, '이벤트가'] = 1000
df.head()
```

	메뉴	가격	칼로리	원산지	이벤트가
0	아메리카노	4,500	10	콜롬비아	NaN
1	카페라떼	5,000	110	코스타리카	1000.0
2	카페모카	5,500	250	과테말라	1000.0
3	카푸치노	5,000	110	과테말라	NaN
4	에스프레소	4,000	20	코스타리카	NaN

변경된 데이터프레임을 cafe4.csv로 저장하자.

```
df.to_csv("cafe4.csv", index=False)
```

> **TIP**
>
> **map( ) 함수**
>
> map( ) 함수는 replace( )에 비해 유연성이 뛰어나, 딕셔너리나 사용자 정의 함수를 활용하여 보다 세밀하게 각 요소를 변환할 수 있다. map( )함수는 시리즈의 각 요소를 지정된 딕셔너리나 함수에 따라 변환하는 데 사용된다. 즉, 변경하려는 값을 딕셔너리(키:값 쌍)로 정의한 후, map( ) 함수를 통해 Series의 각 요소를 해당 딕셔너리의 키와 매칭하여 대응되는 값으로 대체할 수 있다.
>
> ```
> import pandas as pd
> df = pd.DataFrame({'만족도': ['만족', '보통', '불만', '보통', '만족']})
>
> mapping = {'만족': 3, '보통': 2, '불만': 1}
> df['만족도_숫자'] = df['만족도'].map(mapping)
> df
> ```
>
> | | 만족도 | 만족도_숫자 |
> |---|--------|-------------|
> | 0 | 만족 | 3 |
> | 1 | 보통 | 2 |
> | 2 | 불만 | 1 |
> | 3 | 보통 | 2 |
> | 4 | 만족 | 3 |

SECTION 14 | 문자열

문자열(string)은 일련의 문자로 구성된 데이터 유형이다. 이 문자들은 문자, 숫자, 구두점, 공백, 특수 문자 등의 문자를 포함하고 있다. 파이썬에서는 문자열을 큰따옴표(" ") 또는 작은따옴표(' ')로 둘러싸서 표현한다.

판다스에서는 str 접근자를 사용해 문자열 데이터를 효율적으로 다룰 수 있다. 문자열을 설명하기 위해 이 섹션에서 사용할 임의의 데이터를 생성한다. 단, 의도적으로 C 컬럼에서 마지막 데이터인 'ab cd' 뒤에 공백을 하나 추가했다.

```python
import pandas as pd
df = pd.DataFrame({'A': ['데이터 분석', '기본 학습서', '퇴근 후 열공'],
                   'B': [10, 20, 30],
                   'C': ['ab cd', 'AB CD', 'ab cd ']
                   })
df
```

	A	B	C
0	데이터 분석	10	ab cd
1	기본 학습서	20	AB CD
2	퇴근 후 열공	30	ab cd

1 문자열 변경(치환)

이전 섹션에서 배운 대로 replace( )를 활용해 A 컬럼에서 '분석' 단어를 '시각화'로 변경을 시도했다. 하지만 변경되지 않았다. 0행 0열에 있는 전체 문자열은 '데이터 분석'이다. replace( )만으로 전체 단어인 '데이터 분석'을 다른 단어로 변경할 수 있지만, '데이터 분석'이라는 문자열에서 '분석'이라는 일부 단어만 변경하지는 못한다.

```python
df['A'] = df['A'].replace('분석', '시각화')
df
```

	A	B	C
0	데이터 분석	10	ab cd
1	기본 학습서	20	AB CD
2	퇴근 후 열공	30	ab cd

전체 문자열 중 일부만 변경할 때는 str을 사용한다. str 접근자를 활용하면 데이터프레임의 값을 문자열로 인식한다. str.replace('분석', '시각화')를 적용하면 변경된 것을 확인할 수 있다.

```
df['A'] = df['A'].str.replace('분석', '시각화')
df
```

	A	B	C
0	데이터 시각화	10	ab cd
1	기본 학습서	20	AB CD
2	퇴근 후 열공	30	ab cd

replace()를 사용할 때 "항상 str을 사용하면 되지 않을까?" 싶을 수도 있다. 하지만 이 방식은 데이터가 숫자일 때 에러가 발생한다. 예를 들어, 숫자 데이터를 replace()로 변경해 보자. 정상적으로 10이 100으로 변경된 것을 확인할 수 있다.

```
df['B'] = df['B'].replace(10, 100)
df
```

	A	B	C
0	데이터 시각화	100	ab cd
1	기본 학습서	20	AB CD
2	퇴근 후 열공	30	ab cd

이번에는 20을 200으로 변경하되, str.replace()를 적용해 보자. 이 경우 에러가 발생한다. str은 문자열만 적용 가능하다. 정리하면 replace()는 문자열뿐만 아니라 다른 유형도 변경 가능하지만, str.replace()는 문자열에만 사용 가능하다.

```
df['B'] = df['B'].str.replace(20, 200)
print(df)

(생략)
AttributeError: Can only use .str accessor with string values!
```

2 문자열 분리

문자열을 분리할 때는 str.split()을 사용한다. 괄호 안에 값이 없을 때는 기본적으로 띄어쓰기를 기준으로 분리한다. str.split(',')와 같이 괄호 안에 콤마가 있다면 콤마를 기준으로 분리한다.

```
df['A'].str.split()
```

```
0    [데이터, 시각화]
1    [기본, 학습서]
2    [퇴근, 후, 열공]
Name: A, dtype: object
```

대괄호([ ])를 사용해 분리한 데이터의 특정 행만 선택할 수도 있다. 0번째 인덱스 행만 선택했다.

```
df['A'].str.split()[0]
```

```
['데이터', '시각화']
```

분리 후 첫 번째 단어만 필요하다면 각 행별 첫 번째 값을 선택해야 한다. 이때는 str[0]을 붙인다. str.split()은 문자열을 리스트로 나눠 시리즈 자료형으로 반환하고, str[0]은 각 리스트의 첫 번째 값을 선택한다. 그 값을 새로운 컬럼 D에 대입한 결과를 확인할 수 있다.

```
df['D'] = df['A'].str.split().str[0]
df
```

	A	B	C	D
0	데이터 시각화	100	ab cd	데이터
1	기본 학습서	20	AB CD	기본
2	퇴근 후 열공	30	ab cd	퇴근

TIP

str.split( )[0] vs str.split( ).str[0]

str.split()[0]에서 [0]은 첫 번째 행(0번째 인덱스)을 선택한다. str.split().str[0]에서 str[0]은 각 문자열 리스트 값에서 첫 번째 요소(0번째 인덱스)를 선택한다. str 접근자로 인해 차이가 있다.

3 특정 문자열 검색

str.contains( )를 활용해 특정 단어가 포함되어 있는지 확인할 수 있다. A 컬럼에서 '기본' 단어가 있는지 찾아보자. 0, 2행에는 없고, 1행에는 있는 것을 확인할 수 있다.

```
df['A'].str.contains('기본')

0    False
1    True
2    False
Name: A, dtype: bool
```

str.contains('기본')에서 반환된 값을 데이터프레임에 새로운 컬럼으로 추가한다.

```
df['기본포함유무'] = df['A'].str.contains('기본')
df
```

	A	B	C	기본포함유무
0	데이터 시각화	100	ab cd	False
1	기본 학습서	20	AB CD	True
2	퇴근 후 열공	30	ab cd	False

TIP

str.contains( )와 isin( )

str.contains( )는 필터링에서 배운 isin( )과 유사하지만 다르다. isin( )은 값을 찾고, contains( )는 값을 찾거나 값의 일부를 찾는다. 데이터프레임 또는 시리즈에서는 isin( )과 str.contains( ) 모두 사용 가능하다.
isin( )은 특정 값이 있는지 확인하며, 괄호 안에는 리스트 형태로 데이터가 입력된다. 따라서 여러 개의 값을 찾을 수 있는 장점이 있고, 이는 필터링에서 유용하게 사용된다. 다만, 1개 값만 찾더라도 menu.isin(['맛난버거'])와 같이 대괄호가 필요하다.

```
menu = pd.Series(['맛난버거 세트', '매운 치킨버거', '더블 치즈버거'])
menu.isin(['맛난버거 세트', '더블 치즈버거'])

0    True
1    False
2    True
dtype: bool
```

str.contains( )는 문장 속에서 특정 문자열을 찾을 수 있다는 장점이 있다. str을 통해 접근한다. 찾고자 하는 1개 값만 입력값으로 대입할 수 있다. 리스트 형태가 아니므로 대괄호는 필요없다.

```
menu.str.contains('세트')

0    True
1    False
2    False
dtype: bool
```

4 문자열 길이

A 컬럼의 문자열 길이를 반환받아 새로운 컬럼에 추가했다.

```
df['문자길이'] = df['A'].str.len()
df
```

	A	B	C	기본포함유무	문자길이
0	데이터 시각화	100	ab cd	False	7
1	기본 학습서	20	AB CD	True	6
2	퇴근 후 열공	30	ab cd	False	6

5 문자열 대(소)문자 변경

파이썬에서는 대소문자를 구분한다. 따라서 'AB cd' == 'ab CD'는 다르다. 결과도 False로 출력된다.

```
'AB cd' == 'ab CD'

False
```

str.lower( )를 활용해 영어로 된 문자열을 모두 소문자로 변경할 수 있다.

```
df['C'] = df['C'].str.lower()
df['C']
```
```
0    ab cd
1    ab cd
2    ab cd
Name: C, dtype: object
```

str.upper()를 활용해 영어로 된 문자열을 모두 대문자로 변경할 수 있다.

```
df['C'] = df['C'].str.upper()
df['C']
```
```
0    AB CD
1    AB CD
2    AB CD
Name: C, dtype: object
```

C 컬럼의 값이 'AB CD'와 같은지를 비교해 보면 마지막 값은 False로 출력된다. 이 상황을 보여주기 위해 데이터를 만들 때 문자열 마지막에 공백을 의도적으로 추가했다. 공백이 있다면 컴퓨터는 다르게 인식한다.

```
df['C'] == 'AB CD'
```
```
0     True
1     True
2    False
Name: C, dtype: bool
```

문제에서 특정 영문 단어의 수를 물었을 때 특정 단어의 대소문자가 다를 수도 있고, 공백이 포함될 수도 있다. 따라서 소문자 (또는 대문자)로 변경하고 공백도 제거하는 전처리가 필요하다.

```
df['C'] = df['C'].str.lower()
df['C'] = df['C'].str.replace(" ","")
df['C']
```
```
0    abcd
1    abcd
2    abcd
Name: C, dtype: object
```

> **심화학습**

왼쪽, 오른쪽, 양쪽 공백 제거 방법은?

df['C'].str.strip() # 양쪽 공백 제거
df['C'].str.lstrip() # 왼쪽 공백 제거
df['C'].str.rstrip() # 오른쪽 공백 제거

6 문자열 슬라이싱

str[시작 인덱스 번호:끝 인덱스 번호]를 활용해 데이터프레임에서 특정 구간만 슬라이싱할 수 있다. 행별로 bc를 슬라이싱했다.

```
df['C'].str[1:3]

0    bc
1    bc
2    bc
Name: C, dtype: object
```

만약 str 없이 df['C'][1:3]과 같이 사용한다면 첫 번째 행과 두 번째 행이 선택된다. 데이터프레임에서 슬라이싱할 때 str 사용에 주의하자.

```
df['C'][1:3]

1    abcd
2    abcd
Name: C, dtype: object
```

15 내장 함수

데이터프레임에서 활용할 수 있는 다양한 함수가 이미 구현되어 있다. 다양한 함수를 활용하고 있지만, 추가로 알고 있어야 할 함수를 살펴보자.

```
df = pd.read_csv("cafe4.csv")
df.head(2)
```

	메뉴	가격	칼로리	원산지	이벤트가
0	아메리카노	4,500	10	콜롬비아	NaN
1	카페라떼	5,000	110	코스타리카	1000.0

1 len( )

len( ) 함수는 리스트에서 데이터의 수를 반환해 주고, 데이터프레임에서 행(row)의 수를 반환한다. len( )은 파이썬 내장 함수지만, 데이터프레임의 행(레코드) 수를 구할 때 빈번하게 사용되므로 다시 한 번 언급한다.

len( ) 함수를 사용하지 않고 행(레코드) 수를 구하는 또 다른 방법은 df.shape를 통해 행의 수와 열의 수를 확인하는 것이다. 행의 수는 df.shape[0]이고, 열의 수는 df.shape[1]이다.

```
print(len(df))
print(df.shape[0])

8
8
```

2 sum( )

sum( )은 합계 함수로 이 함수를 잘 활용하면 조건에 맞는 데이터의 수를 찾을 때 len( ) 함수보다 유용하다. 예를 들어, df['가격'] > 5000 조건에 맞는 데이터의 수를 구한다고 가정해 보자. df['가격'] > 5000의 결과는 True 또는 False다. 이를 모두 더하면 True는 1, False는 0이므로 조건에 맞는 개수를 구할 수 있다. len( ) 함수로 구한다면 조건에 맞는 데이터프레임을 구한 후 데이터프레임의 개수를 구해야 한다.

```
cond = df['가격'] >5000

# sum으로 조건에 맞는 개수 구하기
print(sum(cond))

# len으로 조건에 맞는 개수 구하기
print(len(df[cond]))
```
```
3
3
```

sum( ) 함수는 기본적으로 컬럼별 합계를 구한다.

```
df.sum(numeric_only=True)
```
```
가격      37200.0
칼로리      730.0
이벤트가    2000.0
dtype: float64
```

만약 행별 합계를 구한다면 두 가지 방법이 있다.

1. 데이터프레임 df의 행과 열을 변경한다.

T(대문자)를 사용하면 되는데, T는 transpose의 약자다. 만약 변경한 형태로 저장하고 싶다면 df = df.T로 저장할 수 있다.

```
df.T
```

	0	1	2	3	4	5	6	7
메뉴	아메리카노	카페라떼	카페모카	카푸치노	에스프레소	밀크티	녹차	딴짓커피
가격	4,500	5,000	5,500	5,000	4,000	5,900	5,300	2,000
칼로리	10	110	250	110	20	210	0	20
원산지	콜롬비아	코스타리카	과테말라	과테말라	코스타리카	코스타리카	대한민국	코스타리카
이벤트가	NaN	1000.0	1000.0	NaN	NaN	NaN	NaN	NaN

⊕ **데이터프레임 속성**: df.T와 df.shape는 함수(메소드)가 아니라 데이터프레임 속성이므로 괄호가 없다.

2. 축(axis)을 변경한다.

　　기본적으로 axis=0이다. 이를 1로 변경하면 행별 합계를 구할 수 있다.

```
df.sum(axis=1, numeric_only=True)

0    4510.0
1    6110.0
2    6750.0
3    5110.0
4    4020.0
5    6110.0
6    5300.0
7    2020.0
dtype: float64
```

단, 이때 주의할 점은 drop에서 사용할 때와는 축설정을 반대라고 생각하는 것이 이해하기 쉽다. sum(axis=0)은 컬럼별 합계이고, sum(axis=1)은 행별 합계이다.

	axis=0 (기본값)	axis=1
drop( )	행삭제	컬럼삭제
sum( )	컬럼별합계	행별합계

sum(df)과 df.sum()의 차이는?
sum(df)와 같이 함수가 밖에서 데이터프레임을 감싸고 있으면 파이썬 내장함수이고, df.sum( )과 같이 데이터프레임 뒤에 점(.)과 함께 함수가 붙으면 판다스의 데이터프레임에서 제공하는 함수(메소드)다. 계산 결과는 같다.

3 max( ), min( ), mean( ), median( ), sum( ), std( ), var( )

기초 통계 함수를 확인해 보자. 최댓값, 최솟값, 평균값, 중앙값, 합계, 표준편차, 분산을 손쉽게 확인할 수 있다.

```
print("최댓값: ",df['가격'].max())
print("최솟값: ",df['가격'].min())
print("평균값: ",df['가격'].mean())
print("중앙값: ",df['가격'].median())
print("합계: ",df['가격'].sum())
print("표준편차: ",df['가격'].std())
print("분산: ",df['가격'].var())
```

```
최댓값: 5900
최솟값: 2000
평균값: 4650.0
중앙값: 5000.0
합계: 37200
표준편차: 1220.070255588353
분산: 1488571.4285714286
```

4 quantile( )

판다스의 quantile(0~1 사이 값) 함수를 통해 분위수를 확인할 수 있다.

- **0.25**: 1사분위수(데이터 하위 25%)
- **0.5**: 2사분위수(데이터의 중앙값)
- **0.75**: 3사분위수(데이터의 하위 75%)

1, 2, 3사분위수 외에도 0.1은 데이터의 하위 10%, 0.9는 데이터의 하위 90%에 해당하는 값을 구할 수 있다.

quantile( ) 함수에 숫자(파라미터)를 넣을 때 1사분위수를 구한다면 '0.25'를 입력한다. 또는 '0.25'에서 '0'을 생략하고 '.25'와 같은 방식으로 입력할 수 있다.

```python
print("분위수 25% 값", df['가격'].quantile(.25))
print("분위수 75% 값", df['가격'].quantile(.75))
```

```
분위수 25% 값 4375.0
분위수 75% 값 5350.0
```

1사분위수보다 작은 가격의 데이터를 찾아보자. 조건을 cond 변수에 담고 데이터프레임에 필터링한다.

```python
cond = df['가격'].quantile(.25) > df['가격']
df[cond]
```

	메뉴	가격	칼로리	원산지	이벤트가
4	에스프레소	4,000	20	코스타리카	NaN
7	딴짓커피	2,000	20	코스타리카	NaN

3사분위수보다 큰 가격의 데이터를 찾아보자. 조건이 복잡하게 느껴진다면 df['가격'].quantile(.75) 값을 먼저 새로운 변수에 담고, cond = 새로운 변수 < df['가격']으로 작성해도 된다.

```
cond = df['가격'].quantile(.75) < df['가격']
df[cond]
```

	메뉴	가격	칼로리	원산지	이벤트가
2	카페모카	5,500	250	과테말라	1000.0
5	밀크티	5,900	210	코스타리카	NaN

5 mode( )

최빈값을 찾을 때는 mode( ) 함수를 활용한다. mode( ) 함수는 최빈값을 찾아 시리즈 형태로 반환한다. 따라서 인덱스를 제외하고 최빈값만 얻고 싶다면 뒤에 인덱스 0을 붙여준다.

```
df['원산지'].mode()[0]
```
```
'코스타리카'
```

최빈값은 평균값이나 중앙값처럼 값만 반환하지 않고 시리즈 자료형으로 반환한다. 그 이유는 반환 값이 1개가 아니라 여러 개일 수도 있기 때문이다. 예를 들어, 원산지 과테말라와 코스타리카가 각각 3개씩 빈도가 가장 많다면 최빈값은 1개가 아니라 2개가 된다. 따라서 1개 이상의 값을 반환하기 위해 mode( ) 함수는 시리즈 형태로 반환한다.

6 idxmax( )와 idxmin( )

idxmax( ) 함수는 데이터프레임 또는 시리즈의 열에서 최댓값을 갖는 인덱스를 반환한다. idxmin( ) 함수는 최솟값을 갖는 인덱스를 반환한다. 가격이 가장 큰 값의 인덱스는 5인 것을 확인할 수 있다.

```
df['가격'].idxmax()
```
```
5
```

loc를 활용해 인덱스 5의 데이터(행)를 확인할 수 있다.

```
max_ind = df['가격'].idxmax()
df.loc[max_ind]
```
```
메뉴      밀크티
가격      5900
칼로리     210
원산지     코스타리카
이벤트가    NaN
Name: 5, dtype: object
```

만약 가장 높은 가격의 메뉴를 찾는다면 df.loc[max_ind, '메뉴']와 같이 인덱싱한다. 추가로 df.loc[max_ind]로 행을 선택하고, 그 결과에 대해 열값을 선택하는 df.loc[max_ind]['메뉴']도 다소 비효율적이지만, 사용할 수 있다.

```
df.loc[max_ind]['메뉴']
```

'밀크티'

7 nlargest( )와 nsmallest( )

nlargest( ) 함수는 데이터프레임의 특정 컬럼에서 가장 큰 값을 반환한다. 예를 들어, nlargest(3, '가격')을 사용하면 가격 컬럼 중에 큰 값 순으로 3개를 반환받을 수 있다. 결과는 내림차순으로 정렬되어 있다.

```
df.nlargest(3, '가격')
```

	메뉴	가격	칼로리	원산지	이벤트가
5	밀크티	5,900	210	코스타리카	NaN
2	카페모카	5,500	250	과테말라	1000.0
6	녹차	5,300	0	대한민국	NaN

반대로 가장 작은 값을 찾을 때는 nsmallest( ) 함수를 사용한다. 결과는 오름차순으로 정렬되어 있다. 이 함수를 모르더라도 Sort_Values( ) 함수로도 같은 결과를 찾을 수 있다.

```
df.nsmallest(2, '가격')
```

	메뉴	가격	칼로리	원산지	이벤트가
7	딴짓커피	2,000	20	코스타리카	NaN
4	에스프레소	4,000	20	코스타리카	NaN

8 apply( ) 심화

데이터를 변경하거나 파생변수를 생성할 때 apply( ) 함수를 알고 있으면 유용하게 활용할 수 있다. 칼로리 100을 기준으로 먹어도 될지를 결정하고자 한다. 이에 '먹어도 될까요'라는 컬럼명을 추가하고 Yes와 No를 대입해 보자.

1. 파이썬에서 배운 함수를 활용해 입력값이 100보다 크거나 같으면 No, 100보다 작으면 Yes를 반환하는 cal( ) 함수를 만든다.

2. apply(적용할 함수명)으로 손쉽게 '칼로리' 컬럼의 각 데이터를 cal() 함수의 입력값으로 넣을 수 있으면 각 결괏값을 새로운 컬럼에 대입한다. '먹어도 될까요'의 컬럼 값이 Yes 또는 No로 생성된 것을 확인할 수 있다.

```
def cal(x):
    if x >= 100:
        return "No"
    else:
        return "Yes"

df['먹어도 될까요'] = df['칼로리'].apply(cal)
df
```

	메뉴	가격	칼로리	원산지	이벤트가	먹어도 될까요
0	아메리카노	4,500	10	콜롬비아	NaN	Yes
1	카페라떼	5,000	110	코스타리카	1000.0	No
2	카페모카	5,500	250	과테말라	1000.0	No
3	카푸치노	5,000	110	과테말라	NaN	No
4	에스프레소	4,000	20	코스타리카	NaN	Yes
5	밀크티	5,900	210	코스타리카	NaN	No
6	녹차	5,300	0	대한민국	NaN	Yes
7	딴짓커피	2,000	20	코스타리카	NaN	Yes

9 melt() 심화

melt() 함수는 데이터프레임을 재구조화하는 데 사용한다. "넓은 형태(wide format)"의 데이터를 "긴 형태(long format)"의 데이터로 변환하는 데 유용하다. melt() 함수를 설명하기 위해 데이터를 생성했다. 각 이름별 수학, 영어, 국어 점수가 있다.

```
import pandas as pd
df = pd.DataFrame({'Name': {0: '쿼카', 1: '알파카', 2: '시바견'},

            '수학': {0: 90, 1: 93, 2: 85},
            '영어': {0: 92, 1: 84, 2: 86},
            '국어': {0: 91, 1: 94, 2: 83},})

df
```

	Name	수학	영어	국어
0	쿼카	90	92	91
1	알파카	93	84	94
2	시바견	85	86	83

여기서 Name열은 각 행이 누구의 점수인지를 나타낸다. 나머지 열들(수학, 영어, 국어)은 각각의 과목 점수를 나타낸다. 이 데이터는 "넓은 형태"다. 각 행이 한 사람의 모든 정보를 담고 있고, 열이 다양한 변수(과목)를 나타낸다.

melt( ) 함수를 사용하면 이 데이터를 "긴 형태"로 변환할 수 있다. "긴 형태"란 각 행이 단 하나의 관측값만을 갖고, 다양한 변수들이 행으로 길게 나열되는 형태를 말한다. 이를 위해 melt( ) 함수에서 id_vars와 value_vars 인자를 사용한다.

- id_vars(필수): 데이터를 재구조화할 때 유지하고 싶은 열들을 지정한다. 여기서는 Name열을 유지한다.
- value_vars(선택): 재구조화할 열들을 지정한다. 지정하지 않으면 id_vars를 제외한 모든 열이 사용된다.

melt( ) 함수를 사용해 df를 변환하면 다음과 같은 결과를 얻을 수 있다.

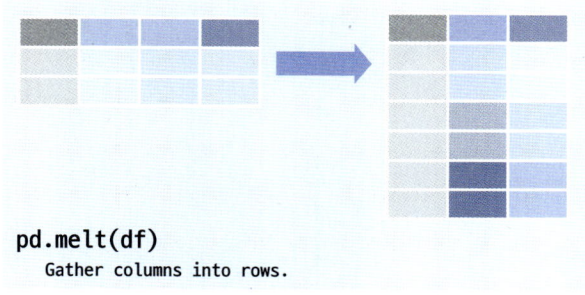

```
pd.melt(df, id_vars=['Name'])
```

	Name	variable	value
0	쿼카	수학	90
1	알파카	수학	93
2	시바견	수학	85
3	쿼카	영어	92
4	알파카	영어	84
5	시바견	영어	86
6	쿼카	국어	91
7	알파카	국어	94
8	시바견	국어	83

value_vars에 컬럼을 지정하면 해당 컬럼만 긴 형태로 변형된다.

```
pd.melt(df, id_vars=['Name'], value_vars=['수학', '영어'])
```

	Name	variable	value
0	쿼카	수학	90
1	알파카	수학	93
2	시바견	수학	85
3	쿼카	영어	92
4	알파카	영어	84
5	시바견	영어	86

"수학"과 "영어"만 출력된 이유는 "value_vars"에 "국어"를 포함하지 않았기 때문이다. value_vars=["수학", "영어"]라고 설정하면 "국어"는 변환 대상에서 제외되므로 출력되지 않는다.

value_vars를 사용하면 여러 개의 열을 하나로 합칠 수 있지만, 기본적으로 "variable"과 "value"라는 열이 자동으로 생성된다. 하지만 이 이름은 우리가 원하는 형태가 아닐 수 있다. var_name과 value_name을 설정하면, 변환된 데이터에서 열의 이름을 원하는 형태로 바꿀 수 있다.

- var_name: value_vars에 지정한 열들의 원래 이름을 담을 새로운 열의 이름이다.
- value_name: 선택한 열들의 값이 저장될 새로운 열의 이름이다.

var_name과 value_name은 단일 열 이름을 문자열(string)로 지정해야 하며, id_vars처럼 리스트([ ])를 사용할 수 없다. 즉, 여러 개의 열을 하나로 합칠 때, 원래 열의 이름과 값이 저장될 열의 이름을 직접 지정할 수 있다.

```
pd.melt(df, id_vars=['Name'], var_name='과목', value_name='점수')
```

	Name	과목	점수
0	쿼카	수학	90
1	알파카	수학	93
2	시바견	수학	85
3	쿼카	영어	92
4	알파카	영어	84
5	시바견	영어	86
6	쿼카	국어	91
7	알파카	국어	94
8	시바견	국어	83

기존데이터에 "반" 정보를 추가해 보겠다.

```python
import pandas as pd

df = pd.DataFrame({
    "반": ["A반", "A반", "B반"],  # 반 정보 추가
    "이름": ["쿼카", "알파카", "시바견"],
    "수학": [90, 93, 85],
    "영어": [92, 84, 86],
    "국어": [91, 94, 83]
})
df
```

	반	이름	수학	영어	국어
0	A반	쿼카	90	92	91
1	A반	알파카	93	84	94
2	B반	시바견	85	86	83

기존에는 "이름"만 유지했지만, 이제는 "반"도 같이 유지하면서 점수를 변환하고 싶다면 id_vars=["반", "이름"]을 설정하면 된다.

```
pd.melt(df, id_vars=["반", "이름"], var_name="과목", value_name="점수")
```

	반	이름	과목	점수
0	A반	쿼카	수학	90
1	A반	알파카	수학	93
2	B반	시바견	수학	85
3	A반	쿼카	영어	92
4	A반	알파카	영어	84
5	B반	시바견	영어	86
6	A반	쿼카	국어	91
7	A반	알파카	국어	94
8	B반	시바견	국어	83

SECTION 16 | 그룹핑

데이터를 다양한 방식으로 집계하고 분석하는 데는 groupby()를 사용한다. 특정 컬럼을 기준으로 여러 그룹을 나누고, 각 그룹에 대해 합계, 평균, 최대, 최소, 빈도 등을 구할 수 있다.

매장	매출액
A	1,000만 원
B	2,000만 원
C	3,000만 원
A	3,000만 원
B	2,000만 원
A	1,000만 원
C	3,000만 원

groupby ⇒

매장	합계
A	5,000만 원
B	4,000만 원
C	6,000만 원

```
df = pd.read_csv("cafe4.csv")
df.head(2)
```

	메뉴	가격	칼로리	원산지	이벤트가
0	아메리카노	4,500	10	콜롬비아	NaN
1	카페라떼	5,000	110	코스타리카	1000.0

 그룹 기준 1개

df.groupby('원산지')를 사용하면 원산지를 기준으로 그룹이 만들어진다. 여기에 mean()을 붙이게 되면 수치형인 컬럼은 평균값을 구하고, 그 외 자료형(문자 등)은 평균을 구할 수 없으므로 제외된다.

df.groupby()의 괄호 안에는 대괄호를 사용해도 되고 사용하지 않아도 된다. 리스트 형식이므로 일반적으로 하나일 때는 사용하지 않고 2개 이상일 때는 사용한다. 원산지를 기준으로 평균값을 계산해 보자. 수치형 데이터인 '가격', '칼로리', '이벤트가'의 평균을 확인할 수 있다.

```
df.groupby(['원산지']).mean(numeric_only=True)
```

원산지	가격	칼로리	이벤트가
과테말라	5250.0	180.0	1000.0
대한민국	5300.0	0.0	NaN
코스타리카	4225.0	90.0	1000.0
콜롬비아	4500.0	10.0	NaN

> **TIP**
>
> **코랩과 시험환경에서 발생하는 에러와 그 해결 방법**
>
> 판다스 라이브러리가 업데이트되면서 df.groupby(['원산지']).mean() 코드를 실행할 때, 평균을 계산하려는 데이터프레임에 문자열이 포함된 경우 에러가 발생할 수 있다. 단, 모든 값이 숫자인 경우에는 문제가 발생하지 않는다.
>
> ```
> TypeError: Could not convert 카페모카카푸치노 to numeric
> ```
>
> • 해결방법: df.groupby(['원산지']).mean(numeric_only=True)

2 집계 연산

그룹화된 결과에 다양한 연산을 적용할 수 있다.
- mean( ): 평균
- sum( ): 합계
- max( ), min( ): 최대, 최소
- count( ): 개수(단, 결측치 NaN 제외)
- size( ): 개수(모든 값 빈도, 결측치 포함)
- agg( ): 여러 연산을 한번에 적용

3 그룹 기준 2개 이상

그룹 기준이 1개가 아닌 2개 이상일 수도 있다. 2개 이상일 때는 대괄호가 꼭 필요하다. 리스트 형태로 컬럼을 입력한다. 첫 번째 그룹핑 기준은 '원산지', 두 번째 그룹핑 기준은 '칼로리'로 만들어 보자.

```
df.groupby(['원산지', '칼로리']).mean() # mean(numeric_only=True)
```

원산지	칼로리	가격	이벤트가
과테말라	110	5,000.0	NaN
	250	5,500.0	1000.0
대한민국	0	5,300.0	NaN
코스타리카	20	3,000.0	NaN
	110	5,000.0	1000.0
	210	5,900.0	NaN
콜롬비아	10	4,500.0	NaN

4 agg( ) 심화

agg( ) 함수는 여러 개의 컬럼(열)에 대해 다양한 집계 연산을 동시에 수행할 수 있다. 원산지와 메뉴 컬럼에 대해 평균값과 합계를 구해보자.

```
df.groupby(['원산지', '메뉴']).agg(['mean', 'sum'])
```

원산지	메뉴	가격 mean	가격 sum	칼로리 mean	칼로리 sum	이벤트가 mean	이벤트가 sum
과테말라	카페모카	5500.0	5500	250.0	250	1000.0	1000.0
	카푸치노	5000.0	5000	110.0	110	NaN	0.0
대한민국	녹차	5300.0	5300	00	0	NaN	0.0
코스타리카	딴짓커피	2000.0	2000	20.0	20	NaN	0.0
	밀크티	5900.0	5900	210.0	210	NaN	0.0
	에스프레소	4000.0	4000	20.0	20	NaN	0.0
	카페라떼	5000.0	5000	110.0	110	1000.0	1000.0
콜롬비아	아메리카노	4500.0	4500	10.0	10	NaN	0.0

5 reset_index( )

앞에서 그룹핑된 데이터프레임의 인덱스를 살펴보면 기존과 모양이 다른 묶음이 되어 있다. 만약 그룹핑된 상태에서 추가적인 데이터 처리 또는 특정 값을 선택해 출력해야 할 필요가 있다면 그룹핑된 데이터프레임 뒤에 reset_index( )를 붙여주면 된다. 기존의 원산지 컬럼명으로 변경되면서 새로운 데이터프레임으로 재구성된 것을 확인할 수 있다.

```
df.groupby(['원산지', '칼로리']).mean(numeric_only=True).reset_index()
```

	원산지	칼로리	가격	이벤트가
0	과테말라	110	5000.0	NaN
1	과테말라	250	5500.0	1000.0
2	대한민국	0	5300.0	NaN
3	코스타리카	20	3000.0	NaN
4	코스타리카	110	5000.0	1000.0
5	코스타리카	210	5900.0	NaN
6	콜롬비아	10	4500.0	NaN

6 transform( )

데이터를 분석할 때, 같은 그룹 내에서 특정 기준 (예: 종류, 지역, 연도 등)에 맞는 평균을 구하고 이를 활용해 결측값을 채울 수 있다. 즉, 단순히 전체 평균을 채우는 것이 아니라, 1개 또는 2개 이상의 조건(그룹)에 맞는 평균을 먼저 계산한 후, 그 값을 결측값이 있는 곳에 적용할 수 있다.

1. 하나의 그룹 기준으로 평균을 구하고 결측값 채우기

"과일"이라는 컬럼에 사과와 바나나가 있고, "가격"에는 결측값이 포함되어 있다.

```
import pandas as pd

df = pd.DataFrame({
    '과일': ['딸기', '블루베리', '딸기', '블루베리', '딸기', '블루베리', '딸기', '블루베리'],
    '가격': [1000, None, 1500, None, 2000, 2500, None, 1800]
})
df
```

	과일	가격
0	딸기	1000.0
1	블루베리	NaN
2	딸기	1500.0
3	블루베리	NaN
4	딸기	2000.0
5	블루베리	2500.0
6	딸기	NaN
7	블루베리	1800.0

groupby('과일')로 같은 과일끼리 묶은 후, transform("mean")을 사용하여 각 행마다 해당 그룹의 평균값을 계산한다. 이때 계산된 평균은 원본 데이터와 같은 길이의 시리즈로 나타나며, 결측값은 계산에서 제외된다.

```
price = df.groupby('과일')['가격'].transform("mean")
price
```

	가격
0	1500.0
1	2150.0
2	1500.0
3	2150.0
4	1500.0
5	2150.0
6	1500.0
7	2150.0

fillna( )를 사용해 결측값(NaN)만 위에서 계산한 그룹 평균으로 채운다.
- 딸기 그룹 평균: (1000 + 1500 + 2000) / 3 = 1500
- 블루베리 그룹 평균: (2500 + 1800) / 2 = 2150

결측값이 있는 위치에 각 그룹의 평균값이 채워진다.

```
df['가격'] = df['가격'].fillna(price)
df
```

	과일	가격
0	딸기	1000.0
1	블루베리	2150.0
2	딸기	1500.0
3	블루베리	2150.0
4	딸기	2000.0
5	블루베리	2500.0
6	딸기	1500.0
7	블루베리	1800.0

2. 두 개의 조건(그룹)을 기준으로 평균을 구하고 결측값 채우기

"과일"과 "등급"을 기준으로 각 그룹의 평균을 구한 후, 해당 값을 결측값이 있는 곳에 적용할 예정이다.

```
df = pd.DataFrame({
    '과일': ['딸기', '블루베리', '딸기', '블루베리', '딸기', '블루베리', '딸기', '블루베리'],
    '등급': ['B', 'B', 'A', 'A', 'A', 'A', 'B', 'B'],
    '가격': [1000, None, 1500, None, 2000, 2500, None, 1800]
})
```

	과일	등급	가격
0	딸기	B	1000.0
1	블루베리	B	NaN
2	딸기	A	1500.0
3	블루베리	A	NaN
4	딸기	A	2000.0
5	블루베리	A	2500.0
6	딸기	B	NaN
7	블루베리	B	1800.0

각 과일 + 등급별 평균을 transform("mean")으로 계산한 후, 각 행에 해당 그룹의 평균값을 구한다.

- "딸기 + A" 평균 가격: 1750
- "딸기 + B" 평균 가격: 1000
- "블루베리 + A" 평균 가격: 2500
- "블루베리 + B" 평균 가격: 1800

```
price = df.groupby(['과일', '등급'])['가격'].transform("mean")
price
```

	가격
0	1000.0
1	1800.0
2	1750.0
3	2500.0
4	1750.0
5	2500.0
6	1000.0
7	1800.0

fillna( )를 사용해 결측값에 해당 그룹의 평균값을 채운다.

```
df['가격'] = df['가격'].fillna(price)
df
```

	과일	등급	가격
0	딸기	B	1000.0
1	블루베리	B	1800.0
2	딸기	A	1500.0
3	블루베리	A	2500.0
4	딸기	A	2000.0
5	블루베리	A	2500.0
6	딸기	B	1000.0
7	블루베리	B	1800.0

다음 표는 데이터를 그룹별로 묶은 후, 평균, 합계, 최댓값 등의 값을 구할 때 사용할 수 있는 transform( ) 함수들을 정리한 것이다.

함수(메서드)	설명	함수
평균 (Mean)	transform("mean")	그룹별 평균값으로 채움
합계 (Sum)	transform("sum")	그룹 내 합계
최댓값 (Max)	transform("max")	그룹 내 가장 큰 값으로 채움
최솟값 (Min)	transform("min")	그룹 내 가장 작은 값으로 채움
중앙값 (Median)	transform("median")	그룹 내 중앙값(가운데 값)으로 채움
최빈값 (Mode)	transform(lambda x: x.fillna(x.mode()[0]))	그룹 내 가장 많이 등장한 값으로 채움

> **잠깐만요**
>
> df['가격'] = df.groupby('과일')['가격'].transform("mean")처럼 fillna( ) 없이 바로 결과에 대입하면 모든 값이 그룹 평균으로 변경되어, 기존 값까지 덮어쓰므로 결측값만 채우려면 fillna( )와 함께 사용해야 한다.
>
> ```
> # 잘못된 예: 전체 값이 그룹 평균으로 변경됨
> df['가격'] = df.groupby('과일')['가격'].transform("mean")
>
> # 올바른 예: 결측값(NaN)만 그룹 평균으로 채움
> df['가격'] = df['가격'].fillna(df.groupby('과일')['가격'].transform("mean"))
> ```

7 unstack( )

unstack은 groupby 이후 다중 인덱스(MultiIndex)가 설정된 상태에서 특정 인덱스를 컬럼으로 변환하는 기능이다. 이를 쉽게 이해할 수 있도록 다음 예제를 살펴보자.

```
import pandas as pd

coffee_data = {
    '커피종류': ['아메리카노', '아메리카노', '아메리카노', '라떼', '라떼', '라떼'],
    '컵크기': ['Small', 'Medium', 'Large', 'Small', 'Medium', 'Large'],
    '판매량': [120, 150, 200, 100, 130, 180]
}
df = pd.DataFrame(coffee_data)
df
```

	커피종류	컵크기	판매량
0	아메리카노	Small	120
1	아메리카노	Medium	150
2	아메리카노	Large	200
3	라떼	Small	100
4	라떼	Medium	130
5	라떼	Large	180

우선, groupby를 사용하여 데이터를 집계한 후 unstack을 적용해보겠다

```
# groupby 적용
grouped = df.groupby(['커피종류', '컵크기'])['판매량'].sum()
grouped
```

커피종류	컵크기	판매량
라떼	Large	180
	Medium	130
	Small	100
아메리카노	Large	200
	Medium	150
	Small	120

커피 종류와 컵 크기를 기준으로 groupby()를 수행하면, 다중 인덱스(MultiIndex)가 적용된 데이터가 생성된다. 이때, unstack()을 사용하면 특정 인덱스를 컬럼으로 변환할 수 있다. 컵크기(Small, Medium, Large)가 컬럼으로 변환되었고, 커피종류(아메리카노, 라떼)는 행(index)으로 유지되었다.

기본적으로 unstack()의 기본값은 level=-1이며, unstack(level=-1)과 unstack()은 같은 결과를 얻을 수 있다.

```
# 컵크기를 컬럼으로 변환
grouped.unstack()
```

컵크기 커피종류	Large	Medium	Small
라떼	180	130	100
아메리카노	200	150	120

이번에는 unstack(level=0)을 사용하여 커피 종류(커피종류)를 컬럼으로 변환해 보겠다.
커피종류(아메리카노, 라떼)가 컬럼이 되고, 컵크기가 행이 되었다. unstack()을 적용하는 level에 따라 변환 방식이 달라진다.

```
# 커피종류를 컬럼으로 변환
grouped.unstack(level=0)
```

커피종류 컵크기	라떼	아메리카노
Large	180	200
Medium	130	150
Small	100	120

두 번의 unstack() 적용하면, 두 개의 인덱스를 모두 컬럼으로 이동하여 다시 테이블 형태로 변환할 수 있다.

```
# 두 번의 unstack 적용
grouped.unstack().unstack()
```

컵크기	커피종류	0
Large	라떼	180
	아메리카노	200
Medium	라떼	130
	아메리카노	150
Small	라떼	100
	아메리카노	120

> **TIP**
>
> **unstack( ) 정리**
>
> 인덱스가 3개 이상일 때도 동일한 개념이 적용된다. 즉, 왼쪽부터 level=0, level=1, level=2, …, 가장 오른쪽이 level=-1이다.
>
> | 함수(메서드) | 설명 | 함수 |
> |---|---|---|
> | unstack( ) 또는 unstack(level=-1) | 가장 오른쪽(level=-1)의 인덱스를 컬럼으로 변환 | 컵 크기가 컬럼으로 변환됨 |
> | unstack(level=0) | 가장 왼쪽(level=0)의 인덱스를 컬럼으로 변환 | 커피 종류가 컬럼으로 변환됨 |

SECTION 17 | 시계열 데이터(datetime)

날짜와 시간 관련 데이터는 시간의 순서에 따른 측정값, 기간 설정 등의 다양한 분석과 작업에 사용된다. 판다스는 날짜와 시간 데이터를 효과적으로 처리할 수 있는 datetime을 제공하고 있다.

1 날짜와 시간 데이터

일반적으로 날짜는 하이픈(-)을 사용해 연도-월-일(2024-02-17) 형태로 만들고, 시간은 콜론(:)을 사용해 시:분:초(13:50:30) 형태로 만든다. 주어진 데이터에서는 하이픈(-), 콜론(:), 슬러시(/), 띄어쓰기 등 다양한 형태로 연도, 월, 일, 시간이 구분되어 데이터로 제공될 수 있다. 다양한 상황을 다루기 위해 날짜와 시간 데이터를 포함하는 예제 데이터를 생성했다.

```python
import pandas as pd
data = {
    'Date1': ['2024-02-17', '2024-02-18', '2024-02-19', '2024-02-20'],
    'Date2': ['2024:02:17', '2024:02:18', '2024:02:19', '2024:02:20'],
    'Date3': ['24/02/17', '24/02/18', '24/02/19', '24/02/20'],
    'Date4': ['02/17/2024', '02/18/2024', '02/19/2024', '02/20/2024'],
    'Date5': ['17-Feb-2024', '18-Feb-2024', '19-Feb-2024', '20-Feb-2024'],
    'DateTime1': ['24-02-17 13:50:30', '24-02-18 14:55:45', '24-02-19 15:30:15', '24-02-20 16:10:50'],
    'DateTime2': ['2024-02-17 13-50-30', '2024-02-18 14-55-45', '2024-02-19 15-30-15', '2024-02-20 16-10-50'],
    'DateTime3': ['02/17/2024 01:50:30 PM', '02/18/2024 02:55:45 PM', '02/19/2024 03:30:15 AM', '02/20/2024 04:10:50 AM'],
    'DateTime4': ['17 Feb 2024 13:50:30', '18 Feb 2024 14:55:45', '19 Feb 2024 15:30:15', '20 Feb 2024 16:10:50']
}
df = pd.DataFrame(data)
df.to_csv("date_data.csv", index=False)
df
```

	Date1	Date2	Date3	Date4	Date5	DateTime1	DateTime2	DateTime3	DateTime4
0	2024-02-17	2024:02:17	24/02/17	02/17/2024	17-Feb-2024	24-02-17 13:45:30	2024-02-17 13-45-30	02/17/2024 01:45:30 PM	17 Feb 2024 13:45:30
1	2024-02-18	2024:02:18	24/02/18	02/18/2024	18-Feb-2024	24-02-18 14:55:45	2024-02-18 14-55-45	02/18/2024 02:55:45 PM	18 Feb 2024 14:55:45
2	2024-02-19	2024:02:19	24/02/19	02/19/2024	19-Feb-2024	24-02-19 15:30:15	2024-02-19 15-30-15	02/19/2024 03:30:15 AM	19 Feb 2024 15:30:15
3	2024-02-20	2024:02:20	24/02/20	02/20/2024	20-Feb-2024	24-02-20 16:10:50	2024-02-20 16-10-50	02/20/2024 04:10:50 AM	20 Feb 2024 16:10:50

파이썬은 데이터를 불러올 때 날짜와 시간을 자동으로 인식하지 못한다. 문자열 데이터로 인식해 자료형은 object인 것을 확인할 수 있다.

```
df.info()
```

```
<class 'pandas.core.frame.DataFrame'>
RangeIndex: 4 entries, 0 to 3
Data columns (total 9 columns):
 #   Column     Non-Null Count  Dtype
---  ------     --------------  -----
 0   Date1      4 non-null      object
```

```
 1   Date2      4 non-null      object
 2   Date3      4 non-null      object
 3   Date4      4 non-null      object
 4   Date5      4 non-null      object
 5   DateTime1  4 non-null      object
 6   DateTime2  4 non-null      object
 7   DateTime3  4 non-null      object
 8   DateTime4  4 non-null      object
dtypes: object(9)
memory usage: 416.0+ bytes
```

2 datetime 자료형

날짜와 시간 데이터를 다루기 위해 object에서 datetime으로 자료형을 변경한다. 이를 파싱(parsing)이라고 하는데, 문자열을 의미 있는 단위로 분해하고 구조를 식별하는 과정이다. 판다스의 to_datetime(df['컬럼명'])을 사용해 자료형을 변경한다. 대부분의 날짜와 시간 형태는 판다스가 자동으로 인식해 변경한다. 제대로 인식하지 못했을 때는 format 설정이 별도로 필요하다. 주어진 데이터에서는 Date2, Date3, DateTime1, DateTime2 컬럼을 제대로 인식하지 못했다. Date3와 DateTime2는 에러가 발생하지는 않았지만 연도, 월, 일을 잘못 인식했고, Date2와 DateTime2는 에러가 발생해 format을 미리 설정했다.

```
df = pd.read_csv("date_data.csv")
df['Date1'] = pd.to_datetime(df['Date1'])
df['Date2'] = pd.to_datetime(df['Date2'], format='%Y:%m:%d')
df['Date3'] = pd.to_datetime(df['Date3'])
df['Date4'] = pd.to_datetime(df['Date4'])
df['Date5'] = pd.to_datetime(df['Date5'])
df['DateTime1'] = pd.to_datetime(df['DateTime1'])
df['DateTime2'] = pd.to_datetime(df['DateTime2'], format='%Y-%m-%d %H-%M-%S')
df['DateTime3'] = pd.to_datetime(df['DateTime3'])
df['DateTime4'] = pd.to_datetime(df['DateTime4'])
df
```

	Date1	Date2	Date3	Date4	Date5	DateTime1	DateTime2	DateTime3	DateTime4
0	2024-02-17	2024-02-17	2017-02-24	2024-02-17	2024-02-17	2017-02-24 13:45:30	2024-02-17 13:45:30	2024-02-17 13:45:30	2024-02-17 13:45:30
1	2024-02-18	2024-02-18	2018-02-24	2024-02-18	2024-02-18	2018-02-24 14:55:45	2024-02-18 14:55:45	2024-02-18 14:55:45	2024-02-18 14:55:45
2	2024-02-19	2024-02-19	2019-02-24	2024-02-19	2024-02-19	2019-02-24 15:30:15	2024-02-19 15:30:15	2024-02-19 03:30:15	2024-02-19 15:30:15
3	2024-02-20	2024-02-20	2020-02-24	2024-02-20	2024-02-20	2020-02-24 16:10:50	2024-02-20 16:10:50	2024-02-20 04:10:50	2024-02-20 16:10:50

3 날짜와 시간 format

[에러가 발생한 케이스] Date2 컬럼(연도 4자리:월:일)

데이터가 2024:02:17의 형태로 콜론을 사용해 연도:월:일을 구분하고 있다. 일반적으로 콜론은 시간을 나타낼 때 사용하므로 판다스가 이를 인식하지 못한다. 자동으로 인식하지 못해 에러가 발생한다면 format을 활용해 연도, 월, 일을 지정한다. format='%Y:%m:%d' 형태를 추가한다. 자료 형태가 연도, 월, 일 사이에 콜론을 사용했기 때문에 같은 형태로 포맷을 작성한다. 포맷은 대소문자를 구분하므로 주의하자.

- **%Y**: 연도 4자리(예: 2024)
- **%m**: 월(예: 01~12)
- **%d**: 일(예: 01~31)

[잘못 인식한 케이스] Date3 컬럼(연도 2자리/월/일)

데이터가 24/02/17의 형태로 슬래시(/)를 사용해 연도/월/일을 구분하고 있다. 연도가 2자리라서 판다스가 "연도/월/일"이 아니라 "일/월/연도"로 인식해 2017-02-24와 같은 결과로 변환된다. 이런 경우 에러가 발생하지 않으므로 주의가 필요하다. 올바르게 수정하기 위해서는 format='%y/%m/%d'를 적용한다. 연도가 2자리일 때는 y를 소문자로 나타낸다.

- **%y**: 연도 2자리(예: 24)

[잘못 인식한 케이스] DateTime1 컬럼(연도 2자리-월-일 시간:분:초)

데이터가 24-02-17 13:45:30의 형태로 연도-월-일 시간:분:초를 구분하고 있다. 연도가 2자리일 때 잘못 인식하기도 한다. 에러 없이 2017-02-24 13:45:30으로 인식했다. format을 활용해 올바르게 수정해 보자. format='%y-%m-%d %H:%M:%S'를 적용한다. H, M, S는 대문자다.

- **%H**: 시간(예: 00~23)
- **%M**: 분(예: 00~59)
- **%S**: 초(예: 00~59)

[에러가 발생한 케이스] DateTime2 컬럼(연도 4자리-월-일 시간-분-초)

데이터가 2024-02-17 13-45-30의 형태로 연도-월-일 시간-분-초를 구분하고 있다. 일반적으로 시간을 나타낼 때 하이픈(-)을 사용하지 않으면 자동으로 인식하지 못하고 에러가 발생한다. format='%Y-%m-%d %H-%M-%S'로 설정해 해결할 수 있다.

에러가 발생했거나 잘못 인식한 데이터를 새로 불러온다. pd.to_datetime( )을 활용해 DataTime 자료형으로 변경한다. 이때 format을 설정한다.

```
df = pd.read_csv("date_data.csv")
df['Date2'] = pd.to_datetime(df['Date2'], format='%Y:%m:%d')
df['Date3'] = pd.to_datetime(df['Date3'], format='%y/%m/%d')
df['DateTime1'] = pd.to_datetime(df['DateTime1'], format='%y-%m-%d %H:%M:%S')
df['DateTime2'] = pd.to_datetime(df['DateTime2'], format='%Y-%m-%d %H-%M-%S')
df[['Date2', 'Date3', 'DateTime1', 'DateTime2']]
```

	Date2	Date3	DateTime1	DateTime2
0	2024-02-17	2024-02-17	2024-02-17 13:45:30	2024-02-17 13:45:30
1	2024-02-18	2024-02-18	2024-02-18 14:55:45	2024-02-18 14:55:45
2	2024-02-19	2024-02-19	2024-02-19 15:30:15	2024-02-19 15:30:15
3	2024-02-20	2024-02-20	2024-02-20 16:10:50	2024-02-20 16:10:50

pd.to_datetime()에서 날짜와 시간 표현 방식에 따라 문제가 발생할 수 있으므로 가능하면 format을 기본적으로 함께 작성하는 것을 추천한다.

 TIP

DataFrame에 대괄호를 2개 사용하는 이유

2개 이상의 컬럼이거나 1개 컬럼이라도 시리즈가 아닌 데이터프레임 형태로 출력하기 위해 df[[ ]]를 사용한다. 대괄호가 2개다. 대괄호를 2개 사용하는 방식 외에 다음과 같이 컬럼명을 리스트 변수에 담고 나서 출력하는 방식이 있다.

```
cols = ['Date2', 'Date3', 'DateTime1', 'DateTime2']
df[cols]
```

	Date2	Date3	DateTime1	DateTime2
0	2024-02-17	2024-02-17	2024-02-17 13:45:30	2024-02-17 13:45:30
1	2024-02-18	2024-02-18	2024-02-18 14:55:45	2024-02-18 14:55:45
2	2024-02-19	2024-02-19	2024-02-19 15:30:15	2024-02-19 15:30:15
3	2024-02-20	2024-02-20	2024-02-20 16:10:50	2024-02-20 16:10:50

데이터를 새로 불러와 4개 컬럼만 datetime 형태로 변경했으므로 4개만 datetime으로 변경된 것을 info()를 통해 확인할 수 있다.

```
df.info()
```

```
<class 'pandas.core.frame.DataFrame'>
RangeIndex: 4 entries, 0 to 3
Data columns (total 9 columns):
 #   Column     Non-Null Count  Dtype
---  ------     --------------  -----
 0   Date1      4 non-null      object
 1   Date2      4 non-null      datetime64[ns]
 2   Date3      4 non-null      datetime64[ns]
 3   Date4      4 non-null      object
 4   Date5      4 non-null      object
 5   DateTime1  4 non-null      datetime64[ns]
 6   DateTime2  4 non-null      datetime64[ns]
 7   DateTime3  4 non-null      object
 8   DateTime4  4 non-null      object
dtypes: datetime64[ns](4), object(5)
memory usage: 416.0+ bytes
```

4 날짜와 시간 데이터 분할(datetime dt 속성)

판다스의 dt를 활용해 연도, 월, 일, 시간, 분, 초를 별도의 변수로 분리 생성해 보자. 이때 주의할 점은 DateTime1과 같이 datetime 자료형만 dt를 사용할 수 있다는 것이다. 그 외의 object 자료형에는 사용이 불가능하다. year, month, day, hour, minute, second가 새로운 컬럼으로 추가되었다. 문제에서 특정 연도, 월 등을 묻는다면 필터링을 통해 유용하게 활용할 수 있다.

```
df['year'] = df['DateTime1'].dt.year
df['month'] = df['DateTime1'].dt.month
df['day'] = df['DateTime1'].dt.day
df['hour'] = df['DateTime1'].dt.hour
df['minute'] = df['DateTime1'].dt.minute
df['second'] = df['DateTime1'].dt.second
df
```

	Date1	Date2	Date3	Date4	Date5	DateTime1	DateTime2	DateTime3	DateTime4	year	month	day	hour	minute	second
0	2024-02-17	2024-02-17	2017-02-24	2024-02-17	2024-02-17	2017-02-24 13:45:30	2024-02-17 13:45:30	2024-02-17 13:45:30	2024-02-17 13:45:30	2024	2	17	13	45	30
1	2024-02-18	2024-02-18	2018-02-24	2024-02-18	2024-02-18	2018-02-24 14:55:45	2024-02-18 14:55:45	2024-02-18 14:55:45	2024-02-18 14:55:45	2024	2	18	14	55	45
2	2024-02-19	2024-02-19	2019-02-24	2024-02-19	2024-02-19	2019-02-24 15:30:15	2024-02-19 15:30:15	2024-02-19 03:30:15	2024-02-19 15:30:15	2024	2	19	15	30	15
3	2024-02-20	2024-02-20	2020-02-24	2024-02-20	2024-02-20	2020-02-24 16:10:50	2024-02-20 16:10:50	2024-02-20 04:10:50	2024-02-20 16:10:50	2024	2	20	16	10	50

5 요일 찾기

df['DataTime1'].dt.dayofweek를 사용하면 요일을 알 수 있다. 해당 날짜의 요일을 숫자로 변경한 값을 반환한다. 0은 월요일, 1은 화요일, 2는 수요일, 3은 목요일, 4는 금요일, 5는 토요일, 6은 일요일을 나타낸다.

```
df['DateTime1'].dt.dayofweek

0    5
1    6
2    0
3    1
Name: DateTime1, dtype: int64
```

6 특정 시점과 특정 구간 심화

datetime은 특정 날짜와 시간을 나타낸다. 예를 들어, 2024-02-17 11:11:00과 같이 특정 시점을 나타낸다. period는 특정 시간의 범위나 구간을 나타낸다. 예를 들어, 2024-02는 2024년 2월 전체를 의미한다.

datetime 자료형의 2024-02-17에 dt.to_period('M')을 적용하면 2024-02로 변환된다. M은 1개월을 의미한다. dt.to_period( )를 활용하면 날짜와 시간 정보를 연, 연-월, 연-월-일, 연-월-일-시간 등으로 쉽게 변환할 수 있다.

구분	코드	예시
Y(연도)	dt.to_period('Y')	'2023-02-17' → '2023'
Q(분기)	dt.to_period('Q')	'2023-02-17' → '2023Q1'
M(월)	dt.to_period('M')	'2023-02-17' → '2023-02'
D(일)	dt.to_period('D')	'2023-02-17 15:30:00' → '2023-02-17'
H(시간)	dt.to_period('H')	'2023-02-17 15:30:00' → '2023-07-26 15:00'

```
print(df['DateTime1'].dt.to_period('Y'))
print(df['DateTime1'].dt.to_period('Q'))
print(df['DateTime1'].dt.to_period('M'))
print(df['DateTime1'].dt.to_period('D'))
print(df['DateTime1'].dt.to_period('H'))

0    2024
1    2024
2    2024
3    2024
```

```
Name: DateTime1, dtype: period[A-DEC]
0    2024Q1
1    2024Q1
2    2024Q1
3    2024Q1
Name: DateTime1, dtype: period[Q-DEC]
0    2024-02
1    2024-02
2    2024-02
3    2024-02
Name: DateTime1, dtype: period[M]
0    2024-02-17
1    2024-02-18
2    2024-02-19
3    2024-02-20
Name: DateTime1, dtype: period[D]
0    2024-02-17 13:00
1    2024-02-18 14:00
2    2024-02-19 15:00
3    2024-02-20 16:00
Name: DateTime1, dtype: period[H]
```

⊕ **시계열 데이터를 다룰 때 흔히 하는 실수**: 시계열 데이터를 다룰 때 흔히 하는 실수에는 오타 오류가 있다. 시계열 데이터를 다루면서 date, datetime, to_datetime 등을 입력할 때 data로 입력하는 경우가 빈번하다. 주의하도록 하자.

SECTION 18 | 시계열 데이터(Timedelta)

datetime은 특정 시점의 날짜와 시간을 나타내고, Timedelta는 두 시점 사이의 차이를 나타낸다. 날짜와 시간을 더하거나 빼서 새로운 시점을 계산할 수 있다. datetime 자료형을 빼거나 더하면 결괏값으로 Timedelta 자료형이 된다.

전체 데이터를 불러와도 되지만, 날짜 컬럼만 불러오자. 이전 섹션에서 만든 데이터 중 usecols를 활용해 DateTime4 컬럼만 선택하고, csv를 불러올 때 parse_dates를 사용해 datetime 자료형으로 변환했다.

```
df = pd.read_csv("date_data.csv", usecols=['DateTime4'], parse_dates=['DateTime4'])
df
```

	DateTime4
0	2024-02-17 13:45:30
1	2024-02-18 14:55:45
2	2024-02-19 15:30:15
3	2024-02-20 16:10:50

1 특정 시간과의 차이

특정 일로부터 날짜를 계산해 보자. 예를 들어, A는 2024년 2월 17일 연애를 시작했다. 100일을 캘린더에 기록하기 위해 계산한다고 가정해 보자. 사귄 날을 1일로 해서 계산했을 때 100일은 99일 뒤다. 따라서 99일을 더한다. pd.Timedelta(days=99)를 사용해 일(day)을 더할 수 있다.

```
day = pd.Timedelta(days=99)
df['100day'] = df['DateTime4'] + day
df
```

	DateTime4	100day
0	2024-02-17 13:45:30	2024-05-26 13:45:30
1	2024-02-18 14:55:45	2024-05-27 14:55:45
2	2024-02-19 15:30:15	2024-05-28 15:30:15
3	2024-02-20 16:10:50	2024-05-29 16:10:50

A가 사귄 시간으로부터 100시간 뒤를 계산하고 싶다면 다음과 같이 pd.Timedelta(hours=100)을 활용해 시간을 더할 수 있다.

```
hour = pd.Timedelta(hours=100)
df['100hour'] = df['DateTime4'] + hour
df
```

	DateTime4	100day	100hour
0	2024-02-17 13:45:30	2024-05-26 13:45:30	2024-02-21 17:45:30
1	2024-02-18 14:55:45	2024-05-27 14:55:45	2024-02-22 18:55:45
2	2024-02-19 15:30:15	2024-05-28 15:30:15	2024-02-23 19:30:15
3	2024-02-20 16:10:50	2024-05-29 16:10:50	2024-02-24 20:10:50

특정 시점에서 7주, 7일, 7시간, 7분, 7초 이전을 계산하고 싶다면 pd.Timedelta()로 데이터를 만들고 날짜와 시간에서 빼면 된다. weeks:주(7일), days:일, hours:시간, minutes:분, seconds:초다.

```
difference = pd.Timedelta(weeks=7, days=7, hours=7, minutes=7, seconds=7)
df['difference'] = df['DateTime4'] - difference
df
```

	DateTime4	100day	100hour	difference
0	2024-02-17 13:45:30	2024-05-26 13:45:30	2024-02-21 17:45:30	2023-12-23 06:38:23
1	2024-02-18 14:55:45	2024-05-27 14:55:45	2024-02-22 18:55:45	2023-12-24 07:48:38
2	2024-02-19 15:30:15	2024-05-28 15:30:15	2024-02-23 19:30:15	2023-12-25 08:23:08
3	2024-02-20 16:10:50	2024-05-29 16:10:50	2024-02-24 20:10:50	2023-12-26 09:03:43

2 두 시간 사이의 차이

datetime 자료형 간에 df['100hour'] − df['difference']의 차이를 계산하면 Timedelta 자료형으로 60days 11:07:07이 반환된다.

```
diff = df['100hour'] - df['difference']
diff
```

```
0    60 days 11:07:07
1    60 days 11:07:07
2    60 days 11:07:07
3    60 days 11:07:07
dtype: timedelta64[ns]
```

데이터프레임(시리즈)에 있는 두 날짜와의 일, 시간, 분, 초를 계산해 값을 얻고 싶다면 dt.total_seconds()를 사용한다. Timedelta 자료형에 dt.total_seconds()를 활용하면 전체 시간을 초 단위로 변경할 수 있다. 이 값에서 60을 나누면 분이 되고, 또 60을 나누면 시간이 되고, 24를 나누면 일이 된다.

```
print(diff.dt.total_seconds()) # 초
print(diff.dt.total_seconds()/60) # 분
print(diff.dt.total_seconds()/60/60) # 시간
print(diff.dt.total_seconds()/60/60/24) # 일
```

```
0    5224027.0
1    5224027.0
2    5224027.0
3    5224027.0
dtype: float64
0    87067.116667
1    87067.116667
2    87067.116667
3    87067.116667
dtype: float64
0    1451.118611
1    1451.118611
2    1451.118611
3    1451.118611
dtype: float64
0    60.463275
1    60.463275
2    60.463275
3    60.463275
dtype: float64
```

3 Timedelta의 dt 속성

Timedelta에도 dt 속성이 있다. days는 일 수를 구하고, seconds는 초를 구한다. 여기서 초는 total_seconds()와 다르다. seconds는 총 시간에서 일(day)을 제외한 초를 반환한다. 이 데이터에서는 60일을 제외하고 11시 7분 7초의 초만 반환한다. 반면에 total_seconds()는 60일을 포함한 전체 시간을 초 단위로 반환한다.

```
print(diff.dt.days)
print(diff.dt.seconds)
```

```
0    60
1    60
2    60
3    60
dtype: int64
0    40027
1    40027
2    40027
3    40027
dtype: int64
```

⊕ **datetime의 dt와 Timedelta의 dt**: datetime의 dt는 year, month, day, hour, minute 등 각 날짜와 시간에 대해 접근할 수 있다. Timedelta의 dt는 시간의 차이 값을 days, seconds, microseconds 등과 같은 속성과 total_seconds()와 같은 메소드로 접근한다.

4 시간 반올림

시간에 대한 반올림이 필요할 때가 있다. 배달 시간을 내부적으로는 초 단위까지 관리하더라도 앱에서는 분 단위로 보여진다. 근무 시간을 계산할 때도 시간/분 단위로 계산한다. 시험문제에서는 정수형을 출력하라는 지시로 의도적으로 시간을 반올림하게 만든다. 시간을 반올림할 때는 round()를 사용하면 된다. 5.41분의 경우 종종 5는 분, 41은 초로 잘못된 해석을 하기도 한다. 5.41분은 5분 41초가 아니라 5분과 0.41분의 합이다. 0.41분은 초로 환산하면 0.41 * 60 = 24.6초다. 이해를 돕자면 1.0분 * 60=60초, 0.5분 * 60=30초다.

```
min = 5.41
print(int(min), "분")
print(0.41*60, "초")
```

```
5 분
24.599999999999998 초
```

따라서 분 데이터에 round()를 적용하면 반올림된 결과를 얻을 수 있다.

```
print(round(diff.dt.total_seconds()/60))
```

```
0    87067.0
1    87067.0
2    87067.0
3    87067.0
dtype: float64
```

SECTION 19 | 데이터프레임 합치기

여러 개의 데이터가 주어졌을 때 데이터를 합쳐야 하는 경우가 있다. 대표적으로 concat( )과 merge( )를 활용한다.

1 단순 병합

데이터프레임을 위-아래 또는 왼쪽-오른쪽으로 단순히 연결할 때는 concat( )을 활용한다. 이를 위해 애피타이저와 메인 메뉴 데이터를 만들었다.

```
import pandas as pd

# 애피타이저 메뉴
appetizer = pd.DataFrame({
    'Menu': ['Salad', 'Soup', 'Bread'],
    'Price': [5000, 3000, 2000]
})

# 메인 메뉴
main = pd.DataFrame({
    'Menu': ['Steak', 'Pasta', 'Chicken'],
    'Price': [15000, 12000, 10000]
})
print(appetizer)
print(main)

     Menu  Price
0   Salad   5000
1    Soup   3000
2   Bread   2000
     Menu  Price
0   Steak  15000
1   Pasta  12000
2 Chicken  10000
```

concat( )은 기본적(axis=0)으로 위-아래로 합친다. 합쳤을 때 기존 데이터에서 갖고 있던 인덱스 번호를 유지한다. 인덱스를 새롭게 설정하려면 ignore_index=True 옵션을 붙인다.

```
full_menu = pd.concat([appetizer, main], ignore_index=True)
full_menu
```

	Menu	Price
0	Salad	5000
1	Soup	3000
2	Bread	2000
3	Steak	15000
4	Pasta	12000
5	Chicken	10000

왼쪽-오른쪽을 합칠 때는 축(axis)을 1로 변경한다. 단순하게 왼쪽과 오른쪽으로 합쳐진 결과를 확인할 수 있다.

```
full_menu = pd.concat([appetizer, main], axis=1)
full_menu
```

	Menu	Price	Menu	Price
0	Salad	5000	Steak	15000
1	Soup	3000	Pasta	12000
2	Bread	2000	Chicken	10000

2 키(key) 기준 병합 심화

주어진 2개의 데이터에서 특정 키(key)를 기준으로 합칠 때가 있다. 예를 들어, 첫 번째 데이터에는 메뉴와 가격이 있고, 두 번째 데이터에는 메뉴와 칼로리가 있다. 이 두 데이터를 합치려고 했는데, 메뉴 순서가 달라서 단순히 왼쪽-오른쪽을 합칠 수 없다. 메뉴를 기준으로 병합하고자 할 때 merge()를 활용한다. on='Menu' 설정을 통해 왼쪽에 있는 데이터의 메뉴를 기준으로 오른쪽 데이터가 합쳐진다.

```
# 메뉴와 가격
price = pd.DataFrame({
    'Menu': ['Salad', 'Soup', 'Steak', 'Pasta'],
    'Price': [5000, 3000, 15000, 12000]
})
```

```python
# 메뉴와 칼로리
cal = pd.DataFrame({
    'Menu': ['Soup', 'Steak', 'Pasta','Salad'],
    'Calories': [100, 500, 400, 150]
})

# 두 데이터프레임을 'Menu'를 기준으로 병합
menu_info = pd.merge(price, cal, on='Menu')
print(menu_info)
```

	Menu	Price	Calories
0	Salad	5000	150
1	Soup	3000	100
2	Steak	15000	500
3	Pasta	12000	400

SECTION 20 | 피벗테이블

피벗테이블은 복잡한 데이터를 간단한 표로 요약하여, 중요한 통계치(합계, 평균, 최솟값, 최댓값 등)를 한눈에 볼 수 있도록 도와준다. 주로 엑셀에서 많이 사용되며, Pandas 라이브러리에서도 pivot_table() 함수를 이용해 쉽게 만들 수 있다.

피벗테이블의 주요 구성요소

index (행)	• 데이터의 그룹 기준이 되는 열 • 예를 들어, 부서별로 데이터를 집계하고 싶다면, index='부서'라고 지정
columns (열)	• 추가적으로 데이터의 세부 항목을 열로 배치할 때 사용 • 예를 들어, 부서 안에서 성별이나 직급에 따라 데이터를 구분하고 싶다면 columns에 해당 열 이름 지정
values (값)	• 집계할 대상 • 예를 들어, 급여나 근속연수 같은 숫자 데이터를 요약할 때 사용
aggfunc (집계 함수)	• 데이터를 어떻게 요약할 것인지 결정하는 함수 • 예를 들어, mean은 평균, sum은 합계, min은 최솟값, max는 최댓값 등 계산

1 기본 피벗 테이블 사용

아래와 같은 직원별 부서 및 급여 데이터가 있다고 가정해 보자. 이 데이터에서 부서별 평균 급여를 계산해 보고 싶다면, 피벗테이블을 다음과 같이 사용한다.

- index='부서': 부서별로 데이터 그룹화
- values='급여': 집계할 대상은 급여
- aggfunc='mean': 각 부서의 급여 평균 계산

```
import pandas as pd

# 직원별 부서 및 급여 정보
data = {
    '이름': ['서아', '다인', '채아', '예담', '종현', '태헌'],
    '부서': ['개발', '기획', '개발', '기획', '개발', '기획'],
    '급여': [3000, 3200, 3100, 3300, 2900, 3100]
}

df = pd.DataFrame(data)
print("[원본 데이터]")
print(df)

# 부서별 평균 급여 계산
pt = df.pivot_table(index='부서', values='급여', aggfunc='mean')
print("\n[부서별 평균 급여]") # \n:줄 바꿈(새로운 줄 시작)
print(pt)
```

```
[원본 데이터]
     이름   부서   급여
0    서아   개발   3000
1    다인   기획   3200
2    채아   개발   3100
3    예담   기획   3300
4    종현   개발   2900
5    태헌   기획   3100

[부서별 평균 급여]
         급여
부서
개발     3000.0
기획     3200.0
```

2 여러 열로 집계하기(sum)

부서와 직급별로 급여 합계를 구해 보자.
- index='부서': 각 행이 '개발' 부서와 '기획' 부서로 구분
- columns='직급': 열을 '대리', '과장'으로 구분
- aggfunc='sum': 각 그룹별(예: 개발 부서 + 대리 직급)의 급여를 모두 합산

```
# 부서와 직급별 급여 정보
data = {
    '부서': ['개발', '기획', '기획', '기획', '개발', '개발'],
    '직급': ['대리', '과장', '대리', '과장', '대리', '과장'],
    '급여': [3000, 4000, 3200, 4200, 3500, 4500]
}
df = pd.DataFrame(data)
print("[원본 데이터]")
print(df)

# 부서 및 직급별 급여 합계 계산
pt = df.pivot_table(index='부서', columns='직급', values='급여', aggfunc='sum')
print("\n[부서 및 직급별 급여 합계]")
print(pt)
```

```
[원본 데이터]
    부서   직급   급여
0   개발   대리   3000
1   기획   과장   4000
2   기획   대리   3200
3   기획   과장   4200
4   개발   대리   3500
5   개발   과장   4500

[부서 및 직급별 급여 합계]
직급    과장    대리
부서
개발    4500   6500
기획    8200   3200
```

3 여러 열로 집계하기(mean)

부서와 성별 정보를 기준으로 근속연수의 평균을 구해 보자.

- index='부서': '개발' 부서와 '기획' 부서로 행을 구분
- columns='성별': '남'과 '여'로 열을 구분
- aggfunc='mean': 각 부서별, 성별별 근속연수 평균 계산

```python
# 부서와 성별, 근속연수 정보
data = {
    '부서': ['개발', '기획', '기획', '기획', '개발', '개발'],
    '성별': ['남', '여', '남', '여', '남', '여'],
    '근속연수': [3, 5, 4, 6, 7, 8]
}
df = pd.DataFrame(data)
print("[원본 데이터]")
print(df)

# 부서 및 성별 평균 근속연수 계산
pt = df.pivot_table(index='부서', columns='성별', values='근속연수', aggfunc='mean')

print("\n[부서 및 성별 평균 근속연수]")
print(pt)
```

```
[원본 데이터]
     부서   성별   근속연수
0    개발    남      3
1    기획    여      5
2    기획    남      4
3    기획    여      6
4    개발    남      7
5    개발    여      8

[부서 및 성별 평균 근속연수]
성별    남      여
부서
개발   5.0    8.0
기획   4.0    5.5
```

4 다양한 집계 예제

조금 더 복잡한 예시 데이터를 사용하여 여러 가지 집계 방법을 살펴보자.

```
import pandas as pd

df = pd.DataFrame({
    "구분": ["전자", "전자", "전자", "전자", "전자", "가전", "가전", "가전", "가전"],
    "유형": ["일반", "일반", "일반", "특수", "특수", "일반", "일반", "특수", "특수"],
    "크기": ["소형", "대형", "대형", "소형", "소형", "대형", "소형", "소형", "대형"],
    "수량": [1, 2, 2, 3, 3, 4, 5, 6, 7],
    "금액": [2, 4, 5, 5, 6, 6, 8, 9, 9]
})
print(df)
```

```
   구분  유형  크기  수량  금액
0  전자  일반  소형   1   2
1  전자  일반  대형   2   4
2  전자  일반  대형   2   5
3  전자  특수  소형   3   5
4  전자  특수  소형   3   6
5  가전  일반  대형   4   6
6  가전  일반  소형   5   8
7  가전  특수  소형   6   9
8  가전  특수  대형   7   9
```

예제 1 단일 값에 대해 집계하기

- index=['구분', '유형']: 구분(전자/가전), 유형(일반/특수)을 기준으로 행을 구성
- columns=['크기']: 크기를 열로 사용(대형/소형)
- aggfunc="sum": 수량 합산

```
pt = pd.pivot_table(
    df,
    values='수량',
    index=['구분', '유형'],
    columns=['크기'],
    aggfunc="sum"
)
pt
```

구분	크기 유형	대형	소형
가전	일반	4.0	5.0
	특수	7.0	6.0
전자	일반	4.0	1.0
	특수	NaN	6.0

NaN은 해당 그룹이 없음을 의미하며, fill_value=0을 사용하면 0으로 대체한다.

```
pt = pd.pivot_table(
    df,
    values='수량',
    index=['구분', '유형'],
    columns=['크기'],
    aggfunc="sum",
    fill_value=0
)
pt
```

구분	크기 유형	대형	소형
가전	일반	4	5
	특수	7	6
전자	일반	4	1
	특수	0	6

예제 2 여러 열에 대해 각기 다른 집계 함수 적용하기

- values=['수량', '금액']: 한 번에 여러 열 집계
- aggfunc를 딕셔너리 형태로 지정하면, 열마다 다른 함수 적용

```
pt = pd.pivot_table(
    df,
    values=['수량', '금액'],
    index=['구분', '크기'],
    aggfunc={'수량' : "mean", '금액' : "mean"}
)
pt
```

구분	크기	금액	수량
가전	대형	7.500000	5.500000
	소형	8.500000	5.500000
전자	대형	4.500000	2.000000
	소형	4.333333	2.333333

예제 3 하나의 열에 대해 여러 집계 함수를 동시에 적용하기

- 하나의 열(금액)에 대해 여러 개의 집계 함수를 동시에 적용할 수 있음
- 출력 결과에서 금액 아래에 min, max, mean이 각각 표시

```
pt = pd.pivot_table(
    df,
    values=['수량', '금액'],
    index=['구분', '크기'],
    aggfunc={'수량' : "mean", '금액' : ["min", "max", "mean"]}
)
pt
```

구분	크기	금액			수량
		max	mean	min	mean
가전	대형	9	7.500000	6	5.500000
	소형	9	8.500000	8	5.500000
전자	대형	5	4.500000	4	2.000000
	소형	6	4.333333	2	2.333333

pt.reset_index( )를 사용하면 인덱스를 그룹화되지 않은 열로 바꿀 수 있다.

```
pt.reset_index()
```

	구분	크기	금액		수량	
			max	mean.	min	mean
0	가전	대형	9	7.500000	6	5.500000
1	가전	소형	9	8.500000	8	5.500000
2	전자	대형	5	4.500000	4	2.000000
3	전자	소형	6	4.333333	2	2.333333

피벗테이블을 활용하면 데이터가 많아도 쉽고 빠르게 요약하여 필요한 정보를 얻을 수 있다.

> **TIP**
>
> **aggfunc에 사용할 수 있는 함수**
>
> | 함수 | 설명 | 함수 | 설명 |
> |------|------|------|------|
> | sum | 합계 | count | 개수 (결측치를 제외한 갯수) |
> | mean | 평균 | median | 중앙값 |
> | min | 최솟값 | std | 표준편차 |
> | max | 최댓값 | | |

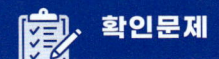 **확인문제** 판다스에서 학습한 여러 기능 중 꼭 알고 넘어가야 할 기초적인 부분을 퀴즈로 풀어보자.

문제

|데이터| Q1~10

```
import pandas as pd
import numpy as np

df = pd.DataFrame({
    "메뉴":['아메리카노', '카페라떼', '에스프레소', '카페모카', '바닐라라떼'],
    "가격":[4500, 5000, 4000, 5900, 5300],
    "칼로리":[10, 110, np.NaN, 210, np.NaN],
    "원두":['과테말라','브라질','과테말라', np.NaN, np.NaN]
})
df
```

	메뉴	가격	칼로리	원산지
0	아메리카노	4,500	10.0	과테말라
1	카페라떼	5,000	110.0	브라질
2	에스프레소	4,000	NaN	과테말라
3	카페모카	5,900	210.0	NaN
4	바닐라라떼	5,300	NaN	NaN

Q1. '칼로리' 컬럼의 결측치를 칼로리 데이터 중 최솟값으로 채우시오.

Q2. '원두' 컬럼의 결측치를 원산지 데이터 중 최빈값으로 채우시오.

Q3. 가격이 5,000 이상인 데이터의 수를 구하시오.

Q4. '이벤트가' 컬럼을 만들고 기존 가격에서 50% 할인된 가격을 채우시오.

Q5. '칼로리' 컬럼을 삭제하시오.

Q6. 위에서부터 3개의 행만 선택하시오. (loc 사용)

Q7. 위에서부터 3개의 행만 선택하시오. (iloc 사용)

Q8. 주어진 데이터(df)에서 아래 값을 loc를 활용해 데이터프레임으로 출력하시오.
- 카페라떼 5000
- 에스프레소 4000

Q9. 주어진 데이터(df)에서 아래 값을 iloc를 활용해 데이터프레임으로 출력하시오.
- 카페라떼 5000
- 에스프레소 4000

Q10. 메뉴 중 가격이 가장 비싼 순으로 정렬해 상위 3개의 값을 구하시오.

풀이

Q1. '칼로리' 컬럼의 결측치를 칼로리 데이터 중 최솟값으로 채우시오.

```
min_cal = df['칼로리'].min()
df['칼로리'] = df['칼로리'].fillna(min_cal)
df
```

	메뉴	가격	칼로리	원산지
0	아메리카노	4,500	10.0	과테말라
1	카페라떼	5,000	110.0	브라질
2	에스프레소	4,000	10.0	과테말라
3	카페모카	5,900	210.0	NaN
4	바닐라라떼	5,300	10.0	NaN

Q2. '원산지' 컬럼의 결측치를 원산지 데이터 중 최빈값으로 채우시오.

```
f = df['원산지'].mode()[0]
df['원산지'] = df['원산지'].fillna(f)
df
```

	메뉴	가격	칼로리	원산지
0	아메리카노	4,500	10.0	과테말라
1	카페라떼	5,000	110.0	브라질
2	에스프레소	4,000	10.0	과테말라
3	카페모카	5,900	210.0	과테말라
4	바닐라라떼	5,300	10.0	과테말라

Q3. 가격이 5,000 이상인 데이터의 수를 구하시오.

```
cond = df['가격'] >= 5000
len(df[cond]) #또는 sum(cond)
```

3

Q4. '이벤트가' 컬럼을 만들고 기존 가격에서 50% 할인된 가격을 채우시오.

```
df['이벤트가'] = df['가격'] * 0.5
df
```

	메뉴	가격	칼로리	원산지	이벤트가
0	아메리카노	4,500	10.0	과테말라	2250.0
1	카페라떼	5,000	110.0	브라질	2500.0
2	에스프레소	4,000	10.0	과테말라	2000.0
3	카페모카	5,900	210.0	과테말라	2950.0
4	바닐라라떼	5,300	10.0	과테말라	2650.0

Q5. '칼로리' 컬럼을 삭제하시오.

```
df = df.drop('칼로리', axis=1)
df
```

	메뉴	가격	원산지	이벤트가
0	아메리카노	4,500	과테말라	2250.0
1	카페라떼	5,000	브라질	2500.0
2	에스프레소	4,000	과테말라	2000.0
3	카페모카	5,900	과테말라	2950.0
4	바닐라라떼	5,300	과테말라	2650.0

Q6. 위에서부터 3개의 행만 선택하시오. (loc 사용)

```
df.loc[:2]
```

	메뉴	가격	원산지	이벤트가
0	아메리카노	4,500	과테말라	2250.0
1	카페라떼	5,000	브라질	2500.0
2	에스프레소	4,000	과테말라	2000.0

Q7. 위에서부터 3개의 행만 선택하시오. (iloc 사용)

```
df.iloc[:3]
```

	메뉴	가격	원산지	이벤트가
0	아메리카노	4,500	과테말라	2250.0
1	카페라떼	5,000	브라질	2500.0
2	에스프레소	4,000	과테말라	2000.0

Q8. 주어진 데이터(df)에서 아래 값을 loc를 활용해 데이터프레임으로 출력하시오.
- 카페라떼 5000
- 에스프레소 4000

```
df.loc[1:2, :'가격']
```

	메뉴	가격
1	카페라떼	5,000
2	에스프레소	4,000

Q9. 주어진 데이터(df)에서 아래 값을 iloc를 활용해 데이터프레임으로 출력하시오.
- 카페라떼 5000
- 에스프레소 4000

```
df.iloc[1:3, :2]
```

	메뉴	가격
1	카페라떼	5,000
2	에스프레소	4,000

Q10. 메뉴 중 가격이 가장 비싼 순으로 정렬해 상위 3개의 값을 구하시오.

```
df = df.sort_values('가격', ascending=False)
df.iloc[:3]
```

	메뉴	가격	원산지	이벤트가
3	카페모카	5,900	과테말라	2950.0
4	바닐라라떼	5,300	과테말라	2650.0
1	카페라떼	5,000	브라질	2500.0

CHAPTER 03

작업형1
연습문제

Chapter 3에서는 파이썬과 판다스를 이용해 문제를 분석하고 해결하는 능력을 강화한다. Chapter 1과 2에서의 기초 학습을 기반으로 문제에 접근하게 되는데, 경우에 따라 추가 학습이 필요할 수도 있다.

7회 시험부터 작업형1은 출력된 정답으로 채점하는 것이 아니라 눈으로 보고 답안 작성란에 정답을 옮겨 적는다. 따라서 출력된 결과 중에 정답이 있기만 하면 답안 작성에 문제가 없다. 하지만 풀이 코드에서는 깔끔한 출력을 위해 정답만 출력한다.

학습 방식

Chapter 3은 최소 2번 이상 반복 학습이 필요하다.
1. 첫 번째 학습 방식은 문제를 분석한 후 풀이를 따라서 그대로 코딩하며 학습하는 방식이다.
2. 두 번째 학습 방식은 문제를 분석한 후 풀이를 참고하지 않고 스스로 코딩하는 방식이다.

참고

1. 작업형1 문제는 여러 가지 방식으로 접근할 수 있다. 제공된 풀이는 그중 하나일 뿐이다.
2. 작업형1 문제는 정답이 명확하므로 풀이 과정이 다르더라도 같은 결과를 도출하면 문제가 없다.

문제

주어진 문제는 최근 시험 유형에 따라 하나의 문제를 2~4 단계별로 나누어 제시한다. 각 단계는 이전 단계의 결과를 사용한다.

> **학습 환경**

1단계. 여러 셀을 활용하고 코드 완성이 있는 환경 ▶ 입문자 단계

입문자에게는 여러 셀 활용 방식을 권장한다. 코드 힌트가 제공되더라도 풀네임을 작성하자. 예를 들어, groupby( )를 작성할 때 코드 완성 제안 기능이 나타나더라도 철자를 모두 입력하기를 권장한다.

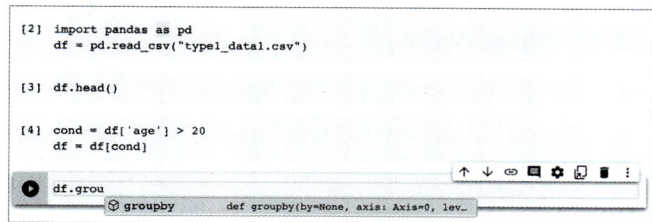

2단계. 1개 셀만 활용하는 코드 완성이 없는 환경 ▶ 자신감 있는 단계

시험 환경은 스크립트 환경이다. 문제만 보고 풀 수 있는 수준이라면 유사한 형태를 위해 1개 셀만 활용하기를 권장한다.

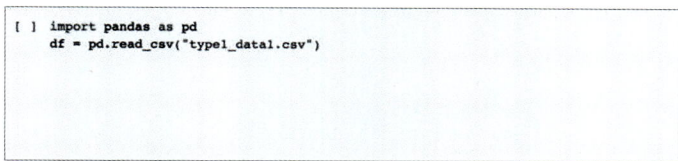

3단계. 자동 완성 해제 방법은 "우측 상단(톱니바퀴 모양) 설정 → 편집기 → 코드 완성 제안을 자동으로 표시"를 체크 해제한다. ▶ 시험 직전, 암기가 필요한 단계

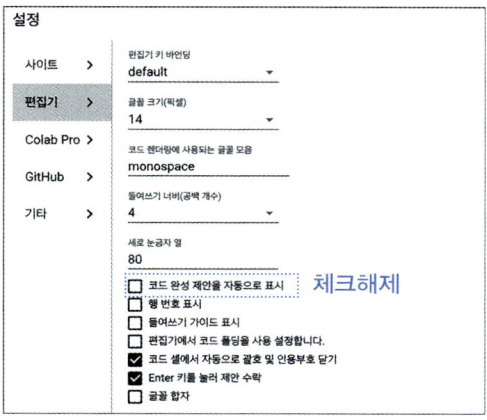

SECTION 01 | 필터링, 최솟값, 중앙값

주어진 문제는 하나의 작업을 단계별로 나누어 제시하였다. 각 단계는 이전 단계의 결과를 사용한다.

문제
1. 'f5' 컬럼이 0이 아닌 데이터(행)를 구하시오.
2. 앞에서 구한 데이터에 'views' 컬럼 결측치를 'views' 컬럼의 최솟값으로 채워주세요.
3. 그리고 'views' 컬럼의 중앙값을 계산해 정수로 구하시오.

```
import pandas as pd
df = pd.read_csv("type1_data1.csv")
```

힌트 min(), fillna(), median()

풀이

```
import pandas as pd
df = pd.read_csv("type1_data1.csv")

# 0 제외
cond = df['f5'] != 0
df = df[cond]

# 'views' 컬럼 결측치 최솟값으로 채우기
min = df['views'].min()
df['views'].fillna(min, inplace=True)


# 'views' 컬럼 중앙값 계산
print(int(df['views'].median()))
```

```
5924
```

- 0값을 제외한 데이터를 찾는다. df['f5']!=0이 아닌 값을 찾는 방법도 있고, df['f5']==0인 값을 찾고 df[~cond]로 데이터를 선택하는 방법도 있다. '~'은 not 연산자다.
- not 연산자는 True면 False가 되고, False면 True가 된다.
- 결측치를 채울 때는 fillna( )를 활용한다. 채운 데이터를 저장하기 위해 inplace를 사용하거나 대입 연산자를 다음과 같이 사용한다. df['views'] = df['views'].fillna(min)

SECTION 02 | 카테고리, 인덱스, 문자열 슬라이싱

주어진 문제는 하나의 작업을 단계별로 나누어 제시하였다. 각 단계는 이전 단계의 결과를 사용한다.

문제
1. 'subscribed' 컬럼에서 가장 빈도수가 많은 날짜를 구하시오.
2. 앞에서 구한 날짜의 일(day) 값을 정수로 구하시오.

```
import pandas as pd
df = pd.read_csv("type1_data1.csv")
```

힌트 value_counts(), index[], str[:]

풀이

```
import pandas as pd
df = pd.read_csv("type1_data1.csv")

# subscribed 종류 중 가장 많은 날짜 구하기
df = df['subscribed'].value_counts()

# 일(day) 값을 찾고, 정수형으로 변경
int(df.index[0][-2:])
```

17

- 카테고리별 개수를 확인하기 위해서는 value_counts( )를 사용한다. 가장 빈도 수가 많은 순부터 나열된다.
- 원하는 값만 출력하기 위해 value_counts( )의 결과를 데이터프레임으로 저장한다.
- 첫 번째 행(row)이 빈도 수가 많은 데이터다. 날짜 카테고리가 인덱스로 되어 있어 index[0]을 사용해 날짜를 얻는다.
- day만 출력하기 위해서는 문자열 슬라이싱이 필요하다. index[0]은 문자열 형태므로 바로 문자열 슬라이싱 적용이 가능하다.
- index[0][-2:]으로 첫 번째 행에서 문자열의 가장 마지막 두 자리를 얻는다.

SECTION 03 | 파생변수, 정렬, 인덱싱

주어진 문제는 하나의 작업을 단계별로 나누어 제시하였다. 각 단계는 이전 단계의 결과를 사용한다.

문제
1. 결측치가 있는 데이터(행)를 제거하시오.
2. 'views' 컬럼을 'f1' 컬럼으로 나눈 값을 새로운 컬럼으로 추가하시오.
3. 새로운 컬럼 값 중 가장 큰 값을 가진 행의 age를 정수로 구하시오.

```python
import pandas as pd
df = pd.read_csv("type1_data1.csv")
```

힌트 dropna(), sort_values(), iloc[]

풀이

```python
import pandas as pd
df = pd.read_csv("type1_data1.csv")

# 결측치 제거
df = df.dropna()

# 새로운 컬럼 계산
df['new'] = df['views']/df['f1']

# 내림차순 정렬
df = df.sort_values('new', ascending=False)

# age값 찾아서 출력
int(df.iloc[0,1])
```

22

- 데이터프레임에서 결측치가 있는 데이터를 제거하기 위해서는 dropna( )를 활용한다.
- dropna( )가 잘 적용되었는지 확인하기 위해 df.isnull( ).sum( )으로 검증한다.
- df['new'] = df['views'] / df['f1']으로 문제에서 필요한 연산을 손쉽게 할 수 있다.
- df['new'] 중 가장 큰 값의 age를 찾기 위해 new 컬럼 기준으로 내림차순(ascending=False)으로 정렬한다. sort_values( )의 기본값은 오름차순 정렬이다.
- 첫 번째 데이터(행)의 age를 iloc 또는 loc를 활용해 출력한다. iloc[행, 열]

SECTION 04 | 값 변경, 정렬, 합계

주어진 문제는 하나의 작업을 단계별로 나누어 제시하였다. 각 단계는 이전 단계의 결과를 사용한다.

문제
1. 'views' 컬럼의 결측 데이터를 0으로 대체하시오.
2. 'views' 컬럼에서 상위 10번째 값을 구하시오.
3. 'views' 컬럼에서 상위 10개의 값을 상위 10번째 값으로 대체하시오.
4. 'views' 컬럼의 전체 합을 정수로 구하시오.

```
import pandas as pd
df = pd.read_csv("type1_data1.csv")
```

힌트 fillna(). sort_values(), iloc[], sum()

풀이 1

```
import pandas as pd
df = pd.read_csv("type1_data1.csv")

# 결측 데이터 0으로 대체
df['views'].fillna(0, inplace=True)

# 내림차순 정렬
df = df.sort_values('views', ascending=False)

# views 상위 10개 데이터에 상위 10번째 값 대입
views_min = df.iloc[:10]['views'].min()
df.iloc[:10, -1] = views_min

# views 컬럼의 합
print(int(df['views'].sum()))
```

652812

- fillna()를 활용해 결측치를 0으로 대체한다.
- views를 기준으로 내림차순 정렬하고, 상위 10개의 데이터 값을 변경하기 위해 iloc를 활용한다.
- 변경할 범위는 iloc[행 인덱스 범위, 컬럼 인덱스]로 지정하고 상위 10번째 값을 대입한다. -1은 마지막 컬럼을 의미한다.

풀이 2

```python
import pandas as pd
df = pd.read_csv("type1_data1.csv")

# 결측 데이터 0으로 대체
df['views'].fillna(0, inplace=True)

# views 컬럼에서 10번째로 큰 값을 구함
value = df['views'].nlargest(10).iloc[-1]

# views 컬럼에서 가장 큰 9개의 값을 10번째로 큰 값으로 대체
df.loc[df['views'] > value, 'views'] = value

# views 컬럼의 합
print(int(df['views'].sum()))
```

652812

- nlargest( )는 시리즈에서 사용할 수 있는 함수(메소드)다. 데이터를 정렬하지 않고도 큰 값을 빠르게 찾을 수 있다.
- df['views'].nlargest(10)으로 views 컬럼에서 가장 큰 값 10개를 구한다. 큰 순으로 정렬되어 반환된다. 가장 마지막 값을 iloc[-1]로 선택하면 10번째 값이 된다.
- loc[행, 열]을 사용할 때는 조건을 대입할 수도 있다. df['views'] > value 조건으로 가장 큰 9개의 값을 10번째 큰 값으로 대체한다.

SECTION 05 | 문자열 슬라이싱, 파생변수, 평균값

주어진 문제는 하나의 작업을 단계별로 나누어 제시하였다. 각 단계는 이전 단계의 결과를 사용한다.

문제
1. 'f4' 컬럼 데이터에 'FJ'가 포함된 데이터를 찾으시오.
2. 찾은 데이터 중에서 'f2' 컬럼의 평균값을 구하시오. (반올림 후 소수 둘째 자리까지 계산)

```python
import pandas as pd
df = pd.read_csv("type1_data1.csv")
```

힌트 DataFrame['컬럼명'].str[범위], mean()

풀이 1

```python
import pandas as pd
df = pd.read_csv("type1_data1.csv")

# f4 컬럼에서 뒤에 2개 값 슬라이싱
df['new'] = df['f4'].str[2:4]

# FJ인 데이터 찾기
cond = df['new'] == 'FJ'
df = df[cond]

# f2 평균 구하기
print(round(df['f2'].mean(), 2))
```

0.61

- 데이터프레임의 특정 값을 문자열 슬라이싱하기 위해서는 우선 문자열로 변경한다.
- df['f4'].str[슬라이싱 범위]로 문자열로 변경한 후 슬라이싱 범위를 지정하면 된다.
- 조건에 맞는 데이터를 찾고, mean( ) 함수를 활용해 평균을 구한다.

풀이 2

```python
import pandas as pd
df = pd.read_csv("type1_data1.csv")

# FJ인 데이터 찾기
cond = df['f4'].str.contains('FJ')
df = df[cond]

# f2 평균 구하기
print(round(df['f2'].mean(), 2))
```

0.61

- str.contains( )를 활용해 특정 문자를 찾을 수 있다.

SECTION 06 | 필터링, 분산

주어진 문제는 하나의 작업을 단계별로 나누어 제시하였다. 각 단계는 이전 단계의 결과를 사용한다.

문제
1. 'f3' 컬럼이 gold이면서 'f2' 컬럼이 2인 데이터를 찾으시오.
2. 찾은 데이터에서 'f1' 컬럼의 분산을 구하시오. (반올림 후 소수 둘째 자리까지 계산)

```python
import pandas as pd
df = pd.read_csv("type1_data1.csv")
```

힌트 var(), round()

풀이

```python
import pandas as pd
df = pd.read_csv("type1_data1.csv")

# 조건에 맞는 데이터
cond1 = df['f3'] == 'gold'
cond2 = df['f2'] == 2
df = df[cond1 & cond2]

# 분산
result = df['f1'].var()

# 출력
print(round(result,2))
```

```
235.43
```

- 조건 2개를 만든다. f3가 gold면서 f2가 2인 데이터를 필터링한다.
- 문자와 숫자로 동시에 조건을 만들 때 문자는 따옴표가 필요하고, 숫자는 따옴표가 필요없다. 많이 하는 실수 중에 숫자도 '2'로 작성해 조건에 부합하는 데이터가 나오지 않는 경우가 있다. 조건을 잘못 작성한 경우므로 에러도 발생하지 않는다.
- var( )로 f1 컬럼의 분산을 구하고 출력한다.

SECTION 07 | 값 변경(연산), 필터링 절댓값

주어진 문제는 하나의 작업을 단계별로 나누어 제시하였다. 각 단계는 이전 단계의 결과를 사용한다.

문제
1. 모든 나이(age)에 1을 더하시오.
2. 20대의 'views' 평균과 30대의 'views' 평균의 차이의 절댓값을 구하시오. (반올림 후 소수 둘째 자리까지 계산)

```python
import pandas as pd
df = pd.read_csv("type1_data1.csv")
```

힌트 abs(), mean()

풀이

```python
import pandas as pd
df = pd.read_csv("type1_data1.csv")

# 나이 + 1
df['age'] = df['age'] + 1

# 20대, 30대 조건
cond1 = (df['age'] >= 20) & (df['age'] < 30)
cond2 = (df['age'] >= 30) & (df['age'] < 40)

# 30대 views
result = abs(df[cond1]['views'].mean() - df[cond2]['views'].mean())

print(round(result,2))
```

263.13

- 판다스에서는 df['age'] + 1로 해당 컬럼의 모든 데이터에 연산할 수 있다.
- 조건에 맞는 평균값을 찾고, 절댓값을 계산하기 위해서는 abs( ) 함수를 활용한다.

SECTION 08 | 시계열 데이터, 필터링, 데이터 개수

주어진 문제는 하나의 작업을 단계별로 나누어 제시하였다. 각 단계는 이전 단계의 결과를 사용한다.

문제
1. 'subscribed' 컬럼이 2024년 2월인 데이터를 찾으시오.
2. 위에서 찾은 데이터 중 'f3' 컬럼이 gold인 데이터의 개수를 구하시오

```python
import pandas as pd
df = pd.read_csv("type1_data1.csv")
```

힌트 to_datetime(), dt.year, dt.month, len()

풀이

```python
import pandas as pd
df = pd.read_csv("type1_data1.csv")

# 자료형 변환
df['subscribed'] = pd.to_datetime(df['subscribed'])

# 파생변수 생성(연, 월)
df['year'] = df['subscribed'].dt.year
df['month'] = df['subscribed'].dt.month

# 2024년 2월이고, 'f3'이 gold인 데이터
cond1 = df['year'] == 2024
cond2 = df['month'] == 2
cond3 = df['f3'] == 'gold'
df = df[cond1 & cond2 & cond3]

# 데이터 개수
print(len(df))
```

5

- object 자료형을 datetime 자료형으로 변경한다. pd.to_datetime( )을 활용한다.
- 연, 월을 dt를 활용해 새로운 컬럼(파생변수)을 생성한다(dt.year, dt.month, dt.day는 괄호가 없다).
- 여러 조건에 부합하는 데이터를 선택한다.
- len( ) 함수로 데이터의 개수를 구한다.

SECTION 09 | 필터링, 카테고리, 최빈값

주어진 문제는 하나의 작업을 단계별로 나누어 제시하였다. 각 단계는 이전 단계의 결과를 사용한다.

문제
1. 'views' 컬럼 값이 1000 이하인 데이터(결측치 제외)를 찾으시오.
2. 앞에서 구한 데이터 중 'f4' 컬럼의 최빈값을 구하시오.

```python
import pandas as pd
df = pd.read_csv("type1_data1.csv")
```

힌트 value_counts(), index[]

풀이 1

```python
import pandas as pd
df = pd.read_csv("type1_data1.csv")

# views수가 1000 이하
cond = df['views'] <= 1000
df = df[cond]

# f4 컬럼 종류별 개수
df = df['f4'].value_counts()

# f4 컬럼 최빈값
print(df.index[0])
```

```
ISFJ
```

- views수가 1000 이하의 데이터를 선택한다.
- f4 컬럼의 종류별 개수를 value_counts( )를 활용해 구하고, 데이터프레임으로 만든다.
- df['f4'].value_counts( )를 데이터프레임으로 변경하면 f4 컬럼 데이터가 인덱스가 된다.
- value_counts( )는 기본적으로 내림차순 정렬되어 첫 번째 행이 최빈값이다.
- 첫 번째 인덱스를 출력한다.

풀이 2

```python
import pandas as pd
df = pd.read_csv("type1_data1.csv")

# views수가 1000 이하
cond = df['views'] <= 1000
df = df[cond]

# f4컬럼 최빈값
print(df['f4'].mode()[0])
```

```
ISFJ
```

- 최빈값을 구하기 위해 mode( )를 활용하는 방법이 있다.
- mode( )는 sum( )이나 mean( )과 달리, 시리즈(Series) 형태로 반환한다.
- mode( ) 뒤에 [0]을 붙여 첫 번째 값을 출력한다.
- 이 데이터에서는 최빈값이 1개지만, 최빈값이 여러 개일 수도 있다.
- 시험에서는 정답을 1개만 입력해야 하므로 최빈값이 2개일 가능성은 매우 낮다.

SECTION 10 | 그룹핑, 최댓값, 정렬

주어진 문제는 하나의 작업을 단계별로 나누어 제시하였다. 각 단계는 이전 단계의 결과를 사용한다.

문제
1. 결측치가 있는 행을 삭제하시오.
2. 결측치가 삭제된 데이터를 사용하여 지역별(city) 평균을 계산하시오.
3. 앞에서 계산한 지역별 평균 데이터에서 'f2' 컬럼 값이 가장 큰 지역을 구하시오.

```python
import pandas as pd
df = pd.read_csv("type1_data1.csv")
```

힌트 dropna(), groupby(), mean(), sort_values() or idxmax()

풀이 1

```python
import pandas as pd
df = pd.read_csv("type1_data1.csv")

# 결측치가 있는 행 삭제
df.dropna(inplace=True)

# 지역별 평균 계산
df = df.groupby(['city']).mean(numeric_only=True)

# f2 컬럼이 가장 큰 지역 출력
print(df.sort_values("f2", ascending = False).index[0])
```

서울

- 결측치가 있는 행을 dropna( )로 삭제한다.
- groupby( )를 활용해 city를 기준으로 평균값을 구한다. 기준으로 하는 컬럼이 인덱스 값이 된다.
- f2 컬럼이 가장 큰 지역을 구하기 위해 내림차순으로 정렬하고 인덱스 값을 출력한다.

풀이 2

```python
import pandas as pd
df = pd.read_csv("type1_data1.csv")

# 결측치가 있는 행 삭제
df.dropna(inplace=True)

# 지역별 평균 계산
df = df.groupby(['city']).mean(numeric_only=True)

# f2 컬럼이 가장 큰 지역 출력
print(df['f2'].idxmax())
```

서울

- df.groupby( )를 활용할 때 컬럼이 1개면 groupby('city')와 같이 대괄호 없이 사용 가능하다.
- df.sort_values("f2", ascending = False).index[0] 대신 df['f2'].idxmax( )를 활용해도 같은 결과를 얻을 수 있다.
- idxmax( )는 최댓값의 인덱스를 반환하고, idxmin( )은 최솟값의 인덱스를 반환한다.

SECTION 11 | 슬라이싱, 사분위수, 결측치 제거

주어진 문제는 하나의 작업을 단계별로 나누어 제시하였다. 각 단계는 이전 단계의 결과를 사용한다.

문제
1. 데이터에서 결측치가 있는 데이터(행)를 모두 제거하시오.
2. 결측치가 제거된 데이터를 사용하여 앞에서부터 70% 데이터를 구하시오. (단, 데이터 70% 지점의 index가 소수점으로 계산될 경우 소수점 이하는 버림)
3. 앞에서 구한 70% 데이터 중 'views' 컬럼의 3사분위수에서 1사분위수를 뺀 값을 정수로 구하시오.

```python
import pandas as pd
df = pd.read_csv("type1_data1.csv")
```

힌트 int(), dropna(), quantile()

풀이

```python
import pandas as pd
df = pd.read_csv("type1_data1.csv")

# 결측치가 있는 행 제거
df.dropna(inplace=True)

# 70% 지점
end = int(len(df) * 0.7)

# 70% 데이터 슬라이싱
df = df.iloc[:end]

# 3사분위수, 1사분위수
q3 = df['views'].quantile(.75)
q1 = df['views'].quantile(.25)

# 결과 출력
print(int(q3 - q1))
```

2771

- 앞에서부터 70%의 데이터를 찾기 위해 70% index 지점을 찾는다.
- index는 반드시 정수형이어야 한다. int()로 정수형을 만든다.
- 70% 지점 인덱스까지 iloc()를 활용해 슬라이싱한다.
- 사분위수를 구하기 위해 quantile()을 활용한다.
- 시험에서 quantile() 함수를 기억하지 못한다면 df['views'].describe()를 활용해 25%와 75%를 확인할 수 있다.

SECTION 12 | 결측치 처리, 최빈값, 데이터 개수

주어진 문제는 하나의 작업을 단계별로 나누어 제시하였다. 각 단계는 이전 단계의 결과를 사용한다.

문제
1. 결측치가 가장 많은 두 컬럼을 찾으시오.
2. 첫 번째로 결측치가 많은 컬럼에서 결측치가 있는 데이터(행)를 삭제하시오.
3. 두 번째로 결측치가 많은 컬럼을 최빈값으로 대체하시오.
4. 'f3' 컬럼의 'gold' 값을 가진 데이터의 수를 정수형으로 구하시오.

```python
import pandas as pd
df = pd.read_csv("type1_data1.csv")
```

힌트 dropna(), mode(), sum()

풀이 1

```python
import pandas as pd
df = pd.read_csv("type1_data1.csv")

# 결측치가 가장 많은 컬럼, 출력 결과로 확인
#print(df.isnull().sum())

# 특정 컬럼에 결측치가 있을 경우 해당 행 제거
df = df.dropna(subset=['f1'])

# 두 번째로 결측치가 많은 컬럼 최빈값 대체
freq = df['f3'].mode()[0]
df['f3'].fillna(freq, inplace=True)

# f3 컬럼이 gold인 데이터의 수
print(sum(df['f3'] == 'gold'))
```

63

- df.isnull().sum()으로 결측치가 가장 많은 컬럼이 f1임을 확인한다.
- df.dropna(subset=['f1'])으로 f1 컬럼에 결측치가 있을 경우 해당 행을 제거한다.
- mode()[0]으로 최빈값을 찾고, 두 번째로 결측치가 많은 컬럼을 채운다.
- df['f3'] == 'gold'는 True 또는 False를 반환한다. True는 1이고, False는 0이다.
- sum(조건)은 True(1)의 합이 된다. 조건에 부합하는 데이터의 개수다.

풀이 2

```python
import pandas as pd
df = pd.read_csv("type1_data1.csv")

# 결측치가 가장 많은 컬럼
col = df.isnull().sum().idxmax()

# 특정 컬럼에 결측치가 있을 경우 해당 행 제거
df = df.dropna(subset=[col])

# 두 번째로 결측치가 많은 컬럼 최빈값 대체
freq = df['f3'].mode()[0]
df['f3'] = df['f3'].fillna(freq)

# f3 컬럼이 gold인 데이터의 수
print(len(df[df['f3'] == 'gold']))
```

63

- df.isnull().sum()은 다음과 같이 컬럼별 결측 수를 시리즈 형태로 반환한다. 이때 인덱스는 컬럼명이다. .idxmax()를 활용해 결측 수가 가장 큰 값의 인덱스를 col 변수에 담는다.

```
id            0
age           0
city          0
f1           31
f2            0
f3           29
f4            0
f5            0
subscribed    0
views         4
dtype:     int64
```

- 데이터의 수를 구할 때는 sum()을 활용하는 방법과 len()을 활용하는 방법이 있다. 첫 번째 풀이는 sum(), 두 번째 풀이는 len()을 활용했다. 둘 다 작업형1에서 자주 사용하므로 활용법을 익혀두자.

SECTION 13 | 결측 데이터 찾기, 필터링, 평균값

주어진 문제는 하나의 작업을 단계별로 나누어 제시하였다. 각 단계는 이전 단계의 결과를 사용한다.

문제
1. 'f1' 컬럼에 결측치가 있는 데이터만 선택하시오.
2. 선택된 데이터에서 'age' 컬럼의 평균값을 구하시오. (반올림 후 소수 첫째 자리까지 계산)

```python
import pandas as pd
df = pd.read_csv("type1_data1.csv")
```

힌트 isnull(), mean()

풀이

```python
import pandas as pd
df = pd.read_csv("type1_data1.csv")

# 결측치가 있는 데이터 True/False
cond = df['f1'].isnull()

# 결측치가 있는 데이터 선택
df = df[cond]

# age의 평균값
result = df['age'].mean()

# 소수 첫째 자리까지 출력
print(round(result, 1))
```

```
53.6
```

- 결측치가 있는 데이터를 찾기 위해 df['f1'].isnull()을 활용한다. NaN이라면 True, 데이터가 있다면 False를 반환한다.
- f1에 결측치가 있는 데이터를 선택하고, 그 데이터에서 age의 평균값을 계산한다.

SECTION 14 | 중복 데이터 제거, 값 변경, 데이터 개수

주어진 문제는 하나의 작업을 단계별로 나누어 제시하였다. 각 단계는 이전 단계의 결과를 사용한다.

문제
1. 중복 데이터를 제거하시오.
2. 'f3' 컬럼의 결측치는 0, 'silver'는 1, 'gold'는 2, 'vip'는 3으로 변환하시오.
3. 변환된 'f3' 컬럼의 총합을 정수형으로 구하시오.

```
import pandas as pd
df = pd.read_csv("type1_data1.csv")
```

힌트 drop_duplicates(), replace(), map(), sum()

풀이 1

```
import pandas as pd
df = pd.read_csv("type1_data1.csv")

# 중복 데이터 제거
df.drop_duplicates(inplace=True)

# 값 대체
import numpy as np
df['f3']=df['f3'].replace(np.nan,0).replace('silver',1).replace('gold',2).replace('vip',3)

# f3 컬럼의 총합(정수형으로 출력)
print(int(df['f3'].sum()))
```

```
167
```

- 중복 데이터를 제거하는 함수는 drop_duplicates()다.
- replace(변경 전, 변경 후)를 활용해 값을 변경한다. replace() 대신 다음과 같이 딕셔너리와 map()을 활용하는 방법도 있다.

```
dict_list = {np.nan:0, 'silver':1, 'gold':2, 'vip':3}
df['f3'] = df['f3'].map(dict_list)
```

풀이 2

```
import pandas as pd
df = pd.read_csv("type1_data1.csv")

# 중복 데이터 제거
df.drop_duplicates(inplace=True)

# 계산
r1 = sum(df['f3'] == 'silver') * 1
r2 = sum(df['f3'] == 'gold') * 2
r3 = sum(df['f3'] == 'vip') * 3
print(r1 + r2 + r3)
```

167

- sum() 함수를 사용해 'silver', 'gold', 'vip'를 각각 구하고, 문제에서 제시한 가중치를 곱한 후 모두 합한다.

SECTION 15 | 컬럼 삭제, 행 단위 합계, 필터링

주어진 문제는 하나의 작업을 단계별로 나누어 제시하였다. 각 단계는 이전 단계의 결과를 사용한다.

문제
1. 주어진 데이터에서 문자 자료형 컬럼을 삭제하시오.
2. 숫자 자료형 컬럼의 결측치를 0으로 대체하시오.
3. 각 행의 합이 3000보다 큰 값의 개수를 정수로 구하시오. (각 행의 합: 'age' + 'f1' + 'f2' + 'f5' + 'views')

```python
import pandas as pd
df = pd.read_csv("type1_data1.csv")
```

힌트 select_dtypes, drop, fillna, DataFrame.T

풀이

```python
import pandas as pd
df = pd.read_csv("type1_data1.csv")

# 자료형이 object가 아닌 컬럼 선택
cols = df.select_dtypes(exclude='object').columns
df = df[cols]

# 결측치 0으로 대체
df = df.fillna(0)

# 행과 열 변경
df = df.T

# 행별 합이 3000 이상인 데이터 수
print(sum(df.sum() > 3000))
```

88

- select_dtypes( )를 활용해 object 자료형만 선택한다.
- 행과 열 변경이 필요할 때는 DataFrame.T를 활용한다.
- 조건에 맞는 데이터 개수를 구하기 위해 sum( )을 활용한다.

SECTION 16 | 이상치, IQR

주어진 문제는 하나의 작업을 단계별로 나누어 제시하였다. 각 단계는 이전 단계의 결과를 사용한다.

문제
1. 'views' 컬럼의 1사분위수, 3사분위수 그리고 IQR을 계산하시오.
2. 이상치 조건에 맞는 데이터를 찾으시오. (이상치는 1사분위수 − (IQR * 1.5)보다 작은 값과 3사분위수 + (IQR * 1.5)보다 큰 값)
3. 이상치 데이터의 'views' 컬럼 합을 정수로 구하시오.

```python
import pandas as pd
df = pd.read_csv("type1_data1.csv")
```

힌트 quantile, IQR = 3사분위수 − 1사분위수

풀이

```python
import pandas as pd
df = pd.read_csv("type1_data1.csv")

# 3사분위 / 1사분위
q3 = df['views'].quantile(.75)
q1 = df['views'].quantile(.25)

# IQR 계산
IQR = q3 - q1

# 이상치 기준 찾기
line1 = q1 - 1.5 * IQR
line2 = q3 + 1.5 * IQR

# 이상치 조건에 만족하는 데이터 찾기
cond1 = df['views'] < line1
cond2 = df['views'] > line2
df = df[cond1 | cond2]

# views 컬럼 합
print(int(df['views'].sum()))
```

```
77699
```

- IQR은 3사분위수 − 1사분위수다.
- quantile( ) 함수를 모른다면 describe( ) 함수를 활용해 사분위수를 찾을 수 있다.
  - q3 = df['views'].describe( )['75%']   # 3사분위
  - q1 = df['views'].describe( )['25%']   # 1사분위
- 두 조건 중 하나의 조건이라도 부합하는 데이터를 찾기 위해 '또는(or)'을 의미하는 '|'을 활용한다.
  '|'는 Enter↵ 위에 있는 키다.

SECTION 17 | 이상치, 소수점 있는 데이터 찾기, 표준편차

주어진 문제는 하나의 작업을 단계별로 나누어 제시하였다. 각 단계는 이전 단계의 결과를 사용한다.

문제
1. 'views' 컬럼의 표준편차를 구하시오.
2. 'age' 컬럼의 이상치(소수점 나이, 음수 나이, 0살)를 제거하고, 'views' 컬럼의 표준편차를 구하시오.
3. 이상치 제거 전후의 'views' 컬럼의 표준편차를 더하여, 반올림 후 소수 둘째 자리까지 구하시오.

```
import pandas as pd
df = pd.read_csv("type1_data1.csv")
```

힌트 std(), round()

풀이

```
import pandas as pd
df = pd.read_csv("type1_data1.csv")

# 표준편차
r1 = df['views'].std()

# 음수이거나 0 데이터 제외
cond = df['age'] <= 0
df = df[~cond]

# 소수점이 없는 값만 선택
cond = df['age'] == round(df['age'],0)
df = df[cond]

# 표준편차
r2 = df['views'].std()

print(round(r1 + r2, 2))
```

8297.31

- 표준편차를 구하는 함수는 std( )다.
- 판다스는 기본적으로 표본 표준편차(ddof=1)를 계산한다.
- 소수점이 있는 데이터를 찾기 위해 df['age'] == round(df['age'],0)의 조건을 활용한다.
- 음수이거나 0 데이터 제외하는 다른 방법

  cond = df['age'] > 0
  df = df[cond]

SECTION 18 | 데이터(행) 기준 평균값, 인덱싱

주어진 문제는 하나의 작업을 단계별로 나누어 제시하였다. 각 단계는 이전 단계의 결과를 사용한다.

문제
1. index '2001' 데이터(행)에서 평균보다 큰 값의 개수를 구하시오.
2. index '2003' 데이터(행)에서 평균보다 작은 값의 개수를 구하시오.
3. 두 개수를 더하시오.

```python
import pandas as pd
df = pd.read_csv("type1_data2.csv", index_col="year")
```

힌트 loc[], mean()

풀이 1

```python
import pandas as pd
df = pd.read_csv("type1_data2.csv", index_col="year")

# 2001, 평균보다 큰 값 합계
m1 = df.loc[2001].mean()
cond1 = df.loc[2001] > m1
r1 = sum(cond1)

# 2003, 평균보다 작은 값 합계
m2 = df.loc[2003].mean()
cond2 = df.loc[2003] < m2
r2 = sum(cond2)

print(r1+r2)
```

202

- sum( )은 판다스는 기본적으로 컬럼별 계산을 한다.
- 행별로 계산하기 위해 loc를 사용한다.

풀이 2

```python
import pandas as pd
df = pd.read_csv("type1_data2.csv", index_col="year")
df = df.T # 행과 열 변경

# 평균보다 큰 값 합계
m1 = df[2001].mean()
cond1 = df[2001] > m1
r1 = sum(cond1)

# 평균보다 작은 값 합계
m2 = df[2003].mean()
cond2 = df[2003] < m2
r2 = sum(cond2)

print(r1+r2)
```

202

- DataFrame.T를 활용해 행과 열을 변경한 후 풀어가는 방법도 있다.

SECTION 19 | 결측치(뒤의 값으로 대체), 그룹합

주어진 문제는 하나의 작업을 단계별로 나누어 제시하였다. 각 단계는 이전 단계의 결과를 사용한다.

문제
1. 결측치를 바로 뒤에 있는 값으로 대체하시오. (바로 뒤의 값도 결측치일 경우, 뒤에 있는 데이터 중 가장 가까운 값으로 대체)
2. 'city'와 'f2' 컬럼을 기준으로 그룹합을 계산하시오.
3. 'views' 값이 세 번째로 큰 city 이름을 구하시오.

```
import pandas as pd
df = pd.read_csv("type1_data1.csv")
```

힌트 fillna(), groupby(), reset_index(), sort_values()

풀이

```
import pandas as pd
df = pd.read_csv("type1_data1.csv")

# 결측치 채우기
df = df.fillna(method='bfill')

# city와 f2 기준 그룹합 계산
df = df.groupby(['city','f2']).sum(numeric_only=True).reset_index()

# 내림차순 정렬
df = df.sort_values('views', ascending=False)

# 3번째로 큰 값 출력
print(df.iloc[2,0])
```

경기

- fillna( )의 method는 결측치를 채울 방식을 말한다.
- bfill: 결측치의 뒤에 있는 값으로 채운다.
- ffill: 결측치의 앞에 있는 값으로 채운다.
- reset_index( )는 groupby( ) 이후 만들어진 멀티인덱스를 컬럼으로 만들고, 인덱스는 새롭게 매겨진다.

SECTION 20 | 시계열 데이터, 월별 집계, 인덱스

주어진 문제는 하나의 작업을 단계별로 나누어 제시하였다. 각 단계는 이전 단계의 결과를 사용한다.

문제
1. 연도 구분 없이 월별로 숫자형 컬럼의 합을 구하시오.
2. 합계 중 'views'가 가장 작은 값을 가진 월을 정수로 구하시오.

```
import pandas as pd
df = pd.read_csv("type1_data1.csv")
```

힌트 pd.to_datetime(), dt.month, groupby()

풀이
```
import pandas as pd
df = pd.read_csv("type1_data1.csv")

# 자료형 변환
df['subscribed'] = pd.to_datetime(df['subscribed'])

# 파생변수 생성
df['month'] = df['subscribed'].dt.month

# 월별로 데이터 합 집계
df = df.groupby('month').sum(numeric_only=True)

# 오름차순 정렬 및 가장 작은 값 출력
print(df.sort_values('views').index[0])
```

11

- pd.to_datetime( )을 활용해 자료형을 datetime으로 변경한다.
- dt.month로 월을 별도 컬럼으로 만든다.
- df.groupby('month').sum( )을 활용해 월별로 데이터 합을 집계한다.
- df.sort_values('views')를 활용해 'views'를 기준으로 오름차순으로 정렬하고, 가장 작은 값의 월(인덱스)을 index[0]으로 출력한다.

SECTION 21 | 시간 간의 차이 계산(분), 필터링

주어진 문제는 하나의 작업을 단계별로 나누어 제시하였다. 각 단계는 이전 단계의 결과를 사용한다.

문제
1. 예상 도착 시간보다 늦게 도착한 건수를 구하시오.
2. 이 중 거리가 7km 이상인 데이터의 수를 정수로 구하시오.

```
import pandas as pd
df = pd.read_csv("delivery_time.csv")
```

힌트 pd.to_datetime(), dt.total_seconds(), len()

풀이

```
import pandas as pd
df = pd.read_csv("delivery_time.csv")

# datetime으로 자료형 변경
df['실제도착시간'] = pd.to_datetime(df['실제도착시간'])
df['예상도착시간'] = pd.to_datetime(df['예상도착시간'])

# 지연 시간 계산(분)
df['지연시간'] = (df['실제도착시간'] - df['예상도착시간']).dt.total_seconds()/60

# 조건1 - 예상 도착 시간보다 늦게 도착한 건
cond1 = df['지연시간'] > 0

# 조건2 - 거리가 7 이상인 건
cond2 = df['거리'] >= 7

# 조건에 맞는 데이터(행) 수 출력
print(len(df[cond1 & cond2]))
```

311

- pd.to_datetime( )을 사용해 자료형을 datetime으로 변경한다.
- 실제 도착 시간에서 예상 도착 시간을 뺀 값을 지연 시간으로 계산한다.
- 지연 시간을 dt.total_seconds( )를 활용해 전체 시간을 초 단위로 변경하고, 60을 나누어 분 단위로 변경한다.
- 예상 도착 시간보다 늦게 도착한 값은 지연 시간이 양수다. 따라서 양수와 거리가 7 이상인 값을 조건으로 데이터(행)의 수를 구한다.

SECTION 22 | 시간 간의 차이 계산(분), 그룹핑

주어진 문제는 하나의 작업을 단계별로 나누어 제시하였다. 각 단계는 이전 단계의 결과를 사용한다.

문제
1. 주문 시간과 실제 도착 시간의 차이를 분 단위로 계산하시오.
2. 앱 종류별로 평균 도착 시간(분)을 계산하시오.
3. 평균적으로 가장 빠른 앱 종류를 찾고, 해당 앱의 평균 도착 시간을 분으로 반올림하여 정수로 구하시오.

```python
import pandas as pd
df = pd.read_csv("delivery_time.csv")
```

힌트 pd.to_datetime(), dt.total_seconds(), groupby(), mean(), min()

풀이

```python
import pandas as pd
df = pd.read_csv("delivery_time.csv")

# datetime으로 자료형 변경
df['실제도착시간'] = pd.to_datetime(df['실제도착시간'])
df['주문시간'] = pd.to_datetime(df['주문시간'])

# 실제 도착 시간과 주문 시간 차이 계산(분)
df['diff'] = (df['실제도착시간'] - df['주문시간']).dt.total_seconds()/60

# 앱 종류별 도착 시간과 주문 시간 차이의 평균 계산
df = df.groupby('앱종류')['diff'].mean()

# 가장 작은 시간(분) 반올림 후 출력
print(round(df.min()))
```

62

- pd.to_datetime( )을 사용해 자료형을 datetime으로 변경한다.
- 실제 도착 시간에서 주문 시간을 뺀 차이를 분으로 계산한다.
- 앱 종류를 기준으로 그룹핑하고, 실제 도착 시간에서 주문 시간을 뺀 차이의 평균을 구한다.
- 가장 작은 값을 찾고 반올림 후 출력한다.

SECTION 23 | 시간 간의 차이 계산(분), 비율

주어진 문제는 하나의 작업을 단계별로 나누어 제시하였다. 각 단계는 이전 단계의 결과를 사용한다.

문제
1. 각 결제 종류별로 실제 도착 시간이 예상 도착 시간보다 늦은 주문의 비율을 계산하시오.
2. 비율 중 가장 큰 값을 반올림하여 소수 둘째 자리까지 구하시오.

```python
import pandas as pd
df = pd.read_csv("delivery_time.csv")
```

힌트 pd.to_datetime(), dt.total_seconds(), groupby(), mean(), max()

풀이

```python
import pandas as pd
df = pd.read_csv("delivery_time.csv")

# datetime 자료형으로 변경
df['실제도착시간'] = pd.to_datetime(df['실제도착시간'])
df['예상도착시간'] = pd.to_datetime(df['예상도착시간'])

# 지연 시간 계산(분)
df['지연시간'] = (df['실제도착시간'] - df['예상도착시간']).dt.total_seconds() / 60  # 분 단위로 계산

# 실제 도착 시간이 예상 도착 시간보다 늦은 경우를 체크하는 컬럼 생성
df['지연여부'] = df['지연시간'] > 0

# 결제 종류별 지연된 주문 수의 비율 계산
result = df.groupby('결제종류')['지연여부'].mean()

# 가장 비율이 높은 값
print(round(result.max(), 2))
```

```
0.56
```

- pd.to_datetime( )을 활용해 자료형을 datetime으로 변경한다.
- 지연 시간을 dt.total_seconds( )/60을 활용해 분으로 계산한다.
- df['지연시간'] 〉 0을 활용해 지연 시간이 예측 시간보다 늦게 배달된 경우는 True, 빨리 배달된 경우는 False로 만든다.
- True는 1이고, False는 0이다. 예를 들어, 10개 중 3개가 1이고, 7개가 0일 때 평균을 계산하면 0.3이 된다. 이런 방식으로 결제 종류를 기준으로 그룹핑하고 지연 여부의 평균을 구한다. 결제 종류별 지연된 주문 수의 비율이 계산된다.
- 비율이 높은 값을 찾고 반올림 후 출력한다.

SECTION 24 | 그룹핑, 값 찾기, 필터링

주어진 문제는 하나의 작업을 단계별로 나누어 제시하였다. 각 단계는 이전 단계의 결과를 사용한다.

문제
1. 사용자별 주문 거리의 합계가 50km 이상인 사람들의 결제 방식을 구하시오.
2. 이 결제 방식 중 가장 빈도가 높은 수를 구하시오.

```python
import pandas as pd
df = pd.read_csv("delivery_time.csv")
```

힌트 groupby(), isin(), value_counts()

풀이

```python
import pandas as pd
df = pd.read_csv("delivery_time.csv")
df.head()

# 사용자별로 주문 거리의 합계와 평균 계산
df_distance = df.groupby('user')['거리'].sum()

# 주문 거리의 합계가 50km 이상인 사용자만 필터링
cond = df_distance >= 50
df_distance = df_distance[cond]

# 주문 거리의 합계가 50km 이상인 사용자들의 데이터 필터링
filtered_data = df[df['user'].isin(df_distance.index)]
filtered_data

# 해당 사용자들의 선호 결제 방식 중 큰 값
payment_method = filtered_data['결제종류'].value_counts()
print(payment_method[0])
```

- user를 기준으로 그룹핑하고, 거리 컬럼의 합을 구한다. 사용자별 거리 총합이 계산된다.
- 거리가 50 이상인 값을 필터링한다. 최종 df_distance에는 50 이상인 user값이 저장된다.
- groupby( ) 함수를 활용해 그룹핑할 때 user를 기준으로 그룹을 묶으면 user가 index가 된다. df_distance.index를 했을 때 'user_116', 'user_133' 등과 같은 값을 반환받을 수 있다.
- 이 user값을 isin( ) 함수를 활용해 필터링한다. 조건식으로 찾으려면 user수만큼 조건이 있어야 하지만, isin( )은 리스트 형태를 입력값으로 받는다. 리스트에 있는 값을 한번에 찾을 수 있다.
- 필터링된 데이터프레임에서 결제 종류별로 빈도 수를 value_counts( )를 활용해 찾고, 가장 큰 값(상위에 있는 값이 가장 빈도 수가 높음)을 출력한다.

SECTION 25 | 시간 간의 차이 계산(일)

주어진 문제는 하나의 작업을 단계별로 나누어 제시하였다. 각 단계는 이전 단계의 결과를 사용한다.

문제
1. 각 사용자별로 첫 주문과 마지막 주문 사이의 시간 간격을 일 단위로 계산하시오.
2. 시간차가 0일인 사용자를 제외하고, 나머지 사용자들의 평균 시간 간격(일 단위)을 계산하시오.
3. 평균 시간 간격보다 긴 시간 간격을 가진 사용자의 수를 정수로 구하시오.

```
import pandas as pd
df = pd.read_csv("delivery_time.csv")
```

힌트 to_datetime(), groupby(), min(), max(), dt.days

풀이

```
import pandas as pd
df = pd.read_csv("delivery_time.csv")

# 각 사용자별로 첫 주문과 마지막 주문 사이의 시간 간격(일 단위)을 계산
df['주문시간'] = pd.to_datetime(df['주문시간'])
min_order_time = df.groupby('user')['주문시간'].min()
max_order_time = df.groupby('user')['주문시간'].max()
time_interval = (max_order_time - min_order_time).dt.days

# 1일 이하 주문 제외
cond1 = time_interval>0
m = time_interval[cond1].mean()

# 평균보다 기간이 긴 유저 수
cond2 = time_interval > m
print(len(time_interval[cond2]))
```

146

- pd.to_datetime( )을 활용해 자료형을 datetime으로 변경한다.
- user별로 2번 그룹핑한다. 한 번은 최솟값(첫 주문)을 찾고, 한 번은 최댓값(마지막 주문)을 찾는다.
- 첫 주문과 마지막 주문의 차이를 계산한다. 만약 한 번만 주문했다면 첫 주문과 마지막 주문이 같아 0일이 된다. (정확하게는 0일이지만, 시간은 존재한다.) 문제에서는 일 단위를 묻고 있으므로 1일 미만은 무시해도 된다.
- dt.days를 활용해 첫 주문과 마지막 주문의 차이를 일 단위로 계산한다. 다른 방법으로는 전체 시간을 초로 변환했던 dt.total_seconds( )를 사용해도 된다. 초 → 분 → 시간 → 일(소수점 버림)로 변환한다. 코드로 설명하면 (시간 차이).dt.total_seconds( )/60/60/24에서 소수점을 버리면 일 단위가 된다. 소수점을 버리는 이유는 내일 1시도 내일이고, 내일 23시도 내일이기 때문이다. 일 단위에서는 24시가 지나지 않으면 똑같다.
- 1번 이하 주문한 건을 제외하기 위해 time_interval이 0인 값은 제거하고, time_interval의 평균을 구한다.
- 평균보다 기간이 긴 유저 수를 계산하고 출력한다.

SECTION 26 | 날짜와 시간 정보 변환, 비율

주어진 문제는 하나의 작업을 단계별로 나누어 제시하였다. 각 단계는 이전 단계의 결과를 사용한다.

문제
1. 주문이 가장 많이 발생한 연-월을 찾으시오.
2. 해당 연-월에 '배고팡' 앱을 통한 주문 중 '앱결제'로 결제된 주문의 비율을 계산하시오. (반올림 후 소수 둘째 자리까지 계산)

```
import pandas as pd
df = pd.read_csv("delivery_time.csv")
```

힌트 dt.to_period('M'), idxmax()

풀이

```
import pandas as pd
df = pd.read_csv("delivery_time.csv")

# 주문이 가장 많이 발생한 연-월 찾기
df['주문시간'] = pd.to_datetime(df['주문시간'])
df['주문월'] = df['주문시간'].dt.to_period('M')
year_month = df['주문월'].value_counts().idxmax()

# 해당 연-월에 배고팡 앱을 통한 주문 중 '앱 결제'로 결제된 주문의 비율 계산
cond1 = df['주문월'] == year_month
cond2 = df['앱종류'] == '배고팡'
filtered_df = df[cond1 & cond2]
cond3 = filtered_df['결제종류'] == '앱결제'
result = len(filtered_df[cond3])/len(filtered_df)
print(round(result,2))
```

```
0.31
```

- pd.to_datetime( )을 활용해 자료형을 datetime으로 변경한다.
- dt.to_period('M')을 활용해 연도와 월을 묶어서 주문 월 컬럼을 만든다. 예) 2024-02
- 주문 월 빈도 수 중 주문이 가장 많이 발생한 연-월(최댓값)의 인덱스를 찾는다.
- 앱 종류가 배고팡이면서 주문 월이 가장 많은 조건을 통해 필터링한다.
- 필터링된 데이터 중에서 앱 결제로 된 비율을 계산하기 위해 앱 결제 빈도 수/전체 빈도 수를 계산하고 반올림 후 출력한다.

SECTION 27 | 시간 범위, 속도(km/h)

주어진 문제는 하나의 작업을 단계별로 나누어 제시하였다. 각 단계는 이전 단계의 결과를 사용한다.

문제
1. 점심시간(10시부터 13시 전까지)에 주문된 배달 데이터를 찾으시오.
2. 점심시간 주문 건 중 과속(평균 속도가 50km/h 이상)하는 주문 수를 정수로 구하시오.
   - 배달시간 = 실제도착시간 − 주문시간
   - 속도(km/h)= 거리(km)/ 시간(h)

```python
import pandas as pd
df = pd.read_csv("delivery_time.csv")
```

힌트 dt.hour, dt.total_seconds(), 배달시간 = 실제도착시간 − 주문시간, 속도(km/h) = 거리(km) / 시간(h)

풀이

```python
import pandas as pd
df = pd.read_csv("delivery_time.csv")

# datetime 자료형으로 변경
df['주문시간'] = pd.to_datetime(df['주문시간'])
df['실제도착시간'] = pd.to_datetime(df['실제도착시간'])

# 점심시간 주문 선택
df['시간'] = df['주문시간'].dt.hour
cond1 = df['시간'] >= 10
cond2 = df['시간'] < 13
df = df[cond1 & cond2]

# 속도(km/h) = 거리(km) / 시간(h)
df['배달시간'] = df['실제도착시간'] - df['주문시간']
df['배달시간'] = df['배달시간'].dt.total_seconds() / 60 / 60 # 시간 단위로 변경
df['속도'] = df['거리'] / df['배달시간']
sum(df['속도'] >= 50)
```

1

- 점심시간(10 이상, 13 미만)의 조건을 필터링한다.
- 속도 계산에는 거리와 시간이 필요하다. 실제 도착 시간과 주문 시간의 차이를 시간 단위로 변경한다.
- 속도(km/h) = 거리(km) / 시간(h)로 계산하고 속도가 50 이상인 값의 수를 찾는다.

SECTION 28 | 날짜와 시간, 문자열

주어진 문제는 하나의 작업을 단계별로 나누어 제시하였다. 각 단계는 이전 단계의 결과를 사용한다.

문제
1. 연도와 월을 기준으로 주문 수를 집계하시오.
2. 가장 많은 주문이 있었던 연도와 월을 예시와 같은 형식으로 숫자로만 구하시오. (예: 2024년 2월인 경우 '202402', 2024년 10월인 경우 '202410')

```python
import pandas as pd
df = pd.read_csv("delivery_time.csv")
```

힌트 groupby().size(), dt.to_period(), idxmax(), replace()

풀이

```python
import pandas as pd
df = pd.read_csv("delivery_time.csv")

# 주문 연월 추출(연도-월)
df['주문시간'] = pd.to_datetime(df['주문시간'])
df['주문월'] = df['주문시간'].dt.to_period('M')

# 주문 월을 기준으로 빈도 수(주문 횟수) 계산
count_month = df.groupby('주문월').size()

# 주문 횟수가 가장 많은 월의 인덱스 추출
year_month = count_month.idxmax()

# 문자열로 변경 및 하이픈(-) 제거
year_month = str(year_month)
result = year_month.replace("-","")
print(result)
```

```
202209
```

- 주문 월을 dt.to_period('M')을 통해 추출한다. dt.month가 아니라 dt.to_period('M')을 사용하는 이유는 2022년 8월과 2023년 8월을 구분하기 위함이다.
- 주문 월별, 주문 횟수를 groupby('주문월').size( )로 구하고, 주문 횟수가 가장 많은 연도-월의 인덱스를 추출한다.
- 문자열로 변경하고 문제 조건에 맞는 형식으로 변경한 후 출력한다.

SECTION 29 | 함수, 월별 집계

주어진 문제는 하나의 작업을 단계별로 나누어 제시하였다. 각 단계는 이전 단계의 결과를 사용한다.

문제
1. 배달료 계산 기준표에 따라 각 주문에 대한 배달료를 계산하시오.
2. 월별로 배달료의 총합을 집계하시오.
3. 배달료가 가장 많이 발생한 월을 찾고, 그 월의 총 배달료를 정수로 구하시오.

[배달료 기준표]
- 5km 미만: 2,000원
- 5km 이상~10km 미만: 4,000원
- 10km 이상~15km 미만: 6,000원
- 15km 이상~20km 미만: 8,000원

```python
import pandas as pd
df = pd.read_csv("delivery_time.csv")
```

힌트 def, apply(), dt.to_period(), df.groupby()

풀이

```python
import pandas as pd
df = pd.read_csv("delivery_time.csv")

# 배달료 계산 함수 정의
def delivery_fee(distance):
    if distance < 5:
        return 2000
    elif distance < 10:
        return 4000
    elif distance < 15:
        return 6000
    elif distance < 20:
        return 8000

# 각 주문에 대한 배달료 계산
df['배달료'] = df['거리'].apply(delivery_fee)

# 월별로 배달료 집계
df['주문시간'] = pd.to_datetime(df['주문시간'])
```

```
# 월별로 배달료의 총집합 집계
df['주문시간'] = pd.to_datetime(df['주문시간'])
period_M = df['주문시간'].dt.to_period("M")
monthly = df.groupby(period_M)['배달료'].sum()

# 가장 많은 배달료가 발생한 월과 그 월의 총 배달료 찾기
max_fee_month = monthly.idxmax()
max_fee_value = monthly[max_fee_month]
max_fee_value
```

```
448000
```

- 배달료 계산을 위한 함수를 만들고, apply( )를 통해 주문별 배달료를 계산하고, 새로운 컬럼에 배달료를 저장한다.
- groupby( )를 활용해 월별로 배달료의 총합을 집계한다.
- idxmax( )로 가장 많은 배달료가 발생한 월을 찾고, 인덱스(연도-월)로 월별 집계된 배달료를 찾는다.

SECTION 30 | 주말, 평일 구분

주어진 문제는 하나의 작업을 단계별로 나누어 제시하였다. 각 단계는 이전 단계의 결과를 사용한다.

문제
1. 주말 주문 건수와 평일 주문 건수를 구하시오.
2. 주말 주문 건수와 평일 주문 건수의 차이를 절댓값으로 구하고 정수형으로 구하시오.

```python
import pandas as pd
df = pd.read_csv("delivery_time.csv")
```

힌트 df.dayofweek

풀이

```python
import pandas as pd
df = pd.read_csv("delivery_time.csv")
df['주문시간'] = pd.to_datetime(df['주문시간'])

# 주말/평일 구분 0:월, 1:화 ~ 5:토, 6:일
df['dayofweek'] = df['주문시간'].dt.dayofweek
df['주말'] = df['dayofweek'] >= 5

# 주말 개수, 평일 개수 계산
weekend = sum(df['주말'])
weekday = sum(~df['주말'])

# 차이 절댓값 출력
print(abs(weekend - weekday))
```

```
412
```

- dt.dayofweek를 사용해 해당 날짜의 요일을 숫자로 변경한 값을 구한다. 0은 월요일, 1은 화요일, 2는 수요일, 3은 목요일, 4는 금요일, 5는 토요일, 6은 일요일을 나타낸다.
- 주말 여부를 파악하려면 숫자가 5 또는 6인지 확인하면 된다.
- df['dayofweek'] >= 5 조건을 사용해 참이면 주말 컬럼에 True, 거짓이면 False로 대입한다.
- 주말과 평일의 행(레코드) 개수를 구하고, 차이를 절댓값으로 계산해 출력한다.

SECTION 31 | 문자열, 형 변환

주어진 문제는 하나의 작업을 단계별로 나누어 제시하였다. 각 단계는 이전 단계의 결과를 사용한다.

문제
1. 'user' 컬럼에서 user 뒤에 있는 숫자 값만 추출하시오.
2. 추출된 숫자 값을 모두 합한 값을 정수로 구하시오.

```
import pandas as pd
df = pd.read_csv("delivery_time.csv")
```

힌트 str[:], astype()

풀이

```
import pandas as pd
df = pd.read_csv("delivery_time.csv")

# 문자 슬라이싱
df['user_int'] = df['user'].str[5:]

# 자료형 변환
df['user_int'] = df['user_int'].astype(int)

# 합계
print(df['user_int'].sum())
```

261387

- 특정 컬럼에서 행별로 user 뒷부분만 슬라이싱하기 위해 .str[구간]을 설정한다.
- .str[5:]은 5번째 인덱스부터 끝까지다.
- astype( )을 활용해 문자열(str)을 정수(int)로 자료형을 변경한다.
- 정수형으로 변경된 데이터의 총합을 출력한다.

SECTION 32 | 합계(열 방향), 상위 값 선택

주어진 문제는 하나의 작업을 단계별로 나누어 제시하였다. 각 단계는 이전 단계의 결과를 사용한다.

문제
1. 수학, 영어, 국어 점수의 합을 구하시오.
2. 합이 가장 큰 상위 10명을 찾으시오.
3. 찾은 10명의 수학 평균 점수를 구하시오. (반올림 후 정수 출력)

```
import pandas as pd
df = pd.read_csv("school_data.csv")
```

힌트 sum(axis=1), nlargest()

풀이

```
import pandas as pd
df = pd.read_csv("school_data.csv")

# 수학, 영어, 국어 점수 합계
df['total_score'] = df[['수학', '영어', '국어']].sum(axis=1)

# 합계 점수를 기준으로 상위 10명 선택
top10 = df.nlargest(10, 'total_score')

# 선택된 10명의 수학 평균 점수 계산
result = top10['수학'].mean()
print(round(result))
```

82

- 수학, 영어, 국어 점수를 행(수평)을 따라 더하고 결과를 새로운 컬럼에 저장한다.
- nlargest(10, 'total_score')로 총점 상위 10명을 찾는다. nlargest( )는 'total_score'를 기준으로 내림차순 10개 데이터를 반환한다.
- 총점 상위 10명의 수학 평균을 계산한 후 출력한다.

SECTION 33 | 데이터프레임 재구조화

주어진 문제는 하나의 작업을 단계별로 나누어 제시하였다. 각 단계는 이전 단계의 결과를 사용한다.

문제
1. 과목에 상관없이 점수가 가장 작은 점수 25개를 찾으시오.
2. 찾은 점수 25개의 합을 정수로 구하시오.

```
import pandas as pd
df = pd.read_csv("school_data.csv")
```

힌트 melt(), nsmallest()

풀이

```
import pandas as pd
df = pd.read_csv("school_data.csv")

# 이름을 유지하면서 수학, 영어, 국어 형태 변경
melted_df = df.melt(id_vars=['이름'], value_vars=['수학', '영어', '국어'])

# 가장 작은 값 25개의 합
result = melted_df['value'].nsmallest(25).sum()
print(result)
```

420

- 특정 컬럼은 수평(열)으로 유지하면서 나머지 컬럼은 수평에서 수직(행)으로 변경할 때 melt( )를 사용한다.
- id_vars에는 유지할 컬럼, value_vars에는 수평에서 수직으로 재구조화할 컬럼을 대입한다.
- 변경된 데이터에서 과목에 상관없이 가장 작은 25개의 값을 nsmallest(25)로 찾고 합한다.
- nsmallest( )도 nlargest( )와 사용법은 같으나, 여기서는 시리즈(value 컬럼만 선택)에 적용했으므로 결괏값도 해당 값만 반환하는 시리즈 형태가 된다. 이를 모두 더한 후 출력한다.
- 참고로 nsmallest( )는 nlargest( )와 반대로 오름차순으로 정렬해 데이터를 반환한다.

SECTION 34 | 데이터 합치기(concat)

주어진 문제는 하나의 작업을 단계별로 나누어 제시하였다. 각 단계는 이전 단계의 결과를 사용한다.

문제
1. 주어진 두 csv 파일(school_data.csv와 school_data_science.csv)을 학생 순서를 기준으로 병합하시오. (단, 두 파일의 학생 순서는 동일하다)
2. 학생별로 수학, 영어, 국어, 과학 점수의 평균을 구하시오.
3. 평균 점수가 60점 이상인 인원 수를 계산하시오.

```python
import pandas as pd
df = pd.read_csv("school_data.csv")
df_science = pd.read_csv("school_data_science.csv")
```

힌트 concat(), mean(axis=1)

풀이

```python
import pandas as pd
df = pd.read_csv("school_data.csv")
df_science = pd.read_csv("school_data_science.csv")

# 두 데이터프레임 합치기(axis=1)
df = pd.concat([df, df_science], axis=1)

# 수평(열)으로 평균 계산
df['수영국과 평균'] = df[['수학', '영어', '국어', '과학']].mean(axis=1)

# 수학, 영어, 국어, 과학 평균이 60점 이상
result = sum(df['수영국과 평균'] >= 60)
print(result)
```

9

- 두 데이터를 확인해 보면 학생의 순서가 동일하다. 따라서 단순 병합이 가능하다.
- 두 데이터를 왼쪽에서 오른쪽(axis=1)으로 합친다.
- 수학, 영어, 국어, 과학의 평균을 구하고, 60점 이상인 수를 필터링으로 찾아 빈도를 출력한다.

SECTION 35 | 데이터 합치기(merge)

주어진 문제는 하나의 작업을 단계별로 나누어 제시하였다. 각 단계는 이전 단계의 결과를 사용한다.

문제

1. school_data.csv와 school_data_social.csv 파일을 '이름'을 기준으로 합치시오.
2. 영어교사가 장선생이면서 사회교사가 오선생인 학생들을 필터링하시오.
3. 필터링된 학생들의 수학 점수를 모두 더한 후 정수로 구하시오.

```python
import pandas as pd
df = pd.read_csv("school_data.csv")
df_social = pd.read_csv("school_data_social.csv")
```

힌트 merge()

풀이

```python
import pandas as pd
df = pd.read_csv("school_data.csv")
df_social = pd.read_csv("school_data_social.csv")

# '이름'을 기준으로 두 데이터프레임 합치기
merged_df = pd.merge(df, df_social, on='이름')

# 교사 필터링
cond1 = merged_df['영어교사'] == '장선생'
cond2 = merged_df['사회교사'] == '오선생'

# 필터링된 데이터에서 수학 점수 합
result = merged_df[cond1 & cond2]['수학'].sum()
print(result)
```

```
602
```

- 두 데이터를 확인해 보면 학생의 순서가 동일하지 않다. 따라서 단순 병합이 불가능하다.
- 두 데이터는 merge( )를 활용해 이름을 기준으로 합쳐야 한다.
- 왼쪽 이름을 기준으로 오른쪽 데이터를 합치고, 조건에 부합하는 필터링된 데이터에서 수학 점수의 합을 구한다.

SECTION 36 | 조건별 변환 (transform)

주어진 문제는 하나의 작업을 단계별로 나누어 제시하였다. 각 단계는 이전 단계의 결과를 사용한다.

문제
1. 결측된 판매금액은 해당 지역의 평균 판매금액으로 결측값을 대체하시오.
2. 각 거래마다 "판매금액"과 해당 지역의 평균 판매금액의 "차이"를 절대값으로 구하시오.
3. 각 지역에서 차이값의 평균을 구한 후, 이 값이 가장 큰 지역의 지역코드를 구하시오.

```python
import pandas as pd
df = pd.read_csv("sales.csv")
```

힌트 groupby(), transform()

풀이

```python
import pandas as pd
df = pd.read_csv("sales.csv")

# 지역별 평균 판매금액 계산 후, 결측값 대체
m = df.groupby('지역코드')['판매금액'].transform('mean')
df['판매금액'] = df['판매금액'].fillna(m)

# 각 거래별 해당 지역의 평균 판매금액 구하기
df['지역평균'] = df.groupby('지역코드')['판매금액'].transform('mean')

# 판매금액과 지역평균의 차이(절대값) 계산하여 새로운 컬럼 생성
df['차이'] = abs(df['판매금액'] - df['지역평균'])

# 지역별 차이 평균 계산 후, 최대값을 가지는 지역코드 출력
result = df.groupby('지역코드')['차이'].mean().idxmax()
result
```

103

- transform( )과 fillna( )로 그룹별 평균 판매금액을 구해 결측된 판매금액을 해당 지역의 평균으로 채운다.
- transform( )으로 각 행마다 지역 평균을 계산하여 '지역평균' 컬럼에 저장한다.
- 실제 판매금액과 '지역평균'의 차이를 절대값으로 구해 '차이' 컬럼에 저장한다.
- 그룹별로 '차이'의 평균을 구한 후, 가장 큰 값을 가진 지역코드를 idxmax()로 찾는다.

SECTION 37 | 재구조화 (unstack), 맵핑

주어진 문제는 하나의 작업을 단계별로 나누어 제시하였다. 각 단계는 이전 단계의 결과를 사용한다.

문제
1. 각 행에서 판매수량과 단가를 이용하여 매출액을 계산하시오.
2. 요일을 평일과 주말로 구분하고, 매장별 평일과 주말 매출액 합계를 구하시오.
3. 매장별 평일과 주말 매출액 차이를 절대값으로 구하시오. 이후, 모든 매장 중 가장 큰 절대값 차이를 찾으시오.

```python
import pandas as pd
df = pd.read_csv("store_sales.csv")
```

힌트 map(), groupby(), unstack(), abs()

풀이

```python
import pandas as pd
df = pd.read_csv("store_sales.csv")

# 매출액 계산
df['매출액'] = df['판매수량'] * df['단가']

# 요일별 평일/주말 구분 딕셔너리
day_mapping = {'월': '평일', '화': '평일', '수': '평일', '목': '평일', '금': '평일', '토': '주말', '일': '주말'}

# 매핑을 활용하여 새로운 열 추가
df['구분'] = df['요일'].map(day_mapping)

# 매장코드 & 평일/주말별 매출액 합계
store_sales = df.groupby(['매장코드', '구분'])['매출액'].sum().unstack()

# 평일과 주말 매출액 차이 계산
store_sales['차이'] = abs(store_sales['평일'] - store_sales['주말'])

# 전체 매장 중 매출액 차이가 가장 큰 매장의 차이 값 찾기
store_sales['차이'].max()
```

```
241975
```

- 각 행에서 판매수량과 단가를 곱해 매출액을 계산한다.
- 요일별 매핑 딕셔너리를 이용해 '요일' 컬럼의 값을 평일과 주말로 변환하여 '구분' 컬럼에 저장한다.
- map( )은 딕셔너리의 키와 값 쌍을 사용하여 각 '요일' 컬럼 값을 '평일' 또는 '주말'로 대응시키는 기능이다.
- 매장코드와 구분별로 그룹화하여 매출액 합계를 구하고, unstack( )으로 평일과 주말을 열로 재구조화한다.
- 평일과 주말 매출액의 차이를 절대값으로 계산해 '매출액 편차' 컬럼에 저장한다.
- 전체 매장에서 '매출액 편차'의 최대값을 찾아 출력한다.

SECTION 38 | 피벗테이블

주어진 문제는 하나의 작업을 단계별로 나누어 제시하였다. 각 단계는 이전 단계의 결과를 사용한다.

문제

1. 각 Region과 Channel 조합별로 제품(Product) A, B의 총 판매액을 계산하시오.
2. 제품 A의 매출 비율(A비율)을 구하시오. A비율 = (제품 A 판매액) ÷ (제품 A 판매액 + 제품 B 판매액)
3. A비율 중 최댓값을 찾아 반올림하여 소수 둘째 자리까지 구하시오.

```python
import pandas as pd
df = pd.read_csv("region_sales.csv")
```

힌트 `pivot_table(), max()`

풀이

```python
import pandas as pd
df = pd.read_csv("region_sales.csv")

# 피벗 테이블 생성: Region, Channel별로 Product별 Sales 합계 계산
pivot_table = pd.pivot_table(df, index=['Region', 'Channel'], columns='Product',
                             values='Sales', aggfunc='sum')

# A비율 계산: 제품 A의 판매액 ÷ 총매출
pivot_table['총매출'] = pivot_table['A'] + pivot_table['B']
pivot_table['A비율'] = pivot_table['A'] / pivot_table['총매출']

# 최대 A비율 값 출력
result = pivot_table['A비율'].max()
round(result, 2)
```

```
0.51
```

- 피벗 테이블을 이용해 'Region'과 'Channel' 조합별 제품 A와 제품 B의 판매액 합계를 계산한다.
- 각 조합의 총매출은 제품 A와 제품 B 판매액의 합으로 구한다.
- 제품 A의 매출 비율은 제품 A 판매액을 총매출로 나누어 계산한다.
- 모든 조합 중 최대 A비율 값을 round()로 반올림하여 소수 둘째 자리까지 구한다.

SECTION 39 | 재구조화(melt), 그룹핑

주어진 문제는 하나의 작업을 단계별로 나누어 제시하였다. 각 단계는 이전 단계의 결과를 사용한다.

문제
1. 지역(Region)과 월(Jan, Feb, Mar)별 매출(Sales) 합계를 구하시오.
2. 위에서 구한 결과 중, 매출 합계(Sales)가 1400을 초과하는 경우가 몇 건인지 구하시오.

```
import pandas as pd
df = pd.read_csv('monthly_sales.csv')
```

힌트 melt(), groupby(), len()

풀이

```
import pandas as pd
df = pd.read_csv('monthly_sales.csv')

# melt로 Wide(가로) → Long(세로) 변환
melted_df = pd.melt(
    df,
    id_vars='Region',
    value_vars=['Jan','Feb','Mar'],
    var_name='Month',
    value_name='Sales'
)

# Region, Month별 매출 합계 구하기
grouped_sales = melted_df.groupby(['Region', 'Month'])['Sales'].sum().reset_index()

# 매출 합계가 1400을 초과하는 건수
cond = grouped_sales['Sales'] > 1400
len(grouped_sales[cond])
```

6

- melt( )를 사용해 'Region'은 id_vars로, 'Jan', 'Feb', 'Mar'은 value_vars로 지정하여 Wide 데이터를 Long 형식으로 변환한다.
- 재구조화된 데이터프레임을 'Region'과 'Month'로 그룹화하여 각 그룹의 Sales 합계를 계산하고, reset_index( )로 인덱스를 초기화한다.
- 그룹별 Sales 합계가 1400을 초과하는 조건을 만족하는 행의 개수를 len( )으로 계산한다.

Part 2의 작업형2에서는 머신러닝의 기초에 초점을 맞추고 있습니다. 문제 정의부터 시작해 필수적인 판다스, 사이킷런 라이브러리를 활용하여 데이터를 불러오고 처리하는 방법, 모델을 학습시키고 평가하는 전체적인 머신러닝 프로세스를 학습합니다.

작업형2를 효과적으로 학습하는 방법은 먼저 머신러닝 프로세스의 전반적인 흐름에 익숙해지는 것입니다. 이 과정은 실기 시험 준비에 초점을 맞추고 있으므로 전체적인 맥락을 파악하는 것이 더 중요합니다. 이 책은 이론 설명에 집중하기보다는 실기 시험에서 만점에 가까운 성적을 얻기 위해 필요한 실전 연습에 초점을 맞추고 있습니다. Chapter 1부터 Chapter 8까지 일관된 패턴으로 구성되어 있어 이런 패턴을 반복적으로 연습함으로써 작업형2에 대한 자신감을 키울 수 있습니다. 기출문제 유형을 포함해 지속적으로 연습하다 보면 작업형2에 점점 더 익숙해지고 자신감이 생길 것입니다.

Chapter 1. 머신러닝 기초
머신러닝의 기본 개념과 주어진 데이터 및 처리 방법에 대해 소개합니다. 머신러닝의 다양한 유형과 머신러닝 기초를 이해하는 것을 목표로 합니다. 또한, 머신러닝을 시작하기 전에 필요한 기본적인 지식도 제공합니다.

Chapter 2. 머신러닝 실습(분류)
분류 문제를 해결하기 위한 실습을 진행합니다. 이는 특정 데이터를 바탕으로 카테고리를 예측하는 과제로 여러 분류 알고리즘을 활용해 모델을 학습하고, 모델의 성능을 평가하는 방법을 다룹니다.

Chapter 3. 머신러닝 평가지표
모델의 성능을 평가하는 다양한 지표에 대해 배웁니다. 정확도, 정밀도, 재현율, F1 스코어, ROC-AUC 등 여러 평가지표를 이해하고, 각 지표가 어떤 상황에서 중요한지를 학습합니다. 또한, 이를 통해 스코어 모델의 성능을 객관적으로 평가하고 개선 방향을 결정하는 데 필요한 지식을 습득합니다.

Chapter 4. 머신러닝 실습(회귀)
회귀 문제에 대한 실습을 진행합니다. 이는 연속적인 값을 예측하는 문제로 다양한 회귀 알고리즘을 활용해 모델을 구축하고, 성능을 평가하는 방법을 배웁니다.

Chapter 5. 머신러닝 실습(다중 분류)
다중 분류 문제에 대한 실습을 진행합니다. 3개 이상의 카테고리를 예측하는 과제로 다중 클래스 분류에 적합한 알고리즘 선택과 모델의 성능 평가 방법에 대해 배웁니다.

Chapter 6-8. 연습문제
학습한 이론을 연습문제에 적용해 보는 기회를 제공합니다. 이 연습문제들은 실제 시나리오를 기반으로 해서 학습한 모델링 기술과 평가 방법을 실전에서 활용할 수 있는 능력을 강화시켜 줍니다.

작업형2 채점 방식

작업형2의 평가는 파이썬 코드에서 생성한 CSV 파일을 통해 이루어지며, 이는 데이터 기반의 머신러닝 모델 결과에 대한 평가입니다. 작업형2는 일정한 패턴을 따르고 있으며 반복적인 학습과 연습을 통해 이런 패턴에 익숙해질 수 있습니다. 이는 작업형1과 3에 비해 상대적으로 더 쉽게 점수를 획득할 수 있습니다.

PART 2

작업형2

CHAPTER 01

머신러닝 기초

머신러닝의 기본 개념과 분류, 회귀 등 머신러닝에서 다루는 문제의 유형을 소개하고 문제 정의부터 모델 학습 및 평가까지 머신러닝 전체 프로세스를 코드 없이 설명한다. 이를 통해 머신러닝의 전반적인 흐름을 이해할 수 있다.

Section 01 | 지도학습, 비지도학습, 강화학습
Section 02 | 분류와 회귀
Section 03 | 정형 데이터
Section 04 | 머신러닝 프로세스

SECTION 01 | 지도학습, 비지도학습, 강화학습

머신러닝은 데이터를 학습하고 패턴을 발견해 의사결정을 하는 인공지능의 한 분야다. 데이터를 학습하는 방식으로는 지도학습(Supervised Learning), 비지도학습(Unsupervised Learning), 강화학습(Reinforcement Learning)이 있다.

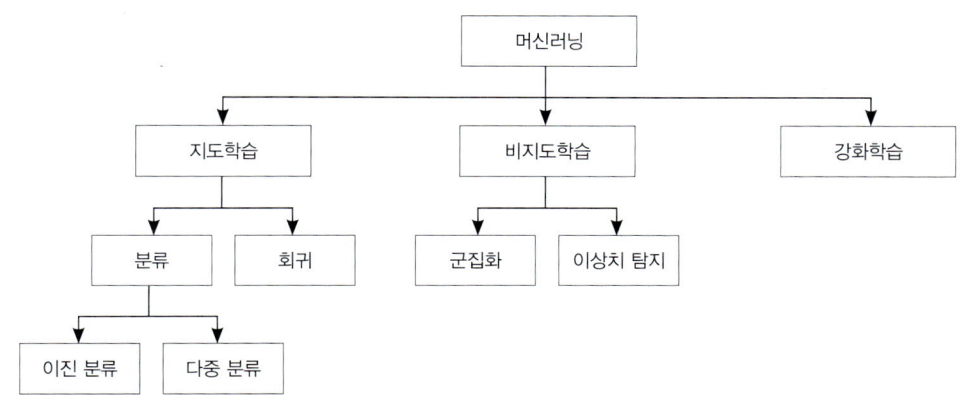

1 지도학습

지도학습(Supervised Learning)은 정답이 있는 데이터셋이 있을 때 사용한다. 데이터셋은 학습(훈련) 데이터와 정답(label)으로 구성된다. 예를 들어, 킥보드 대여 수요량을 예측하려고 한다. 날씨, 습도, 주말 여부, 계절, 풍속, 시간과 킥보드 수요량(label) 데이터를 학습해 새로운 데이터가 있을 때 수요량을 예측할 수 있다. 작업형2는 지도학습에서 출제되고 있다.

2 비지도학습

비지도학습(Unsupervised Learning)은 정답을 모를 때 사용한다. 비지도학습을 통해 데이터의 숨겨진 구조나 패턴을 발견할 수 있다. 예를 들어, 마케팅 팀에서 고객을 N개로 세분화하려고 한다. 고객 데이터의 특징에 따라 군집화(클러스터링)를 진행하고 각 군집된 고객에게 다른 마케팅 전략들을 사용할 수 있다.

3 강화학습

강화학습(Reinforcement Learning)은 환경과 보상을 기반으로 보상을 최대화하는 최적의 행동을 학습한다. 예를 들어, 구글의 알파고와 같이 바둑이라는 환경에서 최적의 선택을 할 수 있도록 학습한다.

02 분류와 회귀

분류와 회귀는 모두 지도학습에 속한다. 분류는 범주(클래스)를 예측하고, 회귀는 연속적인 값을 예측한다.

1 분류

분류(Classification)는 주어진 데이터의 특성을 학습해 새로운 데이터가 어떤 범주(클래스)에 속하는지 예측한다. 합격과 불합격 두 가지 범주로 구분된 데이터라면 이진 분류(Binary Classification) 문제고, A, B, C와 같이 3개 이상이면 다중 분류(Multiclass Classification) 문제다.

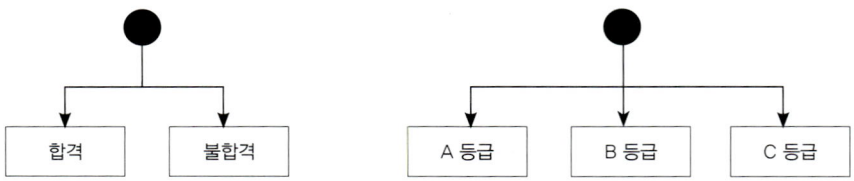

머신러닝 분류 모델은 각 클래스가 선택될 확률을 예측한다. 예를 들어, 만약 모델이 합격 확률을 98%로, 불합격 확률을 2%로 예측한다면 가장 확률이 높은 '합격'을 예측 결과로 결정한다. 또는 만약 A 등급의 확률이 20%, B 등급의 확률이 50%, C 등급의 확률이 30%로 예측된다면 가장 높은 확률을 가진 'B 등급'을 최종 결정한다.

2 회귀

회귀(Regression)는 연속적인 값을 예측한다. 집값, 주가, 판매량, 수요량과 같이 연속적 데이터를 예측할 수 있다.

예측 결괏값이 연속성이 있는지 확인하면 분류와 회귀를 쉽게 구분할 수 있다. 예를 들어, 한 도서의 월별 판매량은 1,000권이다. 999권으로 예측하더라도 1권의 오차가 있을 뿐이다. 분류 문제에서는 범주(클래스)를 구분한다. 1,000과 999는 전혀 다른 클래스다. 다른 예를 들어 보자. 빅데이터 분석기사 응시 결과를 분류로 예측하면 '합격'과 '불합격' 클래스 외에는 어떤 것도 없다. 점수를 예측하는 회귀 모델로 풀면 0점부터 100점까지가 예측될 수 있다.

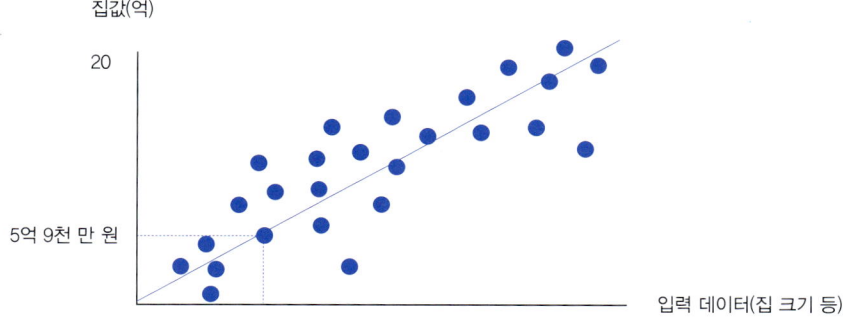

SECTION 03 정형 데이터

머신러닝은 다양한 데이터를 학습(training)할 수 있다. 데이터는 비정형 데이터(이미지, 자연어), 정형 데이터 등으로 구분한다. 빅데이터 분석기사 작업형2에서는 표 형태의 정형 데이터를 다룬다. 데이터 형식은 csv(comma-separated values) 파일이 제공되며 csv는 쉼표(comma)로 구분한 데이터다.

정형 데이터의 예로는 다음과 같은 것이 있다.

- **이커머스 데이터**: 상품명, 카테고리(대), 카테고리(소), 판매량, 판매금액, 등록일 등
- **고객 데이터**: 이름, 나이, 성별, 연락처, 이메일, 가입기록, 출석기록 등
- **금융 데이터**: 종목 코드, 종목명, 날짜, 종가, 시가, 거래량 등
- **의료 데이터**: 이름, 나이, 성별, 혈압, 심박수, 혈당 수치, 간 수치 등

SECTION 04 | 머신러닝 프로세스

작업형2에서 진행할 것은 머신러닝 프로세스다. 단계별로 자세히 살펴보자.

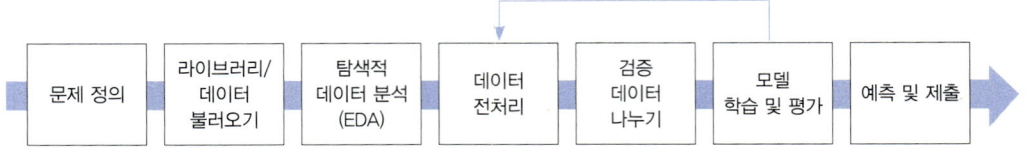

1 문제 정의

문제 정의 단계에서는 풀어야 할 문제가 무엇인지 명확하게 파악한다.

(1) 제공된 데이터 형식과 목록

제공된 데이터는 3개 또는 2개다. 3개일 때는 X_train, y_train, X_test로 제공되고, 2개일 때는 train과 test 데이터셋으로 제공된다. 여기서 train은 X_train과 y_train을 합친 데이터다. 2회차 시험을 제외하고 기출 시험에서는 2개의 데이터가 제공되었다. 따라서 2개를 기준으로 학습하자.

데이터 2개	데이터 3개
• train (= X_train & y_train) • test (= X_test)	• X_train • X_test • y_train

(2) 예측 컬럼 설명

우리가 예측해야 할 값은 컬럼이 무엇인지 알려주지만 모든 컬럼에 대한 설명이 없을 수도 있다.

(3) 문제 확인

어떤 예측 모형을 만들고 어떤 형태의 예측값을 제출하는지 설명한다. 분류 또는 회귀 중 어떤 문제인지 알아야 한다.

분류	회귀
• 무엇을 예측하는 데이터인지 확인 • 이진 분류 or 다중 분류 • 예측값: 확률값 or 범주(클래스)	• 무엇을 예측하는 데이터인지 확인 • 예측값: 연속형

(4) 평가 방식

문제에서 평가하고자 하는 평가지표를 확인한다. 해당 평가지표로 검증을 진행할 예정이다. 평가지표를 통해서도 분류 또는 회귀를 구분할 수 있다.

- **분류**: 정확도(Accuracy), 정밀도(Precision), 재현율(Recall), F1 스코어(F1 Score), ROC-AUC 등
- **회귀**: MSE, MAE, 결정 계수(R-squared), RMSE, MSLE, RMSLE, MAPE 등

(5) 최종 제출할 데이터 샘플

최종 제출할 데이터 샘플을 확인한다. 제출 양식은 크게 예측값만 제출하는 경우와 id와 예측값을 함께 제출하는 경우가 있다. 최근 기출 시험은 예측값만 제출하고 있다.

예측값만 제출	id와 예측값 함께 제출
pred	id,gender
0.342	2100,0.342
0.345	2101,0.345
0.662	2102,0.662
...	...

최종 제출할 데이터를 요청사항과 다르게 제출하면 감점된다.

2 라이브러리 및 데이터 불러오기

판다스 라이브러리를 통해 제공된 데이터를 불러온다.

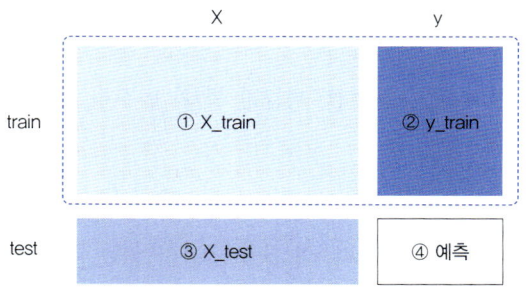

주어진 데이터가 2개일 때는 ①과 ②를 합쳐 train.csv와 ③ test.csv 데이터로 제공된다.
주어진 데이터가 3개일 때는 ① X_train.csv, ② y_train.csv, ③ X_test.csv 데이터로 제공된다.
② y_train은 y, label(레이블), target(타깃)이라 부르며, X와 달리 y는 소문자를 사용하는 것이 관례다.
④ 예측은 머신러닝을 통해 찾을 값이다.

배달 앱을 예로 들어 보자. ① X_train에는 주문자, 주문 시간, 메뉴, 가격, 거리가 있고, ② y_train에는 도착 시간(분)이 있다. ①과 ② 데이터로 만든 머신러닝 모델을 통해 새로운 주문은 ③ X_test 데이터의 ④ 예측 도착 시간(분)을 구할 수 있다. 작업형2에서는 ④ 예측값을 잘 만드는 것이 목표다.

3 탐색적 데이터 분석(EDA)

판매일	당류(g)	과자	가격
	8	빼빼로	3000
02-17		고래밥	1200
02-17	5	콘칩	1400

(1) 데이터 크기 확인

주어진 데이터의 행과 열의 크기를 확인한다. 표에서 행(row)은 3개, 열(column)은 4개인 데이터다.

(2) 데이터 샘플 확인

데이터 샘플을 확인한다. 숫자, 문자, 날짜 등 어떤 데이터를 담고 있는지 확인할 수 있다.

(3) 컬럼(열, 변수)별 자료형 확인

컬럼별 자료형을 확인한다. 숫자 형태와 문자 형태가 있다. 판매일과 과자는 object 형태, 당류와 가격은 int 형태로 볼 수 있다.

(4) 기초 통계 확인

수치형 데이터 기초 통계(최댓값, 최솟값, 평균값 등)와 범주형 데이터 기초 통계(빈도)를 확인한다.

(5) 결측치 확인

결측치는 값이 누락된 데이터를 말한다. 표에서 글자가 없는 부분을 결측치라고 가정한다면 2개의 누락값을 찾을 수 있다.

(6) 이상치 확인

빅데이터 분석기사 실기 시험에서는 시각화가 지원되지 않고 해당 데이터에 도메인 지식이 없다면 이상치를 찾는 데 어려움이 있다. 예를 들어, 나이가 음수값처럼 누구나 알 수 있는 일반적인 상식 외에는 이상치 기준을 안내해 주거나 출제 가능성이 낮을 것으로 예상된다.

(7) y(타깃, 레이블) 컬럼

가격, 매출, 수요량 등 연속형 숫자를 예측하는 회귀 문제다. 지연 여부, 스팸 여부 등의 2개의 클래스로 구분되는 문제면 이진 분류 문제고, 3개 이상의 클래스로 구분되는 문제면 다중 분류 문제다. 회귀는 y 컬럼의 기초 통계 값을 확인하고, 분류는 각 클래스별 빈도를 확인한다.

(8) 범주형/수치형 컬럼

수치형 데이터(당류, 가격), 범주형 데이터(과자), 시계열 데이터(판매일) 등으로 나눌 수 있다.

4 데이터 전처리

탐색적 데이터 분석(EDA) 단계에서 결측 데이터와 범주형 데이터가 발견되면 결측치 처리와 인코딩이 필요하다. 그러나 이상치 처리와 스케일링은 선택이다. 데이터 전처리 과정에서 중요한 점은 test 데이터의 행을 삭제해서는 안된다는 것이다. test 데이터 행 삭제를 제외한 모든 전처리 과정은 train 데이터와 test 데이터 모두 적용되어야 한다.

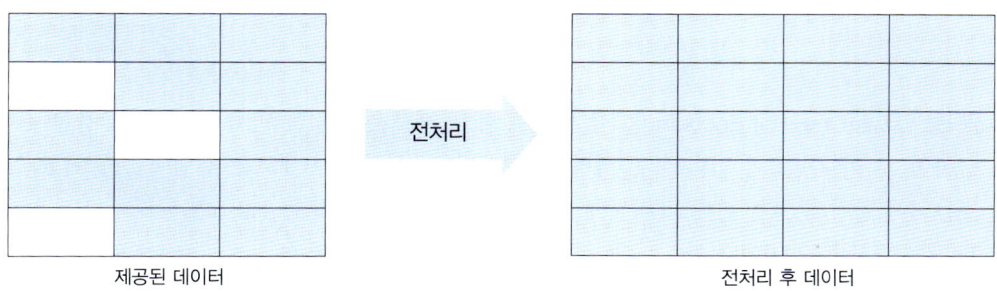

제공된 데이터 → 전처리 → 전처리 후 데이터

(1) 결측치

누락값이 있는 데이터(행) 또는 컬럼(열)을 삭제하거나 평균값, 중앙값, 최빈값 등으로 채울 수도 있다. 빅데이터 분석기사 실기 시험에서 주어지는 데이터는 작은 데이터다. 결측치가 너무 많지 않다면 삭제보다는 채우는 것이 좋다. 단, 삭제 또는 채움의 기준은 머신러닝 모델 성능 평가 결과에 따른다.

(2) 이상치

도메인 지식이 있으면 그 도메인에서 나올 수 없는 값이나 IQR(Interquartile Range)을 사용해 이상치를 찾을 수 있다. 실제 데이터에서 하위 한계($Q1-1.5 \times IQR$)와 상위 한계($Q1-1.5 \times IQR$)를 적용하면 많은 데이터가 이상치로 판단될 수 있다. 작업형2 문제에서는 명백한 이상치가 아니라면 이상치를 탐지해 제거하지 않아도 40점을 받는 데 충분하다. 따라서 문제에서 명시된 이상치가 아니면 처리하지 않는 것을 추천한다.

(3) 인코딩

머신러닝에 데이터를 넣을 때는 일반적으로 숫자로만 가능하다. 따라서 범주형 변수는 수치형 변수로 변경이 필요하다. 이를 인코딩이라고 하는데, 인코딩 방법을 두 가지 소개한다.

① **레이블 인코딩(Label Encoding)**: 각 범주(카테고리)를 숫자로 매핑하는 인코딩 방법이다. 예를 들어, 빼빼로는 1, 고래밥은 2, 콘칩은 3으로 변환된다.

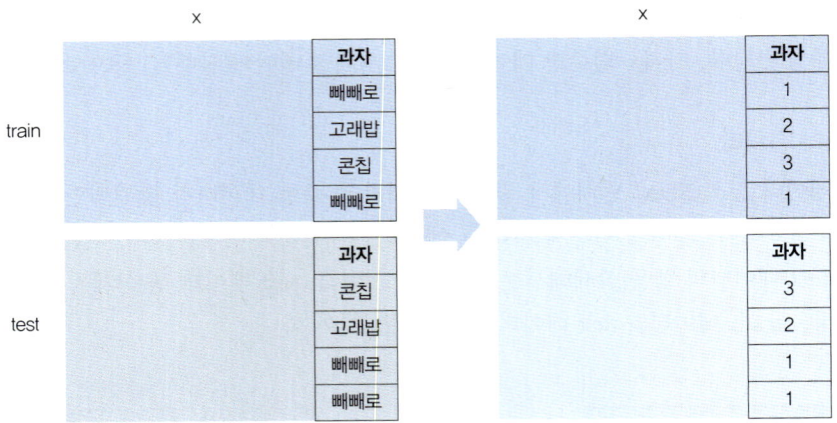

② **원-핫 인코딩(One-Hot Encoding)**: 각 범주에 대해 새로운 컬럼을 만들고, 새로운 컬럼에 해당하면 1, 아니면 0이 입력된다. 빼빼로, 고래밥, 콘칩이라는 새로운 컬럼이 만들어졌고 1 또는 0이 할당되었다. 판다스 버전에 따라 0과 1 대신 True 또는 False가 나타나기도 한다. True는 1, False는 0이다.

데이터를 train과 test로 따로 그린 이유는 데이터 전처리를 진행할 때는 train 데이터뿐만 아니라 test 데이터도 동일하게 진행해야 하기 때문이다.

그러나 test에 하면 안 되는 전처리가 있다. train에서 행(레코드)을 삭제하더라도 test에는 적용하면 안 된다.
예를 들어, train에서 이상치라고 판단해 삭제한 행(레코드)이 있고 test에서도 유사한 이상치가 발견되어 행(레코드) 1개를 삭제했다고 가정하면 최종적으로 test를 예측한 결괏값도 1개가 누락된다. 이런 경우 test의 개수가 맞지 않아 0점 처리된다. 따라서 test 데이터의 행(레코드)은 절대 삭제하면 안 된다. 참고로 컬럼은 train과 같이 삭제/추가해도 된다.

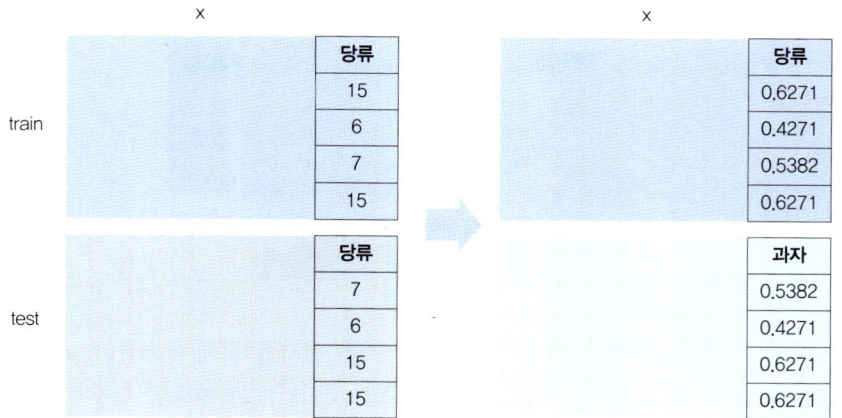

(4) 스케일링

스케일링은 데이터의 값을 특정 범위로 조정한다. 금액 데이터가 0부터 10억까지 있다면 이를 0부터 1 사이의 값으로 변경하는 것이다.

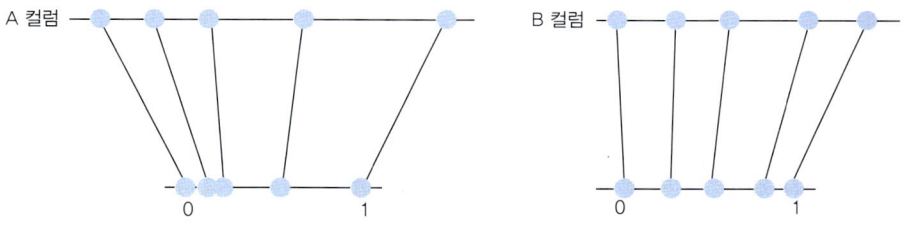

스케일링하는 이유는 A 컬럼(예: 원화)에는 100부터 100,000까지의 데이터가 있고, B 컬럼(예: 달러)에는 0~100까지의 데이터가 있으므로 스케일링을 통해 각 컬럼(변수)을 같은 범위(0~1)로 맞춤으로써 모델 성능을 향상시킬 수 있기 때문이다. 다만, 트리 기반 모델(의사결정나무, 랜덤포레스트, Xgboost, LightGBM 등)에서는 상대적으로 크게 영향을 받지 않아 스케일링하더라도 큰 효과를 보기는 어렵다. 하지만 선형 모델(선형 회귀, 로지스틱 회귀 등)에서는 모델 예측에 긍정적인 영향을 줄 수도 있다. 이 책에서는 트리 기반 모델을 주로 활용할 예정으로 스케일은 선택사항이다.

(5) y(label, target)

회귀 문제라면 y 데이터는 숫자(연속형)고, 분류 문제라면 y 데이터는 숫자(클래스)일 수도 있고 문자일 수도 있다.

5 검증 데이터 나누기

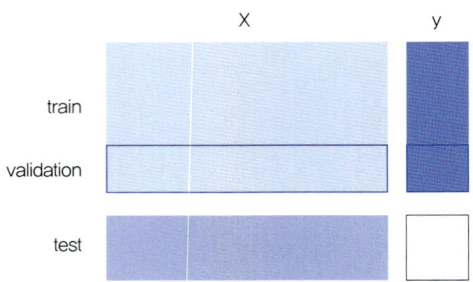

다음 단계에서 머신러닝 모델을 학습시키기 전에 자체 평가를 위해 학습용(train) 데이터 중 일부를 검증(validation)용 데이터로 분리한다. 검증용 데이터에는 예측한 결괏값을 평가하기 위하여 X 데이터뿐만 아니라 y 데이터도 함께 필요하다. 검증 데이터는 일반적으로 학습용(train) 데이터에서 20~30% 정도로 만든다. 하지만 데이터의 크기가 작을 때는 검증 데이터를 상대적으로 더 작게 가져가기도 한다. 반드시 검증 데이터를 분리해야 하는 것은 아니다. 검증 없이도 시험에서 요구하는 대로 예측하는데 csv 파일을 제출할 수 있지만, 어떤 전처리 방식을 선택할지, 어떤 모델을 사용해야 성능이 올라가는지는 판단하기 어렵다. 따라서 검증 데이터를 사용하는 방법을 추천한다.

6 모델 학습 및 평가

작업형2에서 활용할 머신러닝 모델은 대부분 사이킷런에서 불러온다. 설령 다른 라이브러리에서 불러오더라도 사이킷런에서 모델을 사용하는 것과 유사한 형태로 되어 있다. 문제에 따라 적절한 모델을 선택하고 머신러닝을 실행하기 위한 3단계를 배워보자.

모델 선정 → 학습(훈련) → 예측 순으로 진행한다.

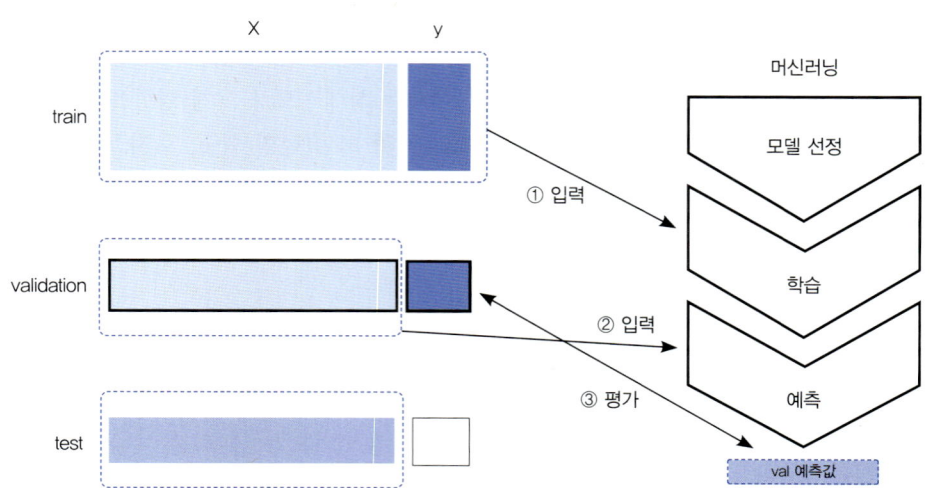

(1) 모델 선정
사용하고자 하는 머신러닝 모델을 선정한다. 분류/회귀 문제에 따라 모델이 달라질 수 있다.

(2) 학습(훈련)
① 전처리된 train 데이터를 머신러닝 학습용으로 넣고 학습(training)해 모델을 만든다.

(3) 예측
② 만들어진 모델로 예측을 진행한다. 이때 검증(validation) 데이터 중 X_validation 데이터만 입력값으로 사용한다.
③ 모델이 예측한 결괏값과 실제값(y_validation)을 비교해 점수를 확인한다.

첫 번째 점수까지 계산된 간단한 코드를 baseline(베이스라인)이라고 부르며 이 베이스라인을 기준으로 전처리를 반복하면서 모델의 성능을 향상시킨다. 시험에서는 평가 점수에 대한 가이드라인이 없다. 따라서 수험생이 첫 번째로 만든 베이스라인 모델보다 좋은 성능이 나오도록 모델을 개선하면 된다.

7 test 데이터 예측 및 제출

앞 단계에서 예측을 진행했다. 하지만 그 예측은 test 데이터에 대한 예측이 아니라 검증(validation) 데이터에 대한 예측이다. 최종적으로 예측하고 제출해야 하는 데이터는 test임을 꼭 기억하자.

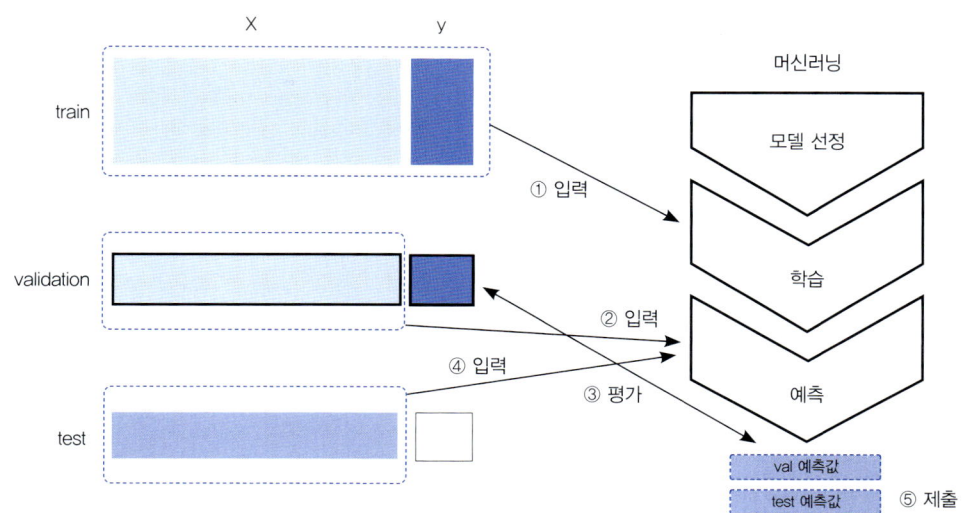

①, ②, ③ 단계에서 검증 데이터를 활용해 평가했다. 최종적으로 사용할 모델을 결정한다.
④ 결정한 모델에 test 데이터를 넣어 예측을 진행한다.
⑤ 예측한 결괏값을 작업형2 문제에서 요구하는 csv 파일 형태로 변경해 제출한다.

CHAPTER 02

머신러닝 실습(분류)

머신러닝 실습에서는 앞서 배운 머신러닝 프로세스에 따라 학습을 진행한다. 각 단계별로 수행할 내용을 코드와 함께 살펴보자.

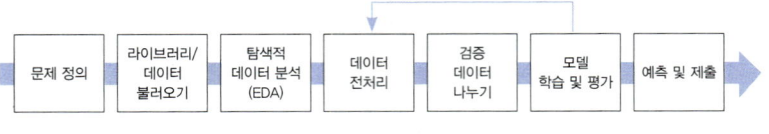

Section 01 | 문제 정의
Section 02 | 라이브러리 및 데이터 불러오기
Section 03 | 탐색적 데이터 분석(EDA)
Section 04 | 데이터 전처리
Section 05 | 검증 데이터 나누기
Section 06 | 머신러닝 학습 및 평가
Section 07 | 예측 및 결과 파일 생성

SECTION 01 | 문제 정의

미국의 인구조사 데이터(1994)를 바탕으로 만들어진 데이터다. 이 데이터에서 각 사람의 소득을 예측하면 된다. 나이, 결혼 여부, 직종 등의 컬럼이 있다.

- 레이블(타깃)은 연소득이 $50,000 이상과 미만으로 구분됨(컬럼명: income)
- 소득 예측값($50,000 이상일 확률)을 csv 파일로 생성
- 평가 기준은 ROC-AUC로 평가
- 제출 파일은 예측값만 result.csv 파일로 생성해 제출(컬럼명: pred, 1개)

SECTION 02 | 라이브러리 및 데이터 불러오기

판다스 라이브러리를 불러온다. 이 책에서는 가급적 사용할 라이브러리를 한번에 불러오지 않고, 필요할 때 호출한다. 데이터는 2개가 주어진다. train과 test 데이터인데, train 데이터는 test 데이터보다 컬럼의 수가 1개 더 많다. y 데이터(label, target)를 포함하고 있다.

데이터 불러오기

pd.read_csv()를 활용해 csv 파일을 불러온다. 불러온 데이터를 train과 test 변수에 담는다.

```
# 판다스 라이브러리
import pandas as pd

# 데이터 불러오기
train = pd.read_csv('train.csv')
test = pd.read_csv('test.csv')
```

> **TIP**
>
> **머신러닝에서 자주 만나는 용어**
> - **피처(feature)**: 예측에 사용되는 입력 데이터를 의미합니다. 예를 들어, 집의 가격을 예측할 때 '집의 크기', '방의 개수', '위치' 등이 피처로 활용됩니다. 이는 '변수', '컬럼', '열', '독립변수' 등과 같은 용어로도 불립니다.
> - **타깃(target)**: 예측의 목표가 되는 결괏값을 지칭합니다. 이는 '레이블(label)', 'y', '종속변수' 등의 다양한 명칭으로도 알려져 있습니다. 예를 들어, 집값 예측 문제에서 '실제 집의 가격'이 타깃 값에 해당합니다. 즉, '피처'는 예측을 위한 정보를 제공하고, '타깃'은 그 예측의 목표가 되는 구체적인 값입니다.
>
> 이 책에서는 혼용해 사용하고 있습니다. 예를 들어, 작업형2에서 피처 (또는 컬럼)과 타깃 (또는 레이블)을 주로 사용한다면, 작업형3(통계)에서는 독립변수와 종속변수로 표현하고 있습니다.

SECTION 03 | 탐색적 데이터 분석(EDA)

탐색적 데이터 분석(Exploratory Data Analysis, EDA)은 데이터를 살펴보고 이해하기 위한 과정이다. 데이터의 크기, 자료형, 기초 통계 등 데이터가 어떻게 구성되었는지 파악하고, 결측치, 이상치 등을 발견한다. 데이터의 패턴, 분포 등을 이해하기 위해 시각화를 많이 사용한다. 빅데이터 분석기사 실기 시험 환경은 시각화를 지원하지 않는다. 따라서 이 책에서는 시각화는 제외하고 데이터를 이해하기 위한 간단한 탐색적 데이터 분석을 설명한다.

1 데이터 샘플 head( )

데이터 샘플을 head( )로 확인해 보면 id, age, workclass, … income 컬럼과 데이터를 확인할 수 있다. 수치형(numerical) 변수와 범주형(categorical) 변수가 함께 있다. 그리고 마지막의 income 컬럼이 target(y 또는 label이라고도 부름) 컬럼이다. 이 책에서는 target, label, y 용어를 혼용해 사용한다.

작업형2 문제를 통해 target 컬럼을 확인할 수도 있고, train 데이터와 test 데이터 컬럼의 차이를 보고 확인할 수도 있다. 일반적으로 train 데이터에 target이 함께 있다면 가장 오른쪽 컬럼에 주로 있다.

```
train.head(3)
```

	id	age	workclass	fnlwgt	education	education.num	marital.status	occupation	relationship	race	sex	capital.gain	capital.loss	hours.per.week	native.country	income
0	3331	34.0	State-gov	177431	Some-college	10	Married-civ-spouse	Prof-specialty	Husband	Black	Male	4386	0	40.0	United-States	>50K
1	19749	58.0	Private	290661	HS-grad	9	Married-civ-spouse	Craft-repair	Husband	White	Male	0	0	40.0	United-States	<=50K
2	1157	48.0	Private	125933	Some-college	10	Widowed	Exec-managerial	Unmarried	Black	Female	0	1669	38.0	United-States	<=50K

2 데이터 크기 shape

shape를 활용해 데이터의 크기를 확인한다. train 데이터에는 29,304개의 행(레코드)과 16개의 컬럼이 존재하고, test 데이터에는 3,257개의 행(레코드)과 15개의 컬럼이 존재한다. 컬럼 수가 1개 차이 나는 이유는 target의 유무에 따른 것이다. shape에는 괄호가 없다는 점을 기억하자.

```
train.shape, test.shape
```

```
((29304, 16), (3257, 15))
```

(1) 자료형 info( )

info( )를 활용해 자료형을 확인한다. train 데이터 타입에는 float형 2개, int형 5개, object형 9개가 존재한다. 머신러닝의 입력 데이터로 활용하기 위해서는 object형은 반드시 수치형(float, int) 데이터로 변경해야 한다. 따라서 데이터 전처리 단계에서는 object형을 인코딩할 예정이다.

```
train.info()
```

```
<class 'pandas.core.frame.DataFrame'>
RangeIndex: 29304 entries, 0 to 29303
Data columns (total 16 columns):
 #   Column          Non-Null Count  Dtype
---  ------          --------------  -----
 0   id              29304 non-null  int64
 1   age             29292 non-null  float64
 2   workclass       27642 non-null  object
 3   fnlwgt          29304 non-null  int64
 4   education       29304 non-null  object
 5   education.num   29304 non-null  int64
 6   marital.status  29304 non-null  object
```

```
 7   occupation      27636 non-null  object
 8   relationship    29304 non-null  object
 9   race            29304 non-null  object
 10  sex             29304 non-null  object
 11  capital.gain    29304 non-null  int64
 12  capital.loss    29304 non-null  int64
 13  hours.per.week  29291 non-null  float64
 14  native.country  28767 non-null  object
 15  income          29304 non-null  object
dtypes: float64(2), int64(5), object(9)
memory usage: 3.6+ MB
```

(2) 기초 통계 describe( )/수치형

describe( )를 활용해 train 데이터와 test 데이터의 수치형 컬럼 기초 통계 값을 확인해 보자. train 데이터의 'age' 컬럼을 살펴보자. 평균이 약 38세, 최솟값이 −38, 최댓값이 90인 것을 확인할 수 있다. test 데이터의 경우 'age' 컬럼의 최솟값은 17이다. 나이(age)라는 것은 도메인 전문가가 아니더라도 상식선에서 마이너스 값이 없다는 것을 알 수 있다. 따라서 train에는 마이너스가 있고 test에는 마이너스가 없으므로 이상치로 의심해 볼 수 있다.

```
train.describe()
```

	id	age	fnlwgt	education.num	capital.gain	capital.loss	hours.per.week
count	29304.000000	29292.000000	2.930400e+04	29304.000000	29304.000000	29304.000000	29291.000000
mean	16264.027880	38.553223	1.897488e+05	10.080842	1093.858722	86.744506	40.434229
std	9384.518323	13.628811	1.055250e+05	2.570824	7477.435640	401.518928	12.324036
min	0.000000	−38.000000	1.228500e+04	1.000000	0.000000	0.000000	1.000000
25%	8145.750000	28.000000	1.177890e+05	9.000000	0.000000	0.000000	40.000000
50%	16253.500000	37.000000	1.783765e+05	10.000000	0.000000	0.000000	40.000000
75%	24374.250000	48.000000	2.370682e+05	12.000000	0.000000	0.000000	45.000000
max	32560.000000	90.000000	1.484705e+06	16.000000	99999.000000	4356.000000	99.000000

```
test.describe()
```

	id	age	fnlwgt	education.num	capital.gain	capital.loss	hours.per.week
count	3257.000000	3251.000000	3.257000e+03	3257.000000	3257.000000	3257.000000	3248.000000
mean	16423.704943	38.802830	1.900447e+05	10.079214	931.804728	92.336199	40.468288
std	9535.416746	13.917588	1.057902e+05	2.590118	6496.962999	415.732721	12.598546
min	3.000000	17.000000	1.882700e+04	1.000000	0.000000	0.000000	1.000000
25%	8078.000000	28.000000	1.186520e+05	9.000000	0.000000	0.000000	40.000000
50%	16626.000000	37.000000	1.783190e+05	10.000000	0.000000	0.000000	40.000000
75%	24743.000000	48.000000	2.364360e+05	12.000000	0.000000	0.000000	45.000000
max	32559.000000	90.000000	1.033222e+06	16.000000	99999.000000	3900.000000	99.000000

심화학습

데이터 분포 describe( ) 해석

구분	값	의미
분포의 대칭성	비슷하다	분포가 대칭
	mean 〉 50%(중앙값)	• 오른쪽 왜곡 대부분의 값이 왼쪽에 몰려 있고, 오른쪽으로 갈수록 값이 희박해짐
	mean 〈 50%(중앙값)	• 왼쪽 왜곡 대부분의 값이 오른쪽에 몰려 있고, 왼쪽으로 갈수록 값이 희박해짐
데이터의 범위	min과 max	최솟값과 최댓값으로 데이터의 전체 범위를 파악함
데이터 분포	min~25% 구간 25~50% 구간 50~75% 구간 75~max 구간	간격이 좁다면 그 구간에 더 많은 데이터가 몰려 있음

(3) 기초 통계 describe(include='object')/범주형

범주형 컬럼의 기초 통계 값을 확인하기 위해서는 describe( ) 함수 안에 include='O'(대문자) 또는 include='object'를 활용한다.

```
train.describe(include='O')
```

	workclass	education	marital.status	occupation	relationship	race	sex	native.country	income
count	27642	29304	29304	27636	29304	29304	29304	28767	29304
unique	8	16	7	14	6	5	2	41	2
top	Private	HS-grad	Married-civ-spouse	Prof-specialty	Husband	White	Male	United-States	<=50K
freq	20451	9449	13466	3683	11845	25022	19578	26240	22263

test 데이터의 native.country 컬럼을 살펴보자. 전체 데이터 수는 3,211개고, 카테고리 종류는 37개로 train과 차이가 있다. 최빈값은 United-States고, 최빈값의 빈도 수는 2,930이다. 종류는 많지만 대부분 데이터가 United-States임을 확인할 수 있다.

```
test.describe(include='object')
```

	workclass	education	marital.status	occupation	relationship	race	sex	native.country
count	3083	3257	3257	3082	3257	3257	3257	3211
unique	8	16	7	14	6	5	2	37
top	Private	HS-grad	Married-civ-spouse	Prof-specialty	Husband	White	Male	United-States
freq	2245	1052	1510	457	1348	2794	2212	2930

(4) 결측치 isnull( ).sum( )

결측치를 확인해 보자. train은 5개 컬럼에서 결측치를 확인할 수 있고, test 또한 5개 컬럼에서 결측치를 확인할 수 있다. 결측치가 있다면 데이터 전처리 단계에서 처리한다.

```
train.isnull().sum()
id                0
age              12
workclass      1662
fnlwgt            0
education         0
education.num     0
marital.status    0
occupation     1668
relationship      0
race              0
sex               0
```

```
capital.gain        0
capital.loss        0
hours.per.week     13
native.country    537
income              0
dtype: int64
```

```
test.isnull().sum()

id                  0
age                 6
workclass         174
fnlwgt              0
education           0
education.num       0
marital.status      0
occupation        175
relationship        0
race                0
sex                 0
capital.gain        0
capital.loss        0
hours.per.week      9
native.country     46
dtype: int64
```

(5) 각 target별 빈도 수 value_counts( )

value_counts( )를 활용해 target(카테고리)별 개수를 확인해 보자. income은 2개 종류가 있고, '<=50K'가 22,263개, '>50K'가 7,041개 있음을 확인할 수 있다. target에서 확인하고자 하는 것은 두 가지다. 첫 번째는 이진 분류인지, 두 번째는 불균형 데이터인지다. 불균형 정도가 대략 7:3이다. 물론 5:5면 좋겠지만, 이 정도면 양호한 편이다. 실무 데이터는 심각한 불균형일 때가 많다. 예를 들어, 제조업에서의 정상과 불량, 신용카드 회사의 정상 거래 및 비정상 거래 데이터 등이 대표적인 불균형 데이터다. 불균형 데이터의 경우 성능 좋은 머신러닝 모델을 만들기 어렵다. 이를 보완하기 위해 다양한 방법이 연구되고 있다.

```
train['income'].value_counts()

<=50K    22263
>50K      7041
Name: income, dtype: int64
```

SECTION 04 | 데이터 전처리

머신러닝의 입력 데이터로 만들기 위해서는 결측치가 있다면 채우거나 삭제하고, 중복값은 제거하고, 모든 데이터를 숫자 형태로 변경해야 한다. 작업형2에서 주어진 데이터는 범주형과 수치형 데이터가 함께 있을 가능성이 크다. 만약 전처리를 최소화하고 싶다면 수치형 데이터만 선택해 모델을 학습할 수도 있다. 범주형 데이터를 함께 사용한다면 인코딩이 필요하다.
그 외 데이터를 일정한 범위로 작업하는 스케일링과 이상치 처리는 여유가 있을 때 시도해 볼 만한 방법이다.

이 책에서는 데이터 클리닝(결측치, 이상치 처리), 범주형 데이터 처리(인코딩), 데이터 정규화(스케일링), target 데이터 인코딩 등을 살펴본다.

데이터 전처리 필수/선택	
1. 결측치	(결측치가 있다면) **필수**
2. 이상치	**선택**(문제에서 명시하지 않으면 생략)
3. 인코딩	(범주형 데이터가 있다면) **필수**
4. 스케일링	**선택**

TIP

데이터 전처리 때 파생변수 생성도 해야 하나요?
주요 파생변수(기존 변수를 조합해 새로운 변수 생성)를 생성하는 것은 머신러닝 모델의 성능 향상에 도움이 된다. 예를 들어, 나이(age)를 20대, 30대 등 범주형 변수로 변환하는 방법이 있을 수 있다. 빅데이터 분석기사 시험에서는 고성능의 모델을 요구하는 것이 아니므로 파생변수 생성은 생략한다. 다만, 시계열 데이터가 있다면 연도, 월, 일 컬럼(변수)의 생성을 추천한다.

결측치 처리

(1) 결측치 삭제

결측치(Missing Values)를 처리하는 가장 쉬운 방법은 제거하는 것이다. dropna()를 통해 결측치가 있는 행(레코드)을 제거할 수 있다. 제거하고 나면 데이터의 크기가 변경된다. 따라서 전과 후의 데이터 크기를 반드시 눈으로 확인하자.

실제 결측치 처리에서는 train = train.dropna()를 사용하면 된다. 하지만 여기서는 df = train.dropna()를 사용해 결측치 처리 결과를 df 변수에 대입했다. 그 이유는 다른 방법으로 결측치 처리를 보여주기 위해 기존 train 데이터가 변경되지 않도록 하기 위함이다.

```
print("처리전:", train.shape)
df = train.dropna()
print("처리후:", df.shape)
```

```
처리전: (29304, 16)
처리후: (27096, 16)
```

dropna()는 전체 데이터를 대상으로 결측치가 하나라도 있는 행은 모두 제거한다. 결측치가 있는 특정 컬럼 데이터에서 결측이 있는 '행'을 제거하고 싶다면 dropna(subset=['컬럼명'])을 사용한다. 'native.country', 'workclass' 컬럼에 결측이 있을 경우 행을 제거하고 df.isnull(). sum()으로 결과를 확인해 보면 두 컬럼은 결측이 있는 '행'이 삭제되어 더 이상 결측치가 없다.

```
df = train.dropna(subset=['native.country','workclass'])
df.isnull().sum()
```

```
id                 0
age               12
workclass          0
fnlwgt             0
education          0
education.num      0
marital.status     0
occupation         6
relationship       0
race               0
sex                0
capital.gain       0
capital.loss       0
hours.per.week    13
native.country     0
income             0
dtype: int64
```

결측치를 제거할 행과 값을 채울 행은 어떻게 정하면 되나요?

정답은 없지만, 기준은 있다. 머신러닝 결과를 기준으로 성능이 좋아지는 방향으로 데이터 전처리를 진행한다. 머신러닝 프로세스 중에서 데이터 전처리는 처음에는 빠른 진행을 위해 삭제하는 방향으로 진행하고, 모델 성능을 1차 확인한 후 다시 데이터 전처리 단계로 와서 채우고 2차 결과를 확인하는 방법을 추천한다.

또 다른 방법으로는 결측치가 있는 컬럼 전체를 삭제할 수도 있다. dropna( )에서 축을 axis=1로 설정한다. 기본값은 axis=0이다. 다만, 이 방법은 1개의 결측치가 있는 컬럼도 삭제한다.

```
print("처리전:", train.shape)
df = train.dropna(axis=1)
print("처리후:", df.shape)
```

```
처리전: (29304, 16)
처리후: (29304, 11)
```

특정 컬럼만 삭제하는 방법도 있다. 'native.country', 'workclass' 컬럼을 삭제해 보자. 주의할 점은 dropna( )가 아닌 drop( )을 활용한다는 것이다.

```
print("처리전:", train.shape)
df = train.drop(['native.country','workclass'], axis=1)
print("처리후:", df.shape)
```

```
처리전: (29304, 16)
처리후: (29304, 14)
```

(2) 결측치 채우기(범주형)

범주형 데이터에서 결측치를 채울 때는 주로 최빈값으로 대체한다. 특정 컬럼에서 mode( )[0]을 통해 최빈값을 찾고, fillna( )로 값을 채울 수 있다.

```
m = train['workclass'].mode()[0]
train['workclass'] = train['workclass'].fillna(m)

m = train['native.country'].mode()[0]
train['native.country'] = train['native.country'].fillna(m)

train.isnull().sum()
```

```
id                 0
age               12
workclass          0
fnlwgt             0
education          0
education.num      0
marital.status     0
occupation      1668
relationship       0
```

```
race              0
sex               0
capital.gain      0
capital.loss      0
hours.per.week   13
native.country    0
income            0
dtype: int64
```

최빈값에는 왜 mode( ) 뒤에 [0]이 붙나요?

mode( )는 최빈값을 구할 때 mean( ), sum( ), max( ) min( )과 달리, 시리즈 자료형으로 반환된다. 시리즈로 반환하는 이유는 빈도 수가 같은 값이 1개가 아니라 여러 개일 수 있기 때문이다. 만약 A 클래스와 B 클래스가 각각 10개씩 있다면 최빈값은 2개다. 1개여도 시리즈 형태로 반환한다. 따라서 값만 반환받기 위해서는 인덱스 [0]이 필요하다.

결측치가 있는 이유는 다양하다. 누락된 것일 수도 있지만, 해당 도메인 데이터에서 다른 이유로 결측치가 있을 수도 있다. 따라서 결측치를 새로운 카테고리로 분류하는 것도 방법이다. 예를 들어, 임의의 표시로 결측 데이터를 'X'로 채울 수 있다. 여기서 X에 의미가 있는 것은 아니다. 단순히 결측을 나타내는 유니크한 값으로 채운 것이다.

```
train['occupation'] = train['occupation'].fillna('X')
train.isnull().sum()
```

```
id                0
age              12
workclass         0
fnlwgt            0
education         0
education.num     0
marital.status    0
occupation        0
relationship      0
race              0
sex               0
capital.gain      0
capital.loss      0
```

```
hours.per.week    13
native.country     0
income             0
dtype: int64
```

데이터 전처리 시 train뿐만 아니라 test도 함께 적용한다. train에 적용한 전처리를 test에도 적용했다.

```
# test 데이터
test['workclass'] = test['workclass'].fillna(train['workclass'].mode()[0])
test['native.country'] = test['native.country'].fillna(train['native.country'].mode()[0])
test['occupation'] = test['occupation'].fillna("X")
```

(3) 결측치 채우기(수치형)

결측치를 채울 컬럼의 평균값과 중앙값을 각각 train 데이터에서 구해 train과 test에 채운다. 나이가 소수점으로 채워지지 않도록 int() 함수로 자료형을 변환했다. 예를 들어, 31.23세라면 내림해 31세로 변경했다.

```
# 평균값으로 채우기
value = int(train['age'].mean())
print("평균값:", value)
train['age'] = train['age'].fillna(value)
test['age'] = test['age'].fillna(value)
```

평균값: 38

```
# 중앙값으로 채우기
value = int(train['hours.per.week'].median())
print("중앙값:", value)
train['hours.per.week'] = train['hours.per.week'].fillna(value)
test['hours.per.week'] = test['hours.per.week'].fillna(value)
```

중앙값: 40

결측치 처리 후에는 결측치가 다 채워졌는지 꼭 확인해 보자. 모두 0이 출력되어 결측치가 없는 것을 확인할 수 있다.

```
train.isnull().sum()

id                0
age               0
workclass         0
fnlwgt            0
education         0
education.num     0
marital.status    0
occupation        0
relationship      0
race              0
sex               0
capital.gain      0
capital.loss      0
hours.per.week    0
native.country    0
income            0
dtype: int64
```

2 이상치 처리

이상치(Outliers)는 일반적인 데이터 패턴에서 벗어난 값을 말한다. 이상치는 IQR을 활용하거나 도메인(해당 분야) 전문가라면 판단할 수 있다. 빅데이터 분석기사 시험에서 이상치 처리를 명시한 것이 아니라면 생략해도 좋다. 이 책에서는 주어진 데이터 중 도메인 지식이 없어도 모두가 이해할 수 있는 나이(age) 컬럼만 다루어 보자. 탐색적 데이터 분석(EDA)에서 train 데이터의 'age' 컬럼에 음수가 있었다. 이를 이상치로 판단하고 제거해 보자.

```
train.describe()
```

	id	age	fnlwgt	education.num	capital.gain	capital.loss	hours.per.week
count	29304.000000	29304.000000	2.930400e+04	29304.000000	29304.000000	29304.000000	29304.000000
mean	16264.027880	38.552996	1.897488e+05	10.080842	1093.858722	86.744506	40.434036
std	9384.518323	13.626025	1.055250e+05	2.570824	7477.435640	401.518928	12.321306
min	0.000000	−38.000000	1.228500e+04	1.000000	0.000000	0.000000	1.000000
25%	8145.750000	28.000000	1.177890e+05	9.000000	0.000000	0.000000	40.000000
50%	16253.500000	37.000000	1.783765e+05	10.000000	0.000000	0.000000	40.000000
70%	24374.250000	48.000000	2.370682e+05	12.000000	0.000000	0.000000	45.000000
max	32560.000000	90.000000	1.484705e+06	16.000000	99999.000000	4356.000000	99.000000

train 데이터의 'age' 컬럼에는 음수 값 데이터가 있다.

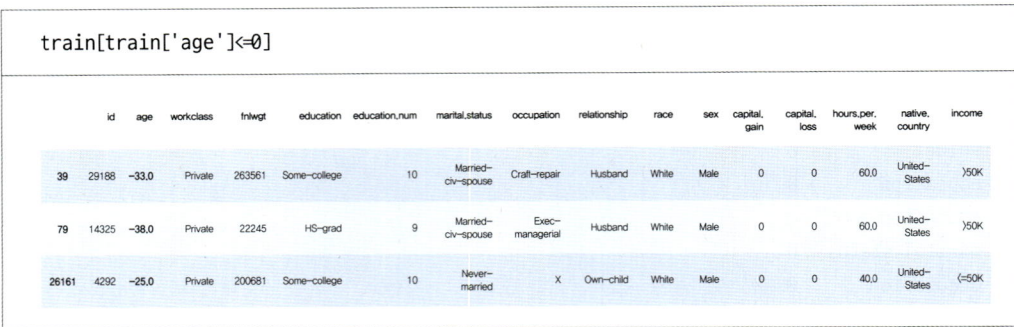

test 데이터의 'age' 컬럼에는 음수 값 데이터가 없다.

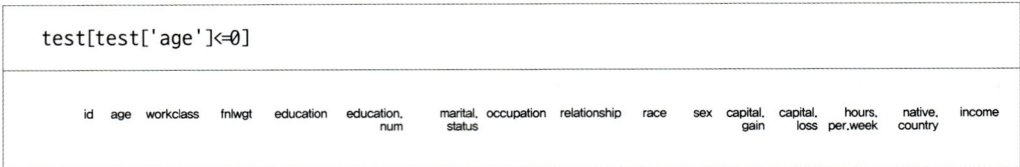

age가 1 이상인 데이터만 살렸다. 전처리 전과 후의 크기 확인을 통해 3개가 줄어든 것을 알 수 있다.

```
print(train.shape)
train = train[train['age']>0]
print(train.shape)
```

```
(29304, 16)
(29301, 16)
```

데이터 전처리 시 주의사항

1. train 데이터에 적용한 것을 test 데이터에도 똑같이 적용해야 한다.
   입문자가 흔히 하는 실수가 train 데이터에는 적용하고 test 데이터에는 적용하지 않아 train 데이터와 test 데이터의 형태가 달라지는 것이다.
2. train 데이터에서의 행(레코드) 삭제는 test 데이터에는 적용하지 않는다.
   train 데이터 중 행(레코드)은 일부 삭제할 수 있지만, test 데이터의 행은 삭제하면 안 된다. 예를 들어, 100개의 행이 있는 test 데이터라면 결과도 100개 값이 예측되어야 한다. 임의로 삭제하면 채점할 수 없게 된다.

3 인코딩

인코딩(Encoding)은 데이터를 컴퓨터가 이해하고 처리할 수 있는 형식으로 변환하는 과정이다. 범주형(텍스트) 데이터를 숫자로 변환하는 과정인데, 이는 머신러닝 모델에 입력 데이터로 사용하기 위한 필수 과정이다. 인코딩에는 원-핫 인코딩과 레이블 인코딩이 있다.

train은 label값을 포함하고 있고, label은 수치형 데이터가 아닌 범주형 데이터다. 따라서 인코딩을 진행하기에 앞서 함께 원-핫 인코딩되는 것을 방지하기 위해 y_train 변수에 담아둔다.

pop()은 income 컬럼을 y_train에 대입하고, income 컬럼을 삭제해 이 두 가지를 한 줄로 유용하게 처리할 수 있는 함수다. 인코딩 또는 스케일링 전에 label 컬럼을 변수에 옮겨두자.

```
y_train = train.pop("income")
```

TIP

SettingWithCopyWarning의 발생 시 해결 방법

데이터를 변경하는 인코딩, 스케일링 등 전처리에서 필자와 똑같이 코딩했더라도 이전 코드의 영향으로 SettingWithCopyWarning과 같은 워닝이 발생할 수도 있다. 워닝은 무시해도 되지만, 해결하는 것이 좋다. 가장 간단한 해결 방법은 .copy()를 활용해 명시적으로 복사하는 것이다. train 변수를 스케일링하기 전에 코드 중에서 어떤 작업의 결과가 train에 담겨 있다면 다음과 같이 뒤에 copy() 함수(메소드)를 붙여서 해결한다.

```
df_copy = df[df['A'] > 10].copy()
df_copy['B'] = 20
```

(1) 원-핫 인코딩

판다스에서는 기본적으로 원-핫 인코딩을 제공하고 있다. pd.get_dummies(train)을 train 데이터 전체에 넣어주면 인코딩이 필요한 컬럼(object)만 자동으로 인코딩이 진행된 후 결괏값을 반환한다.

pd.get_dummies()를 활용해 train과 test 원-핫 인코딩을 진행하고 전과 후의 컬럼 수를 확인해 보자. train 데이터의 15개 컬럼이 107개 컬럼으로 변경된 것을 확인할 수 있다. test 데이터는 15개 컬럼이 103개로 변경되었다. EDA에서 확인한 바와 같이 train과 test 데이터의 native. country 컬럼에서 카테고리 차이가 있었으며, 이는 원핫 인코딩 시 컬럼 수의 불일치로 나타난다.

```
train_oh = pd.get_dummies(train)
test_oh = pd.get_dummies(test)
print(train.shape, test.shape, train_oh.shape, test_oh.shape)
```

```
(29301, 15) (3257, 15) (29301, 107) (3257, 103)
```

train과 test의 컬럼이 다르면 머신러닝 입력 데이터로 사용할 수 없다. 이를 위해 심화학습으로 데이터를 합쳐서 인코딩하는 방법을 알아보자.

심화학습

데이터를 합쳐서 인코딩하는 방법

만약 train에는 과자가 빼빼로, 고래밥, 콘칩의 세 가지 종류가 있는데, test에는 고래밥과 콘칩 두 가지만 있다면 원-핫 인코딩 후 컬럼 수가 달라진다. 머신러닝을 통해 학습하고 예측하기 위해서는 train의 컬럼과 test의 컬럼이 반드시 일치해야 한다.

이럴 때는 ① 데이터를 합치고, ② 원-핫 인코딩을 진행한 후 ③ 다시 train과 test로 분할한다.

① pd.concat()을 통해 데이터를 위아래(axis=0)로 합친다.
② get_dummies(data)로 합친 데이터를 원-핫 인코딩한다.
③ iloc를 활용해 데이터를 분할한다. 이때 train의 데이터 수는 len()으로 찾는다. 선택된 데이터를 새로운 변수에 옮겨 담을 때는 copy()를 붙여준다.

데이터프레임을 다른 이름의 변수에 옮겨 담을 때는 사본(복사본)이라고 명시하는 copy()를 붙이는 것을 습관화하자. 판다스 작업 시 "SettingWithCopyWarning"과 같은 워닝이 발생한다면 copy()를 사용하지 않아 발생한 문제다.

```
print(train.shape, test.shape)
data = pd.concat([train, test], axis=0)
data_oh = pd.get_dummies(data)
train_oh = data_oh.iloc[:len(train)].copy()
test_oh = data_oh.iloc[len(train):].copy()
print(train_oh.shape, test_oh.shape)
```

(29301, 15) (3257, 15)
(29301, 107) (3257, 107)

여기서는 원-핫 인코딩 후 데이터를 train 변수에 담지 않고 새로운 train_oh 변수에 담았다. 그 이유는 다음 진행할 레이블 인코딩에 필요한 원 데이터(train, test)를 유지하기 위해 다른 변수(train_oh, test_oh)에 옮겨 담은 것이다. 따라서 실제 시험에서는 train과 test 변수에 그대로 담으면 된다.

추가로 현재 train 데이터는 앞서 label을 y_train 변수에 옮긴 상태다. 옮기지 않은 상태에서도 합쳐서 인코딩이 가능하나, 다시 train과 test로 분할했을 때 test 데이터에 label 컬럼이 추가되므로 삭제가 필요하다.

(2) 레이블 인코딩

레이블 인코딩할 object 자료형 컬럼명을 리스트 형태로 만든다. object형만 선택하는 코드를 활용하거나 cols 변수에 직접 리스트 형태로 만든다. 컬럼 수가 많지 않으면 후자를 선택하는 것이 좋다. 직관적이고 오류를 줄일 수 있다. 하지만 직접 리스트를 만들 때는 컬럼명 오타가 많이 발생하기 때문에 데이터를 직접 입력하기보다는 컬럼명을 복사-붙여넣기로 하나씩 넣는 것을 추천한다.

```
# cols = train.select_dtypes(include='object').columns #방법1
# cols = train.columns[train.dtypes == object] #방법2
cols = ['workclass', 'education', 'marital.status', 'occupation', 'relationship',
'race', 'sex','native.country']
cols
```

```
['workclass',
 'education',
 'marital.status',
 'occupation',
 'relationship',
 'race',
 'sex',
 'native.country']
```

레이블 인코딩은 사이킷런에서 지원한다. 사이킷런(scikit-learn)은 머신러닝과 데이터 분석을 위한 파이썬 라이브러리다. 사이킷런에서 제공하는 LabelEncoder를 활용해 보자.

여러 컬럼에 레이블 인코딩을 적용하려면 각 컬럼에 대해 레이블 인코딩을 개별적으로 적용해야 한다.

예를 들어, 8개의 컬럼을 레이블 인코딩한다면 레이블 인코딩 코드를 컬럼명만 달리해 8번 작성하거나 반복문을 활용하면 된다.

① for col in cols: 리스트(cols)에서 차례대로 컬럼명을 불러와 col 변수에 담는다.

② le = LabelEncoder( ): 레이블 인코더를 불러온다.

③ train[col] = le.fit_transform(train[col])
- fit: 매핑 사전을 만든다. 예 빼빼로:1, 고래밥:2, 콘칩:3
- transform: 매핑 사전에 따라 데이터를 변환한다.
- fit_transform: 이 두 작업을 한번에 처리한다.

④ test[col] = le.transform(test[col])

test에는 train과 같은 숫자로 데이터를 변환하기 위해 fit 과정 없이 transform만 적용한다.

⑤ 들여쓰기로 작성된 코드까지가 반복문의 범위다. 다시 ①로 돌아가 cols에서 다음 값을 불러온다.

```
from sklearn.preprocessing import LabelEncoder

for col in cols:
    le = LabelEncoder()
    train[col] = le.fit_transform(train[col])
    test[col] = le.transform(test[col])

train.head()
```

	id	age	workclass	fnlwgt	education	education.num	marital.status	occupation	relationship	race	sex	capital.gain	capital.loss	hours.per.week	native.country
0	3331	34.0	6	177331	15	10	2	9	0	2	1	4386	0	40.0	38
1	19749	58.0	3	290661	11	9	2	2	0	4	1	0	0	40.0	38
2	1157	48.0	3	125933	15	10	6	3	4	2	0	0	1669	38.0	38
3	693	58.0	3	100313	15	10	2	10	0	4	1	0	1902	40.0	38
4	12522	41.0	3	195661	15	10	2	13	0	4	1	0	0	54.0	38

4 스케일링

데이터 전처리 중 스케일링은 수치형 데이터의 범위를 조정하는 작업이다. 사이킷런에서는 민맥스(최소-최대) 스케일링(Min-Max Scaling), 스탠더드 스케일링(Standard Scaling), 로버스트 스케일링(Robust Scaling) 등을 지원하고 있다. 데이터와 모델에 따라 달라지므로 어떤 스케일이 더 좋다고 말하기는 어렵다. 하지만 분명한 것은 추후 검증 데이터를 평가할 때 더 좋은 쪽을 선택하면 된다.

작업형2에서 스케일링을 반드시 해야 하나요?
아니다. 작업형2에서 스케일링은 선택이다. 주어진 데이터와 사용하는 모델에 따라 성능이 개선될 수도 있고 아닐 수도 있다. 하지만 작업형1에서도 스케일링이 출제되고 있으므로 꼭 알아두자.

이 책에서는 주로 트리 기반 머신러닝 모델을 사용한다. 스케일링은 트리 기반 모델에서 큰 효과를 보기 어렵다. 선형 회귀나 로지스틱 회귀와 같은 선형 모델은 스케일링의 영향을 받는다. 따라서 스케일링은 1차 제출 후 시간적 여유가 있다면 적용해 비교하는 것을 추천한다.

스케일링을 적용할 수치형 컬럼명을 리스트로 만든다.

```
cols = ['age', 'fnlwgt', 'education.num', 'capital.gain', 'capital.loss', 'hours.per.week']
```

세 가지 스케일링별로 변경된 결괏값을 보려고 한다. 스케일링을 적용할 원본 데이터가 필요하기 때문에 간단하게 사본을 불러오는 함수를 만들었다. (시험과는 무관한 함수다.)

```
def get_data():
    train_copy = train.copy()
    test_copy = test.copy()
    return train_copy, test_copy
```

> **TIP**
>
> **display( ) 활용**
>
> display( )는 print( )와 같은 출력 함수다. 스케일링 전과 후의 가독성을 높이기 위해 display( )를 활용해 표 형태로 출력했다. 시험 환경에서는 display( ) 사용이 불가하다. print( ) 함수를 활용해야 한다. print( ) 함수는 출력 시 가독성이 떨어지는 아쉬움이 있어서 필자는 주피터 노트북(코랩) 환경에서 한 셀에 2개 이상의 데이터프레임을 한번에 출력할 때 display( )를 활용한다.

(1) 민맥스 스케일링

민맥스 스케일링(Min-Max Scaling)은 데이터를 0과 1 사이로 변환한다. 금액이 1,000원부터 100,000원까지 있다고 가정한다면 최솟값인 1,000원이 0이 되고, 최댓값인 100,000원이 1이 된다. 데이터의 나머지 값들도 이 범위 안에서 매핑한다. 스케일을 적용하기 전에 앞서 만든 get_data( ) 함수에서 train과 test 복사본을 불러온다.

train 데이터에 fit_transform( )을 적용하고, test 데이터에 transform( )을 적용해 민맥스 스케일링된 결과를 확인할 수 있다.

```
train_copy, test_copy = get_data()

from sklearn.preprocessing import MinMaxScaler
scaler = MinMaxScaler()
display(train_copy[cols].head(2))
train_copy[cols] = scaler.fit_transform(train_copy[cols])
test_copy[cols] = scaler.transform(test_copy[cols])
display(train_copy[cols].head(2))
```

	age	fnlwgt	education.num	capital.gain	capital.loss	hours.per.week
0	34.0	177331	10	4386	0	40.0
1	58.0	290661	9	0	0	40.0

	age	fnlwgt	education.num	capital.gain	capital.loss	hours.per.week
0	0.232877	0.112092	0.600000	0.04386	0.0	0.397959
1	0.561644	0.189060	0.533333	0.00000	0.0	0.397959

> **TIP**
>
> **코딩에서 스케일링과 레이블 인코딩의 차이점**
>
> train 데이터에 fit_transform과 test 데이터에 transform을 적용하는 것은 유사하나, 스케일링은 다수의 컬럼에 한번에 적용 가능하다. 종종 레이블 인코딩도 스케일링처럼 반복문 없이 코딩하면 안 되는지 묻는 수험생이 있다. 하지만 레이블 인코딩은 각 컬럼마다 적용해야 하므로 여러 컬럼에 적용하기 위해서는 반복문이 꼭 필요하다.

(2) 스탠더드 스케일링

스탠더드 스케일링(Standard Scaling)은 데이터를 평균이 0이고 표준편차가 1인 분포로 변환하는 방법이다.

```
train_copy, test_copy = get_data()

from sklearn.preprocessing import StandardScaler
scaler = StandardScaler()
display(train_copy[cols].head(2))
train_copy[cols] = scaler.fit_transform(train_copy[cols])
test_copy[cols] = scaler.transform(test_copy[cols])
display(train_copy[cols].head(2))
```

	age	fnlwgt	education.num	capital.gain	capital.loss	hours.per.week
0	34.0	177331	10	4386	0	40.0
1	58.0	290661	9	0	0	40.0

	age	fnlwgt	education.num	capital.gain	capital.loss	hours.per.week
0	−0.335121	−0.117705	−0.031462	0.440247	−0.216056	−0.035121
1	1.428590	0.956277	−0.420430	−0.146298	−0.216056	−0.035121

(3) 로버스트 스케일링

로버스트 스케일링(Robust Scaling)은 각 값의 중앙값을 빼고 1사분위수(Q1)와 3사분위수(Q3)의 차이(IQR)로 나누는 방법이다. 따라서 다른 스케일링에 비해 이상치의 영향을 덜 받는 특징이 있다. capital.gain의 전과 후를 살펴보자. 대부분의 사람들이 자본 이득(capital.gain)은 얻지 못했고 대부분 0에 가깝다. capital.gain의 Q1과 Q3가 0에 가깝다면 이 컬럼의 대부분의 값들이 변하지 않을 수 있다. 이번 스케일링은 train, test 복사본이 아닌 원 데이터에 적용했다.

```
from sklearn.preprocessing import RobustScaler
scaler = RobustScaler()
display(train[cols].head(2))
train[cols] = scaler.fit_transform(train[cols])
test[cols] = scaler.transform(test[cols])
display(train[cols].head(2))
```

	age	fnlwgt	education.num	capital.gain	capital.loss	hours.per.week
0	34.0	177331	10	4386	0	40.0
1	58.0	290661	9	0	0	40.0

	age	fnlwgt	education.num	capital.gain	capital.loss	hours.per.week
0	−0.15	−0.008711	0.000000	4386.0	0.0	0.0
1	1.05	0.941438	−0.333333	0.0	0.0	0.0

TIP

target 변수가 숫자가 아닌 문자여서 레이블 인코딩이 필요하다면?

target(y_train) 변수를 value_counts( )로 확인해 보면 <=50K와 >50K로 문자다. 머신러닝 모델 초기에는 대부분 숫자 형태의 target이 반드시 필요했지만, 최근에는 업데이트되면서 target의 경우 문자도 인식한다. 하지만 일부 머신러닝 모델(Xgboost)에서는 여전히 숫자 형태의 target(label)을 요구한다. 타깃을 레이블 인코딩하는 방법 두 가지는 다음과 같다. 필자는 이진 분류일 때는 인코딩하고, 다중 분류일 때는 그대로 진행하는 편이다. 타깃이 숫자일 때와 비교하기 위해 현재 작업 중인 코드에는 적용하지 않는다.

```
y_train.value_counts()
```

```
<=50K    22262
>50K      7039
Name: income, dtype: int64
```

map( )을 활용하는 방법

```
target = y_train.map({'<=50K':0, '>50K':1})
target.value_counts()
```

```
0    22262
1     7039
Name: income, dtype: int64
```

replace( )를 활용하는 방법

```
target = y_train.replace('<=50K', 0).replace('>50K', 1)
target.value_counts()
```

```
0    22262
1     7039
Name: income, dtype: int64
```

SECTION 05 | 검증 데이터 나누기

검증 데이터를 나누는 작업도 데이터 전처리 작업 중 하나다. 하지만 순서를 명확히 하기 위해 '검증 데이터 나누기' 단계를 '데이터 전처리' 단계 뒤에 추가했다. 검증 데이터를 나누는 이유는 학습된 모델의 성능을 평가하고 개선하기 위함이다. 검증 데이터를 활용해 모델의 성능을 평가하고, 데이터 전처리 단계 또는 하이퍼파라미터 튜닝을 통해 개선할 수 있다. 검증 데이터가 없어도 작업형2 유형의 예측값을 제출할 수 있다. 다만, 모델 성능을 확인하고 최적화하는 단계가 없다.

사이킷런에서 제공하는 train_test_split()을 활용해 데이터를 분리한다. 이름이 train_test_split()이지만, 이 단계에서는 train과 validation을 나누는 용도로 활용한다. (test 데이터와는 관계가 없다.)

train_test_split(train, target, test_size=0.2, random_state=0)
- **train**: X 데이터, 데이터프레임 형태로 입력한다.
- **target**: label(y) 데이터, 시리즈 형태로 입력한다.
- **test_size=0.2**: 검증용 데이터 비율, 0.2는 전체 데이터 중에서 20%를 의미한다.
- **random_state=0**: 랜덤적인 요소를 고정, 만약 작성하지 않으면 실행할 때마다 다른 값으로 나눠진다. 실행할 때마다 같은 데이터로 나누기 위해 고정이 필요하다. 숫자는 정수로 자유롭게 입력하자. 예 1, 11, 123, 2024

train_test_split()의 반환 값은 4개다. 어떤 순서로 반환하는지는 외우고 있어야 한다. X, X, y, y로 암기하면 기억하기 쉽다. train과 validation을 X, X, y, y에 적용하면 X_train, X_val, y_train, y_val이 된다. 이 책에서는 분할 이후 변수명을 X_train, X_val, y_train, y_val 또는 X_tr, X_val, y_tr, y_val로 사용한다.

```
from sklearn.model_selection import train_test_split

X_train, X_val, y_train, y_val = train_test_split(train,
                                                  y_train,
                                                  test_size=0.2,
                                                  random_state=0)
X_train.shape, X_val.shape, y_train.shape, y_val.shape
```

((23440, 15), (5861, 15), (23440,), (5861,))

심화학습

데이터 분할 이후 shape를 보는 방법

X_train.shape, X_val.shape, y_train.shape, y_val.shape 값에서 두 가지를 확인하자.
- 데이터 분할 이후 X_train.shape, X_val.shape의 컬럼 수(열 수)가 일치해야 한다.
- 데이터 분할 이후 y_train.shape, y_val.shape에서 컬럼(열) 부분에 1이 나타나지 않는 시리즈 형태여야 한다.

y_train과 y_val이 (23440,)와 (5861,)로 표현되는 경우 이는 시리즈 형태를 의미하며, 머신러닝에서 타깃 변수를 주로 이 형태로 입력한다. 반면에 (23440,1)과 (5861,1)과 같이 나타나면 이는 데이터프레임 형태다. 타깃 변수가 데이터프레임 형태로 머신러닝 모델에 입력될 경우 DataConversionWarning이라는 경고 메시지가 발생할 수 있다. 이는 train_test_split(train, target) 사용 시 target이 시리즈가 아니라 데이터프레임으로 입력된 결과이다.

⊕ **다중 변수 할당**: 파이썬은 다중 변수 할당이 가능하다. 변수를 대입할 때도 'a, b, c, d = 1, 2, 3, 4'와 같이 사용 가능하고, 함수에서 4개의 결과를 반환할 때도 a, b, c, d = train_test_split( )과 같이 사용한다.

SECTION 06 | 머신러닝 학습 및 평가

머신러닝 모델 중 의사결정 나무(Decision Tree) 모델은 학습을 통해 다음과 같이 트리 구조를 만든다.

다음은 오늘 다이어트의 성공과 실패를 알려주는 간단한 모델을 나타낸 의사결정 나무의 예다.

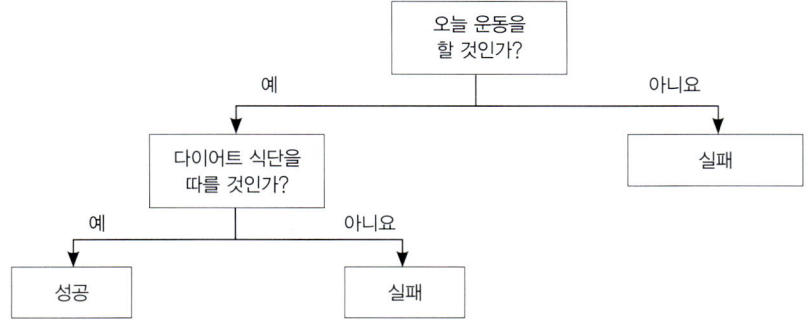

의사결정 나무는 어떤 과정을 통해 결과가 도출되었는지 설명하기 쉽다. 하지만 과적합되기 쉬워 성능에 한계가 있다. 과적합은 모의고사를 볼 때 모의고사 문제를 모두 외워서 모의고사 문제는 잘 풀지만, 실제 시험에서 다른 유형의 응용문제가 출제되면 좋은 성적을 받기 어려운 상황에 비유할 수 있다.

이를 보완하기 위해 여러 개의 모델을 학습시켜 사용한다. 이를 앙상블이라고 부른다. 앙상블의 기법에는 두 가지가 있는데, 배깅(bagging), 부스팅(boosting)이다. 인기 있는 대표 모델로 배깅에는 랜덤포레스트(Random Forest), 부스팅에는 라이트지비엠(LightGBM)이 있다.

머신러닝 모델은 여러 가지가 있지만, 시험에서는 이 두 가지를 추천한다. 이진 분류, 다중 분류 모두 유용하게 활용할 수 있기 때문이다.

1 랜덤포레스트

랜덤포레스트(Random Forest)는 여러 개의 의사결정 나무를 기반으로 한 앙상블 학습 알고리즘이다. 사이킷런(sklearn.ensemble)에서 랜덤포레스트 분류 모델을 불러와 3단계로 사용한다.

① rf = RandomForestClassifier( ) # 모델을 선택한다.
② rf.fit(X_train, y_train) # 학습을 진행한다.
③ pred = rf.predict_proba(X_val) # 예측한다.

예측(③)에는 predict와 predict_proba가 있다. predict는 예측된 각 레이블(클래스)을 반환하고('<=50K', '>50K'), predict_proba는 각 레이블에 속할 확률값을 반환한다. 타깃이 문자고 0과 1로 인코딩하지 않았다. 컬럼의 순서를 classes_으로 확인해 보자. '<=50K'가 첫 번째, '>50K'가 두 번째다.

pred의 결과 10개만 출력해 보자. 2개의 값을 출력한다. 첫 번째 값은 '<=50K'인 확률이고, 두 번째 값은 '>50K'인 확률이다.

모델 괄호 안에 random_state=0을 설정하지 않으면 실행할 때마다 결괏값이 변경된다. 같은 결괏값을 얻기 위해 시드 값을 0으로 고정했다.

```python
# 랜덤포레스트
from sklearn.ensemble import RandomForestClassifier
rf = RandomForestClassifier(random_state=0)
rf.fit(X_train, y_train)
pred=rf.predict_proba(X_val) # 각 레이블에 속할 확률값 반환

print(rf.classes_)
pred[:10]
```

```
['<=50K' '>50K']
array([[1. , 0. ],
       [1. , 0. ],
       [0.9 , 0.1 ],
       [0.63, 0.37],
       [1. , 0. ],
       [0.99, 0.01],
       [0.98, 0.02],
       [0.94, 0.06],
       [0.12, 0.88],
       [0.88, 0.12]])
```

> **잠깐만요**
>
> **random_state를 고정했는데 필자와 다르다면?**
> random_state를 똑같이 0으로 고정하더라도 필자와 예측 결괏값이 다를 수도 있다. 수험생이 같은 환경에서 random_state를 고정하고 실행한 결과는 다시 실행해도 동일한 결과가 나온다. 하지만 환경이 달라지면 다른 값이 예측되기도 한다.

2 평가지표

머신러닝 모델을 학습하고 나서 제대로 학습이 되었고, 예측을 하고 있는지 검증 데이터로 평가가 필요하다. 분류 모델의 평가지표에는 여러 가지가 있다. 정확도(Accuracy), 정밀도(Precision), 재현율(Recall), F1 스코어, ROC_AUC 등이다. 문제에서는 ROC_AUC만 묻고 있지만, 학습하는 차원에서 Accuracy, F1 스코어 평가지표도 함께 구해보자. 평가지표에 대한 부분은 별도로 다룬다.

(1) ROC_AUC

평가지표인 roc_auc 점수를 평가할 때는 확률값이 필요하다. 머신러닝에서는 예측할 때 확률값을 예측할 수 있는 predict_proba( )를 사용했다.

구분(분류 모델)	평가지표	결과 및 설명
predict_proba( )	roc_auc	2차원 형태: [[0.4, 0.6], [0.7, 0.3], [0.3, 0.7]] 각 클래스의 예측 확률 반환
predict( )	정확도, F1 Score, 정밀도, 재현율 등	1차원 형태: [1, 0, 1] 예측된 클래스(레이블) 반환

predict_proba( )는 각 클래스의 확률을 각각 예측해 주기 때문에 2차원 구조의 결과를 반환한다. 반환된 결과, pred의 첫 번째 열인 [0]을 불러오면 '<=50K' 확률이고, 두 번째 열인 [1]을 불러오면 '>50K' 확률이다. '>50K' 확률을 pred[:,1]로 작성해 불러온다.

```
from sklearn.metrics import roc_auc_score
roc_auc = roc_auc_score(y_val, pred[:,1])
print('roc_auc:', roc_auc)
```

```
roc_auc: 0.9173623004487484
```

(2) Accuracy(정확도)

Accuracy(정확도)를 평가할 때는 predict( )를 활용한다. predict( )는 예측된 각 클래스(레이블)를 반환한다. pred 결과 10개만 확인해 보자. '<=50K' 또는 '>50K'인 예측값을 확인할 수 있다.

```
pred = rf.predict(X_val)
pred[:10]
```

```
array(['<=50K', '<=50K', '<=50K', '<=50K', '<=50K', '<=50K', '<=50K',
       '<=50K', '>50K', '<=50K'], dtype= object)
```

Accuracy(정확도)의 결과 점수를 확인해 보자. 전체 데이터 중 올바르게 예측된 데이터의 비율이다. 만약 100개 중 86개를 맞췄으면 0.86이 된다. 1에 가까울수록 좋다.

```
from sklearn.metrics import accuracy_score
accuracy = accuracy_score(y_val, pred)
print('accuracy_score:', accuracy)
```

```
accuracy_score: 0.8694761986009213
```

(3) F1 스코어

F1 Score의 결과 점수를 확인해 보자. F1 스코어는 정밀도(Precision)와 재현율(Recall)의 조화평균으로 계산되는 평가지표이며 높을수록 좋다. F1 스코어는 기본적으로 양성 클래스를 1로 가정하는데, target이 <=50K, >50K의 문자로 구성되어 있다. 어떤 값이 양성 클래스인지 pos_label='>50K'를 사용해 지정해야 한다. 만약 타깃이 0, 1로 변환된 숫자였다면 f1_score(y_val, pred)만 작성해도 된다.

```
from sklearn.metrics import f1_score
f1 = f1_score(y_val, pred, pos_label='>50K')
print('f1_score:', f1)
```

```
f1_score: 0.6926476496584975
```

분류 모델에서 2개의 평가지표로 평가했다. 평가지표에는 어떤 것이 있고, 어떻게 사용하는지 궁금증이 생겼을 것이다. 3장에서 분류와 회귀 평가지표에 대해 자세히 살펴보자.

3 라이트지비엠

라이트지비엠(LightGBM)은 그래디언트 부스팅(Gradient Boosting) 기반의 앙상블 학습 알고리즘이고, 머신러닝 모델 중 정형 데이터를 다룰 때 매우 인기 있는 모델이다.

라이트지비엠(LightGBM)은 사이킷런이 아닌 별도 라이브러리를 활용한다. 활용 방법은 모델을 불러오는 방법만 다를 뿐, 앞서 학습한 랜덤포레스트와 같이 fit(X, y)로 학습하고 predict(predict_proba)로 예측한다. 평가지표 ROC_AUC, Accuracy, F1 스코어 모두 랜덤포레스트 모델 예측 결과보다 성능이 조금씩 향상되었다.

(1) random_state

성능 결과는 다르게 나타날 수 있다. 모델을 학습할 때 랜덤적인 요소가 존재하기 때문에 매번 결과가 달라진다. 모델을 학습할 때 랜덤적인 요소를 고정하기 위해서는 random_state=0을 설정해 사용한다. 다만, 이 값이 같다고 해서 다른 환경에서도 같은 값이 나오는 것은 아니다. 작업 중인 환경에서 여러 번 실행했을 때 동일한 결과가 나온다는 것이다.

(2) verbose

LightGBM 버전에 따라 출력 결과에 로그 메시지(세부사항)가 다음과 같이 함께 나타날 수 있다. 에러가 아니므로 걱정하지 말자. 신경 쓰인다면 verbose를 사용해 보자. 로그 메시지를 숨기기 위해 verbose=-1로 사용한다.

```
import lightgbm as lgb
lgbmc = lgb.LGBMClassifier(random_state=0, verbose=-1)
lgbmc.fit(X_train, y_train)
pred = lgbmc.predict_proba(X_val)

roc_auc = roc_auc_score(y_val, pred[:,1])
print('roc_auc:', roc_auc)

pred = lgbmc.predict(X_val)
accuracy = accuracy_score(y_val, pred)
print('accuracy_score:', accuracy)

f1 = f1_score(y_val, pred, pos_label='>50K')
print('f1_score:', f1)
```

```
roc_auc: 0.9279535666686397
accuracy_score: 0.8771540692714553
f1_score: 0.7158642462509867
```

성능 좋은 LightGBM만 준비해 가도 될까요?

LightGBM은 시간 대비 우수한 성능을 보여주는 모델로 정형 데이터를 다루는 현업에서도 인기가 높다. 다만, 데이터에 따라 워닝이 발생할 수 있다. 워닝 메시지를 읽고 해결하면 되지만, 시험에서는 당황할 수 있다. 따라서 안정적인 랜덤포레스트를 1순위로 두고, 2순위를 LightGBM으로 추천한다.

SECTION 07 예측 및 결과 파일 생성

이 단계에서는 test 데이터를 예측한다. 앞 단계에서는 검증 데이터를 활용해 예측하고 평가했다. 시험에 비유하자면 검증 데이터로 예측하는 것은 모의고사고, test 데이터를 활용하는 것은 수능시험이다.

학습된 LightGBM 모델을 활용해 test 데이터를 넣고 predict_proba를 실행하면 예측 확률값을 반환받는다.

```
pred = lgbmc.predict_proba(test)
pred
```

```
array([[0.89924007, 0.10075993],
       [0.97622077, 0.02377923],
       [0.9853122 , 0.0146878 ],
       ...,
       [0.93528667, 0.06471333],
       [0.98996872, 0.01003128],
       [0.96723292, 0.03276708]])
```

첫 번째 값이 '<=50K' 확률이고 두 번째 값이 '>50K' 확률이다. 문제에서는 $50,000 이상의 확률값을 묻고 있다. 따라서 두 번째 값을 pred[:1]로 선택한다. 확률값의 순서를 확인하고 싶다면 'lgbmc.classes_(모델변수.classes_)'를 통해 할 수 있고, 만약 문자가 아닌 0과 1이었다면 첫 번째가 0 확률값이고, 두 번째가 1 확률값이다.

예측값을 데이터프레임으로 변경하고, 문제 요구사항대로 컬럼명을 'pred'로 한다.

result.csv 파일로 저장하는데, 저장할 때는 반드시 index=False 파라미터를 적용한다. 그렇지 않으면 기존 인덱스도 함께 저장된다.

```
submit = pd.DataFrame({'pred':pred[:,1]})
submit.to_csv("result.csv", index=False)
```

제출 양식이 문제가 원하는 대로 잘 작성되었는지 확인해 보자. pd.read_csv( )를 활용해 최종적으로 확인 후 "제출" 버튼을 클릭한다. 제출은 여러 번 가능하다.

```
pd.read_csv("result.csv")
```

	pred
0	0.100760
1	0.023779
2	0.014688
3	0.798048
4	0.026542
...	...
3252	0.009613
3253	0.321992
3254	0.064713
3255	0.010031
3256	0.032767

3257 rows × 1 columns

이 책과 pred 결과가 달라요.

작업형2는 작업형1, 3과 달리, 정답이 있는 문제가 아니다. 작업형1, 3은 정답이 99라면 99를 입력해야 정답으로 채점된다. 작업형2는 평가지표로 평가한다. 예를 들어, 이 책에서는 첫 번째 행의 확률값이 0.1이 나왔지만, 수험생의 예측 결과에서는 0.2가 될 수도 있다. 하나의 값이 중요한 것이 아니라 예측한 전체 결과를 평가지표로 계산했을 때 결과가 책과 큰 차이가 없다면 정상이다. 작은 차이는 있을 수 있다.

CHAPTER 03

머신러닝 평가지표

작업형2에서는 제출한 모델의 성능을 문제에서 제시한 평가지표에 따라 채점한다. 분류와 회귀 각각의 평가지표를 살펴보자. 모든 평가지표를 알면 좋지만, 필요할 때마다 공식문서를 찾아보며 진행하는 것을 추천한다. 빅데이터 분석기사 시험은 코드 자동 완성(힌트) 기능이 없다. 따라서 평가지표를 암기해야 하는 어려움이 있다. 팁이 있다면 주요 평가지표를 한두 개(*로 표시)씩 학습하고, 문제에서 암기하지 못한 평가지표가 나올 때 알고 있는 평가지표로 검증 평가하도록 한다. 물론 차이는 있겠지만, 대략적인 모델 성능 파악이 가능하다.
대표적인 머신러닝 평가지표는 sklearn.metrics 라이브러리에 포함되어 있다.

Section 01 | 이진 분류 평가지표
Section 02 | 다중 분류 평가지표
Section 03 | 회귀 평가지표

SECTION 01 | 이진 분류 평가지표

이진 분류 평가지표를 설명하기 위해 간단한 데이터셋을 만들었다. y_true 변수에는 실제 값을 담았고, y_pred 변수에는 예측값을 담았다. 또한, target이 숫자가 아닌 문자일 수도 있으므로 y_true_str과 y_pred_str을 문자로 1은 A, 2는 B로 변경해 담았다.

```
# 이진 분류 데이터
import pandas as pd
y_true = pd.DataFrame([1, 1, 1, 0, 0, 1, 1, 1, 1, 0]) # 실제 값
y_pred = pd.DataFrame([1, 0, 1, 1, 0, 0, 0, 1, 1, 0]) # 예측값

y_true_str = pd.DataFrame(['A', 'A', 'A', 'B', 'B', 'A', 'A', 'A', 'A', 'B']) # 실제 값
y_pred_str = pd.DataFrame(['A', 'B', 'A', 'A', 'B', 'B', 'B', 'A', 'A', 'B']) # 예측값
```

1 정확도*

정확도(Accuracy)는 전체 데이터 중에서 올바르게 예측된 데이터의 비율을 나타낸다. 그러나 데이터가 불균형할 경우 정확도만으로는 충분한 평가가 어렵다. 예를 들어, 100명의 데이터 중 2명만 암환자라는 불균형한 상황에서 모든 환자를 암이 아니라고 예측하면 98%의 높은 정확도를 보이게 된다. 이런 이유로 데이터가 균형을 이루는 경우에만 정확도가 적절한 평가지표가 된다. 정확도의 값은 0.6으로 나타나며, 숫자나 문자의 형태에 따른 차이는 없다. 결괏값은 1에 가까울수록 좋다.

```
# 정확도(Accuracy)
from sklearn.metrics import accuracy_score
accuracy = accuracy_score(y_true, y_pred)
print("정확도:", accuracy)


accuracy = accuracy_score(y_true_str, y_pred_str)
print("정확도:", accuracy)
```

정확도: 0.6
정확도: 0.6

2 정밀도

정밀도(Precision)는 양성으로 예측된 데이터 중 실제로 양성인 비율을 나타낸다. 이는 모델

이 양성이라고 예측한 경우 중 얼마나 정확하게 예측했는지를 평가하는 지표다. 문자 형태의 target을 사용할 때는 pos_label='A'와 같이 양성 클래스를 명시해야 한다. 숫자인 경우에는 pos_label을 사용하지 않는다. 여기서는 'A'를 양성(1) 클래스로 설정했다. 정밀도의 값은 0.8로 나타나며, 결과는 1에 가까울수록 좋다.

```
# 정밀도(Precision)
from sklearn.metrics import precision_score
precision = precision_score(y_true, y_pred)
print("정밀도:", precision)

precision = precision_score(y_true_str, y_pred_str, pos_label='A')
print("정밀도:", precision)
```

```
정밀도: 0.8
정밀도: 0.8
```

3 재현율

재현율(Recall)은 실제 양성인 데이터 중 모델이 양성으로 올바르게 예측한 비율을 나타낸다. 이는 모델이 실제 양성인 데이터를 얼마나 잘 감지하는지를 측정한다. 문자 형태의 경우 양성 클래스 지정이 필요하다. 결과는 1에 가까울수록 좋다.

```
# 재현율(Recall)
from sklearn.metrics import recall_score
recall = recall_score(y_true, y_pred)
print("재현율:", recall)

recall = recall_score(y_true_str, y_pred_str, pos_label='A')
print("재현율:", recall)
```

```
재현율: 0.5714285714285714
재현율: 0.5714285714285714
```

4 F1 스코어*

F1 스코어(F1 Score)는 정밀도와 재현율의 조화 평균을 나타낸다. 불균형 데이터를 평가하는 데 유용하다. 문자 형태의 경우 양성(1) 클래스 지정이 필요하다. 결과는 1에 가까울수록 좋다.

```
# F1 스코어(F1 Score)
from sklearn.metrics import f1_score
```

```
f1 = f1_score(y_true, y_pred)
print("F1 스코어:", f1)

f1 = f1_score(y_true_str, y_pred_str, pos_label='A')
print("F1 스코어:", f1)
```

```
F1 스코어: 0.6666666666666666
F1 스코어: 0.6666666666666666
```

5 ROC-AUC*

ROC 곡선(Receiver Operating Characteristic Curve) 아래 영역, 즉 AUC(Area Under the Curve)는 모델의 분류 성능을 평가하는 지표다. 이때 특히 양성 클래스(일반적으로 '1'로 표시되는 관심 대상 클래스)에 속할 확률을 예측하기 위해 모델에 predict_proba( )를 사용한다. predict_proba( )는 각 클래스에 속할 확률을 반환하며, 양성 클래스에 대한 확률을 분석하기 위해 반환된 배열의 두 번째 열(pred[:, 1])의 값을 사용한다. 이 확률값은 ROC-AUC 계산에 사용되며, y_pred_proba라고 가정할 때 이 값들을 기반으로 ROC-AUC를 구한다. ROC-AUC값이 1에 가까울수록 모델의 성능이 우수함을 의미한다.

```
# ROC-AUC
from sklearn.metrics import roc_auc_score
# 실제 값(0: 음성, 1: 양성)
y_true = pd.DataFrame([0, 1, 0, 1, 1, 0, 0, 0, 1, 1])
# 예측값 중 양성(1) 확률
y_pred_proba = pd.DataFrame([0.4, 0.9, 0.1, 0.3, 0.8, 0.6, 0.4, 0.2, 0.7, 0.6])

roc_auc = roc_auc_score(y_true, y_pred_proba)
print("ROC-AUC:", roc_auc)
```

```
ROC-AUC: 0.86
```

문자 형태의 타깃 값에 대해서도 ROC-AUC 계산 방식은 변경되지 않는다. y_pred_proba_str은 B 클래스에 대한 확률로 이를 기반으로 ROC-AUC 점수가 계산된다.

```
# 실제 값
y_true_str = pd.DataFrame(['A', 'B', 'A', 'B', 'B', 'A', 'A', 'A', 'B', 'B'])

# 예측값 중 B 확률
y_pred_proba_str = pd.DataFrame([0.4, 0.9, 0.1, 0.3, 0.8, 0.6, 0.4, 0.2, 0.7, 0.6])
roc_auc = roc_auc_score(y_true_str, y_pred_proba_str)

print("ROC-AUC:", roc_auc)
```

```
ROC-AUC: 0.86
```

SECTION 02 다중 분류 평가지표

다중 분류 평가지표는 이진 분류 평가지표와 유사하다. 다만, 다중 분류로 평가하기 위해 정밀도, 재현율, F1 스코어는 평균을 계산하는 방식(파라미터)이 필요하다.

- **Macro 평균(Macro-average)**: 각 클래스에 대한 정밀도/재현률/F1 점수의 평균을 계산
- **Micro 평균(Micro-average)**: 모든 클래스에 대한 전체적인 정밀도/재현률/F1 점수를 계산
- **Weighted 평균(Weighted-average)**: 각 클래스에 대한 정밀도/재현률/F1 점수의 가중 평균을 계산

세 가지 클래스(종류)가 있는 다중 분류 데이터를 만들었다. 다중 분류는 3개 이상의 클래스(종류)를 의미한다. 다중 분류에서는 숫자와 문자 형태로 인한 코딩에서의 차이가 없다.

```
# 다중 분류 데이터
y_true = pd.DataFrame([1, 2, 3, 3, 2, 1, 3, 3, 2, 1]) # 실제 값
y_pred = pd.DataFrame([1, 2, 1, 3, 2, 1, 1, 2, 2, 1]) # 예측값

y_true_str = pd.DataFrame(['A', 'B', 'C', 'C', 'B', 'A', 'C', 'C', 'B', 'A']) # 실제 값
y_pred_str = pd.DataFrame(['A', 'B', 'A', 'C', 'B', 'A', 'A', 'B', 'B', 'A']) # 예측값
```

1 정확도*

다중 분류에서 정확도의 평가 방법은 이진 분류와 같다.

```
# 정확도(Accuracy)
from sklearn.metrics import accuracy_score
accuracy = accuracy_score(y_true, y_pred)
print("정확도:", accuracy)

accuracy = accuracy_score(y_true_str, y_pred_str)
print("정확도:", accuracy)

정확도: 0.7
정확도: 0.7
```

2 정밀도

average는 micro, macro, weighted 중 문제에서 요구하는 방식을 선택한다. 다음 코드는 기출되었던 macro를 예시로 사용했다.

```
# 정밀도(Precision)
from sklearn.metrics import precision_score
precision = precision_score(y_true, y_pred, average='macro') # average= micro, macro, weighted
print("정밀도:", precision)

precision = precision_score(y_true_str, y_pred_str, average='macro')
print("정밀도:", precision)
```

```
정밀도: 0.7833333333333333
정밀도: 0.7833333333333333
```

3 재현율

```
# 재현율(Recall)
from sklearn.metrics import recall_score
recall = recall_score(y_true, y_pred, average='macro') # average= micro, macro, weighted
print("재현율:", recall)

recall = recall_score(y_true_str, y_pred_str, average='macro')
print("재현율:", recall)
```

```
재현율: 0.75
재현율: 0.75
```

4 F1 스코어*

```
# F1 스코어(F1 Score)
from sklearn.metrics import f1_score
f1 = f1_score(y_true, y_pred, average='macro') # average= micro, macro, weighted
print("F1 스코어:", f1)

f1 = f1_score(y_true_str, y_pred_str, average='macro')
print("F1 스코어:", f1)
```

```
F1 스코어: 0.669047619047619
F1 스코어: 0.669047619047619
```

SECTION 03 | 회귀 평가지표

회귀 평가지표는 대부분 오차를 측정한다. 회귀 모델을 평가하는 오차를 측정하는 방식은 다양하다. 오차는 작을수록 좋다. 따라서 0에 가까울수록 성능이 좋은 모델이다. 이 책에서 다루는 회귀 평가지표 중에서는 결정 계수(R-squared)만 유일하게 높을수록(1에 가까울수록) 좋다.

회귀 평가지표를 학습하기 위해 간단한 데이터를 만들었다. 예측값은 일반적으로 소수 값을 포함해 예측된다.

```
# 회귀 데이터
import pandas as pd
y_true = pd.DataFrame([1, 2, 5, 2, 4, 4, 7, 9]) # 실제 값
y_pred = pd.DataFrame([1.14, 2.53, 4.87, 3.08, 4.21, 5.53, 7.51, 10.32]) # 예측값
```

1 MSE*

MSE(Mean Squared Error)는 실제 값과 예측값의 차이를 제곱해 평균한 값이다. 큰 오차에 대해 가중치를 부여한다.

```
# MSE(Mean Squared Error)
from sklearn.metrics import mean_squared_error
mse = mean_squared_error(y_true, y_pred)
print("MSE:", mse)
```

```
MSE: 0.7339125000000001
```

2 MAE*

MAE(Mean Absolute Error)는 실제 값과 예측값의 차이를 절댓값으로 계산하고 평균한 값이다.

```
# MAE(Mean Absolute Error)
from sklearn.metrics import mean_absolute_error
mae = mean_absolute_error(y_true, y_pred)
print("MAE:", mae)
```

```
MAE: 0.68125
```

3 결정 계수*

결정 계수(R-squared)는 회귀식이 얼마나 잘 예측(설명)하는지를 나타내는 지표다. R^2이라고도 불린다.

```
# 결정 계수(R-squared)
from sklearn.metrics import r2_score
r2 = r2_score(y_true, y_pred)
print("결정 계수:", r2)
```

결정 계수: 0.8859941747572815

4 RMSE*

RMSE(Root Mean Squared Error)는 실제 값과 예측값의 차이를 제곱해 평균을 낸 MSE에 제곱근을 적용한 값이다. 큰 오차에 대해 가중치를 부여한다.

```
# RMSE(Root Mean Squared Error)
from sklearn.metrics import root_mean_squared_error
rmse = root_mean_squared_error(y_true, y_pred)
print("RMSE:", rmse)
```

RMSE: 0.8566869323154171

5 MSLE

MSLE(Mean Squared Log Error)는 실제 값과 예측값의 로그를 취한 후 차이를 제곱해 평균한 값이다. 작은 오차에 더 큰 가중치를 부여한다.

```
# MSLE(Mean Squared Log Error)
from sklearn.metrics import mean_squared_log_error
msle = mean_squared_log_error(y_true, y_pred)
print("MSLE:", msle)
```

MSLE: 0.027278486182156975

6 RMSLE

RMSLE(Root Mean Squared Log Error)는 실제 값과 예측값의 로그를 취한 후 차이를 제곱해 평균한 값의 제곱근으로 계산한 값이다. 작은 오차에 대해 더 큰 가중치를 부여한다.

```python
# RMSLE(Root Mean Squared Log Error)
from sklearn.metrics import root_mean_squared_log_error
rmsle = root_mean_squared_log_error(y_true, y_pred)
print("RMSLE:", rmsle)
```

```
RMSLE: 0.1651619998127807
```

7 MAPE

MAPE(Mean Absolute Percentage Error)는 예측값과 실제 값 사이의 오차를 백분율로 나타낸 지표다.

```python
# MAPE(Mean Absolute Percentage Error)
mape = (abs((y_true - y_pred) / y_true)).mean() * 100
print("MAPE:", mape)
```

```
MAPE: 0    20.319048
dtype: float64
```

> 심화학습
>
> **MAPE를 사용할 때 분모에 0이 있으면 어떻게 하나요?**
>
> 실제 값 중에 0이 있다면 계산이 불가능하다. 매우 작은 값을 더해 0이 되는 것을 방지하기도 한다. 실제 오차에는 큰 영향을 주지 않는다.
>
> ```python
> epsilon = 1e-10
> mape = (abs((y_true - y_pred) / (y_true + epsilon))).mean() * 100
> print("MAPE:", mape)
> ```
>
> ```
> MAPE: 0    20.319048
> dtype: float64
> ```

평가지표를 보고 분류 or 회귀인지 알 수 있다

평가지표만 알고 있어도 분류/회귀 중 어떤 것인지 데이터를 보지 않고도 알 수 있다. 회귀 평가지표에는 R^2(결정 계수)을 제외하고 Error(오차)를 계산하는 단어가 포함되어 있다.

CHAPTER 04

머신러닝 실습(회귀)

회귀는 X데이터(독립변수, 피처)와 y 데이터(종속변수, 타깃) 간의 관계를 모델링하고, 새로 주어진 X데이터에 대해 연속적인 값을 예측한다. 작업형2 유형을 마주하는 수험생에게 회귀를 설명하면 가장 많이 묻는 질문 중 하나가 "어떻게 회귀인지, 분류인지 알 수 있나요?"다. 구분하는 세 가지 방법이 있다.

1. 문제를 통해 파악한다.
문제에서 다른 컬럼에 대한 설명은 없더라도 label(target)이 어떤 컬럼인지 설명이 있을 것이다. 컬럼명 또는 설명을 읽고 파악한다. 예를 들어, 확률값을 구하라고 한다면 분류다. 카테고리가 0 또는 1로 구분되어도 분류. 회귀는 수요량, 접속량, 사용량, 판매량 등이 될 수 있다.

2. target(label)값을 확인한다.
데이터 샘플을 확인했을 때 연속형 숫자인지, 몇몇 값이 반복되는 카테고리인지 확인한다. df['target'].value_counts( )로 확인했을 때 종류가 많으면 회귀고, 한눈에 들어오면 분류일 가능성이 크다.

3. 평가지표를 확인한다.
앞서 분류와 회귀 평가지표에 대해 학습했다. 어떤 평가지표를 사용하는지에 따라 구분할 수 있다. 예를 들어, MAE, MSE, RMSE 등 E(Error)가 붙어 있으면 회귀다.

분류도 회귀와 동일한 머신러닝 프로세스로 진행한다. 차이가 있다면 모델 선택과 평가지표에 있다. 데이터 전처리 중 범주형 데이터(문자) 인코딩은 다양한 방식이 있기 때문에 매 풀이마다 조금씩 다른 방식으로 진행해 보고자 한다. 한 가지 방법으로 동일하게 하는 것도 좋지만, 여유가 있다면 다양한 방법을 경험해 보고, 작업하기 편한 전처리 방법을 선택하기를 추천한다. 하지만 시간적 여유가 없을 경우 데이터 전처리는 한 가지 방법만 권장한다.

Section 01 | 문제 정의
Section 02 | 라이브러리 및 데이터 불러오기
Section 03 | 탐색적 데이터 분석(EDA)
Section 04 | 데이터 전처리
Section 05 | 검증 데이터 나누기
Section 06 | 머신러닝 학습 및 평가
Section 07 | 예측 및 결과 파일 생성

SECTION 01 | 문제 정의

10개의 아울렛 매장에서 1,500여 개의 제품에 대한 판매 데이터를 수집했다. 예측 모델을 만들고 아울렛 특정 매장에서 각 제품의 판매금액을 예측하시오.

- 평가 기준은 RMSE로 평가
- label(target)은 판매금액(Item_Outlet_Sale)
- 제출 파일은 예측값만 result.csv 파일로 생성해 제출(컬럼명: pred, 1개)

SECTION 02 | 라이브러리 및 데이터 불러오기

판다스 라이브러리와 주어진 train과 test 데이터셋을 불러온다.

```
import pandas as pd

train = pd.read_csv("train.csv")
test = pd.read_csv("test.csv")
```

SECTION 03 | 탐색적 데이터 분석(EDA)

데이터의 크기를 확인한다. train의 행(레코드)은 6,818개, 컬럼은 12개, test의 행(레코드)은 1,705개, 컬럼은 11개다.

```
train.shape, test.shape
```
```
((6818, 12), (1705, 11))
```

데이터 샘플을 확인한다. 카테고리(문자)와 숫자 컬럼이 혼합되어 있는 것을 확인할 수 있다. 마지막 컬럼인 Item_Outlet_Sales는 target(label) 컬럼인데, 금액이고 소수점이 있는 숫자다.

```
train.head()
```

	Item_Identifier	Item_Weight	Item_Fat_Content	Item_Visibility	Item_Type	Item_MRP	Outlet_Identifier	Outlet_Establishment_Year	Outlet_Size	Outlet_Location_Type	Outlet_Type	Item_Outlet_Sales
0	NCR06	12.500	Low Fat	0.006760	Household	42.8112	OUT013	1987	High	Tier 3	Supermarket Type1	639.1680
1	FDW11	12.600	Low Fat	0.048741	Breads	60.4194	OUT013	1987	High	Tier 3	Supermarket Type1	990.7104
2	FDH32	12.800	Low Fat	0.075997	Fruits and Vegetables	97.1410	OUT013	1987	High	Tier 3	Supermarket Type1	2799.6890
3	FDL52	6.635	Regular	0.046351	Frozen Foods	37.4506	OUT017	2007	NaN	Tier 2	Supermarket Type1	1176.4686
4	FDO09	13.500	Regular	0.125170	Snack Foods	261.4910	OUT013	1987	High	Tier 3	Supermarket Type1	3418.8830

데이터 자료형(타입)을 확인한다. float가 4개, int가 1개, object가 7개인 것을 확인할 수 있다. 7개의 컬럼은 인코딩이 필요하다.

```
train.info()
<class 'pandas.core.frame.DataFrame'>
RangeIndex: 6818 entries, 0 to 6817
Data columns (total 12 columns):
 #   Column                     Non-Null Count  Dtype
---  ------                     --------------  -----
 0   Item_Identifier            6818 non-null   object
 1   Item_Weight                5656 non-null   float64
 2   Item_Fat_Content           6818 non-null   object
 3   Item_Visibility            6818 non-null   float64
 4   Item_Type                  6818 non-null   object
 5   Item_MRP                   6818 non-null   float64
 6   Outlet_Identifier          6818 non-null   object
 7   Outlet_Establishment_Year  6818 non-null   int64
 8   Outlet_Size                4878 non-null   object
 9   Outlet_Location_Type       6818 non-null   object
 10  Outlet_Type                6818 non-null   object
 11  Item_Outlet_Sales          6818 non-null   float64
dtypes: float64(4), int64(1), object(7)
memory usage: 639.3+ KB
```

기술통계 값을 확인해 보자. 빅데이터 분석기사 시험은 시각화를 지원하지 않아 비대칭 정도를 정확하게 파악할 수는 없지만, 추측해 본다면 다음과 같다.

- median(50%) > mean인 경우 왼쪽 꼬리가 긴 분포(Negative Skew)
- median(50%) < mean인 경우 오른쪽 꼬리가 긴 분포(Postive Skew)

Item_Visibility와 Item_Outlet_Sales 컬럼은 median(50%) < mean이므로 데이터 모양이 오른쪽 꼬리가 긴 분포의 모양을 한다고 추측할 수 있다.

```
train.describe()
```

	Item_Weight	Item_Visibility	Item_MRP	Outlet_Establishment_Year	Item_Outlet_Sales
count	5656.000000	6818.000000	6818.000000	6818.000000	6818.000000
mean	12.872703	0.066121	140.419533	1997.885890	2190.941459
std	4.651034	0.051383	62.067861	8.339795	1706.131256
min	4.555000	0.000000	31.290000	1985.000000	33.290000
25%	8.785000	0.026914	93.610050	1987.000000	836.577700
50%	12.600000	0.053799	142.448300	1999.000000	1806.648300
75%	17.000000	0.095273	185.060150	2004.000000	3115.944000
max	21.350000	0.328391	266.888400	2009.000000	13086.964800

 잠깐만요

오른쪽 꼬리가 긴 분포는 어떻게 생겼나요?

오른쪽 꼬리가 긴 분포의 모양이 맞는지 확인하는 차원에서 코랩에서 시각화를 시켰다. (시험에서는 시각화 출력 사용 불가)

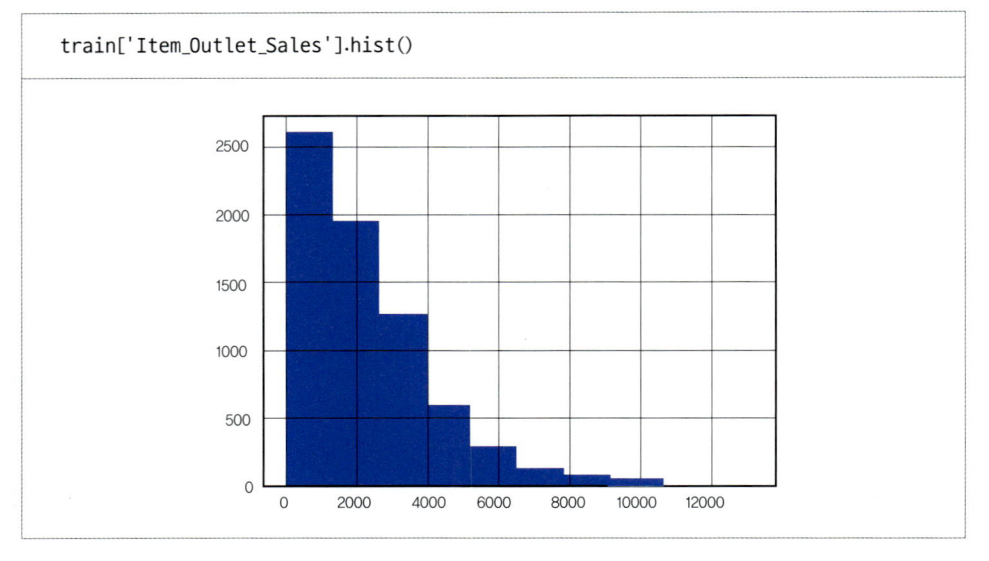

```
train['Item_Outlet_Sales'].hist()
```

object 컬럼의 unique 개수를 확인해 보자. 작게는 3개부터 많게는 1,554개가 있는 것을 확인할 수 있다. 1,554개의 컬럼은 Item_Identifier다. id는 일반적으로 count와 unique의 수가 같지만, 이 경우는 꽤 차이가 있다. 따라서 삭제하지 않았을 때와 삭제했을 때 둘 다 비교해 볼 필요가 있다.

보통은 unique 개수에 따라 원-핫 인코딩을 사용하거나 레이블 인코딩을 사용하기도 한다. 예를 들어, 1,554개를 원-핫 인코딩했을 때 컬럼 수가 엄청나게 늘어나고 대부분의 값이 0으로 채워지며 낭비가 매우 심하다. 따라서 레이블 인코딩으로 진행하는 편이 낫다. 그 외 나머지 컬럼은 레이블 인코딩이 아닌 원-핫 인코딩으로 진행해도 된다. 하지만 이 책은 입문자를 대상으로 하기 때문에 한 가지 인코딩만 일괄 적용할 예정이다.

```
train.describe(include='O')
```

	Item_Identifier	Item_Fat_Content	Item_Type	Outlet_Identifier	Outlet_Size	Outlet_Location_Type	Outlet_Type
count	6818	6818	6818	6818	4878	6818	6818
unique	1554	5	16	10	3	3	4
top	FDW26	Low Fat	Snack Foods	OUT046	Medium	Tier 3	Supermarket Type1
freq	9	4092	963	763	2228	2664	4474

test 데이터셋에 있는 object 컬럼도 확인한다. Item_Identifier를 제외하고는 모두 train 데이터셋과 unique 개수가 동일하다.

```
test.describe(include='O')
```

	Item_Identifier	Item_Fat_Content	Item_Type	Outlet_Identifier	Outlet_Size	Outlet_Location_Type	Outlet_Type
count	1705	1705	1705	1705	1235	1705	1705
unique	1077	5	16	10	3	3	4
top	FDG33	Low Fat	Fruits and Vegetables	OUT013	Medium	Tier 3	Supermarket Type1
freq	4	997	272	207	565	686	1103

마지막으로 결측치가 있는지 확인해 보자. train과 test 모두 2개의 컬럼에서 결측치가 있는 것을 확인할 수 있다. 데이터 전처리 단계에서 결측치 처리도 필요하다.

```
train.isnull().sum()
```

```
Item_Identifier                 0
Item_Weight                  1162
Item_Fat_Content                0
Item_Visibility                 0
Item_Type                       0
Item_MRP                        0
Outlet_Identifier               0
Outlet_Establishment_Year       0
Outlet_Size                  1940
Outlet_Location_Type            0
Outlet_Type                     0
Item_Outlet_Sales               0
dtype: int64
```

```
test.isnull().sum()
```

```
Item_Identifier                0
Item_Weight                  301
Item_Fat_Content               0
Item_Visibility                0
Item_Type                      0
Item_MRP                       0
Outlet_Identifier              0
Outlet_Establishment_Year      0
Outlet_Size                  470
Outlet_Location_Type           0
Outlet_Type                    0
dtype: int64
```

SECTION 04 | 데이터 전처리

인코딩 처리를 위해 object 컬럼 선택이 필요하다. 컬럼명 중 object 컬럼만 리스트로 만드는 방법과 직접 object 컬럼 리스트를 만드는 방법이 있다. 우선 object 컬럼만 해보자.

```
list(train.columns[train.dtypes == object])
```

```
['Item_Identifier',
 'Item_Fat_Content',
 'Item_Type',
 'Outlet_Identifier',
 'Outlet_Size',
 'Outlet_Location_Type',
 'Outlet_Type']
```

object 컬럼 모두 인코딩을 진행하지만, 특정 컬럼을 제외하고 싶다면 모든 object 컬럼명을 선택하는 코드를 작성한 후 복사해 리스트를 직접 만든 다음 특정 컬럼을 빼는 방법이 있다.

```
cols = ['Item_Fat_Content', 'Item_Type', 'Outlet_Identifier', 'Outlet_Size',
 'Outlet_Location_Type', 'Outlet_Type']
cols
```

```
['Item_Fat_Content',
 'Item_Type',
 'Outlet_Identifier',
 'Outlet_Size',
 'Outlet_Location_Type',
 'Outlet_Type']
```

target 컬럼을 변수에 옮겨두고 데이터를 합쳐서 인코딩하자.

인코딩을 위해 train과 test 데이터셋을 병합한다. 합쳐서 진행하지 않을 경우 탐색적 데이터 분석(EDA) 과정에서 확인한 것처럼 Item_Identifier는 train과 test의 카테고리(종류)가 달라 모델 학습 시 에러가 발생한다. 또는 Item_Identifier를 제거하는 방법도 있다.

```
target = train.pop('Item_Outlet_Sales')
print(train.shape, test.shape)
df = pd.concat([train, test])
print(df.shape)
```

```
(6818, 11) (1705, 11)
(8523, 11)
```

사이킷런에서 제공하는 LabelEncoder로 레이블 인코딩을 한다. train과 test 데이터가 합쳐진 df 데이터만 레이블 인코딩하면 된다.

```
# 레이블 인코딩
from sklearn.preprocessing import LabelEncoder
le = LabelEncoder()
for col in cols:
    df[col] = le.fit_transform(df[col])
```

심화학습

레이블 인코딩하는 다른 방법(cat.codes)

레이블 인코딩은 사이킷런 레이블 인코딩이 아닌 다른 방법으로도 진행할 수 있다. 자료형을 category로 변경한 후 .cat.codes를 붙여주면 레이블 인코딩된다. 반복문이 각 컬럼의 인코딩하는 과정을 파악할 수 있도록 print() 함수를 추가했다. print(f"{col} 레이블 인코딩 완료")는 확인용으로 사용하지 않아도 된다.

```
for col in cols:
    df[col] = df[col].astype("category").cat.codes
    print(f"{col} 레이블 인코딩 완료")
```

```
Item_Fat_Content 레이블 인코딩 완료
Item_Type 레이블 인코딩 완료
Outlet_Identifier 레이블 인코딩 완료
Outlet_Size 레이블 인코딩 완료
Outlet_Location_Type 레이블 인코딩 완료
Outlet_Type 레이블 인코딩 완료
```

레이블 인코딩 결과를 샘플로 확인해 보자.

```
df.head()
```

	Item_Identifier	Item_Weight	Item_Fat_Content	Item_Visibility	Item_Type	Item_MRP	Outlet_Identifier	Outlet_Establishment_Year	Outlet_Size	Outlet_Location_Type	Outlet_Type
0	NCR06	12.500	1	0.006760	9	42.8112	1	1987	0	2	1
1	FDW11	12.600	1	0.048741	1	60.4194	1	1987	0	2	1

2	FDH32	12.800	1	0.075997	6	97.1410	1	1987	0	2	1
3	FDL52	6.635	2	0.046351	5	37.4506	2	2007	3	1	1
4	FDO09	13.500	2	0.125170	13	261.4910	1	1987	0	2	1

인코딩 결과를 확인한 후 합친 데이터를 다시 train과 test로 iloc를 활용해 분할해 보자. train index 번호는 처음부터 (train 개수-1)까지고, test index 번호는 train행의 수부터 마지막까지다. iloc 뒤의 copy( )는 복사본을 생성한다. copy( )를 사용하지 않았을 때 판다스 버전에 따라 워닝이 발생하기도 한다.

```
train = df.iloc[:len(train)].copy()
test = df.iloc[len(train):].copy()
train.shape, test.shape
```

```
((6818, 11), (1705, 11))
```

결측치는 최솟값과 최빈값으로 채운다. "왜 최솟값과 최빈값을 선택했을까?" 하는 의문이 생길 수 있다. 연속형 컬럼의 경우 최소, 최대, 평균, 중앙 또는 그룹별 평균 중에서 어떤 값을 채워야 할지 고민이 될 것이다. 이 데이터에 대한 전문가가 아니므로 모델 성능을 보고 나서 변경해도 된다. 어떤 값이든 편한 것으로 채우자. 첫 베이스라인(baseline) 결과 이후에 변경하는 것을 추천한다.

베이스라인은 작업형2 결과(csv)를 제출할 수 있는 최소한의 형태, 즉 데이터를 불러오고 간단한 전처리와 빠르게 모델을 만들어 예측 결과를 제출할 수 있는 형태로 이 책에서 사용하고 있다.

```
train['Item_Weight'] = train['Item_Weight'].fillna(train['Item_Weight'].min())
train['Outlet_Size'] = train['Outlet_Size'].fillna(train['Outlet_Size'].mode()[0])

test['Item_Weight'] = test['Item_Weight'].fillna(train['Item_Weight'].min())
test['Outlet_Size'] = test['Outlet_Size'].fillna(train['Outlet_Size'].mode()[0])
```

전처리 중 스케일링, 이상치 등은 베이스라인을 만들기 위한 필수 요소가 아니라 선택이므로 생략한다. item_id는 삭제했다. 삭제했을 때와 삭제하지 않았을 때의 모델 결과를 비교한 후 더 좋은 것을 선택하는 방법도 있다.

```
print(train.shape, test.shape)
train.drop('Item_Identifier', axis=1, inplace=True)
test.drop('Item_Identifier', axis=1, inplace=True)
print(train.shape, test.shape)
```

```
(6818, 11) (1705, 11)
(6818, 10) (1705, 10)
```

SECTION 05 | 검증 데이터 나누기

데이터를 학습용과 검증용으로 나눌 때 주의해야 할 세 가지 주요 사항은 다음과 같다.

1. **X 데이터에서 타깃 변수 제외**: 학습 데이터(X)에는 타깃 변수(y)를 포함시키지 않아야 한다. 타깃 변수를 포함시키게 되면 모델은 이미 정답을 알고 있게 된다. 마치 시험 문제지에 답이 이미 제공된 것과 같아서 모델이 실제로 예측 능력을 갖췄는지 평가할 수 없게 만든다.
2. **y 데이터는 시리즈 형태로**: 타깃 데이터(y)는 데이터프레임에서 단일 컬럼을 선택해 시리즈 형태로 있어야 한다. 데이터프레임 형태라도 나누는 것은 가능하지만, 머신러닝 모델에서 워닝을 발생시킬 수 있다.
3. **random_state 고정**: 데이터를 나눌 때 random_state값을 설정해 고정시키면 코드를 실행할 때마다 동일한 방식으로 데이터가 나눠진다. 이를 통해 모델의 성능을 일관되게 평가하고, 다른 조건에서 실험했을 때 결과를 재현할 수 있다.

```
# 검증 데이터 나누기
from sklearn.model_selection import train_test_split
X_train, X_val, y_train, y_val = train_test_split(
    train,
    target,
    test_size=0.2,
    random_state=0)
X_train.shape, X_val.shape, y_train.shape, y_val.shape
```

```
((5454, 10), (1364, 10), (5454,), (1364,))
```

머신러닝 학습 및 평가

회귀 모델의 평가지표 중 RMSE를 평가지표로 확인했다. 학습 과정이므로 RMSE뿐만 아니라 MSE, MAE, R^2으로 평가해 보자. 검증 데이터를 활용한 평가로 현 수준을 파악하고 모델을 더 개선할 수 있다.

만약 시험에서 RMSE 계산에 어려움이 있다면 MAE나 MSE 또는 R^2으로라도 평가를 진행해 보자. 작업형2는 생성된 csv 파일로 점수를 채점한다. 중간 과정이나 검증은 평가하지 않는다. 다른 평가지표로라도 평가하기를 권장한다.

```
from sklearn.metrics import mean_squared_error
from sklearn.metrics import mean_absolute_error
from sklearn.metrics import r2_score
from sklearn.metrics import root_mean_squared_error
```

> **TIP**
>
> **아무런 평가지표가 생각나지 않는 상황이라면?**
>
> 실기 시험에서 아무런 평가지표가 생각나지 않는다면 직접 비교해 보자. 검증 데이터의 예측 결과를 실제 값과 10개의 샘플만이라도 눈으로 확인해 보자. 어느 정도의 성능인지는 알 수 없지만, 모델에 문제가 있는 것은 발견할 수 있다. 예를 들어, 분류에서 10개 샘플 모두 오답을 예측했거나 회귀에서 숫자의 갭이 말도 안 되게 크다면 뭔가 잘못되었을 가능성이 있다.

1 선형 회귀

기본적인 회귀 모델인 선형 회귀 모델로 학습하고 X_val을 예측한 결괏값을 y_val과 비교 평가해 보자. 참고로 선형 회귀(Linear Regression) 모델은 random_state 하이퍼파라미터 값이 없다.

MSE, MAE, RMSE는 낮을수록 좋고, R^2은 1에 가까울수록 좋다. 평가지표인 RMSE는 오차 값을 나타내기 때문에 성능이 어느 정도인지 가늠하기 어렵다. 따라서 첫 번째(베이스라인) 모델의 점수를 기준으로 하면 된다. RMSE 결괏값보다 더 좋은 성능을 내기 위해 노력하면 되는 것이다.

```python
# 선형 회귀
from sklearn.linear_model import LinearRegression
lr = LinearRegression()
lr.fit(X_train, y_train)
y_pred = lr.predict(X_val)

result = mean_squared_error(y_val, y_pred)
print('MSE:', result)

result = mean_absolute_error(y_val, y_pred)
print('MAE:', result)

result = r2_score(y_val, y_pred)
print('R2:', result)

result = root_mean_squared_error(y_val, y_pred)
print('RMSE:', result)
```

```
MSE: 1282923.0729833888
MAE: 865.1968401416273
R2: 0.5058168396924845
RMSE: 1132.6619411737065
```

2 랜덤포레스트

랜덤포레스트는 분류도 있고 회귀도 있다. 회귀로 사용할 때는 RandomForestRegressor를 불러온다. RMSE 결과를 살펴보면 선형 회귀로 예측한 결과보다 더 낮은 것을 확인할 수 있다. 다시 실행했을 때도 동일한 값을 얻기 위해 random_state를 고정하자.

```python
# 랜덤포레스트
from sklearn.ensemble import RandomForestRegressor
rf = RandomForestRegressor(random_state=0)
rf.fit(X_train, y_train)
y_pred = rf.predict(X_val)

result = mean_squared_error(y_val, y_pred)
print('MSE:', result)

result = mean_absolute_error(y_val, y_pred)
print('MAE:', result)
```

```
    result = r2_score(y_val, y_pred)
    print('R2:', result)

    result = root_mean_squared_error(y_val, y_pred)
    print('RMSE:', result)
```

```
MSE: 1101802.8117346708
MAE: 747.2971172067448
R2: 0.5755845326933362
RMSE: 1049.6679530854844
```

3 LightGBM

LightGBM도 랜덤포레스트와 같이 회귀 모델이 있다. LGBMRegressor로 사용한다. 랜덤포레스트와 비슷하나, 더 높은 것을 확인할 수 있다. 환경에 따라 필자와 다른 결괏값을 얻을 수도 있다.

```
# LightGBM
import lightgbm as lgb
model = lgb.LGBMRegressor(random_state=0, verbose=-1)
model.fit(X_train, y_train)
y_pred = model.predict(X_val)

result = mean_squared_error(y_val, y_pred)
print('MSE:', result)

result = mean_absolute_error(y_val, y_pred)
print('MAE:', result)

result = r2_score(y_val, y_pred)
print('R2:', result)

result = root_mean_squared_error(y_val, y_pred)
print('RMSE:', result)
```

```
MSE: 1115654.3482227568
MAE: 736.6367966578568
R2: 0.5702489079618556
RMSE: 1056.2454015155554
```

SECTION 07 | 예측 및 결과 파일 생성

이 단계에서는 test 데이터를 예측한다. 여러 모델을 사용했을 때 이 단계에서 모델을 잘못 사용하는 경우가 있다. 앞서 진행한 모델 중 랜덤포레스트는 rf 변수에 있고 LightGBM은 model 변수에 있다.

```
pred = model.predict(test)
pred
```

```
array([1226.50504175, 830.18920951, 1788.76644309, ..., 3666.34876099,
       990.65125496, 1224.1960178 ])
```

시험에서 요구한 대로 예측 결과를 데이터프레임으로 만들고 컬럼명은 pred, 저장할 파일명은 result.csv로 저장한다. 이때 index는 반드시 False로 설정한다.

```
submit = pd.DataFrame({'pred':pred})
submit.to_csv("result.csv", index=False)
```

제출한 csv 파일을 불러와 확인해 보자. 제출 양식에서 요구하는 형태와 맞는지 컬럼명과 파일명을 확인하자.

```
pd.read_csv("result.csv")
```

	pred
0	1226.505042
1	830.189210
2	1788.766443
3	1644.510784
4	2831.798098
...	...
1700	285.648607
1701	481.591492
1702	3666.348761

1703	990.651255
1704	1224.196018

1705 rows × 1 columns

 TIP

작업형2 제출 전에 코드 중간의 변경 전후 값을 확인하기 위한 print( ) 함수는 어떻게 처리하나요?

작업형1, 2, 3 모두 print( ) 함수로 출력된 결과로 채점하지 않는다. 작업형2에서는 to_csv( )로 생성한 csv 파일로 평가하기 때문에 코드 중간에 print( ) 함수가 있어도 관계없다. 깔끔하게 정리하고 싶다면 필요없는 print( ) 함수 등은 삭제 또는 주석 처리해도 좋다.

회귀 예측값에 소수 이하 자릿수가 많아요. 문제가 있는 것은 아닌가요?

정상이다. 모델에 따라 예측 결과가 다르며 일반적으로 소수점 이하 자릿수가 많다. 평가지표로 계산되기 때문에 반올림할 필요가 없다. 예측 결과 그대로 제출하면 된다.

CHAPTER 05

머신러닝 실습 (다중 분류)

이진 분류(Binary Classification)가 0 또는 1, 불량 또는 정상 등 클래스(class)가 2개라면, 다중 분류(Multi-class Classification)는 클래스가 3개 이상이다. 이진 분류와 크게 다른 것은 없으며, 머신러닝 프로세스에 따라 똑같이 진행하고 평가지표에만 차이가 있다. 이 책에서는 다중 분류를 실습할 때 LightGBM을 활용해 범주형 변수를 인코딩 없이 전처리하는 방법을 보여준다.

Section 01 | 문제 정의
Section 02 | 라이브러리 및 데이터 불러오기
Section 03 | 탐색적 데이터 분석(EDA)
Section 04 | 데이터 전처리
Section 05 | 검증 데이터 나누기
Section 06 | 머신러닝 학습 및 평가
Section 07 | 예측 및 결과 파일 생성

SECTION 01 | 문제 정의

개인의 신용 관련 정보 데이터다. 개인의 신용 등급(Credit_Score)을 예측하시오.
- 평가 기준은 macro-f1으로 평가
- label(target)은 신용 등급(Credit_Score): 1, 2, 3
- 제출 방식은 test 데이터로 예측한 class 1개 컬럼만 csv로 제출(컬럼명: pred, 파일명: result.csv)

SECTION 02 | 라이브러리 및 데이터 불러오기

판다스 라이브러리와 주어진 train과 test 데이터셋을 불러온다.

```
import pandas as pd

train = pd.read_csv("train.csv")
test = pd.read_csv("test.csv")
```

SECTION 03 | 탐색적 데이터 분석(EDA)

데이터의 크기를 확인한다. train의 행(레코드)은 10,000개, 컬럼은 21개고, test의 행(레코드)은 10,000개, 컬럼은 20개다.

```
train.shape, test.shape
```

```
((10000, 21), (10000, 20))
```

데이터 샘플을 확인한다. 카테고리(문자)와 숫자 컬럼이 혼합되어 있는 것을 확인할 수 있다. 컬럼의 수가 많아 일부만 캡처했다.

```
train.head()
```

	Delay_from_due_date	Num_of_Delayed_Payment	Num_Credit_Inquiries	Credit_Utilization_Ratio	Credit_History_Age	Payment_of_Min_Amount
0	56.0	16.0	11.0	35.598217	120.0	Yes
1	49.0	23.0	12.0	25.553106	120.0	Yes
2	34.0	20.0	6.0	40.039954	174.0	Yes
3	21.0	13.0	8.0	25.711678	143.0	NM
4	19.0	13.0	6.0	39.140463	138.0	Yes

5rows × 21 coumns

데이터 자료형(타입)을 확인한다. float가 17개, int가 1개, object가 3개인 것을 확인할 수 있다. object 컬럼은 인코딩이 필요하다.

```
train.info()

<class 'pandas.core.frame.DataFrame'>
RangeIndex: 10000 entries, 0 to 9999
Data columns (total 21 columns):
 #   Column                    Non-Null Count  Dtype
---  ------                    --------------  -----
 0   Delay_from_due_date       10000 non-null  float64
 1   Num_of_Delayed_Payment    10000 non-null  float64
 2   Num_Credit_Inquiries      10000 non-null  float64
 3   Credit_Utilization_Ratio  10000 non-null  float64
 4   Credit_History_Age        10000 non-null  float64
 5   Payment_of_Min_Amount     10000 non-null  object
 6   Amount_invested_monthly   10000 non-null  float64
 7   Monthly_Balance           10000 non-null  float64
 8   Credit_Score              10000 non-null  int64
 9   Credit_Mix                10000 non-null  object
 10  Payment_Behaviour         10000 non-null  object
 11  Age                       10000 non-null  float64
 12  Annual_Income             10000 non-null  float64
 13  Num_Bank_Accounts         10000 non-null  float64
 14  Num_Credit_Card           10000 non-null  float64
 15  Interest_Rate             10000 non-null  float64
 16  Num_of_Loan               10000 non-null  float64
```

```
17  Monthly_Inhand_Salary    10000 non-null   float64
18  Changed_Credit_Limit     10000 non-null   float64
19  Outstanding_Debt         10000 non-null   float64
20  Total_EMI_per_month      10000 non-null   float64
dtypes: float64(17), int64(1), object(3)
memory usage: 1.6+ MB
```

object 컬럼의 unique 개수를 확인해 보자. 작게는 3개부터 많게는 6개가 있는 것을 확인할 수 있다.

Payment_of_Min_Amount 컬럼은 Yes가 데이터의 절반 이상을 차지하고 있고, Credit_Mix 컬럼도 Standard가 절반에 가까운 빈도 수임을 확인할 수 있다.

```
train.describe(include='O')
```

	Payment_of_Min_Amount	Credit_Mix	Payment_Behaciour
count	10000	10000	10000
unique	3	3	6
top	Yes	Standard	Low_spent_Small_value_payments
freq	5269	4591	3416

test 데이터셋에 있는 object 컬럼도 확인한다. test 데이터도 train 데이터와 유사한 형태임을 확인할 수 있다.

```
test.describe(include='O')
```

	Payment_of_Min_Amount	Credit_Mix	Payment_Behaciour
count	10000	10000	10000
unique	3	3	6
top	Yes	Standard	Low_spent_Small_value_payments
freq	5167	4590	3498

마지막으로 결측치가 있는지 확인해 보자. 컬럼 수가 많고 유무만을 파악하기 위해 끝에 .sum()을 하나 더 붙였다. 총 결측 수를 확인할 수 있다. 0으로 train과 test 데이터에는 결측치가 없다.

```
train.isnull().sum().sum()
```

```
0
```

```
test.isnull().sum().sum()
```

```
0
```

target(label)값을 확인해 보자. 1, 2, 3 클래스가 있고 2 > 1 > 3 순으로 빈도 수를 확인할 수 있다.

```
train['Credit_Score'].value_counts()
```

```
2    5237
1    2978
3    1785
Name: Credit_Score, dtype: int64
```

SECTION 04 | 데이터 전처리

먼저 target 컬럼을 변수에 옮겨두고, 자료형이 object인 컬럼명을 확인해 보자. EDA(탐색적 데이터 분석)에서 확인한 것처럼 3개가 출력된다.

```
target = train.pop('Credit_Score')
cols = train.columns[train.dtypes == object]
cols
```

```
Index(['Payment_of_Min_Amount', 'Credit_Mix', 'Payment_Behaviour'], dtype='object')
```

이미 알고 있는 레이블 인코딩 또는 원-핫 인코딩을 진행하면 된다. 하지만 이번에는 다른 방법을 보여주고자 한다. LightGBM을 사용할 경우 인코딩 없이 자료형만 'category'로 변경하면 된다. train과 test의 object 컬럼 자료형을 category로 변환하자. 반복문을 활용하면 더 좋지만, 최대한 단순하게 보여주고자 한다.

```
train['Payment_of_Min_Amount'] = train['Payment_of_Min_Amount'].astype('category')
train['Credit_Mix'] = train['Credit_Mix'].astype('category')
train['Payment_Behaviour'] = train['Payment_Behaviour'].astype('category')

test['Payment_of_Min_Amount'] = test['Payment_of_Min_Amount'].astype('category')
test['Credit_Mix'] = test['Credit_Mix'].astype('category')
test['Payment_Behaviour'] = test['Payment_Behaviour'].astype('category')
```

자료형을 변환한 결과를 확인해 보자. 3개의 컬럼이 object에서 category로 변경되었다.

```
train[cols].info()
```

```
<class 'pandas.core.frame.DataFrame'>
RangeIndex: 10000 entries, 0 to 9999
Data columns (total 3 columns):
 #   Column                 Non-Null Count   Dtype
---  ------                 --------------   -----
 0   Payment_of_Min_Amount  10000 non-null   category
 1   Credit_Mix             10000 non-null   category
 2   Payment_Behaviour      10000 non-null   category
dtypes: category(3)
memory usage: 29.9 KB
```

3개 컬럼 샘플을 확인해 보자. 자료형만 object에서 category로 변경되었을 뿐, 출력한 데이터는 문자 그대로인 것을 확인할 수 있다.

```
train[cols].head()
```

	Payment_of_Min_Amount	Credit_Mix	Payment_Behaviour
0	Yes	Bad	High_spent_Medium_value_payments
1	Yes	Bad	High_spent_Small_value_payments
2	Yes	Bad	Low_spent_Large_value_payments
3	NM	Standard	High_spent_Small_value_payments
4	Yes	Bad	High_spent_Medium_value_payments

SECTION 05 | 검증 데이터 나누기

train 데이터를 활용해 검증 데이터(20%)를 분할한다.

```
# 검증 데이터 나누기
from sklearn.model_selection import train_test_split
X_train, X_val, y_train, y_val = train_test_split(
    train,
    target,
    test_size=0.2,
    random_state=0)
X_train.shape, X_val.shape, y_train.shape, y_val.shape
```

```
((8000, 20), (2000, 20), (8000,), (2000,))
```

SECTION 06 | 머신러닝 학습 및 평가

다중 분류 모델 평가는 f1_score 외에도 accuracy_score도 함께 평가해 보겠다. 필요한 평가지표를 불러오자.

```
from sklearn.metrics import accuracy_score
from sklearn.metrics import f1_score
```

우선 랜덤포레스트로 학습을 진행해 보자. ValueError 에러가 발생하는 것을 확인할 수 있다. 랜덤포레스트는 category 자료형을 자동으로 인식하지 못한다. 따라서 문자열을 숫자로 인코딩하지 않았기 때문에 에러가 발생한다. 이번에는 LightGBM을 활용할 계획이므로 랜덤포레스트는 주석 처리하자.

```
from sklearn.ensemble import RandomForestClassifier
rf = RandomForestClassifier(random_state=0)
rf.fit(X_train, y_train)
```

```
---------------------------------------------------------------
ValueError                    Traceback (most recent call last)
<ipython-input-49-9ce83e691a1c> in <cell line: 4>()
      2 from sklearn.ensemble import RandomForestClassifier
      3 rf = RandomForestClassifier(random_state=0)
----> 4 rf.fit(X_train, y_train)

(생략)
ValueError: could not convert string to float: 'Yes'
```

LightGBM 분류 모델을 불러와 학습하고 예측해 보자. 에러 없이 정상적으로 학습되는 것을 확인할 수 있다. LightGBM 입력값은 인코딩 없이 범주형 변수를 category로만 변경하면 된다. 또한, 결측치 처리를 변환하지 않고 그대로 사용해도 LightGBM은 결측값 그 자체를 입력값으로 받는다. 하지만 시험에서 LightGBM을 위한 입력값 하나만 준비할 경우 어떤 에러/워닝이 있을지 모른다. 따라서 레이블 인코딩과 원-핫 인코딩 그리고 결측치를 직접 해결하는 방법을 이해하고 난 후 이 방법도 추가로 학습하기를 추천한다. verbose=-1은 로그가 출력되지 않게 설정하기 위한 값이다.

```
import lightgbm as lgb
lgbmc = lgb.LGBMClassifier(random_state=0, verbose=-1)
lgbmc.fit(X_train, y_train)
pred = lgbmc.predict(X_val)
pred
```

```
array([2, 2, 2, ..., 3, 2, 2])
```

accuracy_score는 이진 분류와 다중 분류의 평가 방식이 같다. f1_score에서는 문제에서 요구하는 대로 average에 옵션값(micro, macro, weighted)을 지정하면 된다. 모두 1에 가까우면 좋은 성능을 보인다고 할 수 있다.

```
accuracy = accuracy_score(y_val, pred)
print('accuracy_score:', accuracy)

f1 = f1_score(y_val, pred, average='macro')
print('f1_score:', f1)
```

```
accuracy_score: 0.6985
f1_score: 0.6777379561595467
```

SECTION 07 | 예측 및 결과 파일 생성

이 단계에서는 test 데이터를 예측한다. 문제에서 f1(macro)를 평가지표로 안내하고 있기 때문에 predict( )로 예측한다. 예측한 결괏값은 1, 2, 3 클래스로 구분된다.

```
pred = lgbmc.predict(test)
pred
```
```
array([2, 1, 1, ..., 1, 1, 2])
```

시험에서 요구한 대로 예측 결과를 데이터프레임으로 만들고 컬럼명은 pred, 저장할 파일명은 result.csv로 저장한다. 이때 index는 반드시 False로 설정한다.

```
submit = pd.DataFrame({'pred':pred})
submit.to_csv("result.csv", index=False)
```

제출한 csv 파일을 불러와 확인해 보자. 제출 양식에서 요구하는 형태와 맞는지 컬럼명과 파일명을 확인하자.

```
pd.read_csv("result.csv")
```

	pred
0	2
1	1
2	1
3	2
4	1
...	...
9995	2
9996	2
9997	1
9998	1
9999	2

10000 rows × 1 columns

CHAPTER 06

이진 분류 연습문제

작업형2는 패턴이 있다. 첫 번째 베이스라인을 만들 때는 머신러닝 프로세스대로 풀기를 추천한다. 이 책에서는 베이스라인과 성능 개선 두 가지를 진행한다. 작업형2는 예측한 결과를 평가지표로 평가한다. 출력 결과가 이 책과 다르더라도 수험생의 평가지표 점수로 판단하자. 매 문제마다 같은 프로세스로 진행하되, 한두 가지 정도는 역량 향상을 위해 다르게 진행할 수도 있다. 다양한 방식을 보여주기 위함이다. 또한, 기본기를 다지기 위해 랜덤포레스트 모델만 사용한다.

Section 01 | 환자의 당뇨병 여부 예측
Section 02 | 이직 여부 예측
Section 03 | 신용카드 신청자의 미래 신용 예측

SECTION 01 | 환자의 당뇨병 여부 예측

■ 환자의 당뇨병 여부를 예측하시오.
- **제공된 데이터 목록**: diabetes_train.csv, diabetes_test.csv
- **예측할 컬럼**: Outcome(0: 정상, 1: 당뇨병)

■ 학습용 데이터(train)를 이용해 환자의 당뇨병을 예측하는 모델을 만든 후 이를 평가용 데이터(test)에 적용해 얻은 예측값을 다음과 같은 형식의 CSV 파일로 생성하시오.

제출 파일은 다음 1개의 컬럼을 포함해야 한다.
- **pred**: 예측값(당뇨병일 확률)
- **제출 파일명**: 'result.csv'

제출한 모델의 성능은 ROC-AUC 평가지표에 따라 채점한다.

- **제출 csv 파일명 및 형태**: result.csv

```
pred
0.17
0.33
0.11
...
```

1 베이스라인 기초

데이터를 불러오고, 간단한 탐색적 데이터 분석을 진행했다. 주어진 데이터는 결측치가 없고 모두 수치형이다.

```python
# 1. 문제 정의
# 평가: roc-auc
# target: Outcome
# 최종 파일: result.csv(컬럼 1개 pred, 1 확률값)
# 2. 라이브러리 및 데이터 불러오기
import pandas as pd

train = pd.read_csv("diabetes_train.csv")
test = pd.read_csv("diabetes_test.csv")
```

```python
# 3. 탐색적 데이터 분석(EDA)
print("===== 데이터 크기 =====")
print("Train Shape:", train.shape)
print("Test Shape:", test.shape)
print("\n") # 줄 바꿈

print("===== train 데이터 샘플 =====")
print(train.head(1))
print("\n")

print("===== test 데이터 샘플 =====")
print(test.head(1))
print("\n")

print("===== 데이터 정보(자료형) =====")
print(train.info())
print("\n")

print("===== train 결측치 수 =====")
print(train.isnull().sum().sum())
print("\n")

print("===== test 결측치 수 =====")
print(test.isnull().sum().sum())
print("\n")

print("===== target 빈도 =====")
print(train['Outcome'].value_counts())
```

```
===== 데이터 크기 =====
Train Shape: (614, 9)
Test Shape: (154, 8)


===== train 데이터 샘플 =====
   Pregnancies  Glucose  BloodPressure  SkinThickness  Insulin   BMI  \
0            1      118             58             36       94  33.3

   DiabetesPedigreeFunction  Age  Outcome
0                     0.261   23        0
```

```
===== test 데이터 샘플 =====
   Pregnancies  Glucose  BloodPressure  SkinThickness  Insulin  BMI  \
0            3      102             74              0        0  29.5


   DiabetesPedigreeFunction  Age
0                     0.121   32


===== 데이터 정보(자료형) =====
<class 'pandas.core.frame.DataFrame'>
RangeIndex: 614 entries, 0 to 613
Data columns (total 9 columns):
 #   Column                    Non-Null Count  Dtype
---  ------                    --------------  -----
 0   Pregnancies               614 non-null    int64
 1   Glucose                   614 non-null    int64
 2   BloodPressure             614 non-null    int64
 3   SkinThickness             614 non-null    int64
 4   Insulin                   614 non-null    int64
 5   BMI                       614 non-null    float64
 6   DiabetesPedigreeFunction  614 non-null    float64
 7   Age                       614 non-null    int64
 8   Outcome                   614 non-null    int64
dtypes: float64(2), int64(7)
memory usage: 43.3 KB
None


===== train 결측치 수 =====
0


===== test 결측치 수 =====
0
===== target 빈도 =====
0    403
1    211
Name: Outcome, dtype: int64
```

모두 수치형 데이터고 결측치가 없다면 베이스라인에서는 전처리를 생략하자. 검증 데이터를 학습용(train) 데이터에서 20% 정도를 사용한다. "target = train.pop('Outcome')"으로 target 변수를 분리했다. 데이터를 분할하기 전에 target을 분리하지 않는다면 X_tr, X_val, y_tr, y_val = train_test_split(train.drop('target', axis=1), train['target'], test_size=0.2, random_state=0)과 같이 사용한다.

랜덤포레스트로 모델을 만들고 예측한 결과 ROC-AUC가 0.80이다. 시험에서는 pd.read_csv("result.csv")로 생성된 csv를 확인한 후 베이스라인을 1차 제출한다.

```python
# 4. 데이터 전처리
target = train.pop('Outcome')

# 5. 검증 데이터 나누기
from sklearn.model_selection import train_test_split
X_tr, X_val, y_tr, y_val = train_test_split(train, target, test_size=0.2, random_state=0)

print("\n ===== 분할된 데이터 크기 =====")
print(X_tr.shape, X_val.shape, y_tr.shape, y_val.shape)

# 6. 머신러닝 학습 및 평가
from sklearn.ensemble import RandomForestClassifier
rf = RandomForestClassifier(random_state=0)
rf.fit(X_tr, y_tr)
pred = rf.predict_proba(X_val)

print("\n ===== 예측 결과 확인 (샘플 5개) =====")
print(pred[:5])

from sklearn.metrics import roc_auc_score
roc_auc = roc_auc_score(y_val, pred[:,1])
print('\n roc_auc:', roc_auc)

# 7. 예측 및 결과 파일 생성
pred = rf.predict_proba(test)
submit = pd.DataFrame({'pred':pred[:,1]})
submit.to_csv("result.csv", index=False)

# 제출 파일 확인
print("\n ===== 제출파일 (샘플 5개) =====")
print(pd.read_csv("result.csv").head())
```

```
===== 분할된 데이터 크기 =====
(491, 8) (123, 8) (491,) (123,)

===== 예측 결과 확인 (샘플 5개) =====
[[0.88 0.12]
 [0.29 0.71]
 [0.41 0.59]
 [0.75 0.25]
 [0.89 0.11]]

roc_auc: 0.8002739726027398

===== 제출파일 (샘플 5개) =====
   pred
0  0.17
1  0.33
2  0.11
3  0.04
4  0.09
```

2 성능 개선 심화

성능 개선은 베이스라인을 도움 없이 만들 수 있을 때부터 시작하자. 빅데이터 분석기사 실기 시험은 베이스라인 정도만으로도 작업형2가 40점 만점 중 40점이 나오기도 했다. 하지만 작업형2는 정답이 있는 문제가 아니라 평가지표로 제출한 csv를 평가한다. 평가지표에서의 기준은 공개하지 않고 있다. 40점 기준이 상향될 수도 있기 때문에 안정적인 40점 확보를 위해 간단한 성능 개선을 해보자. 성능 개선의 목적은 베이스라인보다 좋은 결과를 얻는 데 있다.

다음과 같은 방법으로 성능을 개선한다. 순서는 전처리를 먼저 하고, 하이퍼파라미터를 튜닝한다. 그 이유는 데이터가 달라지면 하이퍼파라미터 튜닝도 다시 해야 하기 때문이다. 성능 개선에서의 기준은 성능이 베이스라인보다 올라가면 적용하고, 수정된 마지막 점수보다 내려가면 적용하지 않는다. 작업 내용을 코드 주석 또는 메모장에 작성해 두자.

① 데이터 전처리
- 모두 수치형 데이터므로 스케일링 세 가지를 적용했다. 그중에서 Min-Max Scaler 적용값이 가장 높다.

② 하이퍼파라미터 튜닝
- 랜덤포레스트 모델에서 하이퍼파라미터는 max_depth와 n_estimators 두 가지만 다루자.
  - max_depth: 트리의 최대 깊이를 나타낸다. 트리의 깊이를 제한함으로써 과적합을 방지할 수 있다. 기본값은 없다.
  - n_estimators: 트리의 개수다. 높을수록 안정적으로 예측 가능하나, 학습 시간이 늘어난다. 기본값은 100이다.
  - 랜덤포레스트 분류에서 max_depth는 3에서 7 정도, n_estimators는 200에서 500 정도 적용해 보자.

시험에서는 최종적으로 2차 제출한다.

데이터 전처리/하이퍼파라미터 튜닝	ROC-AUC	제출
베이스라인	0.8002739726027398	선택/1차 제출
스케일링(Standard Scaler)	0.8005479452054794	
스케일링(Min-Max Scaler)	0.8031506849315069	선택
스케일링(Robust Scaler)	0.7987671232876713	
max_depth=3	0.8120547945205479	
max_depth=5	0.8153424657534246	선택
max_depth=7	0.8076712328767124	
max_depth=5, n_estimators=200	0.8219178082191781	
max_depth=5, n_estimators=400	0.8227397260273972	
max_depth=5, n_estimators=500	0.8246575342465753	선택/2차 제출

* 결괏값 예시일 뿐, 이 책과 다르게 나올 수도 있다.

```
# 2. 라이브러리 및 데이터 불러오기
import pandas as pd

train = pd.read_csv("diabetes_train.csv")
test = pd.read_csv("diabetes_test.csv")

# 4. 데이터 전처리
# 스케일링
target = train.pop('Outcome')
from sklearn.preprocessing import MinMaxScaler
scaler = MinMaxScaler()
train = scaler.fit_transform(train)
test = scaler.transform(test)

# 5. 검증 데이터 나누기
from sklearn.model_selection import train_test_split
X_tr, X_val, y_tr, y_val = train_test_split(train, target, test_size=0.2, random_state=0)

# 6. 머신러닝 학습 및 평가
from sklearn.ensemble import RandomForestClassifier
```

```
rf = RandomForestClassifier(max_depth=5, n_estimators=500, random_state=0)
rf.fit(X_tr, y_tr)
pred = rf.predict_proba(X_val)

from sklearn.metrics import roc_auc_score
roc_auc = roc_auc_score(y_val, pred[:,1])
print('roc_auc:', roc_auc)

# 7. 예측 및 결과 파일 생성
pred = rf.predict_proba(test)
submit = pd.DataFrame({'pred':pred[:,1]})
submit.to_csv("result.csv", index=False)
```

```
roc_auc: 0.8246575342465753
```

SECTION 02 | 이직 여부 예측

■ 새로운 일자리를 찾을지 예측하시오.
- 제공된 데이터 목록: hr_train.csv, hr_test.csv
- 예측할 컬럼: target(0: 새 일자리를 찾지 않음, 1: 새 일자리를 찾음)

■ 학습용 데이터(train)를 이용해 새 일자리를 찾을지 예측하는 모델을 만든 후 이를 평가용 데이터(test)에 적용해 얻은 예측값을 다음과 같은 형식의 CSV 파일로 생성하시오.

제출 파일은 다음 1개의 컬럼을 포함해야 한다.
- **pred**: 예측값(이직할 확률)
- **제출 파일명**: 'result.csv'

제출한 모델의 성능은 ROC-AUC 평가지표에 따라 채점한다.

- **제출 csv 파일명 및 형태**: result.csv

```
pred
0.17
0.33
0.11
...
```

1 베이스라인 기초

데이터를 불러오고, 간단한 탐색적 데이터 분석을 진행했다. 수치형 컬럼(변수)은 4개, 범주형 컬럼(변수)은 10개다. 결측치도 train과 test 모두 8개의 컬럼에서 보여진다. nunique()를 활용해 컬럼별 카테고리 수를 확인해 보자. 단, object 외의 자료형도 포함한다. 만약 object형만 확인하고 싶을 때는 train.select_dtypes(include=['object']).nunique()와 같이 사용한다. city 컬럼은 train과 test가 다르다.

```
# 1. 문제 정의
# 평가: roc-auc
# target: target

# 최종 파일: result.csv(컬럼 1개 pred, 1 확률값)

# 2. 라이브러리 및 데이터 불러오기
import pandas as pd

train = pd.read_csv("hr_train.csv")
test = pd.read_csv("hr_test.csv")

# 3. 탐색적 데이터 분석(EDA)
print("===== 데이터 정보(자료형) =====")
print(train.info())

print("\n ===== train 결측치 수 =====")
print(train.isnull().sum())

print("\n ===== test 결측치 수 =====")
print(test.isnull().sum())

print("\n ===== train/test 카테고리별 수 =====")
print(train.nunique())
print(test.nunique())

print("\n ===== target 빈도 =====")
print(train['target'].value_counts())
```

```
===== 데이터 정보(자료형) =====
<class 'pandas.core.frame.DataFrame'>
RangeIndex: 15326 entries, 0 to 15325
Data columns (total 14 columns):
```

```
 #   Column                  Non-Null Count  Dtype
---  ------                  --------------  -----
 0   enrollee_id             15326 non-null  int64
 1   city                    15326 non-null  object
 2   city_development_index  15326 non-null  float64
 3   gender                  11750 non-null  object
 4   relevent_experience     15326 non-null  object
 5   enrolled_university     15012 non-null  object
 6   education_level         14961 non-null  object
 7   major_discipline        13045 non-null  object
 8   experience              15272 non-null  object
 9   company_size            10539 non-null  object
 10  company_type            10383 non-null  object
 11  last_new_job            14984 non-null  object
 12  training_hours          15326 non-null  int64
 13  target                  15326 non-null  float64
dtypes: float64(2), int64(2), object(10)
memory usage: 1.6+ MB
None

===== train 결측치 수 =====
enrollee_id                0
city                       0
city_development_index     0
gender                  3576
relevent_experience        0
enrolled_university      314
education_level          365
major_discipline        2281
experience                54
company_size            4787
company_type            4943
last_new_job             342
training_hours             0
target                     0
dtype: int64

===== test 결측치 수 =====
enrollee_id                0
city                       0
city_development_index     0
gender                   932
relevent_experience        0
enrolled_university       72
```

```
education_level             95
major_discipline           532
experience                  11
company_size              1151
company_type              1197
last_new_job                81
training_hours               0

===== train/test 카테고리별 수 =====
enrollee_id              15326
city                       123
city_development_index      93
gender                       3
relevent_experience          2
enrolled_university          3
education_level              5
major_discipline             6
experience                  22
company_size                 8
company_type                 6
last_new_job                 6
training_hours             241
target                       2
dtype: int64
enrollee_id               3832
city                       113
city_development_index      87
gender                       3
relevent_experience          2
enrolled_university          3
education_level              5
major_discipline             6
experience                  22
company_size                 8
company_type                 6
last_new_job                 6
training_hours             235
dtype: int64

===== target 빈도 =====
0.0    11517
1.0     3809
Name: target, dtype: int64
```

> **TIP**
>
> **train과 test 범주형 데이터 비교**
> object가 컬럼과 카테고리가 많이 있을 때는 train과 test의 카테고리 차이를 눈으로 비교하기 어렵다. 또한, 카테고리 개수가 같더라도 값이 다를 수 있다. 중복된 값을 허용하지 않는 set( )을 활용해 2개의 데이터 집합 간에 정확한 비교가 가능하다.
>
> ```python
> train = pd.read_csv("hr_train.csv")
> test = pd.read_csv("hr_test.csv")
> cols = train.select_dtypes(include='object').columns
> for col in cols:
>     set_train = set(train[col])
>     set_test= set(test[col])
>     same = (set_train == set_test)
>     if same:
>         print(col, "\t카테고리 동일함")
>     else:
>         print(col, "\t카테고리 동일하지 않음")
> ```
>
> ```
> city    카테고리 동일하지 않음
> gender    카테고리 동일함
> relevent_experience    카테고리 동일함
> enrolled_university    카테고리 동일함
> education_level    카테고리 동일함
> major_discipline    카테고리 동일함
> experience    카테고리 동일함
> company_size    카테고리 동일함
> company_type    카테고리 동일함
> last_new_job    카테고리 동일함
> ```

결측치가 있는 컬럼은 8개로 모두 object 자료형이다. 빈 값은 별도로 X로 표기했다. 컬럼의 수가 달라 train과 test를 합쳐서 원-핫 인코딩을 진행하고, 다시 train과 test로 나눴다. 랜덤포레스트로 모델을 만들고 예측한 결과 ROC-AUC가 0.77이다.

```python
# 4. 데이터 전처리
target = train.pop('target')
# 결측치 처리
train = train.fillna("X")
test = test.fillna("X")

# train과 test 합쳐서 원-핫 인코딩
combined = pd.concat([train, test])
```

```python
combined_dummies = pd.get_dummies(combined)
n_train = len(train)
train = combined_dummies[:n_train]
test = combined_dummies[n_train:]

# 5. 검증 데이터 나누기
from sklearn.model_selection import train_test_split
X_tr, X_val, y_tr, y_val = train_test_split(train, target, test_size=0.2, random_state=0)

# 6. 머신러닝 학습 및 평가
from sklearn.ensemble import RandomForestClassifier
rf = RandomForestClassifier(random_state=0)
rf.fit(X_tr, y_tr)
pred = rf.predict_proba(X_val)

from sklearn.metrics import roc_auc_score
roc_auc = roc_auc_score(y_val, pred[:,1])
print('roc_auc:', roc_auc)

# 7. 예측 및 결과 파일 생성
pred = rf.predict_proba(test)
submit = pd.DataFrame({'pred':pred[:,1]})
submit.to_csv("result.csv", index=False)
```

```
roc_auc: 0.7730742036233207
```

2 성능 개선 심화

① 데이터 전처리
- **레이블 인코딩**: 베이스라인에 있는 원-핫 인코딩을 레이블 인코딩으로 변경한다.
- 스케일링(Standard Scaler, Min-Max Scaler, Robust Scaler)
- id 제거

② 하이퍼파라미터 튜닝
- max_depth: 3~7
- n_estimators: 200~500

결측치가 object 자료형이라 일괄 X로 처리했지만, 각 컬럼별로 다른 결측 처리를 할 수도 있다.

데이터 전처리/하이퍼파라미터 튜닝	ROC-AUC	제출
베이스라인	0.7730742036233207	선택/1차 제출
레이블 인코딩	0.7747496616891663	선택
id 제거	0.7649556215788462	
스케일링(Standard Scaler)	0.7749234996090111	
스케일링(Min-Max Scaler)	0.7749741291715249	
스케일링(Robust Scaler)	0.7750549023464022	선택
max_depth=3	0.775941358675039	
max_depth=5	0.7796899948960718	
max_depth=7	0.7816010413886431	
max_depth=7, n_estimators=200	0.7825363713412095	선택/2차 제출
max_depth=7, n_estimators=400	0.7825246650839807	
max_depth=7, n_estimators=500	0.7823490712255514	

* 결괏값 예시일 뿐, 이 책과 다르게 나올 수도 있다.

```
# 2. 라이브러리 및 데이터 불러오기
import pandas as pd
train = pd.read_csv("hr_train.csv")
test = pd.read_csv("hr_test.csv")

# 4. 데이터 전처리
target = train.pop('target')

# 결측치 처리
train = train.fillna("X")
test = test.fillna("X")

# 레이블 인코딩
from sklearn.preprocessing import LabelEncoder
combined = pd.concat([train, test])
cols = train.select_dtypes(include='object').columns
```

```python
    for col in cols:
        le = LabelEncoder()
        combined[col] = le.fit_transform(combined[col])
n_train = len(train)
train = combined[:n_train]
test = combined[n_train:]

# id 제거(성능 떨어짐)
# train = train.drop('enrollee_id', axis=1)
# test = test.drop('enrollee_id', axis=1)

# 스케일링
from sklearn.preprocessing import RobustScaler
scaler = RobustScaler()
n_cols = train.select_dtypes(exclude='object').columns
train = scaler.fit_transform(train)
test = scaler.transform(test)

# 5. 검증 데이터 분할
from sklearn.model_selection import train_test_split
X_tr, X_val, y_tr, y_val = train_test_split(train, target, test_size=0.2, random_state=0)

# 6. 머신러닝 학습 및 평가
from sklearn.ensemble import RandomForestClassifier
rf = RandomForestClassifier(max_depth=7, n_estimators=200, random_state=0)
rf.fit(X_tr, y_tr)
pred = rf.predict_proba(X_val)

from sklearn.metrics import roc_auc_score
roc_auc = roc_auc_score(y_val, pred[:,1])
print('roc_auc:', roc_auc)

# 7. 예측 및 결과 파일 생성
pred = rf.predict_proba(test)
submit = pd.DataFrame({'pred':pred[:,1]})
submit.to_csv("result.csv", index=False)
```

roc_auc: 0.7825363713412095

SECTION 03 | 신용카드 신청자의 미래 신용 예측

■ 신용카드 신청자의 채무 불이행을 예측하시오.
- **제공된 데이터 목록**: creditcard_train.csv, creditcard_test.csv
- **예측할 컬럼**: STATUS(0: 채무 이행, 1: 채무 불이행)

■ 학습용 데이터(train)를 이용해 신용카드 신청자의 데이터를 바탕으로 미래의 채무 불이행을 예측하는 모델을 만든 후 이를 평가용 데이터(test)에 적용해 얻은 예측값을 다음과 같은 형식의 CSV 파일로 생성하시오.

제출 파일은 다음 1개의 컬럼을 포함해야 한다.
- pred: 예측값
- 제출 파일명: 'result.csv'

제출한 모델의 성능은 f1 평가지표에 따라 채점한다.

- **제출 csv 파일명 및 형태**: result.csv

```
pred
0
1
0
...
```

1 베이스라인 기초

데이터를 불러오고, 간단한 탐색적 데이터 분석을 진행했다. train 데이터의 OCCUPATION_TYPE 컬럼에 결측치가 있다. 이 데이터는 불균형이 심하다. 정상(채무 이행)은 25,085개가 있는 반면에 비정상(채무 불이행)은 434개밖에 없다. 머신러닝에서 흔히 발생하는 문제다. 특히 분류 문제에서 한 클래스가 다른 클래스의 수보다 월등히 많을 경우 모델은 다수의 클래스를 예측하는 데 편향될 수 있다.

```
# 1. 문제 정의
# 평가: f1
# target: STATUS
# 최종 파일: result.csv(컬럼 1개 pred)
```

```python
# 2. 라이브러리 및 데이터 불러오기
import pandas as pd

train = pd.read_csv("creditcard_train.csv")
test = pd.read_csv("creditcard_test.csv")

# 3. 탐색적 데이터 분석(EDA)
print("===== 데이터 크기 ===== ")
print(train.shape, test.shape)

print("\n ===== 데이터 정보(자료형) ===== ")
print(train.info())

print("\n =====  train 결측치 수 ===== ")
print(train.isnull().sum())

print("\n =====   test 결측치 수 ===== ")
print(test.isnull().sum())

print("\n ===== 범주형 테이터 카테고리 ===== ")
cols = train.select_dtypes(include='object').columns
for col in cols:
    set_train = set(train[col])
    set_test= set(test[col])
    same = (set_train == set_test)
    if same:
        print(col, "\t카테고리 동일함")
    else:
        print(col, "\t카테고리 동일하지 않음")

print("\n ===== target 빈도 =====")
print(train['STATUS'].value_counts())
```

```
===== 데이터 크기 =====
(25519, 19) (7591, 18)


 ===== 데이터 정보(자료형) =====
<class 'pandas.core.frame.DataFrame'>
RangeIndex: 25519 entries, 0 to 25518
Data columns (total 19 columns):
```

```
 #   Column              Non-Null Count   Dtype
---  ------              --------------   -----
 0   ID                  25519 non-null   int64
 1   CODE_GENDER         25519 non-null   object
 2   FLAG_OWN_CAR        25519 non-null   object
 3   FLAG_OWN_REALTY     25519 non-null   object
 4   CNT_CHILDREN        25519 non-null   int64
 5   AMT_INCOME_TOTAL    25519 non-null   float64
 6   NAME_INCOME_TYPE    25519 non-null   object
 7   NAME_EDUCATION_TYPE 25519 non-null   object
 8   NAME_FAMILY_STATUS  25519 non-null   object
 9   NAME_HOUSING_TYPE   25519 non-null   object
10   DAYS_BIRTH          25519 non-null   int64
11   DAYS_EMPLOYED       25519 non-null   int64
12   FLAG_MOBIL          25519 non-null   int64
13   FLAG_WORK_PHONE     25519 non-null   int64
14   FLAG_PHONE          25519 non-null   int64
15   FLAG_EMAIL          25519 non-null   int64
16   OCCUPATION_TYPE     17543 non-null   object
17   CNT_FAM_MEMBERS     25519 non-null   float64
18   STATUS              25519 non-null   int64
dtypes: float64(2), int64(9), object(8)
memory usage: 3.7+ MB
None

===== train 결측치 수 =====
ID                     0
CODE_GENDER            0
FLAG_OWN_CAR           0
FLAG_OWN_REALTY        0
CNT_CHILDREN           0
AMT_INCOME_TOTAL       0
NAME_INCOME_TYPE       0
NAME_EDUCATION_TYPE    0
NAME_FAMILY_STATUS     0
NAME_HOUSING_TYPE      0
DAYS_BIRTH             0
DAYS_EMPLOYED          0
FLAG_MOBIL             0
FLAG_WORK_PHONE        0
```

```
FLAG_PHONE              0
FLAG_EMAIL              0
OCCUPATION_TYPE      7976
CNT_FAM_MEMBERS         0
STATUS                  0
dtype: int64

===== test 결측치 수 =====
ID                      0
CODE_GENDER             0
FLAG_OWN_CAR            0
FLAG_OWN_REALTY         0
CNT_CHILDREN            0
AMT_INCOME_TOTAL        0
NAME_INCOME_TYPE        0
NAME_EDUCATION_TYPE     0
NAME_FAMILY_STATUS      0
NAME_HOUSING_TYPE       0
DAYS_BIRTH              0
DAYS_EMPLOYED           0
FLAG_MOBIL              0
FLAG_WORK_PHONE         0
FLAG_PHONE              0
FLAG_EMAIL              0
OCCUPATION_TYPE         0
CNT_FAM_MEMBERS         0
dtype: int64

===== 범주형 데이터 카테고리 =====
CODE_GENDER          카테고리 동일함
FLAG_OWN_CAR         카테고리 동일함
FLAG_OWN_REALTY      카테고리 동일함
NAME_INCOME_TYPE     카테고리 동일함
NAME_EDUCATION_TYPE  카테고리 동일함
NAME_FAMILY_STATUS   카테고리 동일함
NAME_HOUSING_TYPE    카테고리 동일함
OCCUPATION_TYPE      카테고리 동일하지 않음

===== target 빈도 =====
0    25085
1      434
Name: STATUS, dtype: int64
```

데이터(행 또는 컬럼)를 삭제할 때는 반드시 삭제 전과 후의 크기를 비교하자. 예상한 숫자만큼 삭제가 진행되었는지 검증할 필요가 있다. 또한 행을 삭제한다면 타겟 컬럼은 행을 삭제한 이후에 변수로 옮기자. 베이스라인에서 범주형 자료형은 원-핫 인코딩을 적용했다. 평가지표가 F1 스코어므로 예측은 predict( )로 하고, 0 또는 1의 결괏값을 얻게 된다. 점수는 0.236이다. 수험생들이 많이 묻는 질문 중 하나가 0.23이면 괜찮은 점수인지다. 공개된 기준이 없어 정확히 알 수 없지만, 이 베이스라인을 경쟁 점수로 두고 성능 개선에서 이 점수보다 높은 점수를 받으면 작업형2 만점은 무난할 것이다.

```python
# 4. 데이터 전처리
# 결측치 처리
print("삭제 전:",train.shape)
train.dropna(subset=['OCCUPATION_TYPE'], inplace=True)
print("삭제 후:",train.shape)

target = train.pop('STATUS')

# 원-핫 인코딩
train = pd.get_dummies(train)
test = pd.get_dummies(test)

# 5. 검증 데이터 분할
from sklearn.model_selection import train_test_split
X_tr, X_val, y_tr, y_val = train_test_split(train, target, test_size=0.2, random_state=0)

# 6. 머신러닝 학습 및 평가
from sklearn.ensemble import RandomForestClassifier
rf = RandomForestClassifier(random_state=0)
rf.fit(X_tr, y_tr)
pred = rf.predict(X_val)

from sklearn.metrics import f1_score
score = f1_score(y_val, pred)
print('\n f1:', score)

# 7. 예측 및 결과 파일 생성
pred = rf.predict(test)
submit = pd.DataFrame({'pred':pred})
submit.to_csv("result.csv", index=False)
```

```
삭제 전: (25519, 19)
삭제 후: (17543, 19)

 f1: 0.2201834862385321
```

2 성능 개선 심화

심각한 불균형 데이터일 경우 평가지표가 낮게 나올 수도 있다. F1 스코어는 1에 가까울수록 좋은 성능이다.

하이퍼파라미터로는 큰 효과를 보기 어려웠다. 트리의 깊이를 제한하는 max_depth는 결과가 0점으로 매우 성능이 저하되었고, n_estimators는 약간의 차이만 있었다. 랜덤포레스트에는 불균형한 클래스를 자동으로 균형 있게 조정할 수 있는 class_weight를 활용하는 방법이 있다. 기본값은 모든 클래스에 동일한 가중치를 두고 있으나, 불균형 데이터일 경우 class_weight='balanced'로 설정해 적은 수의 샘플을 가진 클래스에 더 큰 가중치를 자동으로 부여할 수 있다.

① 데이터 전처리
- **레이블 인코딩**: 베이스라인에 있는 원-핫 인코딩을 레이블 인코딩으로 변경한다.
- 스케일링(Standard Scaler, Min-Max Scaler, Robust Scaler) 효과가 없다. (주석 처리함)
- id 제거로 성능이 향상되었다.

② 하이퍼파라미터 튜닝
- max_depth: 3~7
- n_estimators: 200~500
- class_weight='balanced'

데이터 전처리/하이퍼파라미터 튜닝	F1	제출
베이스라인	0.2201834862385321	선택/1차 제출
레이블 인코딩	0.2363636363636364	선택
결측치(최빈값)	0.2727272727272727	선택
ID 제외	0.2972972972972973	선택
스케일링	0.2972972972972973	
max_depth=3~7	0.0	
n_estimators=200	0.29931972789115646	선택/2차 제출
n_estimators=300	0.2972972972972973	
class_weight='balanced'	0.32539682539682546	선택/3차 제출

* 결괏값 예시일 뿐, 이 책과 다르게 나올 수도 있다.

```python
# 2. 라이브러리 및 데이터 불러오기
import pandas as pd

train = pd.read_csv("creditcard_train.csv")
test = pd.read_csv("creditcard_test.csv")

# 4. 데이터 전처리
# 결측치 처리(최빈값)
freq = train['OCCUPATION_TYPE'].mode()[0]
train['OCCUPATION_TYPE'] = train['OCCUPATION_TYPE'].fillna(freq)
test['OCCUPATION_TYPE'] = test['OCCUPATION_TYPE'].fillna(freq)
target = train.pop('STATUS')

# 스케일링(성능 개선 효과 없음)
# from sklearn.preprocessing import RobustScaler
# scaler = RobustScaler()
# n_cols = train.select_dtypes(exclude='object').columns[:-1] # STATUS를 제외한 int, float
# train[n_cols] = scaler.fit_transform(train[n_cols])
# test[n_cols] = scaler.transform(test[n_cols])

# ID 제외
train = train.drop('ID', axis=1)
test = test.drop('ID', axis=1)

# 레이블 인코딩
from sklearn.preprocessing import LabelEncoder
cols = train.select_dtypes(include='object').columns
for col in cols:
    le = LabelEncoder()
    train[col] = le.fit_transform(train[col])
    test[col] = le.transform(test[col])

# 5. 검증 데이터 나누기
from sklearn.model_selection import train_test_split
X_tr, X_val, y_tr, y_val = train_test_split(train, target, test_size=0.2, random_state=0)

# 6. 머신러닝 학습 및 평가
from sklearn.ensemble import RandomForestClassifier
rf = RandomForestClassifier(n_estimators=200, class_weight='balanced', random_state=0)
rf.fit(X_tr, y_tr)
pred = rf.predict(X_val)
```

```python
from sklearn.metrics import f1_score
score = f1_score(y_val, pred)
print('f1:', score)

# 7. 예측 및 결과 파일 생성
pred = rf.predict(test)
submit = pd.DataFrame({'pred':pred})
submit.to_csv("result.csv", index=False)\
```

```
f1: 0.32539682539682546
```

CHAPTER 07

다중 분류
연습문제

다중 분류는 여러 개의 클래스 중 하나를 예측한다. 이진 분류와 크게 다르지 않지만, 평가지표를 사용할 때 차이점이 있다.

Section 01 | 신용 등급 예측
Section 02 | 약물 종류 예측
Section 03 | 유리 종류 예측

SECTION 01 신용 등급 예측

- 은행 정보로 신용 등급을 예측하시오.
  - 제공된 데이터 목록: score_train.csv, score_test.csv
  - 예측할 컬럼: Credit_Score(Good, Standard, Poor)
- 학습용 데이터(train)를 이용해 신용 등급을 예측하는 모델을 만든 후 이를 평가용 데이터(test)에 적용해 얻은 예측값을 다음과 같은 형식의 CSV 파일로 생성하시오.

제출 파일은 다음 1개의 컬럼을 포함해야 한다.
- **pred**: 예측값
- **제출 파일명**: 'result.csv'

제출한 모델의 성능은 f1-macro 평가지표에 따라 채점한다.

- **제출 csv 파일명 및 형태**: result.csv

```
pred
Poor
Good
Standard
...
```

1 베이스라인 기초

데이터를 불러오고, 간단한 탐색적 데이터 분석을 진행했다. 연습문제에서 탐색적 데이터 분석(EDA)은 간단하게 진행한다. train 데이터의 자료형을 살펴보면 float가 17개, object가 4개다. target은 세 가지 카테고리(클래스)가 있는 object 자료형이다. 결측치는 없다.

```python
# 1. 문제 정의
# 평가: f1-macro
# target: Credit_Score
# 최종 파일: result.csv(컬럼 1개 pred)

# 2. 라이브러리 및 데이터 불러오기
import pandas as pd
```

```python
train = pd.read_csv("score_train.csv")
test = pd.read_csv("score_test.csv")

# 3. 탐색적 데이터 분석(EDA)
print("===== 데이터 크기 =====")
print("Train Shape:", train.shape)
print("Test Shape:", test.shape)
print("\n") # 줄 바꿈

print("===== 데이터 정보(자료형) =====")
print(train.info())
print("\n")

print("===== train 결측치 수 =====")
print(train.isnull().sum().sum())
print("\n")

print("===== test 결측치 수 =====")
print(test.isnull().sum().sum())
print("\n")

print("===== target 빈도 =====")
print(train['Credit_Score'].value_counts())
```

```
===== 데이터 크기 =====
Train Shape: (4198, 21)
Test Shape: (1499, 20)


===== 데이터 정보(자료형) =====
<class 'pandas.core.frame.DataFrame'>
RangeIndex: 4198 entries, 0 to 4197
Data columns (total 21 columns):
 #   Column                    Non-Null Count  Dtype
---  ------                    --------------  -----
 0   Delay_from_due_date       4198 non-null   float64
 1   Num_of_Delayed_Payment    4198 non-null   float64
 2   Num_Credit_Inquiries      4198 non-null   float64
 3   Credit_Utilization_Ratio  4198 non-null   float64
 4   Credit_History_Age        4198 non-null   float64
```

```
 5   Payment_of_Min_Amount      4198 non-null    object
 6   Amount_invested_monthly    4198 non-null    float64
 7   Monthly_Balance            4198 non-null    float64
 8   Credit_Mix                 4198 non-null    object
 9   Payment_Behaviour          4198 non-null    object
 10  Age                        4198 non-null    float64
 11  Annual_Income              4198 non-null    float64
 12  Num_Bank_Accounts          4198 non-null    float64
 13  Num_Credit_Card            4198 non-null    float64
 14  Interest_Rate              4198 non-null    float64
 15  Num_of_Loan                4198 non-null    float64
 16  Monthly_Inhand_Salary      4198 non-null    float64
 17  Changed_Credit_Limit       4198 non-null    float64
 18  Outstanding_Debt           4198 non-null    float64
 19  Total_EMI_per_month        4198 non-null    float64
 20  Credit_Score               4198 non-null    object
dtypes: float64(17), object(4)
memory usage: 688.9+ KB
None


===== train 결측치 수 =====
0


===== test 결측치 수 =====
0


===== target 빈도 =====
Standard    2225
Poor        1232
Good         741
Name: Credit_Score, dtype: int64
```

베이스라인을 살펴보자. target 변수가 object형이다. 따라서 인코딩할 경우 target 컬럼은 제외하자. target 컬럼의 target 컬럼을 원-핫 인코딩할 경우 target 컬럼이 1개가 아니라 여러 개가 만들어진다. 레이블 인코딩은 가능하다. 다만, 0, 1, 2로 변경한 후 마지막 csv 제출에서 다시 Good, Standard, Poor로 복원해야 한다. 다행히 연습문제에서 사용할 랜덤포레스트 모델은 target이 object더라도 자동으로 인식해 수치형으로 인코딩 없이도 사용 가능하다.

평가지표는 f1-macro다. 이진 분류와 같이 F1 스코어 평가지표를 사용하되, average='macro'를 설정한다. 베이스라인 f1 점수는 0.7이다.

```python
# 4. 데이터 전처리
# 원-핫 인코딩(target 컬럼이 object형이라 제외)
target = train.pop('Credit_Score')

train = pd.get_dummies(train)
test = pd.get_dummies(test)

# 5. 검증 데이터 나누기
from sklearn.model_selection import train_test_split
X_tr, X_val, y_tr, y_val = train_test_split(train, target, test_size=0.2, random_state=0)

print("\n ===== 분할된 데이터 크기 =====")
print(X_tr.shape, X_val.shape, y_tr.shape, y_val.shape)

# 6. 머신러닝 학습 및 평가
from sklearn.ensemble import RandomForestClassifier
rf = RandomForestClassifier(random_state=0)
rf.fit(X_tr, y_tr)
pred = rf.predict(X_val)

from sklearn.metrics import f1_score
f1 = f1_score(y_val, pred, average='macro')
print('\n f1-macro:', f1)

# 7. 예측 및 결과 파일 생성
pred = rf.predict(test)
submit = pd.DataFrame({'pred':pred})
submit.to_csv("result.csv", index=False)

# 제출 파일 확인
print("\n ===== 제출 파일 (샘플 5개) =====")
print(pd.read_csv("result.csv").head())
```

```
===== 분할된 데이터 크기 =====
(3358, 29) (840, 29) (3358,) (840,)

 f1-macro: 0.7004593488873695
```

```
===== 제출파일 (샘플 5개) =====
        pred
0     Poor
1     Good
2 Standard
3     Good
4 Standard
```

2 성능 개선 심화

간단한 하이퍼파라미터 튜닝으로는 성능을 향상시키지 못했다. 이처럼 성능이 향상되지 않는 케이스도 충분히 있을 수 있다. 이런 상황에서는 더 많은 시간을 들여 하이퍼파라미터를 튜닝하기보다 작업한 내용 중에 최고 점수를 제출하자.

① 데이터 전처리
- **레이블 인코딩**: 성능이 오히려 떨어졌다. (주석 처리함)
- **스케일링(Standard Scaler)**: 약간의 변화가 있다.

② 하이퍼파라미터 튜닝
- max_depth: 5~10, 이진 분류보다는 좀 더 깊이를 깊게 설정해 본다.
- n_estimators: 200~500

데이터 전처리/하이퍼파라미터 튜닝	F1	제출
베이스라인	0.7004593488873695	선택/1차 제출
레이블 인코딩	0.6853171856067161	
스케일링(Standard Scaler)	0.7020460066061173	선택/2차 제출
max_depth=5	0.6766506819894232	
max_depth=7	0.6870057878861987	
max_depth=10	0.6916940184736795	
n_estimators=200	0.6962063487956804	
n_estimators=500	0.6928450293038418	

* 결괏값 예시일 뿐, 이 책과 다르게 나올 수도 있다.

```python
# 2. 라이브러리 및 데이터 불러오기
import pandas as pd

train = pd.read_csv("score_train.csv")
test = pd.read_csv("score_test.csv")

# 4. 데이터 전처리
target = train.pop('Credit_Score')

# 스케일링
from sklearn.preprocessing import StandardScaler
scaler = StandardScaler()
cols = train.select_dtypes(include=['int', 'float']).columns
train[cols] = scaler.fit_transform(train[cols])
test[cols] = scaler.transform(test[cols])

# 원-핫 인코딩
train = pd.get_dummies(train)
test = pd.get_dummies(test)

# 레이블 인코딩
# target = train.pop('Credit_Score')
# from sklearn.preprocessing import LabelEncoder
# cols = train.select_dtypes(include='object').columns
# for col in cols:
#     le = LabelEncoder()
#     train[col] = le.fit_transform(train[col])
#     test[col] = le.transform(test[col])

# 5. 검증 데이터 나누기
from sklearn.model_selection import train_test_split
X_tr, X_val, y_tr, y_val = train_test_split(train, target, test_size=0.2, random_state=0)

# 6. 머신러닝 학습 및 평가
from sklearn.ensemble import RandomForestClassifier
rf = RandomForestClassifier(random_state=0)
rf.fit(X_tr, y_tr)
pred = rf.predict(X_val)

from sklearn.metrics import f1_score
f1 = f1_score(y_val, pred, average='macro')
print('\n f1-macro:', f1)
```

```
# 7. 예측 및 결과 파일 생성
pred = rf.predict(test)
submit = pd.DataFrame({'pred':pred})
submit.to_csv("result.csv", index=False)
```

```
f1-macro: 0.7020460066061173
```

신용 등급을 예측하는 문제에서 성능을 더 향상시킬 수 있나요?

있다. 하지만 빅데이터 분석기사 실기 시험 수준을 넘어서는 내용이다. 일반적으로 모델의 성능 향상을 위해 데이터 전처리 과정에서 피처 엔지니어링(파생변수 생성) 또는 새로운 데이터를 더하는 작업을 수행한다. 이 작업은 도메인과 데이터의 특성에 따라 적용하는 방법이나 작업 내용이 크게 다를 수 있다. 이 책에서는 다양한 상황에서 공통적으로 적용 가능한 빅데이터 분석기사 실기 시험을 위한 내용만 다룰 예정이다.

SECTION 02 | 약물 종류 예측

■ 주어진 데이터에서 약물의 종류를 예측하시오.
- **제공된 데이터 목록**: drug_train.csv, drug_test.csv
- **예측할 컬럼**: Drug(DrugY, drugX, drugA, drugC, drugB)

■ 학습용 데이터(train.csv)를 이용해 약물의 종류를 예측하는 모델을 만든 후 이를 평가용 데이터(test.csv)에 적용해 얻은 예측값을 다음과 같은 형식의 CSV 파일로 생성하시오.

제출 파일은 다음 1 개의 컬럼을 포함해야 한다.
- **pred**: 예측값
- **제출 파일명**: 'result.csv'

제출한 모델의 성능은 f1-macro 평가지표에 따라 채점한다.

- 제출 csv 파일명 및 형태: result.csv

```
pred
drugX
drugA
drugB
…
```

1 베이스라인 기초

베이스라인에서 f1 평가 점수의 결과가 높게(1에 가깝게) 나올 경우를 살펴보자.

```python
# 1. 문제 정의
# 평가: f1-macro
# target: Drug
# 최종 파일: result.csv(컬럼 1개 pred, 1 확률값)

# 2. 라이브러리 및 데이터 불러오기
import pandas as pd
train = pd.read_csv("drug_train.csv")
test = pd.read_csv("drug_test.csv")

# 3. 탐색적 데이터 분석(EDA)
print("===== 데이터 정보(자료형) =====")
print(train.info())

print("\n ===== train 결측치 수 =====")
print(train.isnull().sum().sum())

print("\n ===== test 결측치 수 =====")
print(test.isnull().sum().sum())

print("\n ===== train/test 카테고리별 수 =====")
print(train[['Sex', 'BP', 'Cholesterol']].nunique())
print(test[['Sex', 'BP', 'Cholesterol']].nunique())

print("\n ===== target 빈도 =====")
print(train['Drug'].value_counts())
```

```
===== 데이터 정보(자료형) =====
<class 'pandas.core.frame.DataFrame'>
RangeIndex: 100 entries, 0 to 99
Data columns (total 6 columns):
 #   Column       Non-Null Count  Dtype
---  ------       --------------  -----
 0   Age          100 non-null    int64
 1   Sex          100 non-null    object
 2   BP           100 non-null    object
 3   Cholesterol  100 non-null    object
 4   Na_to_K      100 non-null    float64
 5   Drug         100 non-null    object
dtypes: float64(1), int64(1), object(4)
memory usage: 4.8+ KB
None

===== train 결측치 수 =====
0

===== test 결측치 수 =====
0

===== train/test 카테고리별 수 =====
Sex            2
BP             3
Cholesterol    2
dtype: int64
Sex            2
BP             3
Cholesterol    2
dtype: int64

===== target 빈도 =====
Drug
DrugY    41
drugX    34
drugA    13
drugB     8
drugC     4
Name: count, dtype: int64
```

f1 평가 점수가 낮게 나와도 문제지만, 너무 높게 나올 경우 특히 f1 점수가 0~1 중에 1점이 나온다면 더 이상 개선의 여지가 없다. 원인은 크게 두 가지다.

- 첫째, 수험생이 데이터를 나눌 때 또는 전처리할 때 잘못한 부분이 있는 경우다. model.fit(X, y)에서 모델을 학습할 때 사용하는 X 데이터를 head()로 출력해 눈으로 확인하자. 간혹 target이 학습용 데이터 X에 포함된 경우에는 이미 답을 알고 있기 때문에 만점이 나온다.
- 둘째, 검증 데이터가 너무 쉽게 나눠졌을 수도 있다.

이번 문제는 두 번째에 해당한다. 따라서 평소대로 20%의 검증 데이터로 평가했을 때 1점이 나왔다. 시험이었다면 매우 당황스러웠을 상황이다. 검증 데이터를 평가하는 다른 방식이 필요하다. 심화 학습으로 크로스 밸리데이션을 활용해 보자. 단, 반드시 알아야 할 내용은 아니다. 시험은 train_test_split()만으로도 충분하다.

```
# 4. 데이터 전처리
# 원-핫 인코딩
target = train.pop('Drug')
train = pd.get_dummies(train)
test = pd.get_dummies(test)

# 5. 검증 데이터 나누기
from sklearn.model_selection import train_test_split
X_tr, X_val, y_tr, y_val = train_test_split(train, target, test_size=0.2, random_state=0)

# 6. 머신러닝 학습 및 평가
from sklearn.ensemble import RandomForestClassifier
rf = RandomForestClassifier(random_state=0)
rf.fit(X_tr, y_tr)
pred = rf.predict(X_val)

from sklearn.metrics import f1_score
f1 = f1_score(y_val, pred, average='macro')
print('\n f1-macro:', f1)

# 7. 예측 및 결과 파일 생성
pred = rf.predict(test)
submit = pd.DataFrame({'pred':pred})
submit.to_csv("result.csv", index=False)
```

```
f1-macro: 1.0
```

심화학습

1 크로스 밸리데이션(cross-validation) 활용

크로스 밸리데이션은 주어진 데이터셋(train)을 K개로 나눠 모든 데이터가 학습과 검증 데이터로 활용되며, K번의 학습과 평가로 진행된다. cv=3으로 설정해 3번의 학습과 평가가 진행되었고, 각각 [1. 0.93777778 0.78461538]의 결과가 나왔다. 0.78이 있는 것으로 보아 베이스라인에서 데이터를 나눌 때 운이 좋게 쉬운 데이터로만 검증 데이터가 나눠졌을 수도 있다. 이 3개의 결과를 평균하면 0.9점이다.

```
from sklearn.metrics import f1_score
from sklearn.model_selection import cross_val_score
f1_scores = cross_val_score(rf, train, target, cv=3, scoring='f1_macro')
print(f1_scores)
print(f1_scores.mean())
```

```
[1.        0.93777778 0.78461538]
0.9074643874643874
```

2 cross_val_score( )에서 scoring에 입력 가능한 평가지표

```
['accuracy', 'adjusted_mutual_info_score', 'adjusted_rand_score', 'average_
precision', 'balanced_accuracy', 'completeness_score', 'd2_absolute_error_
score', 'explained_variance', 'f1', 'f1_macro', 'f1_micro', 'f1_samples', 'f1_
weighted', 'fowlkes_mallows_score', 'homogeneity_score', 'jaccard', 'jaccard_
macro', 'jaccard_micro', 'jaccard_samples', 'jaccard_weighted', 'matthews_
corrcoef', 'max_error', 'mutual_info_score', 'neg_brier_score', 'neg_log_loss',
'neg_mean_absolute_error', 'neg_mean_absolute_percentage_error', 'neg_mean_
gamma_deviance', 'neg_mean_poisson_deviance', 'neg_mean_squared_error', 'neg_
mean_squared_log_error', 'neg_median_absolute_error', 'neg_negative_
likelihood_ratio', 'neg_root_mean_squared_error', 'neg_root_mean_squared_log_
error', 'normalized_mutual_info_score', 'positive_likelihood_ratio',
'precision', 'precision_macro', 'precision_micro', 'precision_samples',
'precision_weighted', 'r2', 'rand_score', 'recall', 'recall_macro', 'recall_
micro', 'recall_samples', 'recall_weighted', 'roc_auc', 'roc_auc_ovo', 'roc_
auc_ovo_weighted', 'roc_auc_ovr', 'roc_auc_ovr_weighted', 'top_k_accuracy', 'v_
measure_score']
```

2 시험의 성능 개선 〔심화〕

6회 시험의 작업형2에서는 검증 데이터를 활용한 f1 평가 점수가 0.9점대가 나왔다. 빅데이터 분석기사 검증 데이터 평가 결과는 0.5점대가 나올 때도 있고 0.9점대가 나올 때도 있다. 데이터에 따라 달라지는 것으로 다른 데이터로 경험한 점수와 비교하지 말고, 베이스라인 모델 점수와 성능 개선 모델 점수를 비교하자.

만약 성능 개선을 시도한 모델이 베이스라인과 같다면 베이스라인 모델을 최종 제출하자. Drug 데이터는 레이블 인코딩, 스케일링, 하이퍼파라미터 튜닝을 시도했지만, 성능이 개선되지 않았고 크로스 밸리데이션을 기준으로 베이스라인과 같은 점수가 나왔다. 앞서 진행했던 방식으로는 성능이 개선되지 않아 데이터 전처리 및 하이퍼파라미터 튜닝 결과표는 생략한다.

① 데이터 전처리
- 레이블 인코딩
- 스케일: Standard Scaler, Min-Max Scaler, Robust Scaler

② 하이퍼파라미터 튜닝
- max_depth: 7, 10
- n_estimators: 200, 500

```python
# 2. 라이브러리 및 데이터 불러오기
import pandas as pd
train = pd.read_csv("drug_train.csv")
test = pd.read_csv("drug_test.csv")

# 4. 데이터 전처리
target = train.pop('Drug')

# 스케일링
# from sklearn.preprocessing import MinMaxScaler
# scaler = MinMaxScaler()
# train['Age'] = scaler.fit_transform(train[['Age']])
# test['Age'] = scaler.transform(test[['Age']])

# 원-핫 인코딩(Drug 컬럼 제외)
train = pd.get_dummies(train)
test = pd.get_dummies(test)

# 레이블 인코딩(Drug 컬럼 제외)
# target = train.pop('Drug')
# from sklearn.preprocessing import LabelEncoder
```

```
# cols = train.select_dtypes(include='object').columns
# for col in cols:
#     le = LabelEncoder()
#     train[col] = le.fit_transform(train[col])
#     test[col] = le.transform(test[col])

# 5. 크로스 밸리데이션(cross-validation)
from sklearn.metrics import f1_score
from sklearn.model_selection import cross_val_score
from sklearn.ensemble import RandomForestClassifier

rf = RandomForestClassifier(random_state=0)
f1_scores = cross_val_score(rf, train, target, cv=3, scoring='f1_macro')
print(f1_scores.mean())

# 6. 머신러닝 학습
rf.fit(train, target)

# 7. 예측 및 결과 파일 생성
pred = rf.predict(test)
submit = pd.DataFrame({'pred':pred})
submit.to_csv("result.csv", index=False)
```

```
0.9074643874643874
```

크로스밸리데이션을 사용한다면 train_test_split( )은 필요 없다. 크로스밸리데이션으로 점수를 확인한 후 train 전체 데이터를 사용해서 모델을 학습한다.

> **TIP**
>
> **데이터프레임에서 대괄호 수**
>
> 데이터프레임에서 컬럼을 선택할 때 대괄호를 사용하는 방법은 두 가지다.
> - 대괄호가 1개인 경우: train['Age']
>   선택한 컬럼을 시리즈(Series) 형태로 반환
> - 대괄호가 2개인 경우: train[['Age']]
>   선택한 컬럼을 데이터프레임(DataFrame) 형태로 반환
>
> 스케일링과 같은 전처리 함수들은 일반적으로 데이터프레임 자료형을 입력한다. 그래서 대괄호를 2개 사용해 데이터프레임 형태로 데이터를 넘겨준다. 여러 컬럼을 선택할 때도 같다. train[['컬럼명1', '컬럼명2']]로 대괄호를 2개 사용한다. 일반적으로 여러 컬럼인 경우 cols = ['컬럼명1', '컬럼명2']와 같이 리스트로 만든 후 train[cols]에 적용해 대괄호가 1개로 보였을 뿐이다.

SECTION 03 | 유리 종류 예측

■ 유리 식별 데이터에서 유리의 종류를 예측하시오.
  - 제공된 데이터 목록: glass_train.csv, glass_test.csv
  - 예측할 컬럼: Type(1, 2, 3, 5, 6, 7)

■ 학습용 데이터(train.csv)를 이용해 약물 종류를 예측하는 모델을 만든 후 이를 평가용 데이터(test.csv)에 적용해 얻은 예측값을 다음과 같은 형식의 CSV 파일로 생성하시오.

제출 파일은 다음 1개의 컬럼을 포함해야 한다.
- pred: 예측값
- 제출 파일명: 'result.csv'

제출한 모델의 성능은 f1-weighted 평가지표에 따라 채점한다.

- 제출 csv 파일명 및 형태: result.csv

```
pred
1
2
3
...
```

1 베이스라인 기초

데이터를 불러오고, 간단한 탐색적 데이터 분석을 진행했다. 데이터 자료형이 모두 수치형 데이터고, 결측치는 없다. target은 6가지다.

```
# 1. 문제 정의
# 평가: f1-weighted
# target: Type
# 최종 파일: result.csv(컬럼 1개 pred)

# 2. 라이브러리 및 데이터 불러오기
import pandas as pd
train = pd.read_csv("glass_train.csv")
```

```python
test = pd.read_csv("glass_test.csv")

# 3. 탐색적 데이터 분석(EDA)
print("===== 데이터 크기 =====")
print(train.shape, test.shape)

print("\n ===== train 데이터 샘플 =====")
print(train.head(1))

print("\n ===== test 데이터 샘플 =====")
print(test.head(1))

print("\n ===== 데이터 정보(자료형) =====")
print(train.info())

print("\n ===== train 결측치 수 =====")
print(train.isnull().sum().sum())

print("\n ===== test 결측치 수 =====")
print(test.isnull().sum().sum())

print("\n ===== target 빈도 =====")
print(train['Type'].value_counts())
```

```
===== 데이터 크기 =====
(149, 10) (65, 9)

 ===== train 데이터 샘플 =====
        RI     Na    Mg    Al     Si    K    Ca   Ba   Fe  Type
0  1.51829  14.46  2.24  1.62  72.38  0.0  9.26  0.0  0.0     6

 ===== test 데이터 샘플 =====
        RI     Na    Mg    Al     Si     K    Ca   Ba    Fe
0  1.51748  12.86  3.56  1.27  73.21  0.54  8.38  0.0  0.17

 ===== 데이터 정보(자료형) =====
<class 'pandas.core.frame.DataFrame'>
RangeIndex: 149 entries, 0 to 148
Data columns (total 10 columns):
 #   Column  Non-Null Count  Dtype
```

```
 ---  ------  --------------  -----
 0   RI      149 non-null    float64
 1   Na      149 non-null    float64
 2   Mg      149 non-null    float64
 3   Al      149 non-null    float64
 4   Si      149 non-null    float64
 5   K       149 non-null    float64
 6   Ca      149 non-null    float64
 7   Ba      149 non-null    float64
 8   Fe      149 non-null    float64
 9   Type    149 non-null    int64
dtypes: float64(9), int64(1)
memory usage: 11.8 KB
None

===== train 결측치 수 =====
0

===== test 결측치 수 =====
0

===== target 빈도 =====
2    53
1    49
7    23
3     9
5     8
6     7
Name: Type, dtype: int64
```

모두 수치형 데이터프로 별도 전처리 없이 베이스라인을 구축했다. f1 점수는 0.61의 결과가 나왔다.

```
# 4. 데이터 전처리
target = train.pop('Type')

# 5. 검증 데이터 나누기
from sklearn.model_selection import train_test_split
X_tr, X_val, y_tr, y_val = train_test_split(train, target, test_size=0.2, random_state=0)

# 6. 머신러닝 학습 및 평가
from sklearn.ensemble import RandomForestClassifier
```

```
    rf = RandomForestClassifier(random_state=0)
    rf.fit(X_tr, y_tr)
    pred = rf.predict(X_val)

    from sklearn.metrics import f1_score
    score = f1_score(y_val, pred, average='weighted')
    print('f1:', score)

    # 7. 예측 및 결과 파일 생성
    pred = rf.predict(test)
    submit = pd.DataFrame({'pred':pred})
    submit.to_csv("result.csv", index=False)

    f1: 0.611980176686059
```

2 성능 개선 심화

랜덤포레스트는 여러 개의 의사결정 나무로 이루어진 앙상블 모델이다. 트리 기반의 모델은 피처의 대소 관계를 중심으로 학습하기 때문에 스케일링에 크게 민감하지 않다. 이 데이터에서 스케일링은 성능에 변화가 없다. n_estimators 설정으로 성능에 변화가 있을 때 같은 결과라면 낮은 설정을 선택하는 것이 좋다. n_estimators값이 크면 트리의 수가 많아져 연산 속도가 느려질 수 있다.

① 데이터 전처리
- **스케일링**: 성능 변화가 없다.

② 하이퍼파라미터 튜닝
- max_depth: 5, 7, 10
- n_estimators: 200, 500

데이터 전처리/하이퍼파라미터 튜닝	F1	제출
베이스라인	0.611980176686059	선택/1차 제출
스케일링	0.611980176686059	
max_depth=5	0.6410714285714286	선택
max_depth=7	0.611980176686059	
max_depth=10	0.611980176686059	
max_depth=5, n_estimators=200	0.6507936507936507	선택/2차 제출
max_depth=5, n_estimators=500	0.6507936507936507	

* 결괏값 예시일 뿐, 이 책과 다르게 나올 수도 있다.

```python
# 2. 라이브러리 및 데이터 불러오기
import pandas as pd
train = pd.read_csv("glass_train.csv")
test = pd.read_csv("glass_test.csv")

# 4. 데이터 전처리
target = train.pop('Type')

# 스케일링 효과 없음

# 5. 검증 데이터 나누기
from sklearn.model_selection import train_test_split
X_tr, X_val, y_tr, y_val = train_test_split(train, target, test_size=0.2, random_state=0)

# 6. 머신러닝 학습 및 평가
from sklearn.ensemble import RandomForestClassifier
rf = RandomForestClassifier(max_depth=5, n_estimators=200, random_state=0)
rf.fit(X_tr, y_tr)
pred = rf.predict(X_val)

from sklearn.metrics import f1_score
score = f1_score(y_val, pred, average='weighted')
print('\n f1:', score)

# 7. 예측 및 결과 파일 생성
pred = rf.predict(test)
submit = pd.DataFrame({'pred':pred})
submit.to_csv("result.csv", index=False)
```

```
f1: 0.6507936507936507
```

CHAPTER 08

회귀 연습문제

회귀 문제를 풀 때 분류 문제와 가장 큰 차이점은 모델과 평가지표가 다르다는 것이다. 예를 들어, 분류에서 랜덤포레스트의 분류 모델인 RandomForestClassifier를 사용한다면, 회귀에서는 RandomForestRegressor를 사용한다. 간혹 분류 모델을 사용해 예측값 성능이 현저히 떨어져 0점 처리되는 경우가 있다. 그리고 사이킷런은 다양한 평가지표를 제공하지만, 모든 지표를 지원하지 않는다. 따라서 문제에서 필요한 지표가 사이킷런에 포함되어 있지 않다면 직접 구현해야 할 수도 있다. 문제에서 제시된 평가지표를 모를 경우 알고 있는 회귀 평가지표를 사용해 문제를 해결하는 것이 좋다.

Section 01 │ 항공권 가격 예측
Section 02 │ 노트북 가격 예측
Section 03 │ 중고차 가격 예측

SECTION 01 | 항공권 가격 예측

■ **항공권 티켓 가격을 예측하시오.**
- **제공된 데이터 목록**: flight_train.csv, flight_test.csv
- **예측할 컬럼**: price

■ 학습용 데이터(train)를 이용해 티켓 가격을 예측하는 모델을 만든 후 이를 평가용 데이터(test)에 적용해 얻은 예측 값을 다음과 같은 형식의 CSV 파일로 생성하시오.

제출 파일은 다음 1개의 컬럼을 포함해야 한다.
- **pred**: 예측값(가격)
- **제출 파일명**: 'result.csv'

제출한 모델의 성능은 RMSE 평가지표에 따라 채점한다.

- **제출 csv 파일명 및 형태**: result.csv

```
pred
56000
7000
11000
...
```

1 베이스라인 기초

데이터를 불러오고, 간단한 탐색적 데이터 분석을 진행했다. train과 test의 object형의 카테고리를 비교했다. 만약 시험에서 반복문 사용이 어려운 입문자라면 value_counts()를 활용해 비교하거나 다음과 같이 컬럼별로 비교하도록 한다. True가 출력되면 같은 카테고리고, False가 출력되면 다른 카테고리다. flight 컬럼은 train과 test의 카테고리가 다르고, 나머지 object형은 카테고리가 같다.

- set_train = set(train['컬럼명'])
- set_test = set(test['컬럼명'])
- print(set_train == set_test)

분류에서는 target의 카테고리를 확인하기 위해 value_counts()로 데이터를 살펴보았다. 회귀에서는 일반적으로 target의 데이터 분포를 히스토그램 등으로 시각화해 확인한다. 하지만 빅데이터 분석기사 실기 시험은 시각화를 지원하지 않는 환경이라 target을 describe()로 출력했다.

```python
# 1. 문제 정의
# 평가: RMSE
# target: price
# 최종 파일: result.csv(컬럼 1개 pred)

# 2. 라이브러리 및 데이터 불러오기
import pandas as pd
train = pd.read_csv("flight_train.csv")
test = pd.read_csv("flight_test.csv")

# 3. 탐색적 데이터 분석(EDA)
print("===== 데이터 크기 =====")
print("Train Shape:", train.shape)
print("Test Shape:", test.shape)

print("\n ===== 데이터 정보(자료형) =====")
print(train.info())

print("\n ===== train 결측치 수 =====")
print(train.isnull().sum().sum())

print("\n ===== test 결측치 수 =====")
print(test.isnull().sum().sum())

print("\n ===== 카테고리 비교 =====")
cols = train.select_dtypes(include='object').columns
for col in cols:
    set_train = set(train[col])
    set_test= set(test[col])
    same = (set_train == set_test)
    if same:
        print(col, "\t카테고리 동일함")
    else:
        print(col, "\t카테고리 동일하지 않음")

print("\n ===== target 기술 통계 =====")
print(train['price'].describe())
```

```
===== 데이터 크기 =====
Train Shape: (10505, 11)
Test Shape: (4502, 10)

===== 데이터 정보(자료형) =====
<class 'pandas.core.frame.DataFrame'>
RangeIndex: 10505 entries, 0 to 10504
Data columns (total 11 columns):
 #   Column            Non-Null Count  Dtype
---  ------            --------------  -----
 0   airline           10505 non-null  object
 1   flight            10505 non-null  object
 2   source_city       10505 non-null  object
 3   departure_time    10505 non-null  object
 4   stops             10505 non-null  object
 5   arrival_time      10505 non-null  object
 6   destination_city  10505 non-null  object
 7   class             10505 non-null  object
 8   duration          10505 non-null  float64
 9   days_left         10505 non-null  int64
 10  price             10505 non-null  int64
dtypes: float64(1), int64(2), object(8)
memory usage: 902.9+ KB
None

===== train 결측치 수 =====
0

===== test 결측치 수 =====
0

===== 카테고리 비교 =====
airline    카테고리 동일함
flight    카테고리 동일하지 않음
source_city    카테고리 동일함
departure_time    카테고리 동일함
stops    카테고리 동일함
arrival_time    카테고리 동일함
destination_city    카테고리 동일함
class    카테고리 동일함

===== target 기술 통계 =====
```

```
count      10505.000000
mean       20650.139838
std        22570.924117
min         1105.000000
25%         4755.000000
50%         7455.000000
75%        42457.000000
max       110936.000000
Name: price, dtype: float64
```

describe( )에서 평균값이 중앙값(50%)보다 크므로 오른쪽 왜곡이 있다. 이 분포에서는 대부분의 값들이 왼쪽에 몰려 있고, 오른쪽으로 갈수록 값들이 희박해지는 것을 볼 수 있다. price(target)을 히스토그램으로 시각화해 학습하는 차원에서 확인해 보자. (시험 환경에서는 지원하지 않음)

```
train['price'].hist()
```

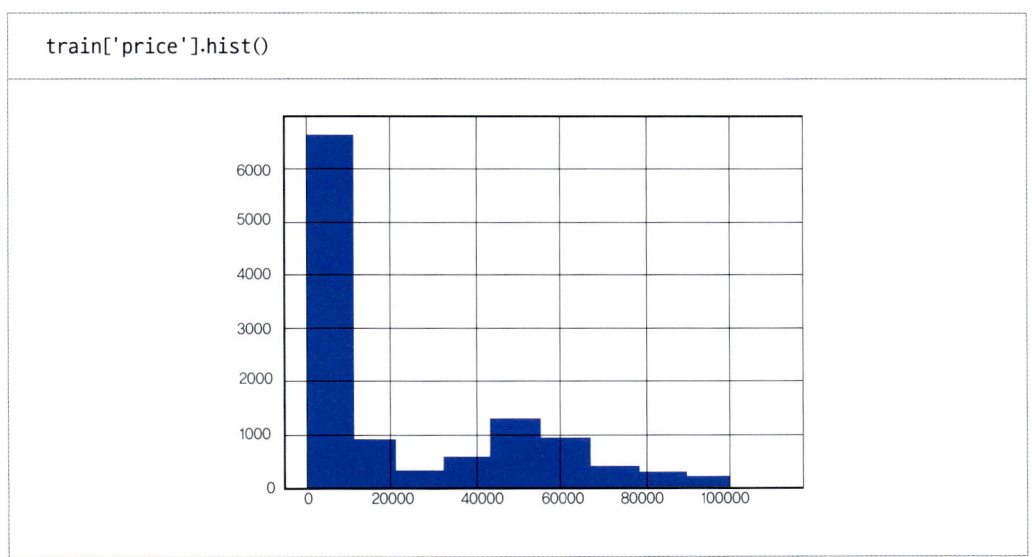

베이스라인에서 flight 컬럼은 train과 test 데이터의 카테고리가 달라 삭제했다. 평가지표는 RMSE이며, 사이킷런에서 RMSE는 root_mean_squared_error 함수로 제공된다.

```
# 4. 데이터 전처리
target = train.pop('price')

# 컬럼 삭제
train = train.drop('flight', axis=1)
test = test.drop('flight', axis=1)
```

```python
# 원-핫 인코딩
train = pd.get_dummies(train)
test = pd.get_dummies(test)

# 5. 검증 데이터 나누기
from sklearn.model_selection import train_test_split
X_tr, X_val, y_tr, y_val = train_test_split(train, target, test_size=0.2, random_state=0)

print("\n ===== 분할된 데이터 크기 =====")
print(X_tr.shape, X_val.shape, y_tr.shape, y_val.shape)

# 6. 머신러닝 학습 및 평가
from sklearn.ensemble import RandomForestRegressor
rf = RandomForestRegressor(random_state=0)
rf.fit(X_tr, y_tr)
pred = rf.predict(X_val)

# RMSE(Root Mean Squared Error)
from sklearn.metrics import root_mean_squared_error
result = root_mean_squared_error(y_val, pred)
print('\n rmse:', result)

# 7. 예측 및 결과 파일 생성
pred = rf.predict(test)
submit = pd.DataFrame({'pred':pred})
submit.to_csv("result.csv", index=False)

# 제출 파일 확인
print("\n ===== 제출 파일 (샘플 5개) =====")
print(pd.read_csv("result.csv").head())
```

```
===== 분할된 데이터 크기 =====
(8404, 37) (2101, 37) (8404,) (2101,)
 rmse: 4376.841613585934
```

```
===== 제출파일 (샘플 5개) =====
     pred
0  57356.34
1   5334.44
2  13244.83
3   5951.10
4   5102.89
```

> **TIP**
>
> **회귀 문제 예측값을 정수로 만들어야 하나요?**
>
> 문제에서 예시 예측값이 정수로 되어 있다고 정수로 변환할 필요는 없다. 일반적으로 예측값은 소수점 형태로 그대로 사용한다. 회귀 문제의 예측값은 주로 소수점으로 나오는데, 이는 회귀 모델이 연속적인 값을 예측하기 때문이다. 예측값을 정수로 만들어야 할지의 여부는 문제의 목적에 따라 달라진다.
>
> 대부분의 경우 회귀 모델의 예측값을 그대로 사용하는 것이 적절하다. 그러나 특정 문제나 도메인에서는 예측값을 정수로 반올림하거나 내림하는 것이 적절할 수도 있다. 예를 들어, 사람 수를 예측하는 경우 소수점 아래의 값은 실제로 의미가 없으므로 정수로 변환하는 것이 적절하다.

2 성능 개선 심화

베이스라인에서는 flight 컬럼을 제외했다. 성능 개선에서는 flight 컬럼을 포함하되, 중복은 제외하고 일부만 포함하겠다.

flight 컬럼은 train과 test의 카테고리가 다르다. 이를 합쳐서 원-핫 인코딩이나 레이블 인코딩 하는 방법은 있으나, 1,000개가 넘는 카테고리로 인해 코랩에서는 메모리를 초과하므로 세션이 종료된다. 시험에서도 1분을 넘길 것으로 예상된다. 따라서 그대로 사용할 수는 없다. 문자열을 나누는 split( ) 함수를 활용해 하이픈(-) 앞뒤로 나눈다. 예를 들어, UK-776에서 하이픈 앞뒤로 UK와 766을 나눈다. UK는 airline의 항공사 코드와 중복되므로 제외한다. 뒤의 숫자는 astype(int)를 활용해 int 자료형으로 변경해 사용한다.

① 데이터 전처리
- **레이블 인코딩**: 효과가 없다.
- **스케일링**: Standard Scaler가 가장 좋았다.
- **flight 컬럼**: 앞의 영문은 airline의 약자므로 제외하고 뒤의 숫자만 활용한다.

② 하이퍼파라미터 튜닝
- **max_depth**: 일반적으로 회귀는 분류보다 더 깊은 10~20 정도에서 튜닝한다.
- **n_estimators**: 200, 500

데이터 전처리/하이퍼파라미터 튜닝	RMSE	제출
베이스라인	4376.841613585934	선택/1차 제출
레이블 인코딩	4431.290931404485	
스케일링(Standard Scaler)	4371.046950948944	선택/2차 제출
스케일링(Min-Max Scaler)	4372.00793145506	
스케일링(Robust Scaler)	4377.079777085384	
flight 컬럼 일부 활용	3715.0644662768786	선택/3차 제출
max_depth = 10	4278.021416520653	
max_depth = 15	3791.338887502452	
max_depth = 20	3704.892644266319	
max_depth = 20, n_estimators=200	3675.155093297134	선택/4차 제출
max_depth = 20, n_estimators=500	3689.7471606075715	

* 결괏값 예시일 뿐, 이 책과 다르게 나올 수도 있다.

```
# 2. 라이브러리 및 데이터 불러오기
import pandas as pd
train = pd.read_csv("flight_train.csv")
test = pd.read_csv("flight_test.csv")

# 4. 데이터 전처리
target = train.pop('price')

# flight 컬럼 일부 사용
train['f2'] = train['flight'].str.split('-').str[1].astype(int)
test['f2'] = test['flight'].str.split('-').str[1].astype(int)

# 컬럼 삭제
train = train.drop('flight', axis=1)
test = test.drop('flight', axis=1)

# 스케일링
from sklearn.preprocessing import StandardScaler
scaler = StandardScaler()
cols = ['duration', 'days_left']
train[cols] = scaler.fit_transform(train[cols])
test[cols] = scaler.transform(test[cols])
```

```
# 원-핫 인코딩
train = pd.get_dummies(train)
test = pd.get_dummies(test)

# 레이블 인코딩
# from sklearn.preprocessing import LabelEncoder
# cols = train.select_dtypes(include='object').columns
# for col in cols:
#     le = LabelEncoder()
#     train[col] = le.fit_transform(train[col])
#     test[col] = le.transform(test[col])

# 5. 검증 데이터 나누기
from sklearn.model_selection import train_test_split
X_tr, X_val, y_tr, y_val = train_test_split(train, target, test_size=0.2, random_state=0)

# 6. 머신러닝 학습 및 평가
from sklearn.ensemble import RandomForestRegressor
rf = RandomForestRegressor(max_depth=20, n_estimators=200, random_state=0)
rf.fit(X_tr, y_tr)
pred = rf.predict(X_val)

# RMSE(Root Mean Squared Error)
from sklearn.metrics import root_mean_squared_error
result = root_mean_squared_error(y_val, pred)
print('rmse:', result)

# 7. 예측 및 결과 파일 생성
pred = rf.predict(test)
submit = pd.DataFrame({'pred':pred})
submit.to_csv("result.csv", index=False)
```

rmse: 3675.155093297134

SECTION 02 | 노트북 가격 예측

■ 노트북 정보로 가격을 예측하시오.
- **제공된 데이터 목록**: laptop_train.csv, laptop_test.csv
- **예측할 컬럼**: price

■ 학습용 데이터(train)를 이용해 노트북 가격을 예측하는 모델을 만든 후 이를 평가용 데이터(test)에 적용해 얻은 예측값을 다음과 같은 형식의 CSV 파일로 생성하시오.

제출 파일은 다음 1개의 컬럼을 포함해야 한다.
- **pred**: 예측값(가격)
- **제출 파일명**: 'result.csv'

제출한 모델의 성능은 R^2(결정 계수) 평가지표에 따라 채점한다.

- **제출 csv 파일명 및 형태**: result.csv

```
pred
37000
39000
57000
…
```

1 베이스라인 기초

데이터를 불러오고, 간단한 탐색적 데이터 분석을 진행했다. 학습용 데이터가 91개인 매우 작은 데이터 크기다. train과 test 데이터에 결측치가 있고, object 컬럼의 경우 카테고리가 모두 동일하지 않다.

```
# 1. 문제 정의
# 평가: R2
# target: Price
# 최종 파일: result.csv(컬럼 1개 pred, 1 확률값)

# 2. 라이브러리 및 데이터 불러오기
import pandas as pd
```

```python
train = pd.read_csv("laptop_train.csv")
test = pd.read_csv("laptop_test.csv")

# 3. 탐색적 데이터 분석(EDA)
print("===== 데이터 크기 =====")
print("Train Shape:", train.shape)
print("Test Shape:", test.shape)

print("=====데이터 정보(자료형) =====")
print(train.info())

print("\n ===== train 결측치 수 =====")
print(train.isnull().sum())

print("\n ===== test 결측치 수 =====")
print(test.isnull().sum())

print("\n ===== 카테고리 비교=====")
cols = train.select_dtypes(include='object').columns
for col in cols:
    set_train = set(train[col])
    set_test= set(test[col])
    same = (set_train == set_test)
    if same:
        print(col, "\t카테고리 동일함")
    else:
        print(col, "\t카테고리 동일하지 않음")

print("\n ===== target 기술 통계 =====")
print(train['Price'].describe())
```

```
===== 데이터 크기 =====
Train Shape: (91, 10)
Test Shape: (39, 9)
===== 데이터 정보(자료형) =====
<class 'pandas.core.frame.DataFrame'>
RangeIndex: 91 entries, 0 to 90
Data columns (total 10 columns):
 #   Column           Non-Null Count   Dtype
---  ------           --------------   -----
 0   Brand            91 non-null      object
```

```
 1   Model              82 non-null     object
 2   Series             55 non-null     object
 3   Processor          86 non-null     object
 4   Processor_Gen      86 non-null     object
 5   RAM                85 non-null     float64
 6   Hard_Disk_Capacity 85 non-null     object
 7   OS                 85 non-null     object
 8   Rating             91 non-null     float64
 9   Price              91 non-null     int64
dtypes: float64(2), int64(1), object(7)
memory usage: 7.2+ KB
None

===== train 결측치 수 =====
Brand                0
Model                9
Series              36
Processor            5
Processor_Gen        5
RAM                  6
Hard_Disk_Capacity   6
OS                   6
Rating               0
Price                0
dtype: int64

===== test 결측치 수 =====
Brand                0
Model                5
Series              14
Processor            2
Processor_Gen        2
RAM                  2
Hard_Disk_Capacity   2
OS                   2
Rating               0
dtype: int64

===== 카테고리 비교 =====
Brand    카테고리 동일하지 않음
Model    카테고리 동일하지 않음
```

```
Series       카테고리 동일하지 않음
Processor       카테고리 동일하지 않음
Processor_Gen       카테고리 동일하지 않음
Hard_Disk_Capacity       카테고리 동일하지 않음
OS       카테고리 동일하지 않음

 ===== target 기술 통계 =====
 count        91.000000
 mean      53540.813187
 std       21371.760428
 min       17640.000000
 25%       39490.000000
 50%       46840.000000
 75%       60194.500000
 max      129990.000000
Name: Price, dtype: float64
```

베이스라인에서는 결측치 처리를 위해 범주형 컬럼에는 X값을 대입하고, 수치형 데이터에는 -1값을 대입했다. 모두 결측치를 표시하기 위한 임의값이다. 인코딩에서는 train과 test를 합쳐서 인코딩하고, 다시 train과 test로 나눴다. r2는 사이킷런에서 평가지표 함수를 제공한다. 베이스라인에서는 대략 0.75 정도의 결과가 나왔다.

```python
# 4. 데이터 전처리
target = train.pop('Price')

# 결측치 처리(범주형)
c_cols = ['Model', 'Series', 'Processor', 'Processor_Gen', 'Hard_Disk_Capacity', 'OS']
train[c_cols] = train[c_cols].fillna("X")
test[c_cols] = test[c_cols].fillna("X")

# 결측치 처리(수치형)
n_cols = ['RAM']
train[n_cols] = train[n_cols].fillna(-1)
test[n_cols] = test[n_cols].fillna(-1)

# 원-핫 인코딩
combined = pd.concat([train, test])
combined_dummies = pd.get_dummies(combined)
n_train = len(train)
train = combined_dummies[:n_train]
test = combined_dummies[n_train:]
```

```python
# 5. 검증 데이터 나누기
from sklearn.model_selection import train_test_split
X_tr, X_val, y_tr, y_val = train_test_split(train, target, test_size=0.2, random_state=0)

# 6. 머신러닝 학습 및 평가
from sklearn.ensemble import RandomForestRegressor
rf = RandomForestRegressor(random_state=0)
rf.fit(X_tr, y_tr)
pred = rf.predict(X_val)

from sklearn.metrics import r2_score
result = r2_score(y_val, pred)
print('\n r2:', result)

# 7. 예측 및 결과 파일 생성
pred = rf.predict(test)
submit = pd.DataFrame({'pred':pred})
submit.to_csv("result.csv", index=False)
```

```
===== 분할된 데이터 크기 =====
(72, 119) (19, 119) (72,) (19,)

 r2: 0.7496764602229047

 ===== 제출파일 (샘플 5개) =====
      pred
0  40979.15
1  39366.98
2  60343.56
3  39960.00
4  44331.60
```

2 성능 개선 심화

이번 성능 개선에서는 40% 정도의 결측치를 갖고 있는 Series 컬럼을 삭제했다. 0.77로 성능이 향상되었다. 그리고 Brand가 Model의 정보를 부분적으로 포함하고 있고, 특정 모델이 희소하게 나타난다. 추가적으로 'Model' 삭제 후 평가지표를 확인해 보니 성능이 0.8로 향상되었다.

① 데이터 전처리
- **Series 컬럼 삭제**: 40% 결측치를 대체하는 대신 이 컬럼을 삭제해 모델의 성능을 높였다.
- **Model 컬럼 삭제**: 여러 희소한 카테고리 값이 있었다. 또한, Brand 컬럼이 Model의 정보를 부분적으로 포함하고 있다. 이런 이유로 Model 컬럼을 삭제하니 모델 성능이 향상되었다.

② 하이퍼파라미터 튜닝
- 간단한 튜닝을 시도해 보았지만, 뚜렷한 개선이 관찰되지 않았다.

데이터 전처리/하이퍼파라미터 튜닝	R^2	제출
베이스라인	0.7496764602229047	선택/1차 제출
Series 컬럼 삭제	0.7734286818877214	
Model 컬럼 삭제	0.8042392429064131	선택/2차 제출

* 결괏값 예시일 뿐, 이 책과 다르게 나올 수도 있다.

```
# 2. 라이브러리 및 데이터 불러오기
import pandas as pd
train = pd.read_csv("laptop_train.csv")
test = pd.read_csv("laptop_test.csv")


# 4. 데이터 전처리
target = train.pop('Price')

# 결측치 삭제
train = train.drop('Series', axis=1)
test = test.drop('Series', axis=1)

# 결측치 삭제
train = train.drop('Model', axis=1)
test = test.drop('Model', axis=1)

# 결측치 처리(범주형)
c_cols = ['Processor', 'Processor_Gen', 'Hard_Disk_Capacity', 'OS']
train[c_cols] = train[c_cols].fillna("X")
test[c_cols] = test[c_cols].fillna("X")

# 결측치 처리(수치형)
n_cols = ['RAM']
train[n_cols] = train[n_cols].fillna(-1)
test[n_cols] = test[n_cols].fillna(-1)
```

```python
# 원-핫 인코딩
combined = pd.concat([train, test])
combined_dummies = pd.get_dummies(combined)
n_train = len(train)
train = combined_dummies[:n_train]
test = combined_dummies[n_train:]

# 5. 검증 데이터 나누기
from sklearn.model_selection import train_test_split
X_tr, X_val, y_tr, y_val = train_test_split(train, target, test_size=0.2, random_state=0)

# 6. 머신러닝 학습 및 평가
from sklearn.ensemble import RandomForestRegressor
rf = RandomForestRegressor(random_state= 0)
rf.fit(X_tr, y_tr)
pred = rf.predict(X_val)

from sklearn.metrics import r2_score
result = r2_score(y_val, pred)
print('\n r2:', result)

# 7. 예측 및 결과 파일 생성
pred = rf.predict(test)
submit = pd.DataFrame({'pred':pred})
submit.to_csv("result.csv", index=False)
```

```
r2: 0.8042392429064131
```

SECTION 03 | 중고차 가격 예측

- 자동차 정보로 중고차 가격을 예측하시오.
  - 제공된 데이터 목록: car_train.csv, car_test.csv
  - 예측할 컬럼: price
- 학습용 데이터(train)를 이용해 중고차 가격을 예측하는 모델을 만든 후 이를 평가용 데이터(test)에 적용해 얻은 예측값을 다음과 같은 형식의 CSV 파일로 생성하시오.

제출 파일은 다음 1개의 컬럼을 포함해야 한다.
- **pred**: 예측값(가격)
- 제출 파일명: 'result.csv'

제출한 모델의 성능은 RMSLE 평가지표에 따라 채점한다.

- 제출 csv 파일명 및 형태: result.csv

```
pred
13956
26108
549
...
```

1 베이스라인 기초

데이터를 불러오고, 간단한 탐색적 데이터 분석을 진행했다. train 데이터 샘플에서 예측할 Price 컬럼이 기존과 달리 첫 번째 컬럼이고 target은 꼭 마지막 컬럼이 아닐 수도 있다. train과 test 카테고리는 동일하지 않으며 동일하지 않은 카테고리는 모두 object 자료형이다. Engine volume 컬럼과 Mileage 컬럼이 데이터 샘플에서는 숫자지만, 자료형은 object다. 문자가 포함된 값이 있을 것이라고 추측된다. Price 데이터 구간이 매우 넓다. 최솟값은 3, 최댓값은 228935다.

```
# 1. 문제 정의
# 평가: RMSLE
# target: Price
```

최종 파일: result.csv(컬럼 1개 pred)

# 2. 라이브러리 및 데이터 불러오기
import pandas as pd
train = pd.read_csv("car_train.csv")
test = pd.read_csv("car_test.csv")

# 3. 탐색적 데이터 분석(EDA)
print("===== 데이터 크기 =====")
print(train.shape, test.shape)

print("\n ===== train 데이터 샘플 =====")
print(train.head(1))

print("\n ===== test 데이터 샘플 =====")
print(test.head(1))

print("\n ===== 데이터 정보(자료형) =====")
print(train.info())

print("\n ===== train 결측치 수 =====")
print(train.isnull().sum().sum())

print("\n ===== test 결측치 수 =====")
print(test.isnull().sum().sum())

print("\n ===== 카테고리 비교 =====")
cols = train.select_dtypes(include='object').columns
for col in cols:
    set_train = set(train[col])
    set_test= set(test[col])
    same = (set_train == set_test)
    if same:
        print(col, "\t카테고리 동일함")
    else:
        print(col, "\t카테고리 동일하지 않음")

print("\n ===== target 기술 통계 =====")
print(train['Price'].describe())

===== 데이터 크기 =====
(6732, 17) (5772, 16)

```
===== train 데이터 샘플 =====
   Price Levy Manufacturer   Model  Prod. year Category Leather interior  \
0  13956  603        LEXUS  RX 450        2015     Jeep              Yes

  Fuel type  Engine volume    Mileage  Cylinders Gear box type Drive wheels  \
0    Hybrid            3.5  143619 km        6.0     Automatic          4x4

    Doors       Wheel  Color  Airbags
0  04-May  Left wheel  Black       12

===== test 데이터 샘플 =====
   Levy Manufacturer   Model  Prod. year Category Leather interior Fuel type  \
0   730     SSANGYONG  Actyon        2016     Jeep              Yes    Petrol

   Engine volume   Mileage  Cylinders Gear box type Drive  wheels   Doors  \
0            1.6  70940 km        4.0     Automatic         Front  04-May

        Wheel  Color  Airbags
0  Left wheel  Black        4

===== 데이터 정보(자료형) =====
<class 'pandas.core.frame.DataFrame'>
RangeIndex: 6732 entries, 0 to 6731
Data columns (total 17 columns):
 #   Column            Non-Null Count  Dtype
---  ------            --------------  -----
 0   Price             6732 non-null   int64
 1   Levy              6732 non-null   object
 2   Manufacturer      6732 non-null   object
 3   Model             6732 non-null   object
 4   Prod. year        6732 non-null   int64
 5   Category          6732 non-null   object
 6   Leather interior  6732 non-null   object
 7   Fuel type         6732 non-null   object
 8   Engine volume     6732 non-null   object
 9   Mileage           6732 non-null   object
 10  Cylinders         6732 non-null   float64
 11  Gear box type     6732 non-null   object
 12  Drive wheels      6732 non-null   object
 13  Doors             6732 non-null   object
 14  Wheel             6732 non-null   object
 15  Color             6732 non-null   object
```

```
 16  Airbags         6732 non-null   int64
dtypes: float64(1), int64(3), object(13)
memory usage: 894.2+ KB
None

===== train 결측치 수 =====
0

===== test 결측치 수 =====
0

===== 카테고리 비교 =====
Levy  카테고리 동일하지 않음
Manufacturer  카테고리 동일하지 않음
Model     카테고리 동일하지 않음
Category  카테고리 동일함
Leather interior    카테고리 동일함
Fuel type     카테고리 동일하지 않음
Engine volume 카테고리 동일하지 않음
Mileage   카테고리 동일하지 않음
Gear box type   카테고리 동일함
Drive wheels    카테고리 동일함
Doors     카테고리 동일함
Wheel     카테고리 동일함
Color     카테고리 동일함

===== target 기술 통계 =====
count     6732.000000
mean     17018.565954
std      17497.072247
min          3.000000
25%       5331.000000
50%      13172.000000
75%      21953.000000
max     228935.000000
Name: Price, dtype: float64
```

베이스라인에서 train과 test 데이터를 합친 후 레이블 인코딩을 적용했다. 원-핫 인코딩 적용 시 7,500개가 넘는 컬럼이 생성되어 코랩 환경으로 1분 내에 학습하기 어렵다. RMSLE(Root Mean Squared Log Error) 평가지표로 대략 1.1의 결과가 나왔다.

# 4. 데이터 전처리
target = train.pop('Price')

# 레이블 인코딩
from sklearn.preprocessing import LabelEncoder
combined = pd.concat([train, test])
cols = train.select_dtypes(include='object').columns

for col in cols:
    le = LabelEncoder()
    combined[col] = le.fit_transform(combined[col])

n_train = len(train)
train = combined[:n_train]
test = combined[n_train:]

# 5. 검증 데이터 나누기
from sklearn.model_selection import train_test_split
X_tr, X_val, y_tr, y_val = train_test_split(train, target, test_size=0.2, random_state=0)

# 6. 머신러닝 학습 및 평가
from sklearn.ensemble import RandomForestRegressor
rf = RandomForestRegressor(random_state=0)
rf.fit(X_tr, y_tr)
pred = rf.predict(X_val)

# RMSLE
from sklearn.metrics import root_mean_squared_log_error
result = root_mean_squared_log_error(y_val, pred)
print('rmsle:', result)

# 7. 예측 및 결과 파일 생성
pred = rf.predict(test)
submit = pd.DataFrame({'pred':pred})
submit.to_csv("result.csv", index=False)
```

```
rmsle: 1.1008952910276844
```
```

2 성능 개선 심화

이번 성능 개선에서는 Engine volume 컬럼과 Mileage 컬럼이 데이터 샘플에서는 숫자지만, 자료형은 object인 컬럼을 다루어 본다. 전처리를 위해 추가적인 탐색적 데이터 분석(EDA)이 필요하다.

(1) Engine volume 컬럼 EDA

Engine volume 컬럼에서 value_counts( )를 활용해 카테고리를 확인해 보자. 91개의 카테고리와 Turbo가 붙어 있는 값도 있음을 확인할 수 있다. Turbo 외에도 추가적으로 확인하고 싶다면 판다스 설정을 pd.options.display.max_rows = 100으로 해서 출력될 최대 행의 개수를 변경해 91개의 카테고리를 모두 확인하는 것도 방법이다. 최종적으로 Turbo만 있음을 확인했다.

```
train = pd.read_csv("car_train.csv")
train['Engine volume'].value_counts()

2          1342
2.5         823
1.8         623
1.6         533
1.5         453
           ... 
0.8 Turbo     1
3.1           1
4.6 Turbo     1
4.2 Turbo     1
4.8 Turbo     1
Name: Engine volume, Length: 91, dtype: int64
```

(2) Mileage 컬럼 EDA

Mileage 컬럼은 숫자 뒤에 km이 붙어 있다. 다른 단위가 있는 데이터는 없는지 확인하기 위해 숫자와 단위를 split( )으로 분리하고, 이 중에서 단위 값(str[1])의 카테고리(value_counts( ))만 출력했다. km이 6732로 모든 데이터가 km 단위를 사용하고 있다.

```
train['Mileage'].str.split().str[1].value_counts()

km    6732
Name: Mileage, dtype: int64
```

① 데이터 전처리
- Engine volume 컬럼: 자료형 int로 변경 및 Turbo 컬럼 생성
- Mileage 컬럼: 단위 km 제거

② 하이퍼파라미터 튜닝
- max_depth: 15, 20
- n_estimators: 200

데이터 전처리/하이퍼파라미터 튜닝	RMSLE	제출
베이스라인	1.1008952910276844	선택/1차 제출
Engine volume 자료형 변경 및 Turbo 컬럼 생성	1.0937720030608278	
Mileage 자료형 변경(km 제거)	1.0823364430321651	선택/2차 제출
max_depth=15	1.123256167812784	
max_depth=20	1.0862928595147263	
n_estimators=200	1.082016203127291	선택/3차 제출

* 결괏값 예시일 뿐, 이 책과 다르게 나올 수도 있다.

```
# 2. 라이브러리 및 데이터 불러오기
import pandas as pd
train = pd.read_csv("car_train.csv")
test = pd.read_csv("car_test.csv")


# 4. 데이터 전처리
target = train.pop('Price')

# Engine volume 자료형 변경 및 Turbo 컬럼 생성
train['Turbo'] = train['Engine volume'].str.contains('Turbo').astype(int)
train['Engine volume'] = train['Engine volume'].str.replace('Turbo', '').astype(float)

test['Turbo'] = test['Engine volume'].str.contains('Turbo').astype(int)
test['Engine volume'] = test['Engine volume'].str.replace('Turbo', '').astype(float)

# Mileage 자료형 변경(km 제거)
train['Mileage'] = train['Mileage'].str.split().str[0].astype(int)
test['Mileage'] = test['Mileage'].str.split().str[0].astype(int)

# 레이블 인코딩
from sklearn.preprocessing import LabelEncoder
combined = pd.concat([train, test])
cols = train.select_dtypes(include='object').columns
```

```python
for col in cols:
    le = LabelEncoder()
    combined[col] = le.fit_transform(combined[col])

n_train = len(train)
train = combined[:n_train]
test = combined[n_train:]
```

5. 검증 데이터 나누기
```python
from sklearn.model_selection import train_test_split
X_tr, X_val, y_tr, y_val = train_test_split(train, target, test_size=0.2, random_state=0)
```

6. 머신러닝 학습 및 평가
```python
from sklearn.ensemble import RandomForestRegressor
rf = RandomForestRegressor(n_estimators=200, random_state=0)
rf.fit(X_tr, y_tr)
pred = rf.predict(X_val)
```

RMSLE
```python
from sklearn.metrics import root_mean_squared_log_error
result = root_mean_squared_log_error(y_val, pred)
print('rmsle:', result)
```

7. 예측 및 결과 파일 생성
```python
pred = rf.predict(test)
submit = pd.DataFrame({'pred':pred})
submit.to_csv("result.csv", index=False)
```

```
rmsle: 1.082016203127291
```

심화학습

데이터 누수(Data Leakage)

인코딩을 할 때 train과 test의 카테고리가 다르다면 합쳐서 인코딩을 진행했다. 이 방법은 매우 간단하지만, 미래 데이터(test)를 누설하는 Data Leakage 문제가 있다. 실무에서는 미래 데이터(test)를 학습(training) 과정에 사용할 수 없기 때문에 엄밀히 말하면 이런 방법은 적절하지 않다. 사이킷런에서 제공하는 OrdinalEncoder는 학습용 데이터에는 없는 새로운 카테고리를 처리하는 기능을 제공해 이 문제를 해결할 수 있다. 빅데이터 분석기사 실기 시험에서는 코드를 체점하지 않기 때문에 구체적인 코드는 생략한다.

Part 3의 작업형3은 데이터 분석 과정에서 필요한 통계학적 접근 방법을 이해하고 적용할 수 있는 능력을 평가하는 데 있습니다. 작업형1과 2에 비해 이론적 내용을 더 많이 포함해 시험 문제에 대한 이해도를 높이고 있습니다. 이는 가설검정, 분산 분석, 카이제곱 검정, 회귀 분석, 로지스틱회귀 분석 등의 주제를 포함하며, 이런 주제들은 데이터 분석을 수행함에 있어서 꼭 필요한 내용입니다.

이 유형은 사이파이(scipy)와 스태츠모델즈(statsmodels) 같은 통계 분석을 위한 주요 파이썬 라이브러리를 활용해 수행합니다. 이 라이브러리들은 파이썬에서 통계 분석을 수행하는 데 있어 핵심적인 도구며, 수험생들은 이를 통해 가설검정, 모델링, 데이터 분석 등의 과정을 실습하게 됩니다.

작업형3의 문제 구성은 2개의 주요 문제로 나뉘며, 각 문제는 여러 소문제로 구성됩니다. 각 소문제는 독립적으로 점수가 매겨지는데, 수험생은 분석 결과를 직접 해석하고 이를 토대로 답안을 제출해야 합니다. 이런 구성은 수험생의 데이터 분석 과정 전반에 걸쳐 통계학적 개념을 적용하고 해석하는 능력을 종합적으로 평가하기 위한 것으로 판단됩니다.

Part 3에서 사용되는 작은 데이터는 주로 코드를 통해 데이터프레임 형태로 생성합니다. 이는 쉽게 데이터 생성 코드를 복사해 시험 환경으로도 연습할 수 있게 하기 위함입니다.

Chapter 1. 가설검정
한 가설을 설정하고, 통계적 검정을 통해 이 가설을 검증하는 방법을 학습합니다. t-test와 같은 기본적인 가설검정 방법을 포함합니다.

Chapter 2. 분산 분석
데이터 그룹 간의 차이를 분석하기 위해 분산 분석(ANOVA) 기법을 사용하는 방법을 학습합니다.

Chapter 3. 카이제곱 검정
범주형 데이터를 분석하기 위한 기법, 예를 들어 카이제곱 검정 같은 방법을 통해 데이터 간의 관계를 이해하는 방법을 학습합니다.

Chapter 4. 회귀 분석
데이터 간의 관계를 모델링하기 위한 회귀 분석 기법을 학습합니다. 이는 변수 간의 관계를 이해하고 예측 모델을 구축하는 데 필수적입니다.

Chapter 5. 로지스틱 회귀 분석
분류 문제를 해결하기 위한 로지스틱 회귀 분석 방법을 다룹니다.

Chapter 6. 작업형3 연습문제
앞서 배운 통계학적 개념과 분석 기법을 실제 데이터에 적용해 보는 연습문제를 통해 학습 내용을 실습합니다.

PART 3

작업형3

CHAPTER 01

가설검정

새롭게 개발한 교육 프로그램이 효과가 있을까? 새로 디자인한 광고물이 구매율을 더 높일 수 있을까? 이와 같이 어떤 주장을 제기하고, 그 주장이 통계적으로 유의미한지를 판단하기 위해 사용되는 것이 가설검정이다. 가설검정은 불확실한 상황 속에서 통계적 원리를 통해 결론을 찾는다.

가설검정은 왜 필요할까? 모든 데이터를 조사하고 분석하면 가설검정은 필요 없다. 하지만 대한민국 인구 전체를 조사하는 것과 같이 엄청난 비용과 시간이 들어가는 일에는 가설검정을 이용하는 것이 효율적이다. 대한민국 인구 전체를 모집단(population)이라고 하고 모집단을 알기 위해 관찰한 데이터의 일부를 표본(sample)이라고 부르는데, 이 표본 데이터를 통해 가설검정을 진행한다. 시험에서 주어진 데이터는 모집단으로부터 추출한 표본 데이터다.

Section 01 | 가설검정의 이해
Section 02 | 단일 표본 검정
Section 03 | 대응 표본 검정
Section 04 | 독립 표본 검정

SECTION 01 | 가설검정의 이해

1 귀무가설과 대립가설

통계적 가설검정은 두 가지 가설을 설정한다. 이 두 가설은 "귀무가설(null hypothesis)"과 "대립가설(alternative hypothesis)"로 구성된다.

기존에 알려진 사실은 귀무가설, 입증하고자 하는 가설은 대립가설이다. 예를 들어, "아메리카노 한 잔의 원두는 20g이 아니다"라고 주장할 때 기존에 알려진 귀무가설은 "아메리카노 한 잔의 원두는 20g이다"라고 설정할 수 있다. 귀무가설은 H_0로, 대립가설은 H_1으로 표현한다.

(1) **귀무가설(H_0)**: 기존에 알려진 사실
   예 아메리카노 한 잔의 원두는 20g이다.

(2) **대립가설(H_1)**: 밝히려고(입증하려고) 하는 가설
   예 아메리카노 한 잔의 원두는 20g이 아니다.

2 가설검정의 결론

귀무가설과 대립가설이 존재할 때 가설검정의 결과는 다음과 같이 귀무가설 또는 대립가설을 채택하게 된다.

귀무가설(아메리카노 한 잔의 원두가 20g)이 옳다고 밝혀질 경우 가설검정의 통계적인 결론은 "귀무가설을 기각하지 못한다."다. 하지만 대립가설이 옳다고 밝혀질 경우에는 "귀무가설을 기각하고 대립가설을 채택한다."라고 통계적으로 결론을 내린다. 이런 배경으로 인해 귀무가설이 기존에도 사실이었으므로 통계학에서는 이를 "채택한다"라기보다는 "기각하지 못한다"라는 표현을 사용하는 것이다.

시험에서는 명확한 답변 작성이 필요하다. 귀무가설을 기준으로 채택 및 기각을 물으면 "귀무가설 채택" 또는 "귀무가설 기각"으로 답한다. 이 책에서는 귀무가설 채택 및 대립가설 기각 또는 귀무가설 기각 및 대립가설 채택으로 결론짓겠다.

3 가설검정 프로세스

가설검정에는 기각역을 이용하는 방법과 유의확률을 이용하는 방법이 있다. 이 책에서는 유의확률을 이용한 가설검정 과정을 설명한다.

① **통계적 가설 설정(귀무가설과 대립가설)**: 검정하고자 하는 가설을 설정한다. 귀무가설(H_0)은 기존에 알려진 또는 일반적인 사실(주장)이고, 대립가설(H_1)은 입증하고자 하는 가설(주장)이다.

② **유의수준 결정**: 유의수준은 귀무가설을 기각하기 위해 필요한 기준값이다. 일반적으로 0.05 또는 0.01과 같은 값이 사용된다. 유의수준은 검정 결과를 해석하는 데 중요한 역할을 한다.

③ **검정 통계량 및 유의확률 계산**: 표본 데이터의 검정 통계량을 계산한다. 검정 통계량은 가설을 평가하기 위해 사용되는 값으로 검정 통계량을 사용해 유의확률(p-value)을 계산한다.

④ **결과 도출**: 유의확률이 유의수준보다 작으면 귀무가설을 기각하고, 유의확률이 유의수준보다 크면 귀무가설을 채택한다.

SECTION 02 | 단일 표본 검정

1 단일 표본 검정

단일 표본 검정(One sample t-test)은 어떤 집단의 평균이 특정 값과 유의미하게 다른지를 검정하는 통계 방법이다. 예를 들어, 영화관에서 판매하는 팝콘이 무게는 120g으로 알려져 있다. 그런데 판매할 때마다 무게가 다른 것 같아 평균적으로 무게가 120g인지를 확인하고자 한다. 이때 단일 표본 검정을 사용할 수 있다.

2 표본

판매할 때마다 무게를 모두 측정해 기록하는 것은 비효율적이므로 손님들이 팝콘을 구매할 때 무작위로 선택해 무게를 측정한다. 이렇게 선택된 팝콘이 '표본'이다. 시험에서 주어진 데이터는 표본 데이터다. 따라서 표본 평균을 구하라는 문제가 출제된다면 주어진 데이터를 갖고 평균을 구하면 된다.

3 t-test(t-검정)

표본의 크기, 표본의 평균, 표본의 표준편차 등을 활용해 기존에 알려진 120g과 다른지 t-test(t-검정)를 수행한다. t-test 결과는 p-value(p-값)가 주어지는데, 이 값이 얼마나 작은지에 따라 평균이 120g과 같은지 다른지 판단할 수 있다. 유의수준(예: 0.05)보다 작으면 통계적으로는 유의미하게 다르다고 결론짓는다. 즉, 평균적으로 120g이 아니라고 할 만한 충분한 근거가 있다는 의미다. 이런 방식으로 단일 표본 t-test는 주어진 표본 데이터가 어떤 특정 값과 다르다는 것을 통계적으로 판단하는 데 사용한다.

단일 표본 검정에서는 scipy.stats의 ttest_1samp( )를 활용한다.

```
ttest_1samp(a, popmean, alternative)
```

- **a**: 모집단에서 뽑은 표본 데이터

- **popmean**: 비교하려는 모집단의 평균 또는 기대 값
- **alternative(대립가설 정의)**
  - $\mu > \mu_0$: greater, 주어진(알려진) 특정 값보다 표본의 평균이 크다.
  - $\mu < \mu_0$: less, 주어진(알려진) 특정 값보다 표본의 평균이 작다.
  - $\mu \neq \mu_0$: two-sided(기본값), 주어진(알려진) 특정 값과 표본의 평균이 같지 않다.

> **TIP**
>
> **μ(뮤)와 μ_0(뮤 제로) 차이**
> μ(뮤)는 통계학에서 주로 모집단의 평균을 의미하는 기호로 모집단의 특성을 추정할 때 사용한다. 모집단의 평균을 μ(뮤)로 표현한다. μ(뮤)와 μ_0(뮤 제로)는 모집단의 평균과 귀무가설에서 주장하는 모집단의 평균 차이를 의미한다.
> - μ(뮤): 팝콘의 실제 평균 무게
> - μ_0(뮤 제로): 기존에 알려진 무게(예: 120g)

문제 영화관에서 판매하는 팝콘 라지 사이즈의 무게는 일반적으로 120g으로 알려져 있다. 이제 이 데이터를 갖고 t-test를 수행한다. 가설검정 프로세스 순서로 풀어본다.

```
import pandas as pd
df = pd.DataFrame({
    'weights':[122, 121, 120, 119, 125, 115, 121, 118, 117, 127,
        123, 129, 119, 124, 114, 126, 122, 124, 121, 116,
        120, 123, 127, 118, 122, 117, 124, 125, 123, 2532]
})
```

① **통계적 가설 설정(귀무가설과 대립가설)**: 귀무가설은 '기존에 알려진 사실' 또는 '변화가 없음' 또는 '차이가 없음'을 주장하는 가설이다. 이 가설검정에서 귀무가설은 "팝콘 라지 사이즈의 평균 무게는 120g이다."가 될 수 있다. 대립가설은 귀무가설과 반대의 주장을 하는 가설이다. 즉, '기존에 알려진 사실과 다름' 또는 '변화가 있음' 또는 '차이가 있음'을 주장하는 가설이다. 이 가설검정에서 대립가설은 "팝콘 라지 사이즈의 평균 무게는 120g이 아니다."가 될 수 있다.
- **귀무가설**: $\mu = \mu_0$, 팝콘 라지 사이즈의 평균 무게는 120g이다.
- **대립가설**: $\mu \neq \mu_0$, 팝콘 라지 사이즈의 평균 무게는 120g이 아니다.

② **유의수준 결정**: 이 책에서 유의수준은 별도 안내가 없다면 0.05를 기준으로 한다. 시험문제에서는 이 기준을 안내한다.

③ **검정 통계량과 유의확률**: 단일 표본 검정을 수행하는 ttest_1samp(표본 데이터, 알려진 평균값) 함수를 통해 검정 통계량과 유의확률(p-value)을 반환받을 수 있다.

④ **결과 도출**: 만약 p-value가 유의수준 0.05보다 작다면 팝콘 라지 사이즈의 평균 무게가 120g이 아니라는 증거가 있다는 뜻이다. 따라서 귀무가설을 기각하고, 대립가설을 채택한다.

반면에 p-value가 유의수준 0.05보다 크다면 팝콘 라지 사이즈의 평균 무게가 120g이라는 기존 가설을 기각할 충분한 증거를 얻지 못했다고 판단할 수 있다. 즉, 귀무가설을 채택하고, 대립가설을 기각한다.

단일 표본 검정은 scipy 라이브러리를 활용한다. ttest_1samp() 함수에 주어진 무게 데이터와 알려진 평균값을 대입했다.

```
from scipy import stats
t_statistic, p_value = stats.ttest_1samp(df['weights'], 120)
print("t-statistic:", t_statistic)
print("p-value:", p_value)
```

```
t-statistic: 2.1155384372682344
p-value: 0.043092957066609296
```

또는 ttest_1samp()의 결과를 변수로 반환받지 않고 다음과 같이 반환되는 전체 값을 출력할 수 있다.

```
stats.ttest_1samp(df['weights'], 120)
```

```
TtestResult(statistic=2.1155384372682344, pvalue=0.043092957066609296, df=29)
```

코랩과 시험 환경에서 소숫점 아래 몇 자리가 다를 수 있다.

코랩과 시험 환경은 사이파이(scipy)의 버전에 차이가 있다. 시험 환경에서는 다음과 같이 출력되었다.

```
Ttest_1sampResult(statistic=2.115538437268235, pvalue=0.04309295706660919)
```

자세히 살펴보면 df(자유도) 유무와 소수 자릿수 표현에 차이가 있다. 시험에서는 2~4번째에서 반올림을 요구하고 있으므로 정답 제출에는 문제가 없다. 그 근거로 R 코드의 t.test() 검정 통계량과 p-value의 결과가 보통 4~5자리 정도로 표기되고 있다. 시험 환경도 시험마다 활용할 수 있는 라이브러리와 버전을 공개하고 있으며 업데이트가 있을 수 있다.

- 코랩: scipy 1.10.1 이상
- 시험 환경: scipy 1.7.0

이 책에서 코랩은 사이파이(scipy) 1.10.1 이상, 시험 환경은 사이파이 1.7.0을 기준으로 했다. 수험생이 응시하는 시험에 따라 버전이 변경될 수 있다는 점을 인지하자. 다음은 버전을 확인하는 방법으로 version 앞뒤로 언더 바(_)가 있다.

```
import scipy
print(scipy.__version__)

1.10.1
```

4 양측 검정과 단측 검정

(1) 양측 검정(Two-tailed test)

귀무가설, 즉 기존에 알려진 사실보다 크거나 작음에 대해 모두 검정한다. 팝콘 라지 사이즈 예시에서 대립가설을 "$\mu \neq \mu_0$, 팝콘 라지 사이즈의 평균 무게는 120g이 아니다."라고 설정한다면 양측 검정이다. 평균 무게가 120g보다 클 수도 작을 수도 있다.

(2) 단측 검정(One-tailed test)

귀무가설, 즉 기존에 알려진 사실보다 크거나 작음에 대해 검정한다. 예시에서 대립가설을 "$\mu > \mu_0$, 팝콘 라지 사이즈의 평균 무게는 120g보다 크다."라고 설정한다면 이는 단측 검정이다. 여기서는 평균 무게인 120g보다 클 경우만 고려하고 있다.

다시 말해, 양측 검정은 "무게가 다르다"는 가설을 검정하는 반면에 단측 검정은 "무게가 더 크다" 또는 "무게가 더 작다"라는 가설을 검정한다. scipy 라이브러리에서 ttest_1samp() 함수는 기본적으로 양측 검정을 수행한다. 만약 단측 검정이 필요하다면 alternative 파라미터를 활용한다. 귀무가설이 $H_1: \mu = \mu_0$일 때 대립가설을 살펴보자.

▼ 양측 검정과 단측 검정 비교

대립가설		alternative	설명
양측 검정	$H_1 : \mu \neq \mu_0$	two-sided	기본값
단측 검정	$H_1 : \mu > \mu_0$	greater	귀무가설의 평균보다 크다는 가설검정
	$H_1 : \mu < \mu_0$	less	귀무가설의 평균보다 작다는 가설검정

앞서 실습한 단일 표본 검정은 양측 검정이었다. 같은 데이터를 갖고 양측 검정과 단측 검정을 실시해 보자.

① **양측 검정**: ttest_1samp( ) 함수의 기본값이 alternative='two-sided'다. 따라서 alternative를 생략한 코드와 생략하지 않은 코드 결과가 같다.
- **귀무가설**: $\mu = \mu_0$, 팝콘 라지 사이즈의 평균 무게는 120g이다.
- **대립가설**: $\mu \neq \mu_0$, 팝콘 라지 사이즈의 평균 무게는 120g이 아니다.

가설검정 결론: 유의수준 0.05하에서 p-value가 0.04므로 귀무가설을 기각하고, 대립가설을 채택한다.

```
print(stats.ttest_1samp(df['weights'], 120, alternative='two-sided'))

TtestResult(statistic=2.1155384372682344, pvalue=0.043092957066609296, df=29)
```

② **단측 검정($\mu > \mu_0$)**
- **귀무가설**: $\mu = \mu_0$, 팝콘 라지 사이즈의 평균 무게는 120g이다.
- **대립가설**: $\mu > \mu_0$, 팝콘 라지 사이즈의 평균 무게는 120g보다 크다.

가설검정 결론: 유의수준 0.05하에서 p-value가 0.02므로 귀무가설을 기각하고, 대립가설을 채택한다.

```
print(stats.ttest_1samp(df['weights'], 120, alternative='greater'))

TtestResult(statistic=2.1155384372682344, pvalue=0.021546478533304648, df=29)
```

③ **단측 검정($\mu < \mu_0$)**
- **귀무가설**: $\mu = \mu_0$, 팝콘 라지 사이즈의 평균 무게는 120g이다.
- **대립가설**: $\mu < \mu_0$, 팝콘 라지 사이즈의 평균 무게는 120g보다 작다.

가설검정 결론: 유의수준 0.05하에서 p-value가 0.97이므로 귀무가설을 채택하고, 대립가설을 기각한다.

```
print(stats.ttest_1samp(df['weights'], 120, alternative='less'))

TtestResult(statistic=2.1155384372682344, pvalue=0.9784535214666953, df=29)
```

심화학습

표본 데이터가 정규 분포를 따를 때는 모수 검정인 t-검정을 사용한다. 그러나 데이터가 정규성 가정을 만족하지 않을 때는 비모수 검정 방식을 고려해야 한다. 데이터의 정규성을 판단하는 대표적인 방법은 샤피로-윌크 검정(Shapiro-Wilk test)이다. 만약 샤피로-윌크 검정 결과로 데이터가 정규성을 만족하지 않는다는 결론이 도출된다면 Wilcoxon의 부호 순위 검정을 통해 가설검정을 수행하게 된다.

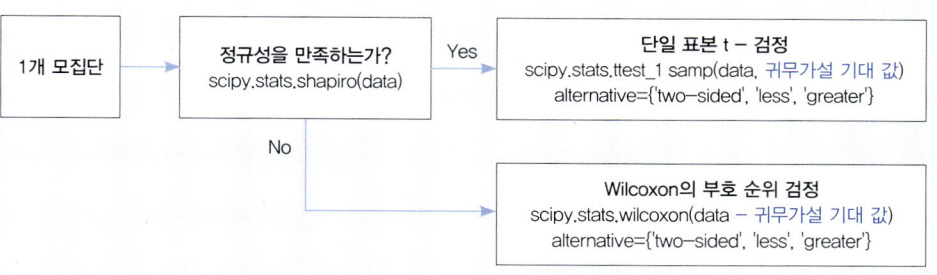

문제 영화관에서 판매하는 팝콘 라지 사이즈의 무게는 다음과 같다. 팝콘 라지 사이즈의 평균 무게가 120g보다 작다고 할 수 있는가? (유의수준 0.05)

- 귀무가설: $\mu = \mu_0$, 팝콘 라지 사이즈의 평균 무게는 120g이다.
- 대립가설: $\mu < \mu_0$, 팝콘 라지 사이즈의 평균 무게는 120g보다 작다.

```
import pandas as pd
df = pd.DataFrame({
    'weights':[125, 126, 118, 124, 117, 127, 123, 122, 119, 142]
})
```

샤피로-윌크 검정은 주어진 데이터 샘플이 정규 분포를 따르는지 검정한다. p-value가 0.05보다 작으므로 주어진 데이터는 정규 분포를 따르지 않는다.

- 귀무가설(H_0): 주어진 데이터 샘플이 정규 분포를 따른다.
- 대립가설(H_1): 주어진 데이터 샘플이 정규 분포를 따르지 않는다.

일반적으로 t-검정에서 연구자는 대립가설의 채택을 희망한다. 그러나 정규성 검정에서는 데이터가 정규 분포를 따르기를 바라므로 귀무가설의 채택을 기대한다.

```
from scipy import stats
stats.shapiro(df['weights'])
```

```
ShapiroResult(statistic=0.8164571523666382, pvalue=0.022960186004638672)
```

윌콕슨(Wilcoxon)의 부호 순위 검정은 데이터가 정규성을 만족하지 않을 때 사용하는 비모수 검정이다. 평균이 아닌 중앙 값에 대한 가설을 검정한다. 윌콕슨 검정은 비교하는 중앙 값을 빼줘야 한다. 여기서 팝콘의 알려진 무게(중앙값)인 120에 대해 p-value가 0.05보다 크므로, 귀무가설을 채택한다.

- 귀무가설(H_0): 팝콘 라지 사이즈의 중앙값이 120g이다. (중앙값 = 120g)
- 대립가설(H_1): 팝콘 라지 사이즈의 중앙값이 120g보다 작다. (중앙값 < 120g)

```
stats.wilcoxon(df['weights'] - 120, alternative='less')
WilcoxonResult(statistic=47.0, pvalue=0.9814453125)
```

SECTION 03 대응 표본 검정

1 대응(쌍체) 표본 검정

대응(쌍체) 표본 검정(Paired sample t-test)은 동일한 그룹(집단)에 대해 시간차를 두고 두 번의 측정 결과를 비교할 때 사용된다. 신약의 효과가 유의미한지 확인하기 위해 1개의 집단을 사전 및 사후 측정해 확인했다면 대응 표본 검정을 수행한 것이고, 2개의 집단 중 한 집단은 기존 약, 다른 집단은 신약을 사용했다면 서로 다른 두 집단이므로 독립 표본 검정을 수행한 것이다. 주의할 점은 대응 표본 검정은 두 번 측정함으로써 2개의 집단이 있다고 오해할 수도 있지만, 같은 집단을 사전, 사후 측정한 것이다.

▼ 대응 표본 검정과 독립 표본 검정 비교

검정 방식	그룹(집단)	설명	예시
대응 표본 검정	모집단 1개, (같은 집단) 두 번 측정	같은 그룹(집단)의 두 시점 (조건) 비교	체중 감량 프로그램(전후) 약물 효과(전후) 교육 프로그램(전후)
독립 표본 검정	모집단 2개	서로 다른 그룹(집단) 비교	두 집단의 교육 성과 비교 두 집단의 수면 효과 비교 두 집단에 대한 임상실험 비교

대응 표본 검정은 하나의 집단에 대한 사전, 사후를 비교하며 같은 사람(그룹)을 대상으로 검정한다. 예를 들어, 새로운 교육 방법론을 사용하기 전과 후의 학생들의 성적 변화를 검정한다.

A 그룹(사전)	A 그룹(사후)	차이
사전 검사	사후 검사	검사 결과 차이
중간 고사	기말 고사	성적 차이
N월 매출액	N+1월 매출액	매출액 차이

대응 표본 검정에서 두 모평균을 비교할 때는 scipy.stats의 ttest_rel( )을 활용한다.

```
ttest_rel(a, b, alternative)
```

- a: 첫 번째 모집단에서 뽑은 표본 데이터
- b: 두 번째 모집단에서 뽑은 표본 데이터(a와 b의 데이터 수는 같다.)
- alternative(대립가설 정의): μ_d = (a − b)의 평균일 때
  - $\mu_d > 0$: greater, a의 평균이 b의 평균보다 크다.
  - $\mu_d < 0$: less, a의 평균이 b의 평균보다 작다.
  - $\mu_d \neq 0$: two-sided(기본값)

참고로 두 측정의 차이를 d(difference)라고 표현한다.

문제 어떤 기업이 새로운 교육 프로그램을 도입해 직원의 성과를 개선하려고 한다. 이때 동일한 직원 그룹에 대해 교육 전과 후의 성과를 비교했다. 새로운 교육 프로그램이 효과가 있는지 가설검정 하시오. (유의수준 0.05) 단, 성과 데이터 차이는 정규 분포를 따른다고 가정한다.

```
import pandas as pd
df = pd.DataFrame({
    'before':[85, 90, 92, 88, 86, 89, 83, 87],
    'after':[85.5,89.9,92.6,89.5,85.8,88.8,84.6,87.8]
})
```

① 단측 검정(μ_d = (before − after)의 평균, $\mu_d < 0$)

μ_d의 계산 방식은 before − after다. 대립가설을 기준으로 설명하면 before가 더 작아야 한다.
- μ_d = (교육 참여 전 성과(a) − 교육 참여 후 성과(b))의 평균
- 귀무가설(H_0): 새로운 교육 프로그램은 효과가 없다. ($\mu_d \geq 0$)
- 대립가설(H_1): 새로운 교육 프로그램은 효과가 있다. ($\mu_d < 0$)

ttest_rel( ) 함수를 사용해 대응 표본 검정을 수행했다. 대립가설에 따르면 새로운 교육 프로그램을 도입한 후의 성과가 이전보다 향상되었을 것이라고 예상된다. 이를 검정하기 위해 before 데이터를 함수의 첫 번째 자리, after 데이터를 두 번째 자리로 전달했다. alternative='less' 옵션은 before의 평균이 after의 평균보다 작다는 것을 검정하고자 할 때 사용한다. 결과적으로

p-value가 0.05보다 작기 때문에 유의수준 0.05하에서 귀무가설을 기각하고, 새로운 교육 프로그램이 효과적이라는 대립가설을 채택한다.

```
from scipy import stats
print(stats.ttest_rel(df['before'], df['after'], alternative='less'))
```

```
TtestResult(statistic=-2.2127749675452324, pvalue=0.03127028733756238, df=7)
```

여기서 주의할 점은 before(사전)가 더 작아야 하므로 less가 아니라 ttest_rel(첫 번째 자리, 두 번째 자리)에서 첫 번째 자리에 오는 값이 더 작아야 하므로 less이다. 상황에 따라 첫 번째 자리에 오는 값이 다를 수 있다.

다음 검정에서 반대의 상황을 살펴보자.

② 단측 검정(μ_d = (after − before)의 평균, $\mu_d > 0$)

μ_d의 계산 방식은 after−before다. 대립가설을 기준으로 설명하면 after가 더 커야 한다.
- μ_d = (교육 참여 후 성과(a) − 교육 참여 전 성과(b))의 평균
- 귀무가설(H_0): 새로운 교육 프로그램은 효과가 없다. ($\mu_d \leq 0$)
- 대립가설(H_1): 새로운 교육 프로그램은 효과가 있다. ($\mu_d > 0$)

ttest_rel() 함수를 사용해 교육 후의 성과(after)와 교육 전의 성과(before)를 비교하는 대응 표본 검정을 수행했다. 대립가설에 따르면 새로운 교육 프로그램을 도입한 후의 성과가 이전보다 향상되었을 것이라고 예상된다. 이를 검정하기 위해 after 데이터를 함수의 첫 번째 자리, before 데이터를 두 번째 자리로 전달했다. alternative='greater' 옵션은 after의 평균이 before의 평균보다 크다는 것을 검정하고자 할 때 사용한다. 결과적으로 p-value가 0.05보다 작기 때문에 유의수준 0.05하에서 귀무가설을 기각하고, 새로운 교육 프로그램이 효과적이라는 대립가설을 채택한다.

```
print(stats.ttest_rel(df['after'], df['before'], alternative='greater'))
```

```
TtestResult(statistic=2.2127749675452324, pvalue=0.03127028733756238, df=7)
```

ttest_rel(before, after, alternative='less')와 ttest_rel(after, before, alternative='greater')의 결괏값을 살펴보면 p-value는 같고, 검정 통계량은 부호만 다름을 확인할 수 있다. μ_d의 계산 방식을 다시 한 번 정리하면 다음과 같다.
- μ_d = (교육 전(b) − 교육 후(a))의 평균일 때: ttest_rel(b, a)
- μ_d = (교육 후(a) − 교육 전(b))의 평균일 때: ttest_rel(a, b)

이 문제에서는 단측 검정을 진행하는 것이 맞지만, 학습 차원에서 양측 검정도 살펴보자.

③ 양측 검정

양측 검정을 위해 대립가설을 변경했다.
- μ_d = (교육 참여 전 성과(b) - 교육 참여 후 성과(a))의 평균
- 귀무가설(H_0): 교육 전후 차이가 없다. ($\mu_d = 0$)
- 대립가설(H_1): 교육 전후 차이가 있다. ($\mu_d \neq 0$)

ttest_rel( ) 함수를 활용해 검정 통계량(t-통계량)이 2.21277이고, p-value가 0.06임을 확인할 수 있다. p-value가 0.06이므로 유의수준 0.05하에서 귀무가설을 채택한다. ttest_rel( ) 함수에서 alternative값이 없다면 기본값인 양측 검정을 실시한다. 참고로 대응 표본 검정은 사전보다 사후가 높고, 낮음을 검정하기 때문에 양측 검정보다 주로 단측 검정을 사용한다.

```
print(stats.ttest_rel(df['after'], df['before']))
```

```
TtestResult(statistic=2.2127749675452324, pvalue=0.06254057467512476, df=7)
```

심화학습

대응 표본 검정을 수행하기 전에 문제에서 데이터가 정규 분포를 따른다고 명시적으로 언급되지 않았다면 우선적으로 정규성 검정을 실시해야 한다. 이를 위해 샤피로-윌크 검정(Shapiro-Wilk test)을 사용해 데이터셋의 정규성을 평가한다. 이 검정은 대응 표본 검정을 통해 두 집단의 차이가 정규 분포를 따르는지 확인할 수 있다.

만약 샤피로-윌크 검정 결과, 데이터가 정규성을 만족하지 않는 것으로 나타나면 대안으로 비모수 검정 방법인 윌콕슨(Wilcoxon)의 부호 순위 검정을 수행한다. 이 검정은 두 관련 표본 또는 반복 측정 데이터의 차이가 대칭적인 분포를 갖는지를 검정하며, 정규성 가정이 필요하지 않기 때문에 정규성을 만족하지 않는 데이터에 적합하다. 윌콕슨의 부호 순위 검정을 통해 두 대응 표본 간의 중앙값 차이가 통계적으로 유의한지를 판단할 수 있다.

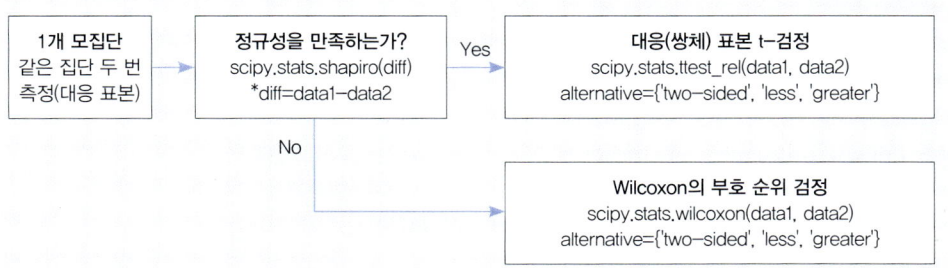

문제 어떤 기업이 새로운 교육 프로그램을 도입해 직원의 성과를 개선하려고 한다. 이때 동일한 직원 그룹에 대해 교육 전과 후의 성과를 비교했다. 새로운 교육 프로그램은 효과가 있는지 가설검정하시오. (유의수준 0.05)

- 귀무가설(H_0): 새로운 교육 프로그램은 효과가 없다. ($\mu1 \geq \mu2$)
- 대립가설(H_1): 새로운 교육 프로그램은 효과가 있다. ($\mu1 < \mu2$)

직원의 성과 데이터를 수정해 정규성을 만족하지 못하는 데이터를 만들었다.

```
import pandas as pd
df = pd.DataFrame({
    'before':[85, 90, 92, 88, 86, 89, 83, 87],
    'after':[86, 92, 94, 89, 84, 90, 84, 88]
})
```

샤피로-윌크 검정은 주어진 샘플 데이터가 정규 분포를 따르는지의 여부를 검정하는 데 사용하며 'after', 'before' 변수의 순서는 결과에 영향을 주지 않는다. 그러나 이후에 실시할 t-검정이나 윌콕슨(Wilcoxon)의 부호 순위 검정과 같은 다른 통계적 검정에서는 순서가 중요하다. 따라서 검정을 일관되게 수행하기 위해서는 stats.shapiro() 함수에 입력되는 데이터의 순서를 대응 표본 검정과 동일하게 유지하는 것이 좋다. p-value가 0.05 미만이므로 분석된 데이터는 정규 분포를 따르지 않는다.

- 귀무가설(H_0): 주어진 데이터 샘플이 정규 분포를 따른다.
- 대립가설(H_1): 주어진 데이터 샘플이 정규 분포를 따르지 않는다.

```
from scipy import stats
df['diff'] = df['after'] - df['before']
stats.shapiro(df['diff'])
```

```
ShapiroResult(statistic=0.6886147260665894, pvalue=0.0016734037781134248)
```

윌콕슨(Wilcoxon)의 부호 순위 검정은 데이터가 정규성을 만족하지 않을 때 사용하는 비모수 검정이다. p-value가 0.05보다 크므로 귀무가설을 채택한다.

```
stats.wilcoxon(df['after'], df['before'], alternative='greater')
```

```
WilcoxonResult(statistic=29.0, pvalue=0.07421875)
```

다음과 같이 샤피로-윌크 검정을 위해 차이를 계산한 diff 컬럼을 활용해도 결과는 동일하다.

```
stats.wilcoxon(df['diff'], alternative='greater')

WilcoxonResult(statistic=29.0, pvalue=0.07421875)
```

SECTION 04 독립 표본 검정

1 독립 표본 검정

독립 표본 검정(Independent sample t-test)은 두 그룹(표본) 간의 평균이 서로 다름을 판단하는 통계 방법이다.

예를 들어, 남자와 여자의 소득 차이가 있는지 없는지 가설검정할 수 있다. A 그룹과 B 그룹을 나누고, 각 그룹을 대상으로 적절한 통계적 검정을 통해 두 그룹 사이에 통계적으로 유의미한 차이가 있는지 없는지 결론을 내리는 것이 독립 표본 검정이다. "통계적으로 유의미하다"라는 표현을 사용하는 이유는, 우연히 발생할 수 있는 차이와 실제로 의미 있는 차이를 구분하기 위함이다.

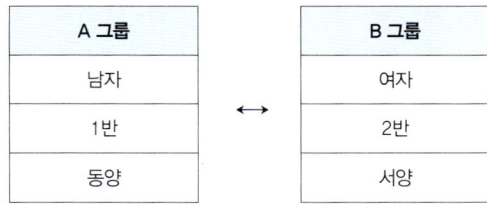

독립 표본 검정에서 두 모평균을 비교할 때는 scipy.stats의 ttest_ind( )를 활용한다.

```
ttest_ind(a, b, alternative, equal_val)
```

- a: 첫 번째 모집단에서 뽑은 표본 데이터
- b: 두 번째 모집단에서 뽑은 표본 데이터(a와 b의 데이터 수는 다를 수 있다.)

- alternative(대립가설 정의)
  - μ1 > μ2: greater, a의 평균이 b의 평균보다 크다.
  - μ1 < μ2: less, a의 평균이 b의 평균보다 작다.
  - μ1 ≠ μ2: two-sided(기본값), 두 표본 그룹 간의 평균에 차이가 있다.
- equal_val
  - True: 두 모집단의 분산이 같다고 가정한다(기본값).
  - False: 두 모집단의 분산이 다르다고 가정한다.

문제 다음은 어느 학교의 반별 수학 시험 점수다. 1반과 2반의 평균 점수가 차이가 있는지 유의 수준 0.05 하에서 가설검정하시오. (μ1: 1반 평균, μ2: 2반 평균)

① 양측 검정
- 귀무가설(H_0): 반별 수학 평균 점수는 같다. (μ1 = μ2)
- 대립가설(H_1): 반별 수학 평균 점수는 다르다. (μ1 ≠ μ2)

독립 표본 검정의 경우 표본 데이터 길이가 다를 수도 있다.

```
import pandas as pd
class1 = [85, 90, 92, 88, 86, 89, 83, 87]
class2 = [80, 82, 88, 85, 84]
```

ttest_ind( ) 함수를 활용해 검정 통계량(t-통계량)이 2.2108140580092237이고, p-value가 0.04914857789252186임을 확인할 수 있다. 따라서 유의수준 0.05하에서 귀무가설을 기각하고, 대립가설을 채택한다. alternative값이 없다면 기본값인 양측 검정을 실시한다.

```
from scipy.stats import ttest_ind
ttest_ind(class1, class2)

Ttest_indResult(statistic=2.2108140580092237, pvalue=0.04914857789252186)
```

만약 모분산이 다르다면 equal_var 파라미터에 False를 넣어준다. 기본값은 True다. 검정 결과는 유의수준 0.05하에서 귀무가설을 기각하지 못하고, 귀무가설을 채택한다.

```
print(stats.ttest_ind(class1, class2, equal_var=False))

Ttest_indResult(statistic=2.1818699281825236, pvalue=0.059589330071355334)
```

"모분산이 같다." 기본 설정은 파이썬과 R이 다르다.
- 파이썬(사이파이 t-test): 모분산이 같다. 'equal_var=True'가 기본값이다.
- R(t-test): 모분산이 다르다. 'var.equal=False'가 기본값이다.

다음은 R 코드 결과만 살펴보자. R의 기본 t-test의 검정 통계량(t)이 2.1819고, p-value가 0.05959로 파이썬에서 모분산을 다르게 설정할 때와 값이 동일하다. 정답이 1개라면 파이썬과 R 언어로 응시하는 수험생 중에서 한쪽은 기본값이 아닌 설정을 해야 한다.

```
class1 <- c(85, 90, 92, 88, 86, 89, 83, 87)
class2 <- c(80, 82, 88, 85, 84)
t.test(class1, class2)
```

```
        Welch Two Sample t-test

data: class1 and class2
t = 2.1819, df = 8.2727, p-value = 0.05959
alternative hypothesis: true difference in means is not equal to 0
95 percent confidence interval:
 -0.1881828  7.5881828
sample estimates:
mean of x mean of y
    87.5      83.8
```

② 단측 검정($\mu_1 < \mu_2$, 모분산은 동일하다.)
- 귀무가설(H_0): 반별 수학 평균 점수는 같다. ($\mu_1 = \mu_2$)
- 대립가설(H_1): 2반 수학 평균 점수가 더 높다. ($\mu_1 < \mu_2$)

ttest_ind(a, b, alternative, equal_val) 함수를 사용할 때 alternative 인수에 설정하는 옵션은 비교 대상인 두 집단의 관계에 따라 달라진다. 첫 번째 인수 a가 두 번째 인수 b보다 크다는 대립가설을 설정하고 싶다면 alternative='greater'를 사용한다. 반대로 b가 a보다 크다는 대립가설을 설정하고 싶다면 alternative='less'를 사용한다. 여기서 문제의 조건은 2반의 수학 평균 점수가 1반보다 더 높다는 것이 대립가설이다. 따라서 a가 1반, b가 2반의 데이터일 경우 alternative='less'로 설정한다. 검정 결과, 유의수준 0.05하에서 귀무가설을 기각할 수 없으므로 귀무가설을 채택한다. 이는 2반의 수학 평균 점수가 1반보다 통계적으로 유의하게 높다는 증거가 충분하지 않음을 의미한다.

```
print(stats.ttest_ind(class1, class2, equal_var=True, alternative='less'))

Ttest_indResult(statistic=2.2108140580092237, pvalue=0.9754257110537391)
```

③ 단측 검정(μ1 > μ2, 모분산은 동일하다.)
- 귀무가설(H_0): 반별 수학 평균 점수는 같다. (μ1 = μ2)
- 대립가설(H_1): 1반 수학 평균 점수가 더 높다. (μ1 > μ2)

ttest_ind(a, b, alternative, equal_val) 함수에서 a를 1반의 데이터, b를 2반의 데이터로 설정하고 대립가설이 a가 b보다 크다는 것을 주장하므로 alternative는 'greater'가 된다. 모분산이 같다는 가정하에 유의수준 0.05하에서 귀무가설을 기각하고, 대립가설을 채택한다. 이는 1반의 수학 평균 점수가 2반보다 통계적으로 유의하게 높다는 결론을 지지한다.

```
print(stats.ttest_ind(class1, class2, equal_var=True, alternative='greater'))

Ttest_indResult(statistic=2.2108140580092237, pvalue=0.02457428894626093)
```

심화학습

독립 표본 검정을 수행할 때는 두 집단의 데이터가 등분산성을 갖는지 확인하는 단계가 필요하다. 이 과정에서는 먼저 두 집단의 데이터에 대해 정규성 검정을 시행하며, 이때 shapiro() 함수를 사용해 각 데이터셋의 정규성 여부를 평가한다. 그런 다음 levene() 함수로 등분산성 검정을 진행한다. 이 검정들을 통과한 데이터에 대해 ttest_ind() 함수를 이용해 독립 표본 검정을 실행한다.

만약 데이터가 정규성을 만족하지 않는 경우 비모수 검정인 Mann-Whitney U 검정으로 대체해 분석을 진행한다. 또한, 두 집단의 분산이 서로 다르다고 추정되는 경우에는 일반적인 독립 표본 t-검정 대신에 Welch의 t-검정을 실시한다.

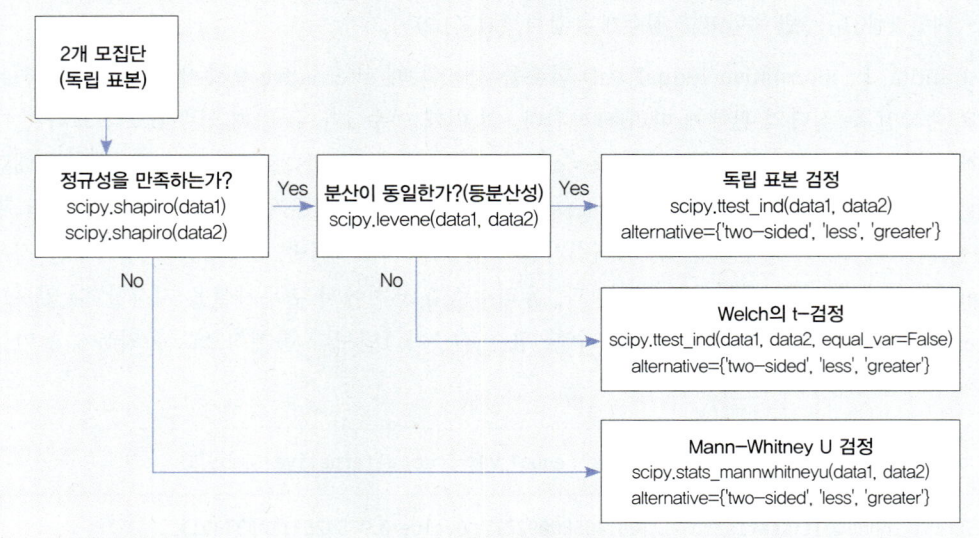

> **문제** 다음은 어느 학교의 반별 수학 시험 점수다. 1반과 2반의 평균 점수가 차이가 있는지 유의 수준 0.05 하에서 가설검정하시오. (μ1: 1반 평균, μ2: 2반 평균)

- 귀무가설(H_0): 반별 수학 평균 점수는 같다. (μ1 = μ2)
- 대립가설(H_1): 2반 수학 평균 점수가 더 높다. (μ1 〈 μ2)

1 모수 검정

두 클래스 간의 평균 차이를 비교하는 데이터를 불러오고 정규성 검정을 진행한 결과, class1은 p-value가 0.99, class2는 p-value가 0.98로 모두 정규성을 만족했다.

```
import pandas as pd
class1 = [85, 90, 92, 88, 86, 89, 83, 87]
class2 = [80, 82, 88, 85, 84]

from scipy import stats
print(stats.shapiro(class1))
print(stats.shapiro(class2))
```

```
ShapiroResult(statistic=0.9981892704963684, pvalue=0.999987006187439)
ShapiroResult(statistic=0.991739809513092, pvalue=0.9854180812835693)
```

Levene(레빈) 검정을 수행한 결과, p-value가 0.95로 두 그룹은 등분산성을 만족한다.

```
print(stats.levene(class1, class2))
```

```
LeveneResult(statistic=0.0027925869510027727, pvalue=0.958802951766629)
```

독립 표본 t-검정을 수행한다. 대립가설에 만족하려면 class1의 평균이 더 작아야 하므로 alternative는 less로 설정한다. equal_var=True는 기본값으로 작성하지 않아도 된다. p-value가 유의수준 0.05보다 크므로 귀무가설을 채택한다.

```
print(stats.ttest_ind(class1, class2, alternative='less', equal_var=True))
```

```
Ttest_indResult(statistic=2.2108140580092237, pvalue=0.9754257110537391)
```

2 비모수 검정

이번에는 정규성에 위배되는 데이터를 생성했다. 샤피로-윌크 검정 결과, class1은 정규 분포를 따르지만, class2는 정규 분포를 따르지 않는다. 따라서 정규성 가정이 위배된 경우에 비모수 검정인 Mann-Whitney(맨-휘트니) U 검정을 수행한다.

```
import pandas as pd
class1 = [85, 90, 92, 88, 86, 89, 83, 87]
class2 = [80, 82, 88, 85, 130]

from scipy import stats
print(stats.shapiro(class1))
print(stats.shapiro(class2))
```

```
ShapiroResult(statistic=0.9981892704963684, pvalue=0.999987006187439)
ShapiroResult(statistic=0.6880497932434082, pvalue=0.007151583209633827)
```

정규성에 만족하지 않는 class2로 인해 비모수적인 Mann-Whitney U 검정을 수행한다. P-value가 유의수준 0.05보다 크므로 귀무가설을 채택한다.

```
stats.mannwhitneyu(class1, class2, alternative='less')
```

```
MannwhitneyuResult(statistic=26.0, pvalue=0.8299904236851448)
```

CHAPTER 02

분산 분석

분산 분석(ANOVA, 아노바)은 여러 집단의 평균 차이를 통계적으로 유의미한지 검정하는 방법으로 주로 3개 이상의 집단을 비교할 때 사용된다. 기본적으로 다음과 같은 종류의 분산 분석이 있다.

- 일원 분산 분석: 단일 요인의 수준 간 평균의 차이를 검정
- 이원 분산 분석: 두 요인의 수준 간 및 그들의 상호작용이 평균에 미치는 영향을 검정

분산 분석에서 사용되는 '요인(factor)'은 독립변수를 의미한다. 이는 다른 학문 분야나 맥락에서 다양한 용어로 표현될 수 있다. 예를 들어, 머신러닝에서는 '피처' 또는 '변수'라고 하고, 통계학에서는 '요인' 또는 '독립변수'라고 한다. 따라서 특정 학문의 맥락에 맞는 용어 사용을 위해 이 책에서는 각 분야에서 일반적으로 사용되는 용어를 선택적으로 사용할 수 있다.

Section 01 | 일원 분산 분석
Section 02 | 이원 분산 분석

01 일원 분산 분석

일원 분산 분석(One-way ANOVA)은 3개 이상의 집단 간의 평균 차이가 통계적으로 유의한지 검정하는 방법이다. 집단을 나누는 요인이 하나고 집단의 수가 3개 이상일 때 사용한다. 참고로 집단을 나누는 요인이 하나고 집단의 수가 2개일 때는 t-검정을 실시한다.

1 기본 가정

분산 분석의 기본 가정은 독립 표본 t-검정과 매우 유사하다. 독립성, 정규성, 등분산성을 기본 가정으로 한다.

- **독립성**: 각 집단의 관측치들은 모든 다른 집단의 관측치들과 독립적이다. (기본 가정)
- **정규성**: 각 집단에서의 관측치는 정규 분포를 따른다. (Shapiro-Wilk test)
- **등분산성**: 모든 집단에서의 관측치는 동일한 분산을 가진다. (Levene test)

2 귀무가설과 대립가설

- **귀무가설(H_0)**: 모든 집단의 평균은 동일하다.
- **대립가설(H_1)**: 집단의 평균에는 차이가 있다. (모두 같다고 할 수 없지만 적어도 두 그룹 간의 평균에는 차이가 있다.)

3 일원 분산 분석

사이파이의 f_oneway를 사용한다.

```
scipy.stats.f_oneway (sample1, sample2, sample3,…)
```

- sample1: 첫 번째 집단 데이터
- sample2: 두 번째 집단 데이터
- sample3: 세 번째 집단 데이터

> **문제** 주어진 데이터는 4종류의 비료를 사용한 식물의 성장에 대한 실험 결과다. 이 실험에서는 비슷한 조건의 식물 40개를 무작위로 10개씩 나누고 화학 비료 A, B, C, D를 일정 기간 사용한 후 성장량을 측정했다. 성장의 차이가 있는지 유의수준 0.05하에서 검정하시오.

- 귀무가설(H_0): 네 가지 비료의 효과는 동일하다.
- 대립가설(H_1): 비료의 효과에는 차이가 있다. (적어도 두 가지 비료의 효과에는 차이가 있다.)

```
import pandas as pd
df = pd.DataFrame({
    'A': [10.5, 11.3, 10.8, 9.6, 11.1, 10.2, 10.9, 11.4, 10.5, 10.3],
    'B': [11.9, 12.4, 12.1, 13.2, 12.5, 11.8, 12.2, 12.9, 12.4, 12.3],
    'C': [11.2, 11.7, 11.6, 10.9, 11.3, 11.1, 10.8, 11.5, 11.4, 11.0],
    'D': [9.8, 9.4, 9.1, 9.5, 9.6, 9.9, 9.2, 9.7, 9.3, 9.4]
})
print(df.head(2))
```

```
      A     B     C    D
0  10.5  11.9  11.2  9.8
1  11.3  12.4  11.7  9.4
```

- 정규성 검정(Shapiro-Wilk test): A, B, C, D의 모든 그룹에 대한 p-value가 0.05보다 크므로 모든 그룹의 데이터가 정규 분포를 따른다고 볼 수 있다.
- 등분산성 검정(Levene test): p-value가 0.05보다 크므로 모든 그룹의 분산이 동일하다고 볼 수 있다.
- 일원 분산 분석(One-way ANOVA): p-value가 0.05보다 작으므로 적어도 두 그룹 간의 평균 성장량에는 차이가 있다고 볼 수 있다.

따라서 이 실험 결과는 모든 비료의 효과가 동일하다는 귀무가설을 기각하고, 대립가설을 채택할 수 있다. 정규성, 등분산이 만족하지 않을 때의 심화학습은 이 책에서 다루지 않는다.

```
from scipy import stats

print("=== 정규성 검정 ===")
print(stats.shapiro(df['A']))
print(stats.shapiro(df['B']))
print(stats.shapiro(df['C']))
print(stats.shapiro(df['D']))

print("\n === 등분산성 검정 ===")
print(stats.levene(df['A'], df['B'], df['C'], df['D']))

print("\n === 일원 분산 분석 ===")
print(stats.f_oneway(df['A'], df['B'], df['C'], df['D']))
```

```
=== 정규성 검정 ===
ShapiroResult(statistic=0.9649055004119873, pvalue=0.840017557144165)
ShapiroResult(statistic=0.9468040466308594, pvalue=0.63086998462677)
```

```
ShapiroResult(statistic=0.9701647162437439, pvalue=0.8923683762550354)
ShapiroResult(statistic=0.9752339720726013, pvalue=0.9346861243247986)

=== 등분산성 검정 ===
LeveneResult(statistic=1.9355354288758708, pvalue=0.14127835331346628)

=== 일원 분산 분석 ===
F_onewayResult(statistic=89.12613851177174, pvalue=1.001838152252373e-16)
```

⊕ **레빈(Levene) 검정**: 등분산성을 검정하는 레빈 검정은 center=mean과 center=median이 있다. mean은 Levene(레빈) 검정이고, median은 Brown-Forsythe(브라운 포사이드) 검정이다. 둘 다 등분산성 가정을 확인한다.

4 일원 분산 분석(ols 활용)

일원 분산 분석 방법에는 사이파이(scipy)의 f_oneway와 스태츠모델즈(statsmodels)의 ols, anova_lm을 사용하는 방법이 있다. 우선 앞에서 제공한 데이터가 ols 입력 데이터로 적합하지 않아 변경이 필요하다. 이 데이터 전처리는 주어진 데이터에 따라 작업할 뿐 분산분석의 필수 내용은 아니다.

앞에서 사용한 비료데이터와 같지만 다른 형태로 구성된 데이터를 불러온다.

```
import pandas as pd
df = pd.read_csv("fertilizer.csv")
```

ols와 anova_lm을 사용해 선형 모델을 학습하고 결과를 출력했다. ols( ) 함수는 R 스타일의 표현식(formula)을 사용한다.

구분	설명
물결(~)	종속변수와 독립변수를 구분하는 기호다. 예 target ~ a에서 target은 종속변수고, a는 독립변수임을 나타낸다.
더하기(+)	여러 독립변수들을 모델에 포함하기 위한 기호다. 예 target ~ a + b + c + d는 a, b, c, d 독립변수를 모두 포함하겠다는 의미다.

출력된 ANOVA 테이블 결과를 살펴보면 앞서 실습한 사이파이(scipy)의 f_oneway의 F-통계량과 p-value가 동일하다. C( )를 사용하면 이 변수가 범주형 변수임을 명시한다.
variable 변수는 문자이기에 자동 원핫인코딩 처리하므로 C( )가 없더라도 결과는 같다.

```
from statsmodels.formula.api import ols
from statsmodels.stats.anova import anova_lm
model = ols('성장 ~ C(비료)', df).fit()
print(anova_lm(model))
```

```
              df    sum_sq    mean_sq        F         PR(>F)
C(비료)       3.0   43.21875  14.406250   89.126139   1.001838e-16
Residual    36.0    5.81900   0.161639   NaN         NaN
```

구분	설명
df (자유도, degree of freedom)	전체 데이터(관찰) 수: 4 × 10 = 40 전체 데이터(관찰) 수의 자유도: 40 − 1 = 39 그룹(처리 조건)의 자유도: 4 − 1 = 3 잔차의 자유도: 39 − 3 = 36
sum_sq (제곱합, SS)	그룹(처리 조건)별 또는 잔차별 제곱합(sum of squares)
mean_sq (평균 제곱, MS)	평균 제곱합(mean of sum of squares)으로 sum_sq를 df로 나눈 값
F(F-통계량)	F-통계량
PR(>F)(p-값)	F-통계량에 대한 p-value

SECTION 02 | 이원 분산 분석

이원 분산 분석(Two-way ANOVA)은 요인의 수가 2개인 경우다. 예를 들어, 빅데이터 분석기사 실기 시험 학습 방법과 학습 장소에 따른 성적을 분석한다고 가정하자. 여기서 A 요인은 학습 방법인 도서와 강의, B 요인은 학습 장소인 집과 카페로 구성된다.

A 요인: 학습 방법	도서		강의	
B 요인: 학습 장소	집	카페	집	카페
	…	…	…	…

왜 일원 분산 분석을 두 번하지 않고 이원 분산 분석을 하나요?

1종의 오류가 커지기 때문이다. 독립 표본 t-검정을 반복하지 않고 일원 분산 분석을 하는 것과 같다. 연구 질문이 하나면 한번에 통계적 검정으로 실시하는 것이 1종의 오류를 통제할 수 있다. 또 다른 이유는 각 요인의 메인 효과와 상호작용 요인을 검정할 수 있기 때문이다. 일원 분산 분석으로는 상호작용의 효과를 알 수 없다.

1 기본 가정

- **독립성**: 각 집단의 관측치들은 모든 다른 집단의 관측치들과 독립적이다. (기본 가정)
- **정규성**: 각 집단에서의 관측치는 정규 분포를 따른다. (Shapiro-Wilk test)
- **등분산성**: 모든 집단에서의 관측치는 동일한 분산을 가진다. (Levene test)

2 귀무가설과 대립가설

이원 분산 분석은 주 효과뿐만 아니라 상호작용 효과에도 관심을 둔다. 학습 방법과 학습 장소를 요인으로 이원 분산 분석을 실시할 경우 주 효과 2개, 상호작용 효과 1개로 다음과 같이 세 가지 가설을 세울 수 있다.

- **주 효과**: A 요인(예: 학습 방법)
  - 귀무가설(H_0): 학습 방법에 따라 성적 차이가 없다.
  - 대립가설(H_1): 학습 방법에 따라 성적 차이가 있다.
- **주 효과**: B 요인(예: 학습 장소)
  - 귀무가설(H_0): 학습 장소에 따라 성적 차이가 없다.
  - 대립가설(H_1): 학습 장소에 따라 성적 차이가 있다.
- **상호작용 효과**
  - 귀무가설(H_0): A 요인과 B 요인 간에 상호작용이 없다.
  - 대립가설(H_1): A 요인과 B 요인 간에 상호작용이 있다.

3 이원 분산 분석

스태츠모델즈(statsmodels)의 ols와 anova_lm을 사용한다.

```
model = ols(종속변수 ~ C(요인1) + C(요인2) + C(요인1):C(요인2)).fit()
anova_lm(model, typ=숫자)
```

- **종속변수**: 연속형 변수
- **요인1**: 첫 번째 독립변수(범주형 변수)
- **요인2**: 두 번째 독립변수(범주형 변수)
- **typ=1**: 변수의 순서에 따른 분석(기본값)
- **typ=2**: 각 변수의 독립적인 효과 분석
- **typ=3**: 모든 변수와 상호작용을 동시에 고려해 분석

> **문제** 데이터는 네 가지 종류의 나무(A, B, C, D)에 대해 세 가지 종류의 비료(1, 2, 3)를 사용해 성장률을 조사한 결과다. 비료 간 및 나무 종류 간의 성장률 차이가 있는지 유의수준 0.05하에서 검정하시오. (단, 독립성, 정규성, 등분산성에 만족한 데이터)

- **나무(주 효과)**
  - 귀무가설(H_0): 모든 나무 종류의 성장률은 동일하다.
  - 대립가설(H_1): 나무 종류의 성장률에는 차이가 있다.
- **비료(주 효과)**
  - 귀무가설(H_0): 모든 비료의 성장률 효과는 동일하다.
  - 대립가설(H_1): 비료의 성장률 효과에는 차이가 있다.
- **상호작용 효과**
  - 귀무가설(H_0): 나무 종류와 비료 간의 상호작용은 성장률에 영향을 주지 않는다.
  - 대립가설(H_1): 나무 종류와 비료 간에는 성장률에 영향을 주는 상호작용이 있다.

실습을 진행할 데이터를 불러온다. 데이터가 순서대로 되어 있어 sample( ) 함수를 활용해 샘플을 확인한다. sample은 랜덤으로 데이터 샘플을 보여준다.

```
import pandas as pd
df = pd.read_csv("tree.csv")
print(df.sample(10))
```

	나무	비료	성장률
65	C	1	73.562400
37	B	1	35.403299
88	C	3	60.702398
52	B	3	54.230780
5	A	1	47.658630
70	C	2	66.613956
59	B	3	70.755451
14	A	2	35.750822
90	D	1	65.970775
74	C	2	36.802549

제시된 문제에서 이원 분산 분석에 필요한 가정(독립성, 정규성, 등분산성)에 만족한다고 명시되어 있어 이원 분산 분석에 집중해 보자. 이원 분산 분석은 statsmodels를 활용한다.

4 ols(종속변수 ~ 요인1 + 요인2 + 요인1:요인2).fit( )

ols(최소제곱 선형 회귀) 모델을 만들고 데이터를 넣어서 학습한다. 이때 성장률이 나무, 비료 그리고 나무와 비료의 상호작용에 어떻게 영향을 받는지 모델링한다.

(1) sm.stats.anova_lm(model)

sm.stats.anova_lm(model, typ={1,2,3})으로 ANOVA 테이블을 만든다. typ 파라미터는 ANOVA 테이블을 계산하는 방식을 결정한다. 기본값은 typ=1이다. 모델이 단순하다면 파라미터가 변경되어도 유사한 결과가 나타난다.

- **typ=1**: 순차적 합곱제곱(SS), 변수를 하나씩 추가하면서 그 변수가 결과에 얼마나 영향을 미치는지 순서대로 계산한다. 예 sm.stats.anova_lm(model, typ=1)
- **typ=2**: 불순차적 합곱제곱(SS), 각 변수가 모델 전체에 독립적으로 얼마나 영향을 미치는지 살펴본다. 예 sm.stats.anova_lm(model, typ=2)
- **typ=3**: 타입3 합곱제곱(Type III SS), 변수들 간의 상호작용까지 고려해 모든 변수가 모델 안에 있는 상태에서 각 변수의 효과를 계산한다. 예 sm.stats.anova_lm(model, typ=3)

문제에서 특별한 계산 방식에 대한 요청이 없다면 기본값을 활용하자. 주어진 선형 모델에 대한 ANOVA 테이블을 생성한다.

```
import statsmodels.api as sm
from statsmodels.formula.api import ols

model = ols('성장률 ~ 나무 + 비료 + 나무:비료', data=df).fit()
anova_table = sm.stats.anova_lm(model)
print(anova_table)

              df       sum_sq      mean_sq          F        PR(>F)
나무           3.0  4783.353938  1594.451313  18.391274  9.016693e-10
비료           1.0   873.322002   873.322002  10.073374  1.942421e-03
나무:비료       3.0   394.801585   131.600528   1.517952  2.137666e-01
Residual   112.0  9709.960792    86.696078        NaN           NaN
```

앞서 진행한 이원 분산 분석은 데이터의 특성을 정확하게 반영하지 못했다. 나무는 A, B, C, D의 범주로 구성되어 있지만, 비료는 1, 2, 3과 같은 숫자로 표현되어 있어 연속형 변수로 잘못 해석될 위험이 있다. 이런 잘못된 해석은 분석 결과에 영향을 준다. 따라서 숫자로 표현된 범주형 변수를 분석할 때는 C( )를 사용해 명확히 범주형으로 처리해야 한다. 안전하려면 모든 변수에 C( )를 사용하는 것도 방법이다. 단, 종속변수는 연속형 변수므로 제외한다. 다음과 같이 C( )를 사용해 분석한 결과가 변경되었다.

```
import statsmodels.api as sm
from statsmodels.formula.api import ols

model = ols('성장률 ~ C(나무) + C(비료) + C(나무):C(비료)', data=df).fit()
anova_table = sm.stats.anova_lm(model)
print(anova_table)
```

	df	sum_sq	mean_sq	F	PR(>F)
C(나무)	3.0	4783.353938	1594.451313	18.855528	6.600012e-10
C(비료)	2.0	1127.924259	563.962129	6.669256	1.857612e-03
C(나무):C(비료)	6.0	717.520672	119.586779	1.414199	2.157357e-01
Residual	108.0	9132.639448	84.561476	NaN	NaN

(2) 나무 종류에 대한 효과

- **df**: 자유도는 3이다. 4개의 나무 종류가 있으므로 4 − 1 = 3으로 계산한다.
- **sum_sq**: 총 제곱합은 4783.353938이다.
- **mean_sq**: 평균 제곱은 1594.451313이다.
- **F**: F-통계량은 18.855528이다.
- **PR(>F)**: p-value(값)는 6.600012e-10(0.00000000066)이다.
- **결론**: 5%의 유의수준에서 p-value가 0.05보다 작으므로 나무 종류에 따른 성장률에 유의미한 차이가 있다고 할 수 있다.

(3) 비료에 대한 효과

- **df**: 자유도는 2다. 3개의 비료 종류가 있으므로 3 − 1 = 2로 계산한다.
- **sum_sq**: 비료에 따른 총 제곱합은 1127.924259다.
- **mean_sq**: 평균 제곱은 563.962129다.
- **F**: F-통계량은 6.669256이다.
- **PR(>F)**: p-value는 1.857612e-03(0.001857612)이다.
- **결론**: 5%의 유의수준에서 p-value가 0.05보다 작으므로 비료의 종류에 따른 성장률에 유의미한 차이가 있다고 할 수 있다.

(4) 나무와 비료 간의 상호작용 효과

- **df**: 자유도는 6이다(4(나무 종류) × 3(비료 종류) − 4(나무 종류) − 3(비료 종류) + 1 = 6).
- **sum_sq**: 상호작용의 총 제곱합은 717.520672다.
- **mean_sq**: 평균 제곱은 119.586779다.
- **F**: F-통계량은 1.414199다.
- **PR(>F)**: p-value는 2.157357e-01(0.2157357)이다.
- **결론**: 5%의 유의수준에서 p-value가 0.05보다 크므로 나무 종류와 비료 종류 간의 상호작용은 성장률에 유의미한 영향을 주지 않는다.

(5) 최종 결론

- 나무 종류와 비료 종류는 모두 성장률에 유의미한 영향을 준다.
- 나무와 비료 간의 상호작용은 성장률에 유의미한 영향을 주지 않는다.

PR()F)값이 지수 표기법으로 출력될 경우

결괏값이 지수 표기법으로 출력될 경우 format( ) 함수를 활용해 간단하게 확인할 수 있다. 여기서 f는 고정 소수점 형식을 의미하며, .11은 소수점 아래 숫자를 11자리까지 표시하라는 의미다. 즉, 숫자를 고정 소수점 표기법으로 변환하되, 소수점 아래를 11자리까지 표시하라는 의미다.

```
print(format(6.600012e-10, '.11f'))
print(format(1.857612e-03, '.11f'))
print(format(2.157357e-01, '.11f'))
```

```
0.00000000066
0.00185761200
0.21573570000
```

formula 작성법

"성장률 ~ C(나무) + C(비료) + C(나무):C(비료)"를 "성장률 ~ C(나무) * C(비료)"로도 사용할 수 있다. 이는 "성장률을 나무와 비료, 나무와 비료의 상호작용에 따라 예측한다"는 의미다.

```
model = ols('성장률 ~ C(나무) * C(비료)', data=df).fit()
anova_table = sm.stats.anova_lm(model)
print(anova_table)
```

```
                df      sum_sq      mean_sq          F        PR(>F)
C(나무)          3.0   4783.353938  1594.451313   18.855528   6.600012e-10
C(비료)          2.0   1127.924259   563.962129    6.669256   1.857612e-03
C(나무):C(비료)   6.0    717.520672   119.586779    1.414199   2.157357e-01
Residual      108.0   9132.639448    84.561476         NaN            NaN
```

formula 에러

formula는 변수의 띄어쓰기나 특수 문자를 인식하지 못한다. 만약 변수(컬럼)명에 "나 무"나 "비료(kg)"와 같이 띄어쓰기나 특정 특수 문자가 있다면 에러가 발생한다.
먼저 df.rename(columns={"나 무": "나무", "비료(kg)": "비료"})로 컬럼명을 변경하자.

CHAPTER 03

카이제곱 검정

카이제곱 검정(Chi-square test)은 통계학에서 범주형 데이터의 관찰된 빈도와 기대된 빈도를 비교하여 두 변수 간의 독립성이나 분포의 적합성을 검정하는 방법입니다. 주요 유형은 적합도 검정, 독립성 검정, 동질성 검정이 있다.

Section 01 | 적합도 검정
Section 02 | 독립성 검정
Section 03 | 동질성 검정

SECTION 01 | 적합도 검정

적합도 검정(Goodness of fit test)은 1개의 범주형 변수가 특정 분포를 잘 따르고 있는지 검정하는 데 사용한다.

- **귀무가설**: 특정 분포를 따른다(특정 분포 확률을 따른다).
- **대립가설**: 특정 분포를 따르지 않는다(특정 분포 확률을 따르지 않는다).

1 카이제곱 적합도 검정

```
scipy.stats.chisquare(observed, expected, ddof, axis)
```

- **observed**: 관측된 빈도 리스트(배열)
- **expected**: 기대 빈도 리스트(배열), 주어지지 않으면 모든 카테고리의 관측 빈도가 균일하고 관측 빈도의 평균으로 주어진다고 가정함
- **ddof**: 자유도 조정, 기본값 0
- **axis**: 축, 기본값 0

문제 어떤 도시에서 300명을 대상으로 아이스크림 맛 선호도를 조사했다. 이 도시에서 조사된 아이스크림 맛 선호도는 바닐라: 150명, 초코: 120명, 딸기: 30명이었다. 전국적인 아이스크림 맛 선호도 조사 결과를 통해 알려진 비율은 바닐라 50%, 초코 35%, 딸기 15%로 알려져 있다. (유의수준 0.05) 이 도시의 아이스크림 맛 선호도는 전국적인 맛 선호도와 차이가 있는가?

- 귀무가설(H_0): 이 도시의 아이스크림 맛 선호도는 전국적인 선호도와 동일하다.
- 대립가설(H_1): 이 도시의 아이스크림 맛 선호도는 전국적인 선호도와 다르다.

풀이 카이제곱 검정을 수행할 때 올바른 결과를 얻기 위해서는 관측된 빈도와 기대 빈도를 사용해야 한다. 만약 한쪽이 빈도로 주어지고 다른 한쪽이 비율로 주어진다면 검정을 수행하기 전에 두 데이터를 동일한 형식, 즉 빈도로 통일시켜야 한다. 적합도 검정은 chisquare() 함수를 사용해 검정 통계량과 p-value를 구할 수 있다. 검정 통계량은 7.14고, p-value는 0.028로 유의수준 0.05보다 작다. 따라서 귀무가설을 기각하고, 대립가설을 채택한다. 이 도시의 아이스크림 맛 선호도는 전국적인 맛 선호도와 다르다고 결론지을 수 있다.

```
from scipy import stats

observed = [150, 120, 30]
expected = [0.5*300, 0.35*300, 0.15*300]
print(stats.chisquare(observed, expected))
```

```
Power_divergenceResult(statistic=7.142857142857142, pvalue=0.028115659748972056)
```

기대 값을 빈도가 아닌 비율로 입력해도 되나요?

기대 값은 비율이 아니라 빈도로 입력해야 한다. 예를 들어, 관측값이 [150, 120, 30]일 때 기대 값 빈도([0.5*300, 0.35*300, 0.15*300])가 아닌 비율([0.5, 0.35, 0.15])로 입력하면 다른 결과가 나온다.

SECTION 02 독립성 검정

독립성 검정(Test of independence)은 2개의 변수가 서로 독립적인지, 연관이 있는지 검정하는 데 사용한다.

- 귀무가설(H_0): 두 범주형 변수가 독립적이다(서로 연관성이 없다).
- 대립가설(H_1): 두 범주형 변수가 독립적이 아니다(서로 연관성이 있다).

1 교차표 기반 카이제곱 검정

```
scipy.stats.chi2_contingency(table, correction=True)
```

- **table**: 교차표(Contingency Table) 데이터(2차원 형태)
- **correction**: 연속성 보정 여부, 기본값은 True, 연속성 수정을 적용한 것과 적용하지 않았을 때의 통계량은 다르다. 문제에서 연속성 수정에 대한 언급이 없다면 기본값(True)으로 두고, "연속성 수정을 하지 않는다"라는 조건이 있다면 False로 설정한다.

귀무가설이 참일 때 구한 각 셀의 기대 빈도와 실제 관측된 빈도의 차이를 사용해 검정한다. 만약 기대 빈도와 관측된 빈도 차이가 크면 독립적이지 않고, 차이가 작으면 두 변수는 독립적이다.

문제 성별에 따라 운동을 좋아하는지 조사한 결과다. 성별과 운동 선호도가 독립적인지 가설검정을 실시하시오. (유의수준 0.05)

- 귀무가설(H_0): 성별과 운동 선호도는 독립적이다.
- 대립가설(H_1): 성별과 운동 선호도는 독립적이지 않다.

이 문제에서 주어질 데이터는 교차표 데이터가 주어졌을 때와 로우(raw) 데이터가 주어졌을 때 두 가지 상황이 있을 수 있다.

> **TIP**
>
> **독립의 의미**
> 귀무가설에 "독립적이다"라는 말을 오해해 "남자와 여자는 독립적이다. 따라서 운동 선호도가 다르다"라고 해석하는 경우가 있다. 여기서 말하는 독립은 변수 간의 독립을 의미한다. 두 변수인 성별과 운동 선호도가 독립적이라는 뜻이다. 즉, "성별 간의 운동 선호도 차이는 없다"라는 뜻이다. 대립가설의 "서로 독립적이 아니다"는 영향을 미친다는 것으로 해석된다. 이는 "성별에 따라 운동 선호도가 달라진다"는 뜻이다.

풀이 1 교차표 데이터가 주어졌을 때

문제에서 교차(분할)표 데이터가 제시된다면 다음 내용을 교차표 데이터로 만들어야 한다.

- **남자**: 좋아함 80명, 좋아하지 않음 30명
- **여자**: 좋아함 90명, 좋아하지 않음 10명

(1) 교차표 만들기

주어진 내용을 갖고 교차표를 데이터프레임으로 만든다. 먼저 표가 어떻게 그려지면 좋을지 생각하자. 다음과 같은 모양을 가지면 된다. 다음 표는 하나의 예시다. 행과 열이 변경되거나 순서가 변경되어도 된다.

	좋아함	좋아하지 않음
남자	80	30
여자	90	10

방법 1 데이터프레임 만들기: 컬럼(열) 방향

다음과 같이 컬럼(열) 방향으로 리스트를 구성하고 교차표를 만들 수 있다.

```
import pandas as pd
df = pd.DataFrame({'좋아함': [80, 90],
                   '좋아하지 않음': [30, 10]},
                   index=['남자', '여자'])
print(df)
```

```
        좋아함    좋아하지 않음
남자     80        30
여자     90        10
```

방법 2 데이터프레임 만들기: 행 방향

행 방향으로 데이터를 구성하고 다음과 같은 방법으로 교차표를 만들 수도 있다. 인덱스명과 컬럼명은 있으면 좋지만, 없어도 상관없다.

```
df = pd.DataFrame([[80, 30], [90, 10]],
                  columns=['좋아함','좋아하지 않음'],
                  index=['남자', '여자'])
print(df)
```

```
        좋아함    좋아하지 않음
남자     80        30
여자     90        10
```

방법 3 리스트 만들기

간단하게 df = [[80, 30], [90, 10]]으로 리스트만 작성할 수도 있다.

(2) 독립성 검정

독립성 검정은 chi2_contingency() 함수를 사용하여 카이제곱 통계량과 p-value를 구한다. 주어진 데이터의 검정통계량은 9.04579이고, p-value는 0.0026으로 유의수준 0.05보다 작다. 따라서 귀무가설을 기각하고, 대립가설을 채택한다. 즉, 성별과 좋아함 여부는 독립적이지 않다고 결론지을 수 있다. expected_freq는 기대 빈도수로, 관찰된 데이터가 독립적일 경우 예상되는 빈도수를 나타낸다.

```
from scipy.stats import chi2_contingency
print(chi2_contingency(df))

Chi2ContingencyResult(statistic=9.045792112299468, pvalue=0.0026330012530379632,
dof=1, expected_freq=array([[89.04761905, 20.95238095],[80.95238095, 19.04761905]]))
```

기대 빈도 해석(expected_freq)

- 89.04761905: 남자가 좋아함을 선택할 것으로 기대되는 수
- 20.95238095: 남자가 좋아하지 않음을 선택할 것으로 기대되는 수
- 80.95238095: 여자가 좋아함을 선택할 것으로 기대되는 수
- 19.04761905: 여자가 좋아하지 않음을 선택할 것으로 기대되는 수

시험 환경에서의 chi2_contingency( ) 함수 결과

chi2_contingency( ) 함수는 독립성 검사와 동질성 검사에서 활용하는 함수다. 반환 결과가 버전에 따라 코랩에서는 statistic, pvalue, dof, expected_freq가 표기되지만, 시험 환경에서는 값만 표기된다. 첫 번째 값은 statistic, 두 번째 값은 p-value다.

```
>      좋아함  좋아하지 않음
남자    80       30
여자    90       10
(9.045792112299468, 0.0026330012530379632, 1, array([[89.04761905, 20.95238095],
       [80.95238095, 19.04761905]]))
```

풀이 2 　로우(raw) 데이터가 주어졌을 때

문제에서 로우(원) 데이터 형태로 주어졌다고 가정해 보자. 다음 표와 같이 210개의 행이 있고 남자가 110명, 여자가 100명이다. 남자 중에 좋아함이 80명, 좋아하지 않음이 30명, 여자 중에 좋아함이 90명, 좋아하지 않음이 10명으로 원 데이터가 제공된다.

성별	운동
남자 (110명)	좋아함(80명)
	좋아하지 않음(30명)
여자 (100명)	좋아함(90명)
	좋아하지 않음(10명)

다음과 같이 임의로 실습용 데이터를 만들었다. 시험에서는 csv 파일 형태로 제공될 것이다.

```
import pandas as pd
data = {
    '성별' : ['남자']*110 + ['여자']*100,
    '운동' : ['좋아함']*80 + ['좋아하지 않음']*30 + ['좋아함']*90 + ['좋아하지 않음']*10
}
df = pd.DataFrame(data)
print(df.head(3))
```

```
   성별  운동
0  남자  좋아함
1  남자  좋아함
2  남자  좋아함
```

(1) 크로스탭을 활용해 교차표로 변경

로우 데이터를 pd.crosstab( ) 함수를 활용해 교차표로 변경한다. 교차표는 주로 변수 간의 관계를 비교할 때 사용한다. 앞서 직접 만든 교차표와 순서는 다르지만, 같은 형태로 변경된 것을 확인할 수 있다.

```
df = pd.crosstab(df['성별'], df['운동'])
df
```

운동 성별	좋아하지 않음	좋아함
남자	30	80
여자	10	90

chi2_contingency() 함수를 사용하여 검정통계량과 p-value를 구한다. 결과는 교차표 데이터를 만들어서 진행한 것과 같다. 검정통계량은 9.04579이고, p-value는 0.0026으로 유의수준 0.05보다 작다. 따라서 귀무가설을 기각하고, 대립가설을 채택한다. 즉, 성별과 좋아함 여부는 독립적이지 않다고 결론지을 수 있다.

```
from scipy.stats import chi2_contingency
print(chi2_contingency(df))

Chi2ContingencyResult(statistic=9.045792112299468, pvalue=0.0026330012530379632,
dof=1, expected_freq=array([[20.95238095, 89.04761905],[19.04761905, 80.95238095]]))
```

기대 빈도 해석(expected_freq)

- 20.95238095: 남자가 좋아하지 않음을 선택할 것으로 기대되는 수
- 89.04761905: 남자가 좋아함을 선택할 것으로 기대되는 수
- 19.04761905: 여자가 좋아하지 않음을 선택할 것으로 기대되는 수
- 80.95238095: 여자가 좋아함을 선택할 것으로 기대되는 수

TIP

사이파이에서 scipy 모듈 또는 함수를 가져오는 방법

이 내용은 사이파이뿐만 아니라 파이썬 라이브러리를 사용할 때 공통된 부분이다. 예를 들어, chi2_contingency() 함수를 사용할 때는 다음과 같이 두 가지 방법을 사용할 수 있다.

방법 1) stats 모듈 전체를 불러와 필요한 함수 사용
```
from scipy import stats
stats.chi2_contingency(df)
```

방법 2) scipy.stats 모듈에서 chi2_contingency() 함수만 가져와서 사용
```
from scipy.stats import chi2_contingency
chi2_contingency(df)
```

SECTION 03 | 동질성 검정

동질성 검정(Test of homogeneity)은 2개 이상의 집단에서 분산의 동질성을 가졌는지 검정하는 데 사용한다. 동질성 검정과 독립성 검정은 목적과 적용 상황은 다르지만, 계산 방식이 동일해 사용하는 함수가 같다. 해석만 다를 뿐이다. 범주형 데이터 분석에서 p-value, 통계량, 귀무가설 채택 및 기각 등이 문제로 출제된다고 가정했을 때 답을 작성할 때는 독립성과 동질성 문제를 하나로 생각해도 된다.

- **귀무가설**: 모든 그룹의 분포나 비율은 동일하다.
- **대립가설**: 각 그룹의 분포나 비율은 동일하지 않다.

1 교차표 기반 카이제곱 검정

```
scipy.stats.chi2_contingency(table,correction=True)
```

- **table**: 교차표(Contingency Table) 데이터(2차원 형태)
- **correction**: 연속성 보정 여부, 기본값은 True, 연속성 수정을 적용한 것과 적용하지 않았을 때의 통계량은 다르다. 문제에서 연속성 수정에 대한 언급이 없다면 기본값(True)으로 두고, "연속성 수정을 하지 않는다"라는 조건이 있다면 False로 설정한다.

2 독립성 검정과 동질성 검정

- **독립성 검정**: 두 범주형 변수 간에 연관성이 있는지를 확인한다.
  예 성별이 운동 선호도에 영향을 주는가?
- **동질성 검정**: 서로 다른 그룹 또는 모집단이 동일한 범주 분포를 가졌는지 확인한다.
  예 2개의 다른 학교에서 학생들의 운동 선호도가 동일한가?

문제 학과에 따라 학교 공식 동아리에 가입한 학생의 수와 가입하지 않은 학생의 수를 비교하는 동질성 검사를 실시하고, 유의수준에 따른 검정 결과를 작성하시오. (유의수준 0.05)

- 귀무가설(H_0): 두 학과의 동아리 가입 비율은 동일하다.
- 대립가설(H_1): 두 학과의 동아리 가입 비율은 동일하지 않다.

3 교차표 데이터가 주어졌을 때

학과	가입	미가입
통계학과	50	50
컴퓨터공학과	30	70

판다스를 활용해 pd.DataFrame([[50, 50], [30, 70]])으로 데이터를 만든다. 동질성 검정은 독립성 검정과 같이 chi2_contingency( ) 함수를 사용해 검정 통계량, p-value를 구한다. 검정 통계량은 7.52고, p-value는 0.006으로 유의수준 0.05보다 작으므로 귀무가설을 기각하고 대립가설을 채택한다. 두 학과의 동아리 가입 비율은 동일하지 않다.

```
import pandas as pd
from scipy import stats
df = pd.DataFrame([[50, 50], [30, 70]])
print(stats.chi2_contingency(df))
```

```
Chi2ContingencyResult(statistic=7.520833333333334, pvalue=0.006098945931214352,
dof=1, expected_freq=array([[40., 60.], [40., 60.]]))
```

4 로우(raw) 데이터가 주어졌을 때

문제에서 로우(원) 데이터 형태로 주어졌다고 가정해 보자. 다음은 로우 데이터를 임의로 생성하는 코드다.

df.sample(5)는 샘플 5개를 임의로 출력한다. 따라서 매 실행 때마다 다른 결과를 보여준다.

```
import pandas as pd
data = {
    '학과': ['통계학과']*100 + ['컴퓨터공학과']*100,
    '동아리가입여부': ['가입']*50 + ['미가입']*50 + ['가입']*30 + ['미가입']*70
}
df = pd.DataFrame(data)
df.sample(5)
```

	학과	동아리가입여부
182	컴퓨터공학과	미가입
64	통계학과	미가입
117	컴퓨터공학과	가입
57	통계학과	미가입
7	통계학과	가입

로우 데이터를 pd.crosstab() 함수를 활용해 교차표로 변경한다. 교차표는 주로 변수 간의 관계를 비교할 때 사용한다. 앞서 직접 만든 교차표와 순서는 다르지만, 같은 형태로 변경된 것을 확인할 수 있다.

```
df = pd.crosstab(df['학과'], df['동아리가입여부'])
df
```

동아리가입여부 학과	가입	미가입
컴퓨터공학과	30	70
통계학과	50	50

chi2_contingency() 함수를 사용해 검정 통계량, p-value를 구한다. 검정 통계량은 7.52고, p-value가 0.006으로 유의수준 0.05보다 작으므로 귀무가설을 기각하고 대립가설을 채택한다. 두 학과의 동아리 가입 비율은 동일하지 않다.

```
from scipy import stats
print(stats.chi2_contingency(df))
```

```
Chi2ContingencyResult(statistic=7.520833333333334, pvalue=0.006098945931214352, dof=1, expected_freq=array([[40., 60.], [40., 60.]]))
```

기대 빈도 해석(expected_freq)

교차표를 보고 기대 빈도를 순서대로 해석하는 것은 매우 중요하다. 교차표를 순서대로 좌에서 우로, 위에서 아래로 읽으면서 기대 빈도(expected_freq)도 순서대로 매칭해서 해석하자.
- 40.0: 컴퓨터공학과 학생이 동아리에 가입할 것으로 기대되는 수
- 60.0: 컴퓨터공학과 학생이 동아리에 미가입할 것으로 기대되는 수
- 40.0: 통계학과 학생이 동아리에 가입할 것으로 기대되는 수
- 60.0: 통계학과 학생이 동아리에 미가입할 것으로 기대되는 수

CHAPTER 04

회귀 분석

회귀 분석은 수치형 변수 간의 관계 또는 Input(원인)과 Output(결과) 간의 관계를 추정하거나 예측하는 데 사용한다. 변수 간의 강도와 방향을 측정하는 방법에는 상관 계수가 있다. 상관 계수는 두 변수 간의 양의 상관 관계, 음의 상관 관계 그리고 상관 관계가 없음을 확인한다. 이처럼 변수 간의 관계를 파악하는 것이 상관 계수고, Input(원인)과 Output(결과)의 관계를 설명하는 것이 회귀 모델(Regression Model)이다. 수치 변수 간의 인과 관계를 설명하는 대표적인 모델이 선형 회귀 모델이다. 통계에서 Input은 독립(independent)변수, Output은 종속(dependent)변수라고 한다. 예를 들어, 회귀 모델은 빅데이터 분석기사 실기 학습 시간을 독립변수, 성적을 종속변수로 두고 학습 시간에 따라 시험 성적을 예측하는 것이 목적이다. 독립변수는 학습 시간 1개가 아니라 수험생 나이 등 2개 이상일 수도 있다.

회귀 모델은 독립변수가 1개라면 단순 선형 회귀, 2개 이상이라면 다중 선형 회귀라고 한다. 단순 선형 회귀 분석은 하나의 독립변수와 하나의 종속변수의 관계를 고려해 직선의 1차 방정식을 찾아낸다. $y = ax + b$와 같은 형태다. a는 기울기(회귀 계수), b는 y절편(상수항)을 의미한다. 다중 선형 회귀 분석은 2개 이상의 독립변수를 고려한다.

Section 01 | 상관 계수
Section 02 | 단순 선형 회귀 분석
Section 03 | 다중 선형 회귀 분석
Section 04 | 범주형 변수

SECTION 01 | 상관 계수

상관 계수(Correlation Coefficient)는 두 변수 간의 선형적인 관계가 어느 정도 강한지를 나타낸다.

- −1 ≤ r ≤ 1
- r이 1에 가까울수록 강한 양의 선형 관계를 의미한다.
- r이 0에 가까울수록 약한 선형 관계를 의미한다.
- r이 −1에 가까울수록 강한 음의 선형관계를 의미한다.

연속형인 두 변수 간의 관계는 산점도를 통해 그래프로 그릴 수 있다. 양의 상관 관계와 음의 상관 관계를 그래프로 나타냈다. 양(positive)의 상관 관계는 x값이 증가함에 따라 y값도 증가한다. 음(negative)의 상관 관계는 x값이 증가함에 따라 y값은 감소한다.

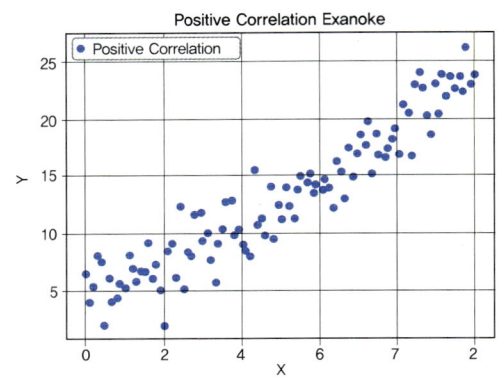 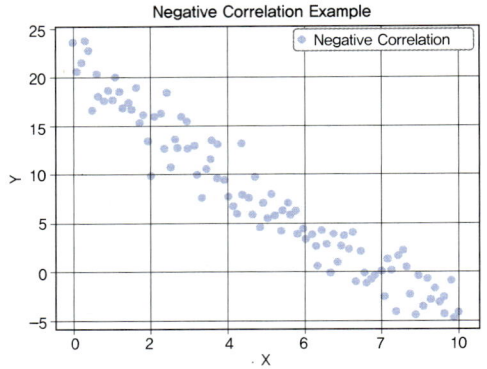

1 상관 계수

상관 계수를 구할 때는 판다스의 corr( ) 함수를 사용한다.

```
pandas.DataFrame.corr(method='pearson', numeric_only=True)
```

- **method**: 상관 관계 방법
  - pearson: 피어슨(기본값)
  - kendall: 켄달의 타우(Kendall's tau)
  - spearman: 스피어만
- **numeric_only**: 숫자 자료형만 포함 여부(기본값 False)

문제 다음은 학생들의 키와 몸무게 데이터다. 이를 바탕으로 상관 계수를 구하라.

학생	키(cm)	몸무게(kg)
A	150	42
B	160	50
C	170	70
D	175	64
E	165	56

판다스 데이터프레임에서 제공하는 corr( ) 함수를 활용하면 상관 계수를 구할 수 있다. corr는 correlation의 약자다. 같은 변수인 키와 키의 상관 계수, 몸무게와 몸무게의 상관 계수는 1이다. 키와 몸무게의 상관 계수는 0.919509로 확인할 수 있다.

```
import pandas as pd

# 주어진 데이터
data = {
    '키': [150, 160, 170, 175, 165],
    '몸무게': [42, 50, 70, 64, 56]
}
df = pd.DataFrame(data)

# 상관 계수 계산
correlation = df.corr()
print(correlation)
```

```
              키         몸무게
키       1.000000    0.919509
몸무게   0.919509    1.000000
```

만약 키와 몸무게의 상관 관계 값만 출력하고자 한다면 iloc를 활용한다. 키와 몸무게의 상관 관계가 두 군데 있으므로 하나를 선택하면 된다.

```
print(correlation.iloc[0,1])
```

```
0.9195090879163764
```

또는 다음과 같은 두 변수에 대한 상관 관계만 구할 수도 있다. df['컬럼'].corr(df['컬럼']) 방법을 사용하고, 컬럼의 순서는 개의치 않았다. 결과 값이 소수 끝자리에서 다를 수도 있으나 일반적으로 문제에서는 소수 둘째~넷째 자리에서 반올림 처리하므로 영향이 없다.

```
print(df['키'].corr(df['몸무게']))
print(df['몸무게'].corr(df['키']))
```

```
0.9195090879163765
0.9195090879163765
```

판다스에서는 기본적으로 피어슨(Pearson) 상관 계수를 계산한다. method 파라미터를 활용해 다른 종류의 상관 계수를 계산할 수도 있다. 스피어만(Spearman) 상관 계수나 켄달의 타우(Kendall's tau)를 계산하고 싶다면 method 매개변수를 사용해 지정할 수 있다.

```
# 피어슨 상관 계수(기본값)
print(df.corr())

# 스피어만 상관 계수
print(df.corr(method='spearman'))

# 켄달의 타우 상관 계수
print(df.corr(method='kendall'))
```

```
              키        몸무게
키      1.000000   0.919509
몸무게    0.919509   1.000000

              키        몸무게
키           1.0        0.9
몸무게         0.9        1.0

              키        몸무게
키           1.0        0.8
몸무게         0.8        1.0
```

2 두 변수의 상관 계수와 t-검정

두 변수의 상관 계수와 t-검정 결과를 확인할 수 있다. 일반적으로 t-검정을 묻는다면 피어슨 상관 계수 값이 표준이다.

```
from scipy import stats

# 피어슨 상관 계수와 p-value 계산
print(stats.pearsonr(df['몸무게'], df['키']))

# 스피어만 상관 계수와 p-value 계산
print(stats.spearmanr(df['몸무게'], df['키']))

# 켄달의 타우 상관 계수와 p-value 계산
print(stats.kendalltau(df['몸무게'], df['키']))


PearsonRResult(statistic=0.9195090879163766, pvalue=0.027079456895589476)
SignificanceResult(statistic=0.8999999999999998, pvalue=0.03738607346849874)
SignificanceResult(statistic=0.7999999999999999, pvalue=0.08333333333333333)
```

SECTION 02 단순 선형 회귀 분석

회귀 분석(Regression Analysis)은 2개 이상의 변수 간의 관계를 파악하려는 통계적 분석 방법이다. 그중에서 단순 선형 회귀(Simple Linear Regression) 분석은 하나의 독립변수로부터 하나의 종속변수와의 관계를 분석하거나 예측하는 방법이다. 예를 들어, "키워드 광고를 많이 하면 판매량이 어떻게 변할까요?" 여기서 광고는 원인이고, 판매량은 결과다. 회귀 분석은 이런 원인과 결과 간의 관계를 수학적으로 모델링해 예측할 수 있도록 도와준다.

- **독립변수(X)**: 원인을 나타내는 데이터다. 예 키워드 광고
- **종속변수(y)**: 결과를 나타내는 데이터다. 예 판매량

1 단순 회귀 분석과 다중 회귀 분석

회귀 분석의 유형은 독립변수의 개수에 따라 달라진다.

- **단순 회귀 분석**: 독립변수(원인)가 하나일 때 예 키워드 광고만으로 판매량 예측
- **다중 회귀 분석**: 독립변수(원인)가 여러 개일 때 예 키워드 광고, 직원 수, 서비스로 판매량 예측

머신러닝과 통계학 용어

머신러닝과 통계학에서 같은 개념을 다르게 표현하는 경우가 있다.

머신러닝	통계학	예시
X 데이터, features(특징, 피처)	독립변수, 설명변수	온도, 강수량, 습도, 시간, 평일/주말 등
y 데이터, label, target	종속변수, 반응변수, 결과변수	매출액, 주문량 등

(1) 단순 선형 회귀식

$$y = \alpha + \beta x + \varepsilon$$

- X: 독립변수
- y: 종속변수
- α(알파): 절편(상수항)
- β(베타): 기울기(x를 1 증가시켰을 때 y의 증가량)
- ε(엡실론): 오차항(모델이 설명하지 못하는 부분)

X와 y을 가장 잘 나타내는 직선을 찾기 위해 β_0(y절편)와 β_1(기울기) 값을 추정한다.

(2) 단순 선형 회귀선

다음 그래프는 키와 몸무게 데이터를 바탕으로 만든 회귀 모델을 시각화한 회귀선이다. 이 회귀선은 데이터를 모두 설명하는 완벽한 직선을 만들 수는 없지만, 각 데이터를 잘 설명하는 가장 좋은 직선을 찾을 수 있다. 예측된 회귀선과 실제 data는 일치하지 않는 경우가 많은데, 이 실제 값과 예측값의 차이가 잔차(residual)다. 잔차가 0에 가까울수록 회귀선이 실제 값을 잘 설명한다고 할 수 있다.

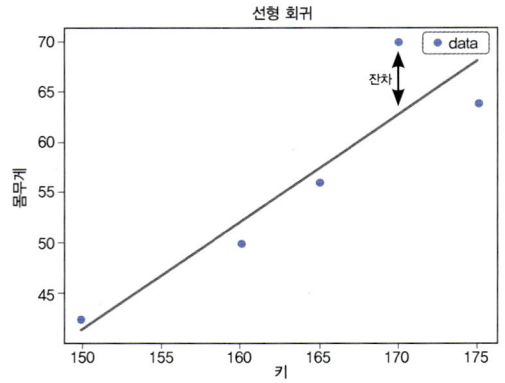

① 최소제곱법

최소제곱법(Ordinary Least Squares)은 관측된 값과 회귀 모델의 예측값 간의 차이(잔차)의 제곱합을 최소화하는 것이다. 회귀 분석 모델을 만들 때 기본적으로 최소제곱법(OLS)을 활용한다. 회귀 분석 실습에서는 statsmodels의 ols( ) 함수를 활용한다. 이름에서도 알 수 있듯이, ols 방법을 사용해 선형 회귀 모델을 구축한다.

② ols 모델

최소제곱 선형 회귀 모델을 구축하는 데는 statsmodels의 ols( ) 함수를 사용한다. 이 함수는 종속변수와 하나 이상의 독립변수 간의 선형 관계를 모델링하는 데 사용된다. statsmodels에는 몇 가지 ols( ) 함수가 있다. 그중에서 R 스타일(formula, 공식)로 사용 가능한 ols( ) 함수를 사용한다. 다음과 같이 불러올 수 있다.

```
ols('종속변수 ~ 독립변수', data=df).fit()
```

- 종속변수와 독립변수 사이에는 물결(~) 표시를 사용한다.
  단, 주의할 점은 df['컬럼명']이 아니라 컬럼명만 작성한다.
- 종속변수: 모델에서 예측하려는 변수 **예** 작업형2에서 target 데이터
- 독립변수: 종속변수에 영향을 미치는 독립적인 변수 **예** 작업형2에서 target을 제외한 train 데이터
- data=df: df에서 변수를 찾아 사용하도록 데이터를 연결한다.
- .fit( ): ols 모델을 주어진 데이터에 학습(적합)시킨다.

왜 R 스타일을 사용해야 하나요?

작업형2에서 사용하는 학습(fit) 방식과 유사한 statsmodels.api의 OLS도 있다. 다만 이 함수는 상수항(절편)을 수동으로 직접 처리(코딩)해야 하는 번거로움이 있다. 따라서 상수항을 자동으로 처리해 주는 statsmodels.formula.api의 ols를 사용하고, formula는 R 스타일을 사용한다.

구분		특징
statsmodels.formula.api의 ols (함수)	소문자로 사용 ols( )	R 스타일의 공식을 사용해 모델을 생성하고, 결과를 분석함 ols(종속변수 ~ 독립변수1 + 독립변수2, data=df)
statsmodels.api의 OLS (클래스)	대문자로 사용 OLS( )	작업형2에서 사용했던 model. fit(X, y) 방식과 유사함. 단, OLS(y, X).fit()로 순서가 다름 OLS(종속변수, 독립변수 데이터프레임)

③ 제곱합 심화

선형 회귀에서 제곱합(Sum of Squares)은 모델이 데이터를 잘 설명하는가(적합도)를 평가하는 데 사용한다. 주로 세 가지의 제곱합이 있다. 이 중에서 SSE를 최소화하는 회귀 계수를 찾는 것이 최소제곱법이다. 선형 회귀는 최소제곱법을 적용한다.

용어		의미
SST (Sum of Squares Total)	총 제곱합	각 관측치가 평균으로부터 얼마나 떨어져 있는지를 나타냄 SST = SSR + SSE
SSR (Sum of Squares for Regression)	회귀 제곱합	회귀선이 평균으로부터 얼마나 떨어져 있는지를 나타냄
SSE (Sum of Squares for Error)	오차 제곱합 (잔차 제곱합)	관측치가 회귀선으로부터 얼마나 떨어져 있는지를 나타냄

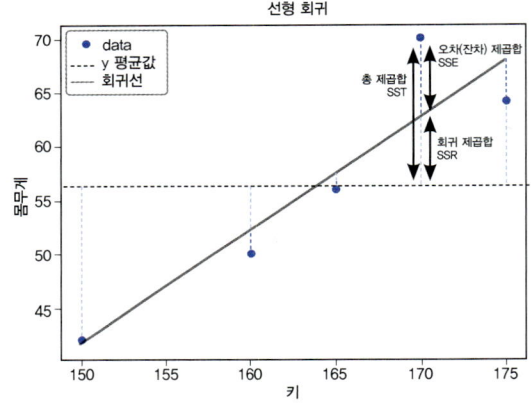

④ 결정 계수(R-squared)

결정 계수는 모델이 그 데이터를 얼마나 잘 설명하느냐를 나타내는 통계 값이다. 머신러닝(작업형2) 회귀 평가지표 중에 결정 계수(R^2)가 있다. 그 값을 구하는 방법은 R^2=SSR/SST이다. 이때 R^2은 1에 가까울수록 데이터를 잘 설명한다는 뜻이고, 0에 가깝거나 음수가 나오는 경우 모델이 데이터를 설명하지 못한다는 뜻이다.

> **문제** 다음은 20명의 키와 몸무게에 관한 정보다. 이 데이터를 바탕으로 회귀 모델을 구축하고 각 소문제의 값을 구하시오.

```
import pandas as pd

data = {
    '키': [150, 160, 170, 175, 165, 155, 172, 168, 174, 158,
          162, 173, 156, 159, 167, 163, 171, 169, 176, 161],
    '몸무게': [42, 50, 70, 64, 56, 48, 68, 60, 65, 52,
            54, 67, 49, 51, 58, 55, 69, 61, 66, 53]
}
df = pd.DataFrame(data)
```

1. 주어진 데이터로 최소제곱법을 이용한 단순 선형 회귀 모델을 구축하고 통계적 요약을 출력하시오.

statsmodels.formula.api에서 ols( ) 함수를 불러온다. 키는 종속변수, 몸무게는 독립변수로 설정하고 선형 회귀 모델을 만든다. R 스타일은 종속변수가 먼저 온다는 점에 유의하자. model.summary( ) 함수로 통계적 요약 결과를 확인할 수 있다.

```
from statsmodels.formula.api import ols
model = ols('키 ~ 몸무게', data=df).fit()
print(model.summary())
```

```
                            OLS Regression Results
==============================================================================
Dep. Variable:                      키   R-squared:                       0.892
Model:                            OLS   Adj. R-squared:                  0.886
Method:                 Least Squares   F-statistic:                     148.0
Date:                Mon, 11 Sep 2023   Prob (F-statistic):           4.04e-10
Time:                        01:02:41   Log-Likelihood:                -45.761
No. Observations:                  20   AIC:                             95.52
Df Residuals:                      18   BIC:                             97.51
Df Model:                           1
Covariance Type:            nonrobust
==============================================================================
                 coef    std err          t      P>|t|      [0.025      0.975]
------------------------------------------------------------------------------
Intercept     115.0676      4.158     27.671      0.000     106.331     123.804
몸무게            0.8658      0.071     12.167      0.000       0.716       1.015
```

```
==============================================================
Omnibus:                        0.985   Durbin-Watson:          2.609
Prob(Omnibus):                  0.611   Jarque-Bera (JB):       0.336
Skew:                          -0.315   Prob(JB):               0.845
Kurtosis:                       3.082   Cond. No.               432.
==============================================================
Notes:
[1] Standard Errors assume that the covariance matrix of the errors is correctly
specified.
```

model.summary() 함수는 많은 내용을 포함하고 있다. 문제에서 기울기와 절편, 결정 계수, p-value를 묻는다면 다음과 같이 찾아볼 수 있다.

- 몸무게의 기울기: coef 0.8658
- 절편(Intercept)의 기울기: coef 115.0676
- 결정 계수: R-squared 0.892
- 몸무게의 p-value: 0.000(0에 가까운 값으로 정확한 값은 별도 출력이 필요하다.)

모델의 요약 결과 설명
- Dep. Variable: 종속변수
- R-squared: 결정 계수
- Adj. R-squared: 조정된 결정 계수
- Method: 사용된 방법, 'Least Squares(최소제곱법)'
- F-statistic: F-통계량
- Prob (F-statistic): F-통계량의 유의확률, 일반적으로 0.05 이하의 회귀 모델이 유의미함
- Log-Likelihood: 로그 우도(모델의 적합도, 최대화하는 것이 좋음)
- AIC & BIC: 모델의 적합도와 복잡성 사이의 균형을 평가하는 척도, 작은 값이 더 좋은 모델을 의미함
- No. Observations: 관측치 수(데이터 수)
- Df Residuals: 잔차의 자유도
- Df Model: 모델의 자유도
- Covariance Type: 공분산 유형
- coef: 각 변수의 계수. 'Intercept'는 상수항(절편), '몸무게'는 몸무게의 계수(기울기)를 나타냄
- std err: 계수의 표준 오차
- t: t 통계량(검정 통계량)
- P>|t|: 각 계수의 t 통계량에 대한 p-value
- [0.025 0.975]: 95% 신뢰 구간. 각 계수에 대한 95% 신뢰 구간

2. 회귀 모델의 결정 계수를 구하시오.

model.summary( ) 함수 값을 확인하는 방법이 있지만, 별도 값만 출력하기 위해서는 다음과 같이 사용한다.

```
print("결정 계수:", model.rsquared)
```

```
결정계수: 0.8915914350087264
```

3. 회귀 모델에서 회귀 계수(기울기와 절편)를 구하시오.

model.params를 활용해 model.summary( ) 함수에 있는 coef값을 출력할 수 있다.

```
print("기울기:", model.params['몸무게'])
print("절편:", model.params['Intercept'])
```

```
기울기: 0.8658438852380201
절편: 115.06763904471865
```

4. 회귀 모델에서 몸무게의 회귀 계수가 통계적으로 유의한지 검정했을 때의 p-value를 구하시오.

결과가 지수 표기법으로 출력되어 일반 표기법으로 변경했다. 변경 방법은 다음과 같다.

- 방법1: print(format(변경할 값 또는 변수명, ".10f"))
- 방법2: print("{:.10f}".format(변경할 값 또는 변수명))

```
print("pvalue:", model.pvalues['몸무게'])
print("pvalue:", "{:.10f}".format(model.pvalues['몸무게']))
```

```
pvalue: 4.0379325599303615e-10
pvalue: 0.0000000004
```

5. 회귀 모델을 사용해 몸무게가 67일 때의 예측 키를 구하시오.

새로운 데이터를 학습할 때 사용했던 데이터와 동일한 컬럼명으로 데이터프레임 형태를 만들고 model.predict( ) 함수를 사용해 예측한다. 예측한 결과는 시리즈 형태로 값만 출력하기 위해 [0]을 붙였다.

```
new_data= pd.DataFrame({'몸무게':[67]})
result = model.predict(new_data)
print("몸무게가 67일 때의 예측 키:", result[0])
```

```
몸무게가 67일 때의 예측 키: 173.07917935566599
```

6. 회귀 모델의 잔차 제곱합을 구하시오.

잔차는 '실제(관측) 값 – 모델'로 예측된 값이다. 먼저 잔차를 구한다. 모델로 예측된 값을 구할 때 predict(df['몸무게'])를 입력으로 넣지 않고 predict(df)를 그대로 넣더라도 모델이 자동으로 독립변수를 구분한다. 잔차를 제곱한 값을 모두 더한다. sum( ) 함수는 (df['잔차'] * * 2).sum( ) 형태로 사용해도 결과는 같다.

```
df['잔차'] = df['키'] - model.predict(df)
print("잔차 제곱합:", sum(df['잔차']**2))
```

잔차 제곱합: 113.74226638884431

7. 회귀 모델의 MSE를 구하시오.

MSE는 평균 제곱 오차(Mean Squared Error)로 잔차들의 평균을 말한다.
공식은 다음과 같다.

$$\text{MSE} = \frac{1}{n} \sum_{i=1}^{n} (\text{실제 값} - \text{예측값})^2$$

```
df['잔차'] = df['키'] - model.predict(df)
MSE = (df['잔차'] ** 2).mean()
print('MSE:', MSE)
```

MSE: 5.687113319442214

사이킷런에서 제공하는 MSE 평가지표 결과도 확인해 보자. 직접 계산한 MSE와 결과가 같은 것을 확인할 수 있다.

```
from sklearn.metrics import mean_squared_error
pred = model.predict(df['몸무게'])
mse = mean_squared_error(df['키'], pred)
print('MSE:', mse)
```

MSE: 5.687113319442214

TIP

부동 소수점 연산
직접 잔차를 계산한 MSE와 사이킷런의 MSE 결과에 미세한 차이가 있을 수도 있다. 보통 소수점 끝자리에서 다르다. 차이는 매우 미미하며, 실제 시험에서 문제가 출제된다면 정답이 동일하게 소수 0~6자리에서 반올림 처리될 것이다. 이 현상은 부동 소수점 연산의 미세한 불일치로 인해 발생한다. 부동 소수점은 컴퓨터에서 소수점이 있는 숫자를 표현하고 연산하는 방식이다.

심화학습

1. 몸무게의 95% 신뢰 구간을 구하시오.

95%의 신뢰 구간도 model.summary() 함수로 확인할 수 있다. alpha의 기본값은 0.05(95%)다. 만약 문제에서 90%의 신뢰 구간을 구하라고 한다면 alpha를 0.1로 변경할 수 있다.

```
print("신뢰구간:\n", model.conf_int(alpha=0.05).loc['몸무게'])
```

```
신뢰구간:
0    0.716337
1    1.015351
Name: 몸무게, dtype: float64
```

2. 몸무게가 50일 때 예측 키의 신뢰 구간과 예측 구간을 구하시오.

몸무게가 50일때 get_prediction() 함수를 사용해 예측값 및 예측 구간을 구한 후 summary_frame() 함수를 사용해 예측 결과를 요약한다. alpha=0.05(기본값)는 95% 신뢰 수준을 의미한다. 요약 결과를 출력하면 다음과 같다. mean_ci_lower, mean_ci_upper는 예측 키의 95% 신뢰 구간의 하한과 상한을 의미하고, obs_ci_lower, obs_ci_upper는 예측 구간의 하한과 상한을 의미한다.

```
new_data = pd.DataFrame({"몸무게": [50]})
pred = model.get_prediction(new_data)
result = pred.summary_frame(alpha=0.05)
print("예측값의 신뢰구간과 예측구간:\n", result)
```

```
예측값의 신뢰구간과 예측구간:
         mean   mean_se  mean_ci_lower  mean_ci_upper  obs_ci_lower  \
0  158.359833  0.794986      156.68963     160.030037     152.820798

   obs_ci_upper
0    163.898869
```

SECTION 03 | 다중 선형 회귀 분석

다중 선형 회귀(Multiple Linear Regression) 분석은 2개 이상의 독립변수와 하나의 종속변수 간의 관계를 분석하는 방법이다. 중선형 회귀 분석이라고도 부른다. 대부분 독립변수는 2개 이상인 다중 선형 회귀 분석이 사용된다. 단순 선형 회귀 분석과 다중 선형 회귀 분석은 독립변수 개수만 다를 뿐, 분석 방법에는 큰 차이가 없다.

다중 선형 회귀식

$$y = \alpha + \beta_1 x + \beta_2 x + \beta_3 x + \varepsilon$$

- y: 종속변수
- X: 독립변수
- **α(알파)**: 절편(상수항)
- **β(베타)**: 기울기
- **ε(엡실론)**: 오차항(직선이 설명하지 못하는 변동, 정규 분포를 따름)

종속변수를 가장 잘 설명하는 회귀 계수들을 추정한다. 여기서 말하는 회귀 계수는 기울기, 절편 등이다.

> **문제** 다음은 매출액, 광고비, 직원 수에 관한 데이터다. 광고비와 직원 수는 독립변수고, 매출액은 종속변수다. 다중 선형 회귀 모델을 구축하고 각 소문제의 값을 구하시오.

```
import pandas as pd
data = {
    '매출액': [300, 320, 250, 360, 315, 328, 310, 335, 326, 280,
            290, 300, 315, 328, 310, 335, 300, 400, 500, 600],
    '광고비': [70, 75, 30, 80, 72, 77, 70, 82, 70, 80,
            68, 90, 72, 77, 70, 82, 40, 20, 75, 80],
    '직원수': [15, 16, 14, 20, 19, 17, 16, 19, 15, 20,
            14, 5, 16, 17, 16, 14, 30, 40, 10, 50]
    }
df = pd.DataFrame(data)
print(df.head(3))
```

```
   매출액  광고비  직원수
0  300   70   15
1  320   75   16
2  250   30   14
```

1. 주어진 데이터로 최소제곱법을 이용한 다중 선형 회귀 모델을 구축하고 통계적 요약을 출력하시오.

statsmodels의 ols( ) 함수를 활용해 회귀 모델을 만들고, 종속변수와 독립변수를 활용해 학습한다. 독립변수가 여러 개일 때는 플러스(+)를 사용해 formula를 '매출액 ~ 광고비 + 직원 수'와 같이 만든다.

```
from statsmodels.formula.api import ols
model = ols('매출액 ~ 광고비 + 직원수', data=df).fit()
print(model.summary())
```

```
                            OLS Regression Results
==============================================================================
Dep. Variable:                    매출액   R-squared:                       0.512
Model:                            OLS   Adj. R-squared:                  0.454
Method:                 Least Squares   F-statistic:                     8.907
Date:                Mon, 11 Sep 2023   Prob (F-statistic):            0.00226
Time:                        06:53:05   Log-Likelihood:                -108.22
No. Observations:                  20   AIC:                             222.4
Df Residuals:                      17   BIC:                             225.4
Df Model:                           2
Covariance Type:            nonrobust
==============================================================================
                 coef    std err          t      P>|t|      [0.025      0.975]
------------------------------------------------------------------------------
Intercept    101.0239     71.716      1.409      0.177     -50.284     252.331
광고비            1.8194      0.807      2.255      0.038       0.117       3.522
직원수            5.9288      1.430      4.147      0.001       2.912       8.945
==============================================================================
Omnibus:                       30.534   Durbin-Watson:                   1.354
Prob(Omnibus):                  0.000   Jarque-Bera (JB):               64.655
Skew:                           2.444   Prob(JB):                     9.13e-15
Kurtosis:                      10.327   Cond. No.                         401.
==============================================================================

Notes:
[1] Standard Errors assume that the covariance matrix of the errors is correctly
specified.
```

TIP

model.summary( ) 함수에서 n>=20 관련 워닝이 발생했다면

앞서 제시한 예시 데이터는 20개 이상이지만, 다른 데이터로 학습할 때 표본의 크기가 20개 미만이라면 발생할 수 있는 워닝이다. 시험에서는 20개 이상으로 제공될 것으로 예상되니 워닝은 무시하고 진행해도 좋다.

UserWarning: kurtosistest only valid for n>=20 ... continuing anyway, n=8 warnings.warn("kurtosistest only valid for n>=20 ... continuing "

2. 광고비와 매출액의 상관 계수를 구하시오.

corr( ) 함수를 활용해 상관 계수를 구한다. 광고비와 매출액의 상관 계수는 약 0.133이다.

```
print("상관계수:", df['광고비'].corr(df['매출액']))
```

```
상관계수: 0.13316981737040343
```

3. 광고비와 매출액의 t-검정의 p-value를 구하시오.

일반적으로 상관 계수를 묻는 문제라면 피어슨의 상관 계수와 t-검정 결과를 말한다. p-value는 약 0.5757이다.

```
from scipy import stats
print(stats.pearsonr(df['광고비'], df['매출액']))
```

```
PearsonRResult(statistic=0.13316981737040345, pvalue=0.5756778801904272)
```

4. 회귀 모델의 결정 계수를 구하시오.

모델의 결정 계수는 model.summary( ) 함수로도 확인할 수 있다. 약 0.51이다.

```
print("결정계수(R-squared):", model.rsquared)
```

```
결정계수(R-squared): 0.5116964327009041
```

5. 회귀 모델에서 회귀 계수(기울기와 절편)를 구하시오.

회귀 계수는 model.summary( ) 함수로도 확인할 수 있다. 광고비 2.0, 직원 수 6.0의 기울기를 갖고 있고, 절편은 101.0이다.

```
print("회귀계수:\n", round(model.params))
```

```
회귀계수:
 Intercept    101.0
 광고비          2.0
 직원수          6.0
 dtype: float64
```

6. 회귀 모델에서 광고비의 회귀 계수가 통계적으로 유의한지 검정했을 때의 p-value를 구하시오.

광고비 회귀 계수의 p-value는 model.summary() 함수로도 확인할 수 있다. 약 0.0376이다.

```
print("pvalue:", model.pvalues['광고비'])
```

```
pvalue: 0.03764350647695994
```

7. 광고비 50, 직원 수 20인 데이터가 있을 때 구축한 회귀 모델에서의 예상 매출액을 구하시오.

주어진 데이터를 데이터프레임으로 만든다. 이때 반드시 기존 데이터와 컬럼명이 같아야 한다. 그리고 앞서 만든 모델을 사용해 예측한다. 결괏값은 시리즈 형태로 반환된다. 예상 매출액은 310.57033이다.

```
new_data = pd.DataFrame({"광고비": [50], "직원수": [20]})
result = model.predict(new_data)
print("새로운 데이터의 매출액:", result)
```

```
새로운 데이터의 매출액: 0    310.57033
dtype: float64
```

8. 회귀 모델의 잔차의 제곱합을 구하시오.

실제 값에서 예측값을 빼면 잔차가 나오는데, 그 값을 제곱한 후 모두 더하면 잔차 제곱합이 된다.

```
df['잔차'] = df['매출액'] - model.predict(df)
print("잔차 제곱합:", sum(df['잔차']**2))
```

```
잔차 제곱합: 58686.178271561075
```

잔차 구하는 방법

df['매출액'] – model.predict(df) 대신 statsmodels에서 제공하는 resid를 활용해 잔차를 구할 수도 있다. 결괏값이 동일하다. 다음은 model.resid를 제곱한 값을 모두 더해 잔차 제곱합을 구한 것이다.

```
print(sum(model.resid**2))
```

```
잔차 제곱합: 58686.178271561075
```

9. 회귀 모델의 MSE를 구하시오.

MSE는 평균 제곱 오차로, 약 2934.3089다.

```
MSE = (df['잔차'] ** 2).mean()
print('MSE:', MSE)
```

```
MSE: 2934.3089135780533
```

10. 각 변수별 95%의 신뢰 구간을 구하시오.

각 변수별 95% 신뢰 구간은 model.summary() 함수로도 확인할 수 있다. 정확한 값 또는 95%가 아닌 다른 값을 확인하기 위해서는 model.conf_int(alpha=0.05)를 사용한다. alpha=0.05는 95%를 의미한다.

```
print("95% 신뢰구간:\n", model.conf_int(alpha=0.05))
```

```
95% 신뢰구간:
                    0            1
 Intercept   -50.283684   252.331429
 광고비           0.116785     3.522069
 직원수           2.912406     8.945105
```

11. 광고비 45, 직원 수 22일 때 95% 신뢰 구간과 예측 구간을 구하시오.

get_prediction() 함수와 summary_frame() 함수를 사용해 예측값과 신뢰 구간, 예측 구간을 구할 수 있다. mean_ci_lower, mean_ci_upper는 95% 신뢰 구간을 의미하고, obs_ci_lower, obs_ci_upper는 예측 구간을 의미한다. 그리고 lower는 하한, upper는 상한을 의미한다.

```
new_data = pd.DataFrame({"광고비": [45], "직원수": [22]})
pred = model.get_prediction(new_data)
result = pred.summary_frame(alpha=0.05)
print("예측값의 신뢰구간과 예측구간:\n", result)
```

```
예측값의 신뢰구간과 예측구간:
         mean     mean_se   mean_ci_lower  mean_ci_upper  obs_ci_lower  \
0   313.330707  22.502058     265.855514      360.8059      180.58875

    obs_ci_upper
0     446.072663
```

SECTION 04 | 범주형 변수

회귀 분석에서 독립변수로 수치형 변수와 범주형 변수를 함께 사용할 때 범주형 변수는 통상적으로 원-핫 인코딩(One-Hot Encoding)과 같은 방법을 사용해 수치화해야 한다. 원-핫 인코딩은 범주형 변수의 각 범주를 대표하는 새로운 이진(0 또는 1) 변수를 생성하는 과정이다. 이렇게 변환된 변수들은 회귀 모델에서 독립변수로 사용할 수 있다.

1 범주형 변수 자동 원-핫 인코딩

스태츠모델즈(statsmodels)의 ols( ) 함수는 회귀 모델을 생성할 때 범주형 변수가 포함되어 있으면 이를 자동으로 인식하고 내부적으로 원-핫 인코딩 처리를 한다. 이를 통해 사용자가 별도로 범주형 변수를 수치형으로 변환하는 작업 없이도 모델을 생성할 수 있게 해준다.

```
import pandas as pd
import statsmodels.api as sm
df = pd.read_csv("study.csv")
df.head()
```

	study_hours	material_type	score
0	71	강의	95
1	34	독학	63
2	91	도서	95
3	80	독학	80
4	40	강의	79

제공된 데이터 파일을 불러와 실제로 ols( ) 함수가 어떻게 이를 처리하는지 확인해 보자. 불러온 데이터에는 study_hours(학습 시간), material_type(학습 자료 유형) 그리고 score(점수) 변수가 포함되어 있다. material_type 변수는 범주형 변수로 '강의', '독학', '도서'의 세 가지 범주를 갖고 있다.

score를 종속변수, study_hours와 material_type을 독립변수로 사용해 회귀 모델을 생성한다. 이때 material_type 범주형 변수는 별도의 처리 없이 ols( ) 함수를 사용해 모델에 포함시킨다.

```python
from statsmodels.formula.api import ols
model = ols('score ~ study_hours + material_type', data=df).fit()
print(model.summary())
```

```
OLS Regression Results
==============================================================================
Dep. Variable:                  score   R-squared:                       0.969
Model:                            OLS   Adj. R-squared:                  0.968
Method:                 Least Squares   F-statistic:                     991.9
Date:                Sun, 18 Feb 2024   Prob (F-statistic):           4.42e-72
Time:                        08:37:39   Log-Likelihood:                -238.89
No. Observations:                 100   AIC:                             485.8
Df Residuals:                      96   BIC:                             496.2
Df Model:                           3
Covariance Type:            nonrobust
===========================================================================================
                              coef    std err          t      P>|t|      [0.025      0.975]
-------------------------------------------------------------------------------------------
Intercept                  59.2111      0.799     74.147      0.000      57.626      60.796
material_type[T.도서]       -8.6696      0.678    -12.778      0.000     -10.016      -7.323
material_type[T.독학]      -17.6129      0.634    -27.790      0.000     -18.871     -16.355
study_hours                 0.4839      0.011     43.810      0.000       0.462       0.506
==============================================================================
Omnibus:                        1.754   Durbin-Watson:                   2.173
Prob(Omnibus):                  0.416   Jarque-Bera (JB):                1.216
Skew:                           0.231   Prob(JB):                        0.544
Kurtosis:                       3.280   Cond. No.                         228.
==============================================================================

Notes:
[1] Standard Errors assume that the covariance matrix of the errors is correctly
specified.
```

모델 요약을 통해 결과를 확인해 보자.

- 결정 계수(R-squared)는 약 0.969로 모델은 전체 변동의 약 96.9%를 설명하고 있다.
- 회귀 계수(Coefficients)에서 절편(Intercept)은 약 59.21로 다른 모든 변수들이 0일 때의 예상 점수다. 이 값은 "강의"에 해당된다.
- "강의"를 사용한 경우의 예상 점수: Intercept(절편)는 59.21
- "도서"를 사용한 경우의 예상 점수: Intercept + material_type_도서의 계수는 59.21 − 8.67 = 50.54
- "독학"을 사용한 경우의 예상 점수: Intercept + material_type_독학의 계수는 59.21 − 17.61 = 41.60
- 도서와 독학의 예상 점수를 각각 계산할 수 있는 이유는 동시에 1의 값을 갖는 경우는 없기 때문이다.

- study_hours: 회귀 계수가 약 0.484로 공부 시간이 1시간 증가할 때마다 점수는 약 0.484점 증가한다.
- material_type_도서: 약 −8.67로 공부 자료 유형이 "도서"인 경우 "강의"에 비해 점수가 약 8.67점 낮다.
- material_type_독학: 약 −17.61로 공부 자료 유형이 "독학"인 경우 "강의"에 비해 점수가 약 17.61점 낮다.
- 모든 독립변수들의 p-value가 0.05보다 작으므로 통계적으로 유의미하다고 할 수 있다.

원-핫 인코딩된 변수(컬럼)는 왜 2개(도서, 독학)인가요?
머신러닝에서 배웠던 판다스의 pd.get_dummies( )를 활용해 원-핫 인코딩할 수 있다. 이때 주의할 점은 회귀 모델에서 다중공선성(독립변수들 간에 높은 상관 관계가 존재하는 현상) 문제를 방지하기 위해 첫 번째 카테고리를 제외한 카테고리−1개로 변수를 생성한다. drop_first=True 설정으로 간단하게 처리할 수 있다. 예시 코드는 다음과 같다. pd.get_dummies(df, drop_first=True)

2 숫자로 표현된 범주형 변수 처리

회귀 분석에서 범주형 변수가 숫자로 표현되어 있는 경우에는 주의가 필요하다. 숫자로 된 범주형 변수를 회귀 모델에 직접 입력하면 모델은 이 변수를 연속형 수치 변수로 오해하고 분석할 수 있다. 이는 변수의 실제 의미와 다르게 처리되어 분석 결과에 오류를 초래한다. 따라서 숫자로 표현된 범주형 변수를 적절히 처리하는 것이 중요하다. 단, 작업형3은 정답이 있는 문제이다. 따라서 문제에서 범주형 변수라고 알려 줄 때만 수동변환하자.

- **범주형 변수 자동 인식**: statsmodels의 ols( ) 함수는 문자열로 된 범주형 변수를 자동으로 인식하고, 원-핫 인코딩을 수행한다. 그러나 변수가 숫자로 되어 있는 경우에는 자동 인식과 처리가 이루어지지 않는다.
- **수동 변환**: 숫자로 된 범주형 변수를 statsmodels에서 범주형으로 처리하려면 사용자가 변수를 명시적으로 범주형(C( ))으로 변환해 줘야 합니다.

예를 들어, ols( ) 함수 내에서 모델 공식을 작성할 때 C(변수명) 구문을 사용해 숫자 범주형 변수를 범주형으로 명시할 수 있다.
material_type이 강의, 도서, 독학이 아닌 종류(숫자) 1, 2, 3이었다면 ols('score ~ study_hours + C(material_type)', data=df).fit( )와 같이 사용한다.

➕ **숫자로 표현된 범주형 변수인지 어떻게 알 수 있나요?**: 숫자로 표현된 범주형 변수인지 아닌지 판단하는 것은 시험문제 이므로 문제에서 명확하게 설명하거나 문제에서 범주형 변수로 인식할 수 있는 근거가 있다면 범주형 변수로 판단해도 된다.

CHAPTER 05

로지스틱 회귀 분석

로지스틱 회귀는 범주형 종속변수를 대상으로 하는 통계적 분석 방법으로 분류 문제를 해결하는 데 자주 사용된다. 여기서는 독립변수들의 선형 조합을 통해 사건의 발생 여부나 확률을 예측해 예측된 확률을 바탕으로 두 가지 범주 중 하나로 분류한다. '회귀'라는 용어가 사용되지만, 로지스틱 회귀는 분류 모델에 속한다.

Section 01 | 로지스틱 회귀 분석
Section 02 | 오즈와 오즈비

SECTION 01 | 로지스틱 회귀 분석

로지스틱 회귀 모델은 스태츠모델즈(statsmodels) 라이브러리를 사용한다. 예를 들어, 의료 데이터셋에서 환자의 여러 임상지표를 바탕으로 특정 질병의 유무를 예측하는 분류 모델을 만들 수 있다.

1 logit 모델

로지스틱 회귀 모델을 구축하기 위해서는 statsmodels 라이브러리의 logit() 함수를 사용한다. 이 함수는 종속변수가 이진 형태인 경우, 즉 결과가 두 가지 범주 중 하나로 나눠지는 상황에서 독립변수들과의 관계를 모델링하는 데 사용된다. statsmodels에서는 R 스타일의 공식을 사용해 logit 모델을 손쉽게 정의할 수 있다. 사용 방법은 다음과 같다.

```
logit('종속변수 ~ 독립변수1 + 독립변수2 + ...', data=df).fit()
```

- 종속변수와 독립변수 사이에는 물결(~) 표시를 사용해 관계를 나타낸다. 이때 컬럼명은 따옴표 없이 작성한다.
- **종속변수**: 모델에서 결과로 예측하고자 하는 이진형 변수다. 예를 들어, 어떤 사건의 발생 여부(1 또는 0)를 나타낼 수 있다.
- **독립변수**: 종속변수에 영향을 미칠 것으로 예상되는 변수들이다. 이 변수들은 종속변수를 예측하기 위해 모델에 포함된다.
- **data**: 모델이 변수들을 찾아 사용할 데이터프레임 df를 명시한다.
- **.fit( )**: 이 함수(메서드)는 로지스틱 회귀 모델이 주어진 데이터에 학습(적합)시키는 과정을 수행한다.

> **문제** 다음은 특정 질병(disease)의 유무를 나타내는 환자 데이터셋이다. 이 데이터를 바탕으로 각 소문제의 값을 구하시오.

데이터
- **독립변수**: 나이(age), 체질량 지수(bmi), 흡연(smoker) 여부, 활동 수준(activity_level)
- **종속변수**: 특정 질병(disease)의 유무

```
import pandas as pd
df = pd.read_csv("health_survey.csv")
print(df.head())
```

	age	bmi	smoker	activity_level	disease
0	62	35.179089	0	0	1
1	65	18.576042	0	2	1
2	71	33.178426	0	1	1
3	18	37.063007	1	2	0
4	21	17.613266	0	0	0

1. 로지스틱 회귀 모델을 사용하여 age와 bmi를 독립변수로 활용해 질병(disease)의 발생 여부를 예측한다. 주어진 health_survey.csv 데이터셋을 바탕으로 bmi 변수의 계수 값은?

   - 로지스틱 회귀 모델 구축: statsmodels의 logit( ) 함수를 사용해 age와 bmi를 독립변수로 하고, disease를 종속변수로 하는 로지스틱 회귀 모델을 구축한다. 이 모델은 disease의 발생 확률을 예측하기 위해 독립변수들의 선형 조합을 사용한다.
   - 모델 학습: 모델을 데이터에 학습(적합)시키기 위해 .fit( ) 함수(메서드)를 사용한다.
   - 결과: .summary( )를 통해 얻은 모델 요약에서 bmi 변수의 계수(coef) 값은 약 0.0563으로 나타난다.

```
from statsmodels.formula.api import logit
import statsmodels.api as sm

model = logit('disease ~ age + bmi', data=df).fit()
print(model.summary())
```

```
Optimization terminated successfully.
        Current function value: 0.643725
        Iterations 5
                    Logit Regression Results
=================================================================
Dep. Variable:              disease   No. Observations:       1000
Model:                        Logit   Df Residuals:            997
Method:                         MLE   Df Model:                  2
Date:              Wed, 21 Feb 2024   Pseudo R-squ.:        0.04996
Time:                      15:07:16   Log-Likelihood:        -643.72
converged:                     True   LL-Null:               -677.58
Covariance Type:          nonrobust   LLR p-value:         1.984e-15
=================================================================
                coef    std err      z    P>|z|   [0.025   0.975]
-----------------------------------------------------------------
Intercept    -1.8700     0.289   -6.482   0.000   -2.435   -1.305
age           0.0177     0.004    4.747   0.000    0.010    0.025
bmi           0.0563     0.009    6.418   0.000    0.039    0.074
=================================================================
```

2. 1번 문제에서 추정된 로지스틱 회귀 모델에서 bmi 변수가 한 단위 증가할 때 질병 발생의 오즈비(Odds Ratio) 값은?

- 오즈비 계산 방법: 로지스틱 회귀 모델에서 'bmi' 변수의 계수 값을 지수 함수 'np.exp( )'를 사용해 오즈비(Odds Ratio)로 변환한다.
- 계수 값 확인: model.summary( ) 또는 model.params['bmi']의 로지스틱 회귀 모델에서 bmi 변수의 계수 값은 약 0.0563이다.
- 결과: np.exp(model.params['bmi'])는 bmi 변수의 계수 값을 지수화해 오즈비를 계산한다. 오즈비는 bmi가 한 단위 증가할 때 질병 발생의 오즈가 얼마나 증가하는지를 나타내는 비율이다. 이 값은 약 1.05795다.

```
import numpy as np
print(model.params['bmi'])
print(np.exp(model.params['bmi']))
```

```
0.056333879687088535
1.057950853075076
```

3. 로그 우도(Log-Likelihood)를 구하는 방법과 잔차이탈도(Deviance)를 계산하는 방법

로그 우도는 모델의 요약 결과에서 summary( ) 함수를 통해 확인할 수 있지만, 정확한 값을 직접 확인하기 위해 model.llf를 사용한다.

```
print(model.llf)
```

```
-643.7246164682088
```

로그 우도에 −2를 곱하면 잔차이탈도가 된다.

```
print(-2 * model.llf)
```

```
1287.4492329364175
```

4. 정확도와 오류율

- 정확도(Accuracy): 올바르게 분류된 데이터의 비율
  - 만약 100개의 데이터가 있고, 그 중 90개를 올바르게 예측했다면 정확도는 0.9(90%)
- 오류율(Error Rate): 잘못 분류된 데이터의 비율(1 − 정확도)
  - 만약 100개의 데이터 중 10개를 잘못 예측했다면 오류율은 0.1(10%)

SECTION 02 | 오즈와 오즈비

1 오즈(Odds)
- **정의**: 어떤 사건이 발생할 확률과 그 사건이 발생하지 않을 확률의 비율이다.
- **수식**: 사건 A의 발생 확률을 P(A)라고 할 때 오즈는 P(A) / 1-P(A)다.
- **예시**: 어떤 사건의 발생 확률이 0.75라면 이 사건의 오즈는 3(0.75 / 0.25 = 3)이다. 이는 사건이 발생할 확률이 발생하지 않을 확률보다 세 배 높다는 의미다.

2 오즈비(Odds Ratio)
- **정의**: 두 그룹의 오즈 간의 비율이다. 이는 한 그룹에서 어떤 사건이 발생할 오즈가 다른 그룹에 비해 얼마나 더 큰지를 나타낸다.
- **수식**: 두 사건 A와 B에 대한 오즈비는 오즈(A) / 오즈(B)다.
- **예시**: 한 그룹에서 어떤 사건의 오즈가 2고, 다른 그룹에서 같은 사건의 오즈가 1이라면 오즈비는 2다. 이는 첫 번째 그룹에서 사건이 발생할 확률이 두 번째 그룹에 비해 두 배 높다는 의미다.
  - 오즈비 > 1: 특정 조건 또는 노출이 사건 발생 가능성을 증가시킴
  - 오즈비 = 1: 특정 조건 또는 노출이 사건 발생 가능성에 영향을 미치지 않음
  - 오즈비 < 1: 특정 조건 또는 노출이 사건 발생 가능성을 감소시킴

CHAPTER 06

작업형3 연습문제

단기간 학습이 필요하다면 작업형3 연습문제의 풀이를 보면서 직접 타이핑하며 학습하는 것도 효과적인 방법이다.

Section 01 | 단일 표본 검정
Section 02 | 독립 표본 검정
Section 03 | 대응 표본 검정
Section 04 | 일원 분산 분석
Section 05 | 이원 분산 분석
Section 06 | 적합도 검정
Section 07 | 독립성 검정
Section 08 | 다중 선형 회귀
Section 09 | 로지스틱 회귀

SECTION 01 | 단일 표본 검정

문제 한 커피 제조회사에서는 새로 출시한 커피의 카페인 함량이 평균 95mg 미만이라고 주장했다. 그 주장이 사실인가를 알아보기 위해 25개의 커피 샘플을 무작위(랜덤)로 추출했다. 커피 제조회사의 주장이 타당한지를 유의수준 5%에서 검정하시오.

- 귀무가설(H_0): $\mu \geq 95$mg
- 대립가설(H_1): $\mu < 95$mg

1. 표본 데이터의 평균을 구하시오.
2. Shapiro-Wilk 검정의 p-value를 구하시오.
3. 단일 표본 t-검정의 검정 통계량을 구하시오.
4. 단일 표본 t-검정의 p-value를 구하시오.
5. 유의수준 0.05하에서 귀무가설을 기준으로 검정 결과를 채택/기각 중 선택해 입력하시오.

```
# 데이터
import pandas as pd
df = pd.DataFrame({
    'Caffeine(mg)': [
        94.2, 93.7, 95.5, 93.9, 94.0, 95.2, 94.7, 93.5, 92.8, 94.4,
        93.8, 94.6, 93.3, 95.1, 94.3, 94.9, 93.9, 94.8, 95.0, 94.2,
        93.7, 94.4, 95.1, 94.0, 93.6
    ]
})
```

힌트 ttest_1samp()

풀이

```
# 1. 표본 평균
print(df.mean())

# 2. 정규성 검정
from scipy import stats
print(stats.shapiro(df['Caffeine(mg)']))

# 3~5. 단일 표본 t-검정
print(stats.ttest_1samp(df['Caffeine(mg)'], 95, alternative='less'))
```

```
Caffeine(mg)    94.264
dtype: float64
ShapiroResult(statistic=0.9826574921607971, pvalue=0.9321980476379395)
TtestResult(statistic=-5.501737036221897, pvalue=5.8686553916715e-06, df=24)
```

- Shapiro–Wilk 검정의 p-value는 0.9321980476379395로 p-value가 0.05보다 크므로 데이터가 정규 분포를 따른다.
- 단일 표본 t-검정의 검정 통계량은 -5.5017370362218970|고, p-value는 0.0000058687(5.8686553916715e-06)이다.
- 대립가설을 기준으로 df['Caffeine(mg)']가 95보다 작아야 한다. 따라서 alternative는 less다.
- p-value가 0.05보다 작으므로 귀무가설을 기각한다.
- 지수 표기법을 일반 소수점 형태로 변경하기 위해 "{:.10f}".format(pvalue)를 사용했다. 소수 10번째 자리까지로 변경한다.

```
statistic, pvalue = stats.ttest_1samp(df['Caffeine(mg)'], 95, alternative='less')
print("{:.10f}".format(pvalue))

0.0000058687
```

정답

1. 94.264
2. 0.9321980476379395
3. -5.501737036221897
4. 0.0000058687(5.8686553916715e-06)
5. 기각

SECTION 02 | 독립 표본 검정

문제 스마트폰 배터리의 충전 시간을 줄이기 위한 새로운 충전기를 개발했다. 개발된 충전기의 효과를 검정하기 위해 스마트폰 사용자 집단을 두 그룹으로 나눠 한 그룹에는 새로운 충전기를 제공하고, 다른 그룹에는 기존의 충전기를 제공했다. 그 후 두 그룹의 평균 충전 완료 시간을 비교했다. 두 그룹 모두 충전 시간은 정규 분포를 따르며 분산은 같다고 가정한다. 새로운 충전기가 더 빠르다고 할 수 있는지를 유의수준 5%하에서 검정하시오. 여기서 두 집단은 모두 정규 분포를 따르고 분산은 같다고 가정한다. (μ_1: 새로운 충전기 집단의 모평균, μ_2: 기존 충전기 집단의 모평균)

- 귀무가설(H_0): $\mu_1 \geq \mu_2$
- 대립가설(H_1): $\mu_1 < \mu_2$

1. 위의 가설을 검정하기 위한 검정 통계량을 구하시오.
2. 위의 통계량에 대한 p-value를 구하시오.
3. 유의수준 0.05하에서 귀무가설을 기준으로 검정의 결과를 채택/기각 중 선택해 입력하시오.

```
# 데이터
import pandas as pd
df = pd.DataFrame({
    '충전기': ['New'] * 10 + ['Old'] * 10,
    '충전시간': [
        1.5, 1.6, 1.4, 1.7, 1.5, 1.6, 1.7, 1.4, 1.6, 1.5,
        1.7, 1.8, 1.7, 1.9, 1.8, 1.7, 1.8, 1.9, 1.7, 1.6
    ]
})
print(df.head(2))
```

```
    충전기    충전시간
0   New     1.5
1   New     1.6
```

힌트 `ttest_ind()`

풀이

```
# 1~3. 독립 표본 t-검정
new_cond = df['충전기'] == 'New'
old_cond = df['충전기'] == 'Old'
print(stats.ttest_ind(df[new_cond]['충전시간'], df[old_cond]['충전시간'],
alternative='less', equal_var=True))

Ttest_indResult(statistic=-4.582575694955849, pvalue=0.00011546547787696304)
```

- 스마트폰 충전기의 효과를 비교하는 데 있어서 두 독립된 집단 간의 평균을 비교하는 데 초점을 맞추고 있다.
- 독립성 검정은 ttest_ind( )를 사용한다. 분산이 같다고 가정했기 때문에 equal_var=True로 설정한다.
- t-test 결과, p-value가 0.05보다 작으므로 귀무가설을 기각한다.

정답

1. -4.582575694955849
2. 0.00011546547787696304
3. 기각

SECTION 03 | 대응 표본 검정

문제 길벗 연구소에서는 새로 개발한 교육과정에 참여하면 학습 시간이 단축된다고 주장한다. 10명의 학생들을 대상으로 기존의 교육 방법과 새로운 교육 방법을 적용한 결과에 대해 유의수준 5%에서 새로운 교육 방법이 교육 시간을 단축시켰는지 검정하시오. (단, 모집단은 정규 분포를 가정한다.)

- μ_d = (새로운 교수 방법 − 기존 교수 방법)의 평균
- 귀무가설(H_0): $\mu_d = 0$
- 대립가설(H_1): $\mu_d < 0$

1. μ_d의 표본 평균을 구하시오.
2. 위의 가설을 검정하기 위한 검정 통계량을 구하시오.
3. 위의 통계량에 대한 p-value를 구하시오.
4. 유의수준 0.05하에서 귀무가설을 기준으로 검정의 결과를 채택/기각 중 선택해 입력하시오.

```python
# 데이터
import pandas as pd
df = pd.DataFrame({
    'User': list(range(1, 11)),
    '기존방법': [60.4, 60.7, 60.5, 60.3, 60.8, 60.6, 60.2, 60.5, 60.7, 60.4],
    '새로운방법': [59.8, 60.2, 60.1, 59.9, 59.7, 58.4, 57.0, 60.3, 59.6, 59.8]
})
print(df.head(2))
```

```
   User  기존방법  새로운방법
0     1  60.4    59.8
1     2  60.7    60.2
```

힌트 ttest_rel()

풀이

```python
# 1. 표본 평균
df['diff'] = df['새로운방법'] - df['기존방법']
print(df['diff'].mean())

# 2~4. 대응 표본 t-검정
print(stats.ttest_rel(df['새로운방법'], df['기존방법'], alternative='less'))
```

```
-1.0300000000000005
TtestResult(statistic=-3.407973078114844, pvalue=0.0038872633380070652, df=9)
```

- μ_d는 새로운 방법 – 기존 방법이다. 차이 값을 diff 컬럼에 대입하고, 평균을 구한다.
- 대응 표본 t-검정은 ttest_rel( )을 활용한다.
- μ_d 순서대로 새로운 방법, 기존 방법을 넣고 alternative에는 대립가설 기준 첫 번째 값이 더 작아야 하므로 less를 입력한다.
- t-test 결과, p-value가 0.05보다 작으므로 귀무가설을 기각한다.

정답

1. -1.0300000000000005
2. -3.407973078114844
3. 0.0038872633380070652
4. 기각

SECTION 04 | 일원 분산 분석

  4개의 중학교에서 다른 교육 방법을 사용해 학생들에게 수학을 가르쳤다. 각 중학교의 학생들이 받은 교육 후의 수학 성적은 다음과 같다. 이 4개의 교육 방법에 따른 성적 차이가 통계적으로 유의미한지 5%의 유의수준에서 검정하시오.

- 귀무가설(H₀): 모든 중학교의 학생들의 수학 성적 평균은 동일하다.
- 대립가설(H₁): 적어도 2개 중학교의 학생들의 수학 성적 평균은 다르다. (4개 교육 방법 중 최소한 하나의 방법이 다른 방법들과 성적에서 차이가 있다.)

1. 각 그룹의 수학 성적에 대해 Shapiro-Wilk 검정을 통한 정규성을 확인하고, 그 결과의 p-value를 구하시오.
2. 4개 그룹의 수학 성적이 등분산성을 갖는지 확인하기 위해 Levene 검정을 실시하고, p-value를 구하시오.
3. 유의수준 0.05하에서 귀무가설을 기준으로 검정의 결과를 채택/기각 중 선택해 입력하시오.
4. 그룹 변수의 자유도를 구하시오.
5. 잔차의 자유도를 구하시오.
6. 성적의 제곱합을 구하시오.
7. 성적의 평균 제곱을 구하시오.
8. F-통계량의 값을 구하시오.
9. 성적에 대한 p-value를 구하시오.

```
import pandas as pd
df = pd.read_csv("math.csv")
print(df.head())
```

```
   groups   scores
0  group_A     85
1  group_A     88
2  group_A     90
3  group_A     82
4  group_A     87
```

힌트 shapiro(), levene(), f_oneway(), ols(), anova_lm()

풀이

```
from scipy import stats

# 1. Shapiro-Wilk 검정 (정규성)
condA = df['groups']=='group_A'
print(stats.shapiro(df[condA]['scores']))

condB = df['groups']=='group_B'
print(stats.shapiro(df[condB]['scores']))

condC = df['groups']=='group_C'
print(stats.shapiro(df[condC]['scores']))

condD = df['groups']=='group_D'
print(stats.shapiro(df[condD]['scores']))

# 2. Levene 검정 (등분산성)
print(stats.levene(df[condA]['scores'], df[condB]['scores'], df[condC]['scores'],
df[condD]['scores']))
```

```
ShapiroResult(statistic=0.9715898036956787, pvalue=0.9051811695098877)
ShapiroResult(statistic=0.9499422907829285, pvalue=0.6678178906440735)
ShapiroResult(statistic=0.9299424290657043, pvalue=0.44732627272605896)
ShapiroResult(statistic=0.9065684080123901, pvalue=0.2582412362098694)
LeveneResult(statistic=1.757685352622062, pvalue=0.17270284963232108)
```

- shapiro( )를 활용해 정규성 검정을 실시한다. 4개 그룹 모두 정규성에 만족한다.
- 4개 그룹의 성적이 등분산성을 갖는지 Levene 검정을 사용해 확인한다. 등분산성에 만족한다.

```
# 일원분산분석을 위한 모델 학습
from statsmodels.formula.api import ols
model = ols('scores ~ groups', df).fit()

# 3~9. ANOVA 테이블
from statsmodels.stats.anova import anova_lm
print(anova_lm(model))
```

	df	sum_sq	mean_sq	F	PR(>F)
groups	3.0	411.8	137.266667	34.174274	1.240642e-10
Residual	36.0	144.6	4.016667	NaN	NaN

- 일원 분산 분석을 실시한 결과, p-value가 0.05보다 작으므로 귀무가설을 기각한다.
- ols)를 사용해 모델을 학습하고, ANOVA 테이블을 출력한다.
- 자유도(df), 총 제곱합(sum_sq), 평균 제곱(mean_sq), F-통계량(F), p-value(PR()F))를 의미한다.
- 독립변수 groups 변수는 문자다. C( ) 사용여부와 관계없이 결과는 같다.

정답

1. 0.9051811695098877, 0.6678178906440735, 0.44732627272605896, 0.2582412362098694
2. 0.17270284963232108
3. 기각
4. 3
5. 36
6. 411.8
7. 137.266667
8. 34.174274
9. 1.240642e-10 (0.000000000124)

SECTION 05 | 이원 분산 분석

문제 H 토마토 연구소에서는 토마토의 수확량을 늘리기 위해 세 가지 다른 비료 유형과 네 가지 다른 물 주기를 실험하고자 한다. 연구소에서는 12개의 토마토 식물을 무작위로 선택해 각 조합에 대해 반복적으로 실험을 수행했다.

비료 유형에 따른 효과
- 귀무가설(H_0): 모든 비료 유형의 토마토 수확량 평균은 동일하다.
- 대립가설(H_1): 적어도 2개 이상의 비료 유형에서의 토마토 수확량 평균이 다르다.

물 주기에 따른 효과
- 귀무가설(H_0): 모든 물 주기의 토마토 수확량 평균은 동일하다.
- 대립가설(H_1): 적어도 2개 이상의 물 주기에서의 토마토 수확량 평균이 다르다.

비료 유형과 물 주기 간의 상호작용 효과
- 귀무가설(H_0): 비료 유형과 물 주기 간의 상호작용은 토마토 수확량에 영향을 미치지 않는다.
- 대립가설(H_1): 비료 유형과 물 주기 간의 상호작용은 토마토 수확량에 영향을 미친다.

1. 비료 유형에 따른 토마토 수확량의 평균에 차이가 있는지를 검정하기 위한 검정 통계량을 구하시오.
2. 위의 통계량에 대한 p-value를 구하시오.
3. 위의 검정 결과를 유의수준 0.05하에서 귀무가설을 기준으로 채택/기각 중 선택해 입력하시오.
4. 물 주기에 따른 토마토 수확량의 평균에 차이가 있는지를 검정하기 위한 검정 통계량을 구하시오.
5. 위의 통계량에 대한 p-value를 구하시오.
6. 위의 검정 결과를 유의수준 0.05하에서 귀무가설을 기준으로 채택/기각 중 선택해 입력하시오.
7. 비료 유형과 물 주기 간의 상호작용이 토마토 수확량에 영향이 있는지 검정하기 위한 검정 통계량을 구하시오.
8. 위의 통계량에 대한 p-value를 구하시오.
9. 위의 검정 결과를 유의수준 0.05하에서 귀무가설을 기준으로 채택/기각 중 선택해 입력하시오.

```
# 데이터
import pandas as pd
df = pd.read_csv("tomato2.csv")
print(df.head())
```

	비료유형	물주기	수확량
0	A	1	514
1	A	1	480
2	A	1	507
3	A	2	452
4	A	2	526

> **힌트** ols(), anova_lm()

> **풀이**
>
> ```
> import statsmodels.api as sm
> from statsmodels.formula.api import ols
>
> # 1~9. 이원 분산 분석
> model = ols('수확량 ~ C(비료유형) * C(물주기)', data=df).fit()
> anova_table = sm.stats.anova_lm(model)
> print(anova_table)
> ```
>
> | | df | sum_sq | mean_sq | F | PR(>F) |
> |---|---|---|---|---|---|
> | C(비료유형) | 2.0 | 5251.722222 | 2625.861111 | 3.184685 | 0.059334 |
> | C(물주기) | 3.0 | 9057.000000 | 3019.000000 | 3.661490 | 0.026460 |
> | C(비료유형):C(물주기) | 6.0 | 4271.833333 | 711.972222 | 0.863491 | 0.535426 |
> | Residual | 24.0 | 19788.666667 | 824.527778 | NaN | NaN |

- 비료 유형에 대한 분석: F-통계량(3.184685), p-value(0.059334), 귀무가설 채택
- 물 주기에 대한 분석: F-통계량(3.661490), p-value(0.026460), 귀무가설 기각
- 비료 유형과 물 주기의 상호작용 효과에 대한 분석: F-통계량(0.863491), p-value(0.535426), 귀무가설 채택
- df(자유도), sum_sq(총 제곱합), mean_sq(평균 제곱)

> **정답**

1. 3.184685
2. 0.059334
3. 채택
4. 3.661490
5. 0.026460
6. 기각
7. 0.863491
8. 0.535426
9. 채택

SECTION 06 | 적합도 검정

문제 한 도시의 운전자 1,000명을 대상으로 교통사고 경험 수를 조사했다. 1회: 550명, 2회: 250명, 3회 100명, 4회 70명, 5회 이상: 30명이다. 전국적으로 조사된 데이터에 따르면 운전자들의 교통사고 경험 수 분포는 다음과 같다. 1회: 60%, 2회: 25%, 3회 8%, 4회 5%, 5회 이상: 2%다. 이 도시 운전자들의 교통사고 경험 수 분포가 전국적인 경향을 따르는지 검정하시오. (유의수준 0.05)

- 귀무가설(H_0): 이 도시의 교통사고 경험 수 분포는 전국적인 경향을 따른다.
- 대립가설(H_1): 이 도시의 교통사고 경험 수 분포는 전국적인 경향을 따르지 않는다.

구분	경험 수	전국적인 경향(%)
1회	550	60%
2회	250	25%
3회	100	8%
4회	70	5%
5회	30	2%

1. 이 도시의 교통사고 경험자 중 5회 이상의 비율을 0과 1 사이로 구하시오.
2. 이 도시 운전자들의 교통사고 경험 수 분포가 전국적인 경향을 따르는지를 검정하기 위한 검정 통계량을 구하시오.
3. 위의 통계량에 대한 p-value를 구하시오.
4. 위의 검정 결과를 유의수준 0.05하에서 귀무가설을 기준으로 채택/기각 중 선택해 입력하시오.

힌트 chisquare()

풀이

```
# 1. 교통사고 5회 이상 경험 비율
print(30 / 1000)

# 2~4. 적합도 검정
from scipy.stats import chisquare
observed = [550, 250, 100, 70, 30]
expected = [1000*0.60, 1000*0.25, 1000*0.08, 1000*0.05, 1000*0.02]
print(chisquare(observed, expected))
```

```
0.03
Power_divergenceResult(statistic=22.166666666666668, pvalue=0.00018567620386641427)
```

- 교통사고 5회 이상 경험은 1,000명 중 30명이다. (비율: 0.03)
- 적합도 검정을 위해 관측치와 기대 값을 리스트에 담는다. 이때 중요한 부분은 모두 빈도 수로 통일해야 한다.
- 관측치인 한 도시의 교통사고 경험 수(빈도)는 observed 변수에 순서대로 입력한다.
- 기대 값인 전국적인 교통사고 경험 수(빈도)는 expected 변수에 입력한다. 관측치의 총합은 1,000이다. 전국적인 경향(확률 값)에 1,000을 곱해 빈도 값을 구한다.
- chisquare( ) 함수를 통해 적합도 검정을 실시하고 검정 통계량, p-value를 확인한다.
- p-value가 0.00018로 유의수준 0.05보다 작으므로 귀무가설을 기각한다.
- 이 도시의 교통사고 경험 수 분포는 전국적인 경향을 따르지 않는다.

정답

1. 0.03
2. 22.166666666666668
3. 0.00018567620386641427
4. 기각

SECTION 07 | 독립성 검정

문제 길벗 대학에는 빅데이터 분석기사 캠프와 정보처리기사 캠프가 있다. 최근 두 캠프 학생들 사이에서 주최한 세미나에 참여하려면 등록을 해야 한다. 각 캠프의 세미나 등록 여부를 조사한 결과는 아래와 같다. 캠프와 세미나 등록 여부가 서로 독립적인지 검정하시오. (유의수준 0.05)

- 귀무가설(H_0): 캠프와 세미나 등록 여부는 서로 독립적이다.
- 대립가설(H_1): 캠프와 세미나 등록 여부는 서로 독립적이 아니다.

(1) 교차표 데이터가 주어졌을 때

구분	등록함	등록 안함
빅데이터 분석기사 캠프	50	30
정보처리기사 캠프	60	40

1. 캠프와 세미나 등록 여부가 서로 독립적인지를 검정하기 위한 검정 통계량을 구하시오.
2. 위의 통계량에 대한 p-value를 구하시오.
3. 위의 검정 결과를 유의수준 0.05하에서 귀무가설을 기준으로 채택/기각 중 선택해 입력하시오.

(2) 로우 데이터가 주어졌을 때

```
# 데이터
import pandas as pd
df = pd.DataFrame({
    '캠프': ['빅분기']*80 + ['정처기']*100,
    '등록여부': ['등록']*50 + ['등록안함']*30 + ['등록']*60 + ['등록안함']*40
})
```

4. 캠프와 세미나 등록 여부가 서로 독립적인지를 검정하기 위한 검정 통계량을 구하시오.

5. 위의 통계량에 대한 p-value를 구하시오.

6. 위의 검정 결과를 유의수준 0.05하에서 귀무가설을 기준으로 채택/기각 중 선택해 입력하시오.

힌트 chi2_contingency(observed)

풀이

(1) 교차표 데이터가 주어졌을 때

```
import pandas as pd
from scipy.stats import chi2_contingency

# 1~3. 독립성 검정
observed = pd.DataFrame([[50, 30], [60, 40]])
print(chi2_contingency(observed))

Chi2ContingencyResult(statistic=0.03535714285714309, pvalue=0.8508492527705047, dof=1, expected_
freq=array([[48.88888889, 31.11111111],
       [61.11111111, 38.88888889]]))
```

- 문제에서 제시된 표를 바탕으로 교차표를 데이터프레임으로 만든다.
- chi2_contingency() 함수를 활용해 검정 통계량과 p-value를 구한다.
- p-value가 0.85로 유의수준 0.05보다 크므로 귀무가설을 채택한다.

(2) 로우 데이터가 주어졌을 때

```
# 데이터
import pandas as pd
df = pd.DataFrame({
    '캠프': ['빅분기']*80 + ['정처기']*100,
    '등록여부': ['등록']*50 + ['등록안함']*30 + ['등록']*60 + ['등록안함']*40
})
print(df.head())
```

```
     캠프    등록여부
0   빅분기    등록
1   빅분기    등록
2   빅분기    등록
3   빅분기    등록
4   빅분기    등록
```

- 로우(원) 데이터 형태로 csv 파일이 주어졌을 때는 교차표 형태로 재구조화가 필요하다.

```
# 교차표로 변경
df = pd.crosstab(df['캠프'], df['등록여부'])
print(df)

# 4~6. 독립성 검정
print(chi2_contingency(df))

등록여부   등록   등록안함
캠프
빅분기    50     30
정처기    60     40
Chi2ContingencyResult(statistic=0.03535714285714309, pvalue=0.8508492527705047, dof=1, expected_
freq=array([[48.88888889, 31.11111111],
       [61.11111111, 38.88888889]]))
```

- pd.crosstab( ) 함수를 사용해 교차표 형태로 변경한다.
- chi2_contingency( ) 함수를 활용해 검정 통계량과 p-value를 구한다.
- p-value가 0.85로 유의수준 0.05보다 크므로 귀무가설을 채택한다.
- 빅분기 캠프에서 등록할 것으로 기대되는 빈도는 48.9, 등록하지 않을 것으로 기대되는 빈도는 31.1이다.
- 정처기 캠프에서 등록할 것으로 기대되는 빈도는 61.1, 등록하지 않을 것으로 기대되는 빈도는 38.9다.

정답

1. 0.03535714285714309
2. 0.8508492527705047
3. 채택
4. 0.03535714285714309
5. 0.8508492527705047
6. 채택

SECTION 08 | 다중 선형 회귀

문제 한 도시의 배달 서비스 회사에서 한 달 동안의 주문 데이터를 수집했다. 배달 주문량은 할인율(%), 온도(℃), 광고비(천 원)와 같은 다양한 요인들에 영향을 받을 수 있다. 배달 서비스 회사는 이런 요인들을 고려해 주문량을 예측하고자 한다. 할인율, 온도, 광고비를 독립변수로 사용해 다중 선형 회귀 모델을 구축하고, 다음 문제에 답하시오.

1. 할인율과 온도의 상관 계수를 구하시오. (반올림하여 소수 둘째 자리까지 계산)
2. 모델의 결정 계수를 구하시오. (반올림하여 소수 둘째 자리까지 계산)
3. 각 변수의 회귀 계수를 구하시오. (반올림하여 소수 넷째 자리까지 계산)
4. 모델의 절편(Intercept)을 구하시오. (반올림하여 소수 넷째 자리까지 계산)
5. 온도의 회귀 계수가 통계적으로 유의한지 검정하시오. (p-value를 반올림하여 소수 넷째 자리까지 계산)
6. 데이터가 할인율이 10%, 온도가 20℃, 광고비가 500,000원일 때 배달 주문량을 예측하시오.
7. 잔차 제곱합을 구하시오.
8. MSE를 구하시오.
9. 온도의 회귀 계수에 대한 90% 신뢰 구간을 구하시오.
10. 데이터가 할인율이 15%, 온도가 25℃, 광고비가 300,000원일 때 90%의 신뢰 구간과 예측 구간을 구하시오.
11. 독립변수 할인율과 온도를 고정한 상태에서 광고비가 배달 주문량에 영향을 주는지 가설을 검정하시오. 유의수준 0.05를 기준으로 귀무가설 기각 또는 채택으로 답하시오.
    - 귀무가설(H_0): 광고비의 회귀 계수는 0이다(광고비가 배달 주문량에 영향을 주지 않는다).
    - 대립가설(H_1): 광고비의 회귀 계수는 0이 아니다(광고비가 배달 주문량에 영향을 준다).

```
# 데이터
import pandas as pd
df = pd.DataFrame({
    '할인율' : [28, 24, 13, 0, 27, 30, 10, 16, 6, 5, 7, 11, 11, 30, 25,
        4, 7, 24, 19, 21, 6, 10, 26, 13, 15, 6, 12, 6, 20, 2],
    '온도' : [15, 34, 15, 22, 29, 30, 14, 17, 28, 29, 19, 19, 34, 10,
        29, 28, 12, 25, 32, 28, 22, 16, 30, 11, 16, 18, 16, 33, 12, 22],
    '광고비' : [342, 666, 224, 764, 148, 499, 711, 596, 797, 484, 986, 347, 146, 362, 642,
        591, 846, 260, 560, 941, 469, 309, 730, 305, 892, 147, 887, 526, 525, 884],
    '주문량' : [635, 958, 525, 25, 607, 872, 858, 732, 1082, 863, 904, 686, 699, 615, 893,
        830, 856, 679, 918, 951, 789, 583, 988, 631, 866, 549, 910, 946, 647, 943]
})
print(df.head(3))
```

	할인율	온도	광고비	주문량
0	28	15	342	635
1	24	34	666	958
2	13	15	224	525

힌트 ols()

풀이

```python
# 다중 선형 회귀 모델 적합
from statsmodels.formula.api import ols
model = ols('주문량 ~ 할인율 + 온도 + 광고비', data=df).fit()

# 1. 상관 계수
print("1. 상관 계수:", round(df['할인율'].corr(df['온도']), 2))

# 2. 결정 계수
print("2. 결정 계수(R-squared):", round(model.rsquared, 2))

# 3. 회귀 계수(기울기)
print("3. 회귀 계수:", round(model.params, 4))

# 4. 절편
print("4. 절편:", round(model.params['Intercept'], 4))

# 5. 회귀 계수 검정
print("5. pvalue:", round(model.pvalues['온도'], 4))

# 6. 예측 판매량
new_data = pd.DataFrame({"할인율": [10], "온도": [20], "광고비": [500]})
result = model.predict(new_data)
print("6. 새로운 데이터:", int(result[0]))

# 7. 잔차 제곱합
df['잔차'] = df['주문량'] - model.predict(df)
print("7. 잔차 제곱합:", round(sum(df['잔차']**2), 2))

# 8. MSE(Mean Squared Error)
MSE = (df['잔차'] ** 2).mean()
print('8. MSE:', round(MSE, 4))
```

```python
# 9. 각 변수에 대한 90% 신뢰 구간
print("9. 신뢰구간:\n", model.conf_int(alpha=0.1))

# 10. 새로운 데이터의 예측값의 90% 신뢰 구간과 예측 구간
new_data = pd.DataFrame({"할인율": [15], "온도": [25], "광고비": [300]})
pred = model.get_prediction(new_data)
result = pred.summary_frame(alpha=0.1)
print("10. 예측값의 신뢰 구간과 예측 구간:\n", result)

# 11. 광고비는 배달 주문량에 영향을 주는지 가설 검정
cond = model.pvalues['광고비'] < 0.05
if cond:
    result = "기각"
else:
    result = "채택"
print("11. 귀무가설", result)

# 선형 회귀 모델의 요약 결과
print(model.summary())
```

```
1. 상관계수: 0.09
2. 결정계수(R-squared): 0.4
3. 회귀계수: Intercept    267.6609
할인율          4.2068
온도           9.4798
광고비          0.4148
dtype: float64
4. 절편: 267.6609
5. pvalue: 0.0289
6. 새로운 데이터: 706
7. 잔차 제곱합: 732197.9
8. MSE: 24406.5966
9. 신뢰구간:
                    0            1
Intercept    45.955720   489.366084
할인율          -1.847229    10.260887
온도            2.490702    16.468984
광고비           0.201064     0.628589
10. 예측값의 신뢰구간과 예측구간:
        mean      mean_se   mean_ci_lower   mean_ci_upper   obs_ci_lower  \
0   692.207386   45.555397    614.507283      769.907488     395.622293
```

```
     obs_ci_upper
0      988.792478
```
11. 귀무가설 기각

```
                            OLS Regression Results
==============================================================================
Dep. Variable:                     주문량   R-squared:                       0.400
Model:                             OLS   Adj. R-squared:                  0.330
Method:                  Least Squares   F-statistic:                     5.770
Date:                 Mon, 18 Sep 2023   Prob (F-statistic):            0.00366
Time:                         19:00:41   Log-Likelihood:                -194.11
No. Observations:                   30   AIC:                             396.2
Df Residuals:                       26   BIC:                             401.8
Df Model:                            3
Covariance Type:             nonrobust
==============================================================================
                 coef    std err          t      P>|t|      [0.025      0.975]
------------------------------------------------------------------------------
Intercept    267.6609    129.985      2.059      0.050       0.472     534.849
할인율            4.2068      3.549      1.185      0.247      -3.089      11.503
온도             9.4798      4.098      2.313      0.029       1.057      17.903
광고비            0.4148      0.125      3.310      0.003       0.157       0.672
==============================================================================
Omnibus:                       56.788   Durbin-Watson:                   1.647
Prob(Omnibus):                  0.000   Jarque-Bera (JB):              419.005
Skew:                          -3.845   Prob(JB):                     1.03e-91
Kurtosis:                      19.616   Cond. No.                     2.58e+03
==============================================================================

Notes:
[1] Standard Errors assume that the covariance matrix of the errors is correctly
specified.
[2] The condition number is large, 2.58e+03. This might indicate that there are
strong multicollinearity or other numerical problems.
```

- 11번 문제에서 "독립변수 할인율과 온도가 고정될 때"라는 표현은 이런 변수들의 값이 변하지 않는 상황에서 광고비가 배달 주문량에 미치는 영향만을 분리해 검토하겠다는 의미다. 즉, 할인율과 온도를 일정하게 유지한 상태에서 광고 지출의 변화가 주문량에 어떤 영향을 미치는지 분석하고자 한다. 이를 통계적으로 처리할 때 다중 회귀 분석에서 광고비의 회귀 계수를 검토함으로써 광고비가 주문량에 미치는 영향의 유의성을 검정한다. 회귀 계수의 유의성 검정은 일반적으로 t-test를 사용해 수행되며, 이때의 귀무가설은 광고비의 회귀 계수가 0이라는 것이다. 만약 이 귀무가설이 기각되면 광고비가 주문량에 유의미한 영향을 미친다고 볼 수 있으며, 이는 광고비를 변화시킴으로써 주문량의 변동을 일으킬 수 있다는 것을 의미한다.

정답

1. 0.09
2. 0.4
3. Intercept: 267.6609, 할인율: 4.2068, 온도: 9.4798, 광고비: 0.4148
4. 267.6609
5. 0.0289
6. 706
7. 732197.9
8. MSE: 24406.5966
9. 2.490702, 16.468984
10. 신뢰 구간: 614.507283, 769.907488
    예측 구간: 395.622293, 988.792478
11. 귀무가설 기각

SECTION 09 로지스틱 회귀

문제 주어진 데이터를 사용하여 데이터를 앞 50%의 a와 나머지 50%의 b로 나누십시오. a 데이터로 로지스틱 회귀 모델을 적합하고, 다음 문제에 답하시오.

1. 종속변수 target과 모든 독립변수를 사용하여 로지스틱 회귀 모델을 적합하고, 유의하지 않은 독립변수의 개수를 구하시오. (유의수준 0.05)
2. p-value가 0.05보다 작은 유의한 변수만 사용하여 수정된 모델을 만들고 적합하시오. 이 수정된 모델에서 가장 큰 p-value를 가진 변수의 이름을 구하시오.
3. 수정된 모델에서 독립변수 중 절댓값이 가장 큰 회귀계수를 가진 변수의 이름을 구하시오.
4. 수정된 모델에서 로그 우도를 구하시오.
5. 수정된 모델에서 잔차이탈도를 구하시오
6. 수정된 모델에서 'booked' 변수가 3 증가할 때 오즈비를 계산하시오.
7. 수정된 모델에서 p-value가 0.05보다 작은 회귀계수의 총합을 구하시오. 단, 상수항(절편) 회귀계수도 유의할 경우 포함하시오.
8. 수정된 모델로 b 데이터를 사용해 예측한 후, b 데이터의 target과 비교해 정확도(Accuracy)를 계산하시오. 정확도는 0과 1 사이의 값이다.
9. 8에서 계산한 정확도를 바탕으로 오류율을 계산하시오.

• data: customer_travel.csv

```python
import pandas as pd
df = pd.read_csv("customer_travel.csv")
```

힌트 `logit()`

풀이

```python
# 데이터 분할
midpoint = len(df) // 2
a = df.iloc[:midpoint]
b = df.iloc[midpoint:]

# 데이터 확인
a.shape, b.shape
```

```
((400, 5), (400, 5))
```

```python
# 1. 유의하지 않은 독립변수의 개수
from statsmodels.formula.api import logit
formula = "target ~ age + service + social + booked"
model = logit(formula, data=a).fit()
# print(model.summary())
print("1.", sum(model.pvalues[1:] >= 0.05)) # 상수항(Intercept) 제외

# 2. 수정된 모델에서 가장 큰 p-value를 가진 변수의 이름
formula = 'target ~ age + booked'
model = logit(formula, data=a).fit()
# print(model.summary())
print("2.", model.pvalues[1:].idxmax()) # 상수항(Intercept) 제외

# 3. 수정된 모델에서 독립변수 중 절댓값이 가장 큰 회귀계수를 가진 변수의 이름
print("3.", model.params[1:].abs().idxmax())

# 4. 로그 우도
print("4.", model.llf)

# 5. 잔차이탈도
print("5.", -2 * model.llf)
```

```
# 6. 'booked' 변수가 3 증가할 때 오즈비
import numpy as np
print("6.", np.exp(model.params['booked'] * 3))

# 7. p-value가 0.05보다 작은 회귀계수의 총합
print("7.", model.params[model.pvalues<0.05].sum()) # 상수항(절편)도 포함

# 8. 정확도
pred = model.predict(b)
pred = (pred>0.5).astype(int)
from sklearn.metrics import accuracy_score
accuracy = accuracy_score(b['target'], pred)
print("8.", accuracy)

# 9. 오류율
error_rate = 1 - accuracy
error_rate
print("9.", error_rate)
```

```
Optimization terminated successfully.
        Current function value: 0.527521
        Iterations 6
1. 2
Optimization terminated successfully.
        Current function value: 0.528275
        Iterations 6
2. age
3. booked
4. -211.4323825144558
5. 422.8647650289116
6. 0.0585331229177111476
7. 1.409468270586192
8. 0.765
9. 0.235
```

- 데이터프레임 df를 절반으로 나누어 a와 b로 분할하고, a 데이터를 사용해 모델을 만든다.
- 접합된 모델에서 변수를 묻는 문제라면 상수항(절편)은 제외할 필요가 있다.
- 로그 우도는 summary()에서 Log-Likelihood값으로 확인할 수 있다.

정답

1. 2, 2. age, 3. booked, 4. -211.4323825144558, 5. 422.8647650289116, 6. 0.0585331229177111476,
7. 1.409468270586192, 8. 0.765, 9. 0.235

학습 가이드

1. 학습하는 과정에는 코랩에서 여러 셀을 활용하고 시험 직전에는 단일 셀로 연습을 권장한다.
2. 각 작업 후 print( ) 함수를 이용해 변경된 값을 확인하는 것이 좋다.

시험 문제 설명

합격을 위해 작업형1, 2, 3 중 작업형2(40점)가 매우 중요하다. 작업형2의 경우 코드량이 많아 처음에는 다소 어렵게 느껴질 수도 있지만, 패턴이 있기 때문에 기출유형을 반복해 풀다 보면 패턴을 쉽게 익힐 수 있다.

작업형1

- 문제 수(배점): 3문제(30점)
- 정답 제출 방식: 답안 제출 페이지 별도 있음(직접 입력)
- 채점: 정확한 정답이 있는 문제
- Tip: 이 책의 풀이 과정에서는 print( ) 함수를 사용해 값만 출력했지만, 실제 시험에서는 값만 출력할 필요가 없다. 어떤 방식으로든 출력 결과를 눈으로 보고 정답을 입력할 수 있으면 된다.

작업형2

작업형2는 이진 분류 2회, 다중 분류 3회, 회귀 3회가 출제되었다.

	문제 유형	평가지표		문제 유형	평가지표
제2회	이진 분류	ROC-AUC	제6회	다중 분류	Macro F1 Score
제3회	이진 분류	ROC-AUC	제7회	회귀	RMSE
제4회	다중 분류	Macro F1 Score	제8회	회귀	MAE
제5회	회귀	RMSE	제9회	다중 분류	Macro F1 Score

- 문제 수(배점): 1문제(40점)
- 정답 제출 방식: 코드에서 생성된 csv 파일
- 채점: 평가지표에 의해 csv 파일을 수식으로 계산함(결과에 차이가 있을 수 있음)
- Tip: [심화학습] 성능 개선 부분은 처음 학습 시에는 생략하고, 작업형2가 익숙해진 후에 도전해 보자.

작업형3

- 문제 수(배점): 2문제(30점) – 1문제당 소문제 3~4개
- 정답 제출 방식: 답안 제출 페이지 별도 있음(직접 입력)
- 채점: 정확한 정답이 있는 문제
- Tip: 파이썬과 R의 함수 결과가 동일하고, 통계학 개론 수준의 문제가 출제될 것으로 예상된다.

⊕ 작업형1, 2, 3에서 코드 내용을 평가하지는 않는다.

PART 4

최신 기출 문제

예시문제

빅데이터 분석기사 실기 시험을 준비하는 수험생을 위해 공식적으로 시험 체험 환경을 제공하고 있다. 이 체험 환경에는 작업형 1, 2, 3 예시문제도 포함되어 있다. 아래 링크에 접속해 공식 사이트에서 제공하는 예시문제를 함께 풀어보자. 만약 체험 환경을 제공하지 않거나 문제 또는 데이터가 변경되었다면 참고용으로 살펴보자.

작업형 ● 제1유형

작업형1 예시문제 링크: https://m.site.naver.com/1hO7N

문제 mcars 데이터셋의 qsec 컬럼을 최소-최대 척도(Min-Max Scale)로 변환한 후 0.5보다 큰 값을 갖는 레코드 수를 구하시오.

- data: mcars.csv(시험 체험 환경에서 제공)

```
# 데이터 파일 읽기 예제
import pandas as pd
df = pd.read_csv('data/mtcars.csv')
```

풀이

이 문제는 qsec 컬럼에 min-max 스케일로 변환하고, 0.5보다 큰 값을 찾으면 된다.
사이킷런의 MinMaxScaler를 사용하면 값을 0과 1 사이로 변환할 수 있다. MinMaxScaler()를 scaler 변수에 담고 scaler.fit_transform(df[['qsec']])를 사용해 qsec 컬럼의 값을 변환한다. 여기서 주의할 점은 fit_transform() 함수는 데이터프레임 형태로 입력해야 한다는 것이다. 따라서 df[['qsec']]와 같이 대괄호를 두 번 사용해 데이터프레임 형태로 만든다.
1개 컬럼 선택 시 데이터프레임과 시리즈 자료형
- df[['qsec']]: 데이터프레임
- df['qsec']: 시리즈

```
# 데이터 불러오기
import pandas as pd
df = pd.read_csv('data/mtcars.csv')

# MinMaxScaler 활용
from sklearn.preprocessing import MinMaxScaler
scaler = MinMaxScaler()
print('MinMax Scale 변환 전: \n',df['qsec'].head())
df['qsec'] = scaler.fit_transform(df[['qsec']])
```

```
print('\n MinMax Scale 변환 후: \n',df['qsec'].head())
```

```
MinMax Scale 변환 전:
 model
Mazda RX4            16.46
Mazda RX4 Wag        17.02
Datsun 710           18.61
Hornet 4 Drive       19.44
Hornet Sportabout    17.02
Name: qsec, dtype: float64

MinMax Scale 변환 후:
 model
Mazda RX4            0.233333
Mazda RX4 Wag        0.300000
Datsun 710           0.489286
Hornet 4 Drive       0.588095
Hornet Sportabout    0.300000
Name: qsec, dtype: float64
```

 잠깐만요

> "\n"은 새로운 줄을 의미하는 특수 문자다.
> 파이썬에서 문자열 내에서 사용할 경우 "\n"은 출력 시 다음 줄로 이동하라는 지시를 나타낸다.

1) sum 활용

df['qsec'] > 0.5의 결과는 True 또는 False로 반환된다. 파이썬에서 True는 1, False는 0으로 계산된다. 따라서 이 조건에 해당하는 결괏값들을 sum() 함수로 모두 더하면 True인 데이터의 개수, 즉 조건을 만족하는 데이터의 개수를 얻을 수 있다.

```
cond = df['qsec'] > 0.5
print(sum(cond))

9
```

2) len 활용

len() 함수는 데이터프레임에 있는 행(레코드) 수를 반환한다. df['qsec'] > 0.5 조건으로 데이터프레임을 필터링한 후 len() 함수를 사용하면 조건을 만족하는 데이터의 행 개수를 구할 수 있다.

```
cond = df['qsec'] > 0.5
print(len(df[cond]))

9
```

작업형 ● 제2유형

작업형2 예시문제 링크: https://m.site.naver.com/1hO88

문제 제공된 학습용 데이터(train)를 이용하여 백화점 구매 고객의 성별을 예측하는 모델을 개발하고, 개발한 모델에 기반하여 평가용 데이터(test)에 적용해 얻은 성별 예측 결과를 [제출 형식]에 따라 csv 파일로 생성하여 제출하시오. (예측 결과는 ROC-AUC 평가지표에 따라 평가함)

【제출 형식】
- csv 파일명: result.csv
- 예측 성별 컬럼명: pred
- 제출 컬럼 개수: pred 컬럼 1개
- 평가용 데이터 개수와 예측 결과 데이터 개수 일치: 2,482개

【데이터 목록】
- data/customer_train: 학습용 데이터, 3,500개
- data/customer_test: 평가용 데이터, 2,482개

【csv 파일 예시】
- pred 컬럼 데이터 개수는 2,482개

```
pred
0
1
1
…
0
```

풀이

1. 문제 정의

이 문제는 백화점 구매 데이터를 바탕으로 고객의 성별을 예측하는 것이다. 평가 기준은 ROC-AUC로 모델이 양성 클래스를 얼마나 잘 예측하는지를 측정한다. 문제에서는 "남성 확률값을 예측하라"는 구체적인 지시는 없지만, 이진 분류 문제에서는 일반적으로 1로 표기된 클래스를 양성(positive)으로 간주한다. 이 경우 양성 클래스에 대한 명시적인 지정이 없어도 남성(1)을 양성 클래스로 간주하고, 이를 예측하는 것이 목표다.

ROC-AUC 평가지표를 사용할 때 확률값의 사용은 모델의 예측 성능을 더욱 정밀하게 평가하는 데 도움을 준다. 비록 제출 형식 예시에서 결과가 0과 1로만 표시되어 있지만, 실제로 모델을 평가할 때는 각 클래스에 속할 확률값을 사용해 더 세밀한 성능 평가가 가능하다. 따라서 모델이 남성을 얼마나 정확하게 예측하는지를 확률값으로 제출해 평가 결과를 향상시킬 수 있다.

- 평가 기준은 ROC-AUC로 평가
- label(target)은 성별: 0(여자), 1(남자)
- 제출 방식은 test 데이터로 성별 예측 결과 제출: 남자일 확률을 csv로 제출(파일명: result.csv)

ROC-AUC 심화
ROC-AUC는 실제 양성 클래스를 양성으로 잘 예측하는 능력(진짜 양성 비율)과 음성 클래스를 잘못 양성으로 예측하는 능력(거짓 양성 비율) 간의 관계를 평가해 모델의 분류 성능을 나타내는 지표다.

2. 라이브러리 및 데이터 불러오기
판다스 라이브러리와 주어진 train과 test 데이터셋을 불러온다.

```
import pandas as pd

train = pd.read_csv("data/customer_train.csv")
test = pd.read_csv("data/customer_test.csv")
```

3. 탐색적 데이터 분석(EDA)
데이터의 크기를 확인한다. train은 target 컬럼을 포함해 test보다 컬럼 수가 1개 더 많다.

```
train.shape, test.shape

((3500, 11), (2482, 10))
```

train 데이터 샘플을 확인한다. 카테고리(문자)와 연속형(숫자) 컬럼이 혼합되어 있는 것을 확인할 수 있다.

```
print(train.head(3))

    회원ID  총구매액      최대구매액    환불금액     ...  방문당구매건수   주말방문비율    구매주기  성별
0   0     68282840  11264000  6860000.0 ...  3.894737  0.527027  17    0
1   1     2136000   2136000   300000.0  ...  1.500000  0.000000  1     0
2   2     3197000   1639000   NaN       ...  2.000000  0.000000  1     1
```

⊕ 컬럼이 다 보이지 않는다면 pd.set_option('display.max_columns', None)을 사용해 컬럼을 모두 출력할 수 있다.

데이터 자료형(타입)을 확인한다. float가 3개, int가 6개, object가 2개인 것을 확인할 수 있다.

```
print(train.info())

<class 'pandas.core.frame.DataFrame'>
RangeIndex: 3500 entries, 0 to 3499
Data columns (total 11 columns):
 #   Column    Non-Null Count   Dtype
---  ------    --------------   -----
 0   회원ID      3500 non-null    int64
 1   총구매액      3500 non-null    int64
 2   최대구매액     3500 non-null    int64
 3   환불금액      1205 non-null    float64
```

```
 4   주구매상품      3500 non-null   object
 5   주구매지점      3500 non-null   object
 6   방문일수       3500 non-null   int64
 7   방문당구매건수    3500 non-null   float64
 8   주말방문비율     3500 non-null   float64
 9   구매주기       3500 non-null   int64
 10  성별         3500 non-null   int64
dtypes: float64(3), int64(6), object(2)
memory usage: 300.9+ KB
```

기초 통계 값을 간단히 살펴보자. 일부 숫자가 지수 표기법으로 표시되어 있다.

```
print(train.describe())

          회원ID         총구매액         최대구매액         환불금액        방문일수
count  3500.000000  3.500000e+03  3.500000e+03  1.205000e+03  3500.000000
mean   1749.500000  9.191925e+07  1.966424e+07  2.407822e+07    19.253714
std    1010.507298  1.635065e+08  3.199235e+07  4.746453e+07    27.174942
min       0.000000 -5.242152e+07 -2.992000e+06  5.600000e+03     1.000000
25%     874.750000  4.747050e+06  2.875000e+06  2.259000e+06     2.000000
50%    1749.500000  2.822270e+07  9.837000e+06  7.392000e+06     8.000000
75%    2624.250000  1.065079e+08  2.296250e+07  2.412000e+07    25.000000
max    3499.000000  2.323180e+09  7.066290e+08  5.637530e+08   285.000000

(생략)
```

판다스 설정을 변경하면 수치를 일반 표기법으로 표시할 수 있다. 데이터를 살펴보면 총 구매액과 최대 구매액에 마이너스 값이 포함되어 있다. 백화점이라는 특정 도메인에 대한 지식이 없는 상황에서 이런 값이 이상치인지 아닌지 섣불리 판단하는 것은 바람직하지 않다. X_test 데이터에도 마이너스 값이 있다면 이유가 있는 데이터일 가능성이 높다.

```
pd.set_option('display.float_format', '{:.2f}'.format)
print(train.describe())

         회원ID        총구매액         최대구매액       환불금액      주구매상품  주구매지점  방문일수
count  3500.00       3500.00        3500.00     3500.00     3500.00  3500.00  3500.00  3500.00
mean   1749.50   91919251.80   19664241.78  8289785.79      14.61   10.73    19.25
std    1010.51  163506530.31   31992347.94 30102039.82      13.02    5.64    27.17
min       0.00  -52421520.00   -2992000.00       0.00       0.00    0.00     1.00
25%     874.75    4747050.00    2875000.00       0.00       5.00    8.00     2.00
50%    1749.50   28222700.00    9837000.00       0.00       9.00    9.00     8.00
75%    2624.25  106507930.00   22962500.00 2642250.00      22.00   15.00    25.00
max    3499.00 2323180070.00  706629000.00 563753000.00    41.00   23.00   285.00

(생략)
```

test를 살펴본 결과, 총 구매액과 최대 구매액 값에 마이너스 값이 존재하므로 X_train 데이터에 있는 값이 이상치라고 판단하기에는 설득력이 약하다.

```
print(test.describe())
       회원ID      총구매액           최대구매액          환불금액          주구매상품    주구매지점   방문일수    \
count  2482.00     2482.00         2482.00         2482.00       2482.00  2482.00  2482.00
mean   4740.50   101027523.71    21770481.06     8965179.48        14.05    10.97    19.52
std     716.64   173213222.74    35049189.35    37251722.10        12.80     5.70    25.97
min    3500.00   -37440000.00   -37440000.00           0.00         0.00     0.00     1.00
25%    4120.25     5076867.50     2884350.00           0.00         5.00     8.00     2.00
50%    4740.50    30516865.00    10752500.00           0.00         9.00     9.00     9.00
75%    5360.75   126425462.50    26277000.00     2974250.00        22.00    16.75    26.75
max    5981.00  2861237540.00   593225000.00   871514400.00        41.00    23.00   222.00

(생략)
```

train 데이터의 object 컬럼의 unique 개수를 확인해 보자. 주 구매상품은 42개, 주 구매지점은 24개다.

```
print(train.describe(include='O'))
         주구매상품   주구매지점
count      3500     3500
unique       42       24
top          기타      본점
freq        595     1077
```

test 데이터에 있는 object 컬럼도 확인한다. 주 구매상품은 41개로 train 데이터와 다르다.

```
print(test.describe(include='O'))
         주구매상품   주구매지점
count      2482     2482
unique       41       24
top          기타      본점
freq        465      726
```

주 구매상품의 종류 41개와 42개를 눈으로 비교하기에는 어려움이 있다. set( ) 함수를 사용하면 쉽게 차이가 있는 종류를 찾을 수 있다. set( ) 함수를 활용해 고유한 값(종류)을 집합 형태로 변경하고, a-b는 집합 a에서 집합 b를 뺀 결과를 출력한다. 즉, train에는 있지만, test에는 없는 '주 구매상품'의 고유한 값들을 출력하게 된다. 그리고 b-a도 확인하는 것이 좋다. test에는 있지만, train에는 없는 '주 구매상품'의 고유한 값들을 나타내게 된다. 두 집합 간의 차이를 정확하게 알아보기 위해서는 두 경우 모두를 확인해야 한다. 결과적으로 a에는 소형가전이 포함되어 있지만, b에는 소형가전이 없다는 결론을 내릴 수 있다.

```
a = set(train['주구매상품'].unique())
b = set(test['주구매상품'].unique())

print(a - b)
print(b - a)
```

```
{'소형가전'}
set()
```

결측치가 있는지 확인해 보자. 환불금액 2295가 결측치로 확인된다.

```
print(train.isnull().sum())
회원ID           0
총구매액          0
최대구매액         0
환불금액        2295
주구매상품         0
주구매지점         0
방문일수          0
방문당구매건수       0
주말방문비율        0
구매주기          0
성별            0
dtype: int64
```

test 데이터에서는 환불금액 1611이 결측치로 확인되었다.

```
print(test.isnull().sum())
회원ID           0
총구매액          0
최대구매액         0
환불금액        1611
주구매상품         0
주구매지점         0
방문일수          0
방문당구매건수       0
주말방문비율        0
구매주기          0
dtype: int64
```

gender 컬럼의 종류에 따른 개수를 각각 확인해 보자. 클래스 0(여자)은 2,184개, 클래스 1(남자)은 1,316개를 나타낸다.

```
print(train['성별'].value_counts())

0    2184
1    1316
Name: 성별, dtype: int64
```

4. 데이터 전처리

반드시 처리해야 할 데이터 전처리는 결측치 처리와 object형 컬럼 인코딩이다. 그 외 ID 컬럼 삭제 여부, 수치형 컬럼에 대한 스케일링 처리 등은 성능 개선을 위한 방법 중 하나다. 예시문제에서는 반드시 처리해야 할 전처리에 집중한다.

우선 결측치가 있는 환불금액을 간단하게 0으로 대체했다. 0으로 작성한 데는 두 가지 의미가 있다. 첫 번째는 환불금액이 없어서 결측치라고 가정하고, 두 번째는 결측치임을 표시하기 위해 특정 값(0)으로 변경한 것이다.

```
train['환불금액'] = train['환불금액'].fillna(0)
test['환불금액'] = test['환불금액'].fillna(0)
```

object 컬럼을 레이블 인코딩한다. 사이킷런의 LabelEncoder( )를 사용해 값을 숫자로 인코딩한다. 이때 여러 개의 컬럼이라면 반복문을 사용한다. 인코딩된 데이터를 확인할 수 있다.

```
from sklearn.preprocessing import LabelEncoder
cols = ['주구매상품', '주구매지점']

for col in cols:
    le = LabelEncoder()
    train[col] = le.fit_transform(train[col])
    test[col] = le.transform(test[col])

print(train.head(2))
```

	회원ID	총구매액	최대구매액	환불금액	주구매상품	주구매지점	방문일수	방문당구매건수	주말방문비율	\
0	0	68282840	11264000	6860000.00	5	0	19	3.89	0.53	
1	1	2136000	2136000	300000.00	21	19	2	1.50	0.00	

	구매주기	성별
0	17	0
1	1	0

train 데이터에서 타깃('성별') 데이터를 분리한다. pop( ) 함수에서 '성별'을 target 변수에 대입한 후 '성별'을 제거한다.

```
target = train.pop('성별')
```

5. 검증 데이터 분할

train 데이터를 활용해 검증 데이터(20%)를 분할하고 random_state는 특정 숫자로 고정해야 매번 동일한 분할을 한다. 만약 고정하지 않으면 코드를 실행할 때마다 분할 데이터가 달라져 성능이 무엇 때문에 좋아졌는지 떨어졌는지 파악하기 힘들다. 따라서 반드시 random_state를 사용하자.

```
from sklearn.model_selection import train_test_split
X_tr, X_val, y_tr, y_val = train_test_split(train, target, test_size=0.2,
                            random_state=0)
print(X_tr.shape, X_val.shape, y_tr.shape, y_val.shape)
```

(2800, 10), (700, 10), (2800,), (700,)

6. 머신러닝 학습 및 평가

랜덤포레스트 모델로 학습(fit)하고, 검증 데이터로 예측(predict)했다. 예측 결과를 확률값으로 얻기 위해서는 predict_proba() 함수를 사용한다. 0.6, 0.8, 0.46 등이 여자(0)일 확률이고, 0.4, 0.2, 0.54 등이 남자(1)일 확률이다.

```
from sklearn.ensemble import RandomForestClassifier

model = RandomForestClassifier(random_state=0)
model.fit(X_tr, y_tr)
pred = model.predict_proba(X_val)
print(pred)
```

```
[[0.6  0.4 ]
 [0.8  0.2 ]
 [0.46 0.54]
 ...
 [0.5  0.5 ]
 [0.82 0.18]
 [0.47 0.53]]
```

pred 변수에 있는 값 중 남자일 확률값만 필요하다. pred[:, 1]을 사용해 남자일 확률값만 선택하고, 사이킷런의 roc_auc를 활용해 평가한 결과 0.615값이 나왔다. roc_auc는 1에 가까울수록 좋은 성능을 나타낸다.

pred[행, 열]
- pred[:, 0]: 여자 확률 전체 행 데이터
- pred[:, 1]: 남자 확률 전체 행 데이터

```
from sklearn.metrics import roc_auc_score
print(roc_auc_score(y_val, pred[:,1]))
```

0.6150188336494536

7. 예측 및 결과 파일 생성

test 데이터로 머신러닝 모델을 활용해 다시 한 번 예측한다. train_test_split( ) 함수를 사용하고 나서 흔히 하는 실수는 검증 데이터로 예측한 결과(model.predict_proba(X_val))를 최종 제출하려고 하는 것이다. 문제에서 묻고 있는 예측 값은 test 데이터의 예측이다. 따라서 반드시 test 데이터로 다시 한 번 예측을 실시하자.

```
pred = model.predict_proba(test)
print(pred)
```

```
[[0.45 0.55]
 [0.71 0.29]
 [0.75 0.25]
 (생략)
```

제출 양식 형태로 데이터프레임을 만들자. 컬럼명은 pred다.

```
submit = pd.DataFrame({
        'pred':pred[:,1]
    })

print(submit.head(3))
```

```
   pred
0  0.55
1  0.29
2  0.25
```

예측 결과를 문제에서 요구한 대로 데이터프레임으로 만들었다면 최종적으로 csv 파일로 저장하자. submit에 있는 인덱스를 새로운 컬럼으로 저장할 필요는 없으므로 index는 반드시 False로 작성한다.

```
submit.to_csv('result.csv', index=False)
```

저장한 csv 파일을 불러와 확인해 보자. 제출 양식에서 요구하는 형태와 맞는지 컬럼명과 파일명을 확인하고, 시험 환경에서는 오른쪽 상단에 있는 제출 버튼을 클릭한다.

```
result = pd.read_csv("result.csv")
print(result.head(3))
```

```
   pred
0  0.55
1  0.29
2  0.25
```

작업형 ● 제3유형

작업형3 예시문제 링크: https://m.site.naver.com/1hO8d

문제 타이타닉호에서 생존한 승객 및 사망한 승객의 정보를 포함한 데이터다. 이 데이터를 이용해 생존(Survived)를 여부 예측하고자 한다. 각 문항의 답을 제출 형식에 맞춰 답안 작성 페이지에 입력하시오.

1. Gender와 Survived 변수 간의 독립성 검정을 실시했을 때 카이제곱 통계량은? (반올림하여 소수 셋째 자리까지 계산)
2. Gender, SibSp, Parch, Fare를 독립변수로 사용해 로지스틱 회귀 모델을 실시했을 때 Parch 변수의 계수 값은? (반올림하여 소수 셋째 자리까지 계산)
3. 2번 문제에서 추정된 로지스틱 회귀 모델에서 SibSp 변수가 한 단위 증가할 때 생존할 오즈비(Odds Ratio) 값은? (반올림하여 소수 셋째 자리까지 계산)

풀이

1. 두 범주형 변수인 성별(Gender)과 생존(Survived) 여부 간의 관계를 검정하는 것이다. 두 변수가 서로 독립적인지, 아니면 어떤 연관이 있는지를 카이제곱 검정을 통해 알아본다.
먼저 판다스의 crosstab()을 활용해 Gender와 Survived 변수의 교차 테이블을 생성한다. 이 테이블은 각 성별에 따른 생존자 및 사망자 수를 요약한 것이다.
다음으로 사이파이의 chi2_contingency() 함수를 사용해 카이제곱 검정을 실시한다. 이 함수는 교차 테이블을 입력으로 받아 검정 통계량과 p-value 등을 반환한다.
2. Gender, SibSp, Parch, Fare를 독립변수로 사용해 생존(Survived) 여부를 예측하는 로지스틱 회귀 모델을 구축한다. 로지스틱 회귀 모델은 statsmodels의 logit() 함수를 사용한다. 요약 통계를 출력해 Parch 변수의 계수 값을 확인한다.
3. 오즈비는 예측 변수가 한 단위 변할 때 목표변수의 오즈가 얼마나 변하는지를 나타내는 지표다. SibSp 변수의 계수 값을 model.params['SibSp']를 통해 구한다. 이 계수 값에 대한 지수(exp)를 계산함으로써 해당 변수가 한 단위 증가할 때의 오즈비를 얻는다.

```
import pandas as pd

df = pd.read_csv("data/Titanic.csv")

print("#1")
crosstab = pd.crosstab(df['Gender'], df['Survived'])
print(crosstab)

from scipy.stats import chi2_contingency
print(chi2_contingency(crosstab))
# 260.717

print("#2")
df[['Gender', 'SibSp', 'Parch', 'Fare']].head(3)

from statsmodels.formula.api import logit
```

```python
X = df[['Gender','SibSp', 'Parch', 'Fare']].copy()
y = df['Survived']

# 2. parch 변수의 계수
model = logit(formula="Survived ~ SibSp + Parch + Fare + Gender", data=df).fit()
print(model.summary())
print(round(-0.2007,3))

print("#3")
import numpy as np
odds_ratio = np.exp(model.params["SibSp"])
print(odds_ratio)
print(round(odds_ratio,3))
```

```
#1
Survived   0    1
Gender
female    81   233
male     468   109
Chi2ContingencyResult(statistic=260.71702016732104, pvalue=1.1973570627755645e-58,
dof=1, expected_freq=array([[193.47474747, 120.52525253],
    [355.52525253, 221.47474747]]))
#2
Optimization terminated successfully.
        Current function value: 0.482065
        Iterations 6
                    Logit Regression Results
==============================================================================
Dep. Variable:              Survived   No. Observations:           891
Model:                         Logit   Df Residuals:               886
Method:                          MLE   Df Model:                     4
Date:                Tue, 02 Jul 2024   Pseudo R-squ.:           0.2761
Time:                       14:43:40   Log-Likelihood:          -429.52
converged:                      True   LL-Null:                 -593.33
Covariance Type:           nonrobust   LLR p-value:           1.192e-69
==============================================================================
        coef   std err     z    P>|z|    [0.025    0.975]
------------------------------------------------------------------------------
```

```
Intercept         0.9466           0.169    5.590    0.000   0.615   1.279
Gender[T.male]   -2.6422           0.186  -14.197    0.000  -3.007  -2.277
SibSp            -0.3539           0.098   -3.604    0.000  -0.546  -0.161
Parch            -0.2007 0.112     -1.792   0.073   -0.420   0.019
Fare              0.0147           0.003    5.553    0.000   0.010   0.020
===============================================================================
-0.201
#3
0.7019508186162718
0.702
```

제2회 기출 문제

2021년 6월 19일 시행

작업형 ● 제1유형

문제 1 주어진 데이터에서 'views' 컬럼을 기준으로 내림차순 정렬하고, 'views' 컬럼 상위 10개 데이터를 'views' 컬럼 상위 10번째 값으로 대체한 후 'age' 컬럼이 80 이상인 데이터의 'views' 컬럼 평균값을 구하시오. (반올림하여 소수 둘째 자리까지 계산)

- data: members.csv

```
import pandas as pd
df = pd.read_csv("members.csv")
```

풀이

1) views 컬럼 내림차순 정렬

'views' 컬럼을 기준으로 정렬하기 위해서는 sort_values() 함수를 활용한다.

2) 상위 10개 중에서 10번째 값(최솟값) 구하기

내림차순 정렬된 데이터에서 10개 중에 최솟값을 찾는다.

3) 상위 10개 중에서 10번째 값(최솟값) 대체

10개 값만 대체하기 위해서는 iloc를 활용한다. loc를 활용할 수도 있지만, 정렬로 인해 index가 섞인 상태다.

4) age가 80 이상의 views 컬럼 평균

age가 80 이상인 조건과 views 컬럼 평균을 구해보자. cond 변수에 조건을 담고 조건을 적용한 데이터프레임 결과 (df[cond])가 정상적인 것을 확인한 후 views 컬럼의 평균을 구하자. 한번에 작성해도 되지만, 에러가 날 경우 어디서 잘못되었는지 파악하기 어렵다.

5) 반올림해 소수 둘째 자리까지 계산

round() 함수를 활용해 소수 둘째 자리까지 반올림하여 출력한다.

```
import pandas as pd
df = pd.read_csv("members.csv")

# 1) views 컬럼 내림차순 정렬
df.sort_values('views', ascending=False, inplace=True)

# 2) 상위 10개 중에서 10번째 값(최솟값) 구하기
min_value = df['views'][:10].min()
```

```
# 3) 상위 10개 중에서 10번째 값(최솟값) 대체
df.iloc[:10,-1] = min_value

# 4) age가 80 이상의 views 컬럼 평균
cond = df['age'] >= 80
result = df[cond]['views'].mean()

# 5) 반올림해 소수 둘째 자리까지 계산
print(round(result, 2))

5674.04
```

⊕ 다른 풀이 방식
1) df = df.sort_values('views', ascending=False) → 대입 연산자 활용(inplace 제외)
2) min_value = df['views'].iloc[9] → index값으로 10번째 값 찾기

문제 2 주어진 데이터셋에서 앞에서부터 순서대로 80% 데이터만 활용해 'f1' 컬럼 결측치를 중앙값으로 채우기 전후의 표본 표준편차를 구하고, 두 표본 표준편차의 차이를 계산하시오. (두 표본 표준편차 차이는 절댓값으로 계산하고, 반올림하여 소수 둘째 자리까지 계산)

- data: members.csv

```
import pandas as pd
df = pd.read_csv("members.csv")
```

풀이

1) 앞에서부터 80% 데이터 슬라이싱
80%의 데이터를 슬라이싱하기 위해 80% 인덱스 지점을 찾아야 한다. 전체 데이터(레코드) 수를 len( ) 함수로 구하고 이를 0.8로 곱해 80% 지점을 찾는다.
iloc에서 인덱스는 정수형으로 입력되어야 하므로 int( )로 형 변환을 사용했다.
예를 들어, 데이터가 10개가 있을 경우 iloc를 활용해 80%의 데이터를 슬라이싱하기 위해서는 iloc[:8]이다. 이때 0부터 7까지 10개 중에 80% 결과를 얻을 수 있다.

2) 결측치 채우기 전 'f1' 컬럼 표준편차 구하기
판다스에서 표준편차를 구하는 방법은 std( ) 함수를 활용한다.
결측치를 채우기 전후로 print(df.isnull( ).sum( ))을 통해 확인하는 것이 좋다.

3) 중앙값으로 결측치 채우기
중앙값을 구하고 df['컬럼명'].fillna( )를 통해 특정 컬럼 결측치를 채운다.

4) 결측치를 채운 후 'f1' 컬럼 표준편차 구하기
결측치를 채운 후 std( ) 함수를 활용해 표준편차를 구한다.

5) 두 표준편차 차이 절댓값 계산(반올림해 소수 둘째 자리까지 계산)
절댓값을 구할 때는 abs( ) 함수를 활용한다.

```python
import pandas as pd
df = pd.read_csv("members.csv")

# 1) 앞에서부터 80% 데이터 슬라이싱
line = int(len(df) * 0.8)
df = df.iloc[:line]

# 2) 결측치 채우기 전 'f1' 컬럼 표준편차 구하기
std1 = df['f1'].std()

# 3) 중앙값으로 결측치 채우기
med=df['f1'].median()
df['f1'] = df['f1'].fillna(med)

# 4) 결측치를 채운 후 'f1' 컬럼 표준편차 구하기
std2 = df['f1'].std()

# 5) 두 표준편차 차이 절댓값 계산(반올림해 소수 둘째 자리까지 계산)
result = abs(std1-std2)
print(round(result,2))
```

```
3.56
```

TIP

표본 표준편차(판다스) vs 모 표준편차(넘파이)

표준편차 함수는 판다스에도 있고, 넘파이에도 있다. 판다스는 표본 표준편차를 기본으로 하고, 넘파이는 모 표준편차를 기본으로 한다. 수험생이 종종 넘파이를 활용하고 왜 값이 다른지 묻기도 하지만 시험에서는 기본적으로는 판다스 std( ) 함수를 기본값(표본 표준편차)으로 활용하도록 하자.

```python
# 표본 표준편차 vs 모 표준편차
import numpy as np

# 기본값
print("판다스 표본 표준편차", df['f1'].std())
```

```
        print("――――――――――――――― ")

    # ddof 변경
    print("판다스 모 표준편차", df['f1'].std(ddof=0))
    print("넘파이 표본 표준편차", np.std(df['f1'],ddof=1))

    판다스 표본 표준편차 17.010788646613268
    넘파이 모 표준편차 16.90413688272785
    ―――――――――――――――
    판다스 모 표준편차 16.90413688272785
    넘파이 표본 표준편차 17.010788646613268
```

문제 3 주어진 데이터셋의 'age' 컬럼의 이상치를 모두 더하시오. 이상치는 평균으로부터 '표준편차 * 1.5'를 벗어나는 영역을 이상치라고 판단한다.

- data: members.csv

```
import pandas as pd
df = pd.read_csv("members.csv")
```

풀이

1) 표준편차, 평균값 구하기
std( )와 mean( )을 활용해 age 컬럼의 표준편차와 평균값을 구한다.

2) 이상치 최저, 최고 기준 구하기
문제에서 안내한 이상치의 기준을 구하자. 평균에서 표준편차 * 1.5를 벗어나는 영역이다. 이상치의 최저 기준과 최고 기준을 찾자.

3) 이상치를 벗어나는 값(조건) 찾기
최저 기준보다 작은 조건(A)과 최고 기준보다 높은 조건(B) 2개를 만든다.

4) 조건에 만족하는 이상치 age합
또는(|)을 활용해 A 또는 B에 해당하는 age값을 모두 더한다.

```
import pandas as pd
df = pd.read_csv("members.csv")
```

```
# 1) 표준편차, 평균값 구하기
std = df['age'].std()
mean = df['age'].mean()

# 2) 이상치 최저, 최고 기준 구하기
lower = mean - (std * 1.5)
upper = mean + (std * 1.5)

# 3) 이상치를 벗어나는 값(조건) 찾기
cond1 = df['age'] < lower
cond2 = df['age'] > upper

# 4) 조건에 만족하는 이상치 age합
print(df[cond1|cond2]['age'].sum())

473.5
```

작업형 ● 제2유형

문제 제품 배송 시간에 맞춰 배송되지 않을 확률값을 예측하시오.

- 제공된 데이터 목록: X_train.csv, y_train.csv, X_test.csv
- 예측할 컬럼: Reached.on.Time_Y.N(0: 정시 도착, 1: 정시 도착하지 않음)
- 학습용 데이터(train)를 이용하여 배송 예측 모형을 만든 후 이를 평가용 데이터(test)에 적용하여 얻은 예측(시간에 맞춰 도착하지 않을 확률)값을 다음과 같은 형식의 CSV 파일로 생성하시오. (제출한 모델의 성능은 ROC-AUC 평가지표에 따라 채점)
- 제출 csv 파일명 및 형태: result.csv

```
ID,Reached.on.Time_Y.N
3500,0.267
3501,0.578
3502,0.123
```

| 데이터 |

```
import pandas as pd
X_test = pd.read_csv("X_test.csv")
X_train = pd.read_csv("X_train.csv")
y_train = pd.read_csv("y_train.csv")
```

1. 문제 정의
배송 관련 데이터다. 정시 도착 여부(Reached.on.Time_Y.N)를 예측하시오.
- 평가 기준은 ROC-AUC로 평가
- label(target)은 정시 배송 여부(Reached.on.Time_Y.N): 0: 정시 도착, 1: 정시 도착하지 않음
- 제출 방식은 test 데이터로 정시에 도착할 확률을 csv로 제출(파일명: result.csv)

2. 라이브러리 및 데이터 불러오기
판다스 라이브러리와 주어진 train과 test 데이터셋을 불러온다. 제2회 시험에서는 3개의 파일을 제공했다. 2개가 주어질 때는 train과 test 데이터고, 3개가 주어질 때는 train 데이터에 있는 label(target)을 y_train으로 별도로 제공한다.

```
import pandas as pd
X_test = pd.read_csv("X_test.csv")
X_train = pd.read_csv("X_train.csv")
y_train = pd.read_csv("y_train.csv")
```

TIP

3개의 데이터가 제공되었을 때 2개가 제공된 것처럼 합치는 방법은?

제2회 시험을 제외하고, 제3회부터 2개 파일로 제공되었다. 예시문제도 3개에서 2개로 변경되었다. 따라서 2개가 제공될 가능성이 매우 높다. 만약 3개 파일이 주어지더라도 2개 파일로 처음부터 합쳐서 작업하는 방법도 있다. pd.concat( ) 함수를 활용해 y_train에 있는 label값을 합칠 수 있다.

```
df = pd.concat([X_train, y_train['Reached.on.Time_Y.N']],axis=1)
```

3. 탐색적 데이터 분석(EDA)
데이터의 크기를 확인한다. y_train은 X_train과 행 수는 같고, 열 수는 2개인 것을 확인할 수 있다.

```
X_train.shape, y_train.shape, X_test.shape
```

```
((8799, 11), (8799, 2), (2200, 11))
```

X_train 데이터 샘플을 확인한다. 카테고리(문자)와 연속형(숫자) 컬럼이 혼합되어 있는 것을 확인할 수 있다. 컬럼 수가 많아 다음 출력 이미지는 일부만 캡처해 표시했다.

```
X_train.head()
```

	ID	Warehouse_block	Mode_of_Shipment	Customer_care_calls	Customer_rating	Cost_of_the_Product	Prior_purchase`	Product_importance
0	8440	B	Ship	4	1	284	4	low
1	10849	D	Ship	3	2	201	4	medium
2	9478	B	Ship	4	4	181	3	medium
3	2968	B	Ship	6	2	236	4	low
4	6964	B	Road	5	1	282	4	low

y_train 데이터 샘플을 확인한다. ID와 label(target) 컬럼이 있는 것을 확인할 수 있다. ID의 경우 X_train 데이터와 순서가 동일하다.

```
y_train.head()
```

	ID	Reached.on.Time_Y.N
0	8440	1
1	10849	0
2	9478	1
3	2968	1
4	6964	0

데이터 자료형(타입)을 확인한다. int가 7개, object가 4개인 것을 확인할 수 있다. object(4개) 컬럼은 인코딩이 필요하다. 결측치는 별도로 파악할 예정이지만, 컬럼 수가 많지 않을 때는 info( )에서 결측치가 있는지 정도는 확인할 수 있다. Non-Null Count가 모두 8799로 결측치가 없다.

```
X_train.info()

<class 'pandas.core.frame.DataFrame'>
RangeIndex: 8799 entries, 0 to 8798
Data columns (total 11 columns):
 #   Column               Non-Null Count  Dtype
---  ------               --------------  -----
 0   ID                   8799 non-null   int64
 1   Warehouse_block      8799 non-null   object
 2   Mode_of_Shipment     8799 non-null   object
 3   Customer_care_calls  8799 non-null   int64
 4   Customer_rating      8799 non-null   int64
 5   Cost_of_the_Product  8799 non-null   int64
 6   Prior_purchases      8799 non-null   int64
 7   Product_importance   8799 non-null   object
 8   Gender               8799 non-null   object
 9   Discount_offered     8799 non-null   int64
 10  Weight_in_gms        8799 non-null   int64
dtypes: int64(7), object(4)
memory usage: 756.3+ KB
```

기초 통계 값을 간단히 살펴보자. Cost_of_the_Product와 Weight_in_gms 컬럼만 다른 컬럼에 비해 단위가 비교적 큰 것을 확인할 수 있다. 스케일 작업을 통해 조정 가능하다.

```
X_train.describe()
```

	ID	Customer_care_calls	Customer_rating	Cost_of_the_Product	Prior_purchases	Discount_offered	Weight_in_gms
count	8799.000000	8799.000000	8799.000000	8799.000000	8799.000000	8799.000000	8799.000000
mean	5514.696556	4.051369	2.991817	209.800318	3.561882	13.293215	3633.145130
std	3175.107399	1.141739	1.411938	48.186779	1.518472	16.112977	1637.717073
min	1.000000	2.000000	1.000000	96.000000	2.000000	1.000000	1001.000000
25%	2749.500000	3.000000	2.000000	169.000000	3.000000	4.000000	1837.000000
50%	5519.000000	4.000000	3.000000	213.000000	3.000000	7.000000	4152.000000
75%	8253.000000	5.000000	4.000000	250.000000	4.000000	10.000000	5055.000000
max	10999.000000	7.000000	5.000000	310.000000	10.000000	65.000000	7846.000000

object 컬럼의 unique 개수를 확인해 보자. 작게는 2개부터 많게는 5개가 있는 것을 확인할 수 있다.

```
X_train.describe(include='O')
```

	Warehouse_block	Mode_of_Shipment	Product_importance	Gender
count	8799	8799	8799	8799
unique	5	3	3	2
top	F	Ship	low	F
freq	2929	5972	4225	4450

test 데이터셋에 있는 object 컬럼도 확인한다. test 데이터도 train 데이터와 유사한 형태임을 확인할 수 있다.

```
X_test.describe(include='O')
```

	Warehouse_block	Mode_of_Shipment	Product_importance	Gender
count	2200	2200	2200	2200
unique	5	3	3	2
top	F	Ship	low	M
freq	737	1490	1072	1105

결측치가 있는지 확인해 보자. train에 결측치가 없음을 확인했다.

```
X_train.isnull().sum()
ID                0
Warehouse_block   0
Mode_of_Shipment  0
```

```
        Customer_care_calls    0
        Customer_rating        0
        Cost_of_the_Product    0
        Prior_purchases        0
        Product_importance     0
        Gender                 0
        Discount_offered       0
        Weight_in_gms          0
        dtype: int64
```

test 데이터의 결측치를 확인할 때는 sum( )을 하나 더 붙였다. 결측치 수의 합을 출력한다. 0이 출력되어 결측치를 모두 더한 개수가 0임을 확인할 수 있다.

```
X_test.isnull().sum().sum()
```
```
0
```

Reached.on.Time_Y.N 컬럼의 종류에 따른 개수를 각각 확인해 보자. 클래스 0은 5,236개로 정시 도착했음을 나타내고 있다. 클래스 1은 3,563개로 정시 도착하지 않음을 나타내고 있다.

```
y_train['Reached.on.Time_Y.N'].value_counts()
```
```
1    5236
0    3563
Name: Reached.on.Time_Y.N, dtype: int64
```

4. 데이터 전처리

자료형이 object인 컬럼명을 확인하고 레이블 인코딩을 진행하자. 인코딩 전과 후의 결과를 확인할 수 있다. 인코딩 전의 데이터프레임을 보여주기 위해 display( ) 함수를 활용했다. display( ) 함수는 데이터프레임을 보기 좋게 출력한다. 다만, 시험 환경에서는 지원하지 않으므로 시험에서는 print( ) 함수를 활용하자.

```
from sklearn.preprocessing import LabelEncoder
cols = X_train.select_dtypes(include='object').columns
# cols = ['Warehouse_block', 'Mode_of_Shipment', 'Product_importance', 'Gender']

display(X_train[cols].head(3))

for col in cols:
    le = LabelEncoder()
    X_train[col] = le.fit_transform(X_train[col])
    X_test[col] = le.transform(X_test[col])

X_train[cols].head(3)
```

	Warehouse_block	Mode_of_Shipment	Product_importance	Gender
0	B	Ship	low	F
1	D	Ship	medium	M
2	B	Ship	medium	F

	Warehouse_block	Mode_of_Shipment	Product_importance	Gender
0	1	2	1	0
1	3	2	2	1
2	1	2	2	0

> **TIP**
>
> **원-핫 인코딩 vs 레이블 인코딩**
>
> "원-핫 인코딩을 할까요? 레이블 인코딩을 할까요?"라는 질문을 종종 받는데 2개 다 해보고 검증 데이터를 활용한 머신러닝 평가가 좋은 인코딩을 선택하면 된다. 더 구체적으로 말하면 각 컬럼마다 검증 데이터 평가를 기준으로 인코딩을 달리 작업할 수도 있다. 하지만 이 책에서는 일괄 작업만 보여줄 예정이다.

ID값은 데이터 수만큼 종류가 존재할 경우 큰 의미가 없다고 판단해 일반적으로는 삭제한다. 하지만 삭제하지 않고 머신러닝 모델 입력 데이터로 넣더라도 머신러닝 모델이 중요도를 매우 낮게 적용한다. 따라서 삭제하지 않아도 되지만, 숫자가 아닌 문자일 경우 별도 처리가 필요할 수도 있다.
그리고 ID가 이커머스 데이터와 같은(예: 제품 모델 ID) 유의미한 데이터(예: 반복되는 ID)라면 삭제하지 말자. 여기서는 삭제하는 방법을 적용해 보자. train 데이터는 ID 컬럼을 삭제하고, test 데이터의 ID는 예측 csv 파일을 생성할 때 필요하다. 문제를 살펴보면 ID와 예측 확률값을 csv로 제출한다. pop( ) 함수에 해당 컬럼을 대입하고, 해당 컬럼을 삭제한다.

```
X_train = X_train.drop('ID', axis=1)
X_test_id = X_test.pop('ID')
```

5. 검증 데이터 분할

train 데이터를 활용해 검증 데이터(20%)를 분할한다. random_state는 특정 숫자로 고정해야 매번 동일한 분할을 한다. 만약 고정하지 않으면 코드를 실행할 때마다 분할 데이터가 달라져 성능이 무엇 때문에 좋아졌는지 떨어졌는지 파악하기 힘들다. 따라서 반드시 random_state를 사용하자.

```
from sklearn.model_selection import train_test_split
X_tr,X_val,y_tr,y_val = train_test_split(
                                    X_train,
                                    y_train['Reached.on.Time_Y.N'],
                                    test_size=0.2,
                                    random_state=0
                                    )
X_tr.shape, X_val.shape, y_tr.shape, y_val.shape
```

```
((7039, 10), (1760, 10), (7039,), (1760,))
```

6. 머신러닝 학습 및 평가

5개의 머신러닝 분류 모델을 활용해 보자. 이 중에서 하나만 추천한다면 성능이 좋으면서 데이터에 민감하지 않은 모델은 랜덤포레스트(RandomForest)다. 하나 더 추천한다면 부스팅 계열인 라이트지비엠(LightGBM)이다. Xgboost 도 인기 있는 부스팅 모델이지만, 데이터에 따라 워닝(Warning)이 종종 발생해 입문자에게는 추천하지 않는다.

```python
from sklearn.linear_model import LogisticRegression
from sklearn.tree import DecisionTreeClassifier
from sklearn.ensemble import RandomForestClassifier
import xgboost as xgb
import lightgbm as lgb
from sklearn.metrics import roc_auc_score
```

roc_auc는 1에 가까울수록 성능이 좋은 모델이며 5개 모델 중에서는 LightGBM 모델이 작은 차이로 높은 성능을 보이고 있다. 머신러닝 모델에서도 random_state를 고정하지 않으면 매 예측마다 다른 결괏값이 출력되기 때문에 특정 숫자(정수)로 고정해야 한다.

로지스틱 회귀 모델

```python
lr = LogisticRegression(random_state=0)
lr.fit(X_tr, y_tr)
pred = lr.predict_proba(X_val)
print(roc_auc_score(y_val, pred[:,1]))
```
```
0.7277344064386319
```

의사결정 나무 모델

```python
dt = DecisionTreeClassifier(random_state=0)
dt.fit(X_tr, y_tr)
pred = dt.predict_proba(X_val)
print(roc_auc_score(y_val, pred[:,1]))
```
```
0.648336686787391
```

랜덤포레스트 모델

```python
rf = RandomForestClassifier(random_state=0)
rf.fit(X_tr, y_tr)
pred = rf.predict_proba(X_val)
print(roc_auc_score(y_val, pred[:,1]))
```
```
0.7605499664654595
```

Xgboost 모델

```
xg = xgb.XGBClassifier(random_state=0)
xg.fit(X_tr, y_tr)
pred = xg.predict_proba(X_val)
print(roc_auc_score(y_val, pred[:,1]))
```

```
0.7570476190476191
```

LightGBM 모델

```
lg = lgb.LGBMClassifier(random_state=0, verbose=-1)
lg.fit(X_tr, y_tr)
pred = lg.predict_proba(X_val)
print(roc_auc_score(y_val, pred[:,1]))
```

```
0.7657478202548625
```

LightGBM이 최신 버전인 경우 학습 과정에 대한 정보가 출력될 수도 있기 때문에 무시해도 되는 내용이다. 이런 정보가 출력되지 않게 하려면 lgb.LGBMClassifier(random_state=0, verbose=-1)과 같이 verbose를 -1로 세팅한다.

7. 예측 및 결과 파일 생성

test 데이터로 머신러닝 모델을 활용해 다시 한 번 예측한다. train_test_split( ) 함수를 사용하고 나서 흔히 하는 실수는 검증 데이터로 예측한 결과(model.predict_proba(X_val))를 최종 제출하려고 하는 것이다. 반드시 test 데이터로 다시 한 번 예측을 실시하자.

```
pred = lg.predict_proba(X_test)
pred
```

```
array([[0.59817028, 0.40182972],
       [0.61564242, 0.38435758],
       [0.703895  , 0.296105  ],
(생략)
```

문제에서 roc_auc를 평가 기준으로 사용한다면 예측 방법인 predict, predict_proba 중 predict_proba를 활용해 확률값을 예측할 것이 특징이다. predict_proba를 사용하면 이 데이터에서는 0일 확률과 1일 확률값이 존재하며 이 중에서 1일 확률값을 선택(pred[:,1])한다.

제출 양식 형태로 데이터프레임을 만들자. ID값과 예측(확률)값이며, 컬럼명은 ID와 Reached.on.Time_Y.N이다.

```
submit = pd.DataFrame({
            "ID": X_test_id,
            "Reached.on.Time_Y.N": pred[:,1]
        })
```

데이터프레임을 확인하자. 앞서 출력한 0 확률과 1 확률 중 Reached.on.Time_Y.N 컬럼에 1 확률값만 들어간 결과를 확인한다.

```
submit.head()
```

	ID	Reached.on.Time_Y.N
0	8285	0.401830
1	10192	0.384358
2	8675	0.296105
3	5753	0.431765
4	448	0.988722

csv 파일을 생성하자.

```
submit.to_csv('result.csv', index=False)
```

제출한 csv 파일을 불러와 확인해 보자. 제출 양식에서 요구하는 형태와 맞는지 컬럼명과 파일명을 확인하자.

```
pd.read_csv("result.csv")
```

	ID	Reached.on.Time_Y.N
0	8285	0.401830
1	10192	0.384358
2	8675	0.296105
3	5753	0.431765
4	448	0.988722
...	...	...
2195	7193	0.320605
2196	4445	0.401399
2197	7390	0.449294
2198	9977	0.472098
2199	5696	0.397605

2200rows × 2columns

8. 성능 개선 심화

베이스라인 모델이 완성되었다. 시험에서는 첫 번째 "제출" 버튼을 클릭할 차례다.

성능을 개선한 두 번째 모델을 만들어 보자. '성능 개선'은 심화학습이다. 아직 작업형2가 익숙하지 않다면 문제 정의부터 예측 및 결과 파일 생성까지 반복 연습하기를 추천한다. 이전 결과를 보면 '예측 및 결과 파일 생성'까지만 하더라도 40점 만점에 40점이 나왔다. 하지만 작업형2의 평가 기준을 공개하지 않고 있고, 시간이 갈수록 기준이 높아질 수도 있기 때문에 간단한 성능 개선으로 안정적인 40점을 받기를 응원한다.

검증 데이터를 활용해 나온 첫 번째 점수는 0.76574다. 이 점수보다 높은 점수를 얻기 위해 데이터 전처리(인코딩, 스케일링)를 진행해 보자. 성능 개선을 할 때는 비교를 위해 하나의 모델(LightGBM)만 활용하겠다.

⊕ **결과가 다르다면?**: 성능 개선과 관련된 점수(결과)는 같을 수도 있지만, 환경(버전)에 따라 다른 결과가 나올 수도 있다. 결과에 상관없이 검증 데이터를 활용해 평가했을 때 성능이 좋은 쪽으로 선택하면 된다.

| 데이터 전처리 |

레이블 인코딩을 원-핫 인코딩으로 변경해 보자. 점수가 더 떨어지는 것을 확인할 수 있다. 베이스라인에서 활용한 레이블 인코딩을 그대로 사용하겠다.

```python
# 데이터 불러오기
import pandas as pd
X_test = pd.read_csv("X_test.csv")
X_train = pd.read_csv("X_train.csv")
y_train = pd.read_csv("y_train.csv")

# 원-핫 인코딩
X_train = pd.get_dummies(X_train)
X_test = pd.get_dummies(X_test)

# train ID 삭제, test ID 다른 변수에 옮기기
X_train = X_train.drop('ID', axis=1)
X_test_id = X_test.pop('ID')

# 검증 데이터 분리
from sklearn.model_selection import train_test_split
X_tr, X_val, y_tr, y_val = train_test_split(
                    X_train,
                    y_train['Reached.on.Time_Y.N'],
                    test_size=0.2,
                    random_state=0
                    )
X_tr.shape, X_val.shape, y_tr.shape, y_val.shape
```

```python
# 머신러닝 학습 및 평가
import lightgbm as lgb
from sklearn.metrics import roc_auc_score
lg = lgb.LGBMClassifier(random_state=0, verbose=-1)
lg.fit(X_tr, y_tr)
pred = lg.predict_proba(X_val)
print(roc_auc_score(y_val, pred[:,1]))

# 베이스라인 점수: 0.7657478202548625
# 원-핫 인코딩: 0.764689470154259
```

```
0.764689470154259
```

기존 베이스라인 모델에서 Min-Max 스케일링을 추가한다. 스케일링을 적용할 컬럼을 선택할 때는 컬럼명을 직접 list로 만드는 방법도 있고, X_train.select_dtypes(exclude='object').columns 코드를 활용해 object를 제외한 컬럼을 선택하는 방법도 있다. 결과를 확인해 보면 약간의 성능이 개선되었다. 스케일링은 이 책에서 주로 사용하고 있는 트리 모델 (랜덤포레스트, LightGBM 등)에서는 큰 영향을 미치지 못한다. 따라서 성능 변화가 없거나 더 떨어질 수도 있다.

```python
# 데이터 불러오기
import pandas as pd
X_test = pd.read_csv("X_test.csv")
X_train = pd.read_csv("X_train.csv")
y_train = pd.read_csv("y_train.csv")

# 라벨 인코딩
from sklearn.preprocessing import LabelEncoder
# cols = ['Warehouse_block', 'Mode_of_Shipment', 'Product_importance', 'Gender']
cols = X_train.select_dtypes(include='object').columns

for col in cols:
    le = LabelEncoder()
    X_train[col] = le.fit_transform(X_train[col])
    X_test[col] = le.transform(X_test[col])

# train ID 삭제, test ID 다른 변수에 옮기기
X_train = X_train.drop('ID', axis=1)
X_test_id = X_test.pop('ID')

# 스케일링
from sklearn.preprocessing import MinMaxScaler
cols = ['Customer_care_calls', 'Customer_rating', 'Cost_of_the_Product',
```

```
            'Prior_purchases', 'Discount_offered', 'Weight_in_gms']
scaler = MinMaxScaler()
X_train[cols] = scaler.fit_transform(X_train[cols])
X_test[cols] = scaler.transform(X_test[cols])

# 검증 데이터 분리
from sklearn.model_selection import train_test_split
X_tr,X_val,y_tr,y_val = train_test_split(
                        X_train,
                        y_train['Reached.on.Time_Y.N'],
                        test_size=0.2,
                        random_state=0
                        )
X_tr.shape, X_val.shape, y_tr.shape, y_val.shape

# 머신러닝 학습 및 평가
import lightgbm as lgb
from sklearn.metrics import roc_auc_score
lg = lgb.LGBMClassifier(random_state=0, verbose=-1)
lg.fit(X_tr, y_tr)
pred = lg.predict_proba(X_val)
print(roc_auc_score(y_val, pred[:,1]))

# 베이스라인 점수: 0.7657478202548625
# Min-Max 스케일링: 0.7685566733735747

0.7685566733735747
```

시험 환경에서 성능을 개선할 때는 주석으로 기록해 두자.

데이터 전처리	ROC-AUC 점수	제출
베이스라인(레이블 인코딩)	0.7657478202548625	선택/1차 제출
원-핫 인코딩	0.764689470154259	
스케일링	0.7685566733735747	선택/2차 제출

두 번째 csv를 만들고 제출하자. 한 번 제출을 한 상태기 때문에 시험 환경에서는 "제출 완료"로 표시되어 있어 모델의 성능 개선을 한 후 마지막에 다시 "제출"을 잊어버리는 경우가 있으므로 주의하자.

```
pred = lg.predict_proba(X_test)
submit = pd.DataFrame({'ID':X_test_id,'Reached.on.Time_Y.N"':pred[:,1]})
submit.to_csv('result.csv', index=False)
```

제3회 기출 문제

2021년 12월 24일 시행

작업형 ● 제1유형

문제 1 결측치가 있는 데이터의 행(레코드)을 제거하고, 앞에서부터 70% 데이터만 활용해 'f1' 컬럼 1사분위 값을 구하시오. (소수점 제거 후 정수 출력)

- data: members.csv

```
import pandas as pd
df = pd.read_csv("members.csv")
```

풀이

1) 결측치가 있는 행 제거(기본값 axis=0)
dropna( )를 활용해 결측치가 있는 모든 행을 제거한다.

2) 앞에서부터 70% 데이터 슬라이싱
전체 행 수를 len( ) 함수로 구하고, 70% 데이터 인덱스 위치를 찾는다. 이때 70% 위치가 소수점일 경우 정수형으로 변경한다.

3) 1사분위 값 계산(정수 출력)
quantile(.25)를 통해 1사분위 값을 찾고, 정수형으로 출력한다. (int는 소수점이 제거된다.)

```
import pandas as pd
df = pd.read_csv("members.csv")

# 1) 결측치가 있는 행 제거(기본값 axis=0)
df = df.dropna()

# 2) 앞에서부터 70% 데이터 슬라이싱
df = df.iloc[:int(len(df)*0.7)]

# 3) 1사분위 값 계산(정수 출력)
print(int(df['f1'].quantile(.25)))

57
```

ⓘ **전체 데이터 70% 지점이 정수가 아니에요!**: 제3회 시험에서 앞에서부터 70%를 'len(df)*0.7'로 계산했을 때 정수형으로 떨어지지 않고 소수점이 있었다. 소수를 제거한 결과와 반올림 결과는 동일해 int( ) 함수를 활용해 제거했다.

문제 2 2000년 데이터 중 2000년 평균보다 큰 값의 데이터 수를 구하시오. (index: 연도)

- data: year.csv

```
import pandas as pd
df = pd.read_csv('year.csv', index_col='Unnamed: 0')
```

풀이 1

시험 환경과 유사한 데이터 형태로 보여주기 위해 데이터를 불러올 때 인덱스 컬럼명을 지정(index_col)했다. 데이터를 불러오는 코드는 시험에서 제공하고 있다.

1) 행을 기준으로 평균을 계산

일반적으로 컬럼을 기준으로 평균을 계산하거나 최댓값, 최솟값을 찾는 방법을 많이 활용했다. 이 문제에서는 행을 기준으로 평균을 찾아야 한다. loc 또는 iloc를 활용해 행을 선택하면 풀 수 있다.

2) 평균보다 큰 값의 합 계산

평균보다 큰 값의 합을 계산할 때도 loc 또는 iloc를 활용해 행을 기준으로 평균보다 큰 값을 찾는다.

```
# 1) 행을 기준으로 평균을 계산
m = df.loc[2000].mean()

# 2) 평균보다 큰 값의 합 계산
print(sum(df.loc[2000,:] > m))

100
```

풀이 2

1-1, 1-2) 행과 열을 변경해 평균 계산

행과 열의 위치를 변경(Transpose)해 기존에 평균을 구하는 방식(컬럼 기준)을 활용한다.

2) 평균보다 큰 값의 합 계산

평균보다 큰 값의 합을 계산할 때도 행과 열이 변경되어 있으므로 쉽게 풀 수 있다.

```
# 방법 2
df = pd.read_csv('year.csv', index_col='Unnamed: 0')

# 1-1) 행과 열을 변경
df = df.T

# 1-2) 평균 계산
m = df[2000].mean()

# 2) 평균보다 큰 값의 합 계산
print(sum(df[2000] > m))

100
```

문제 3 결측치가 가장 많은 컬럼명을 출력하시오.

- data: members.csv

```
import pandas as pd
df = pd.read_csv("members.csv")
```

풀이 1

이 문제는 조건에 맞는 인덱스명 또는 컬럼명을 출력할 수 있는지를 묻는 문제다.

1) 결측치 수 컬럼별로 확인 및 변수에 대입
   df.isnull().sum()으로 결측치를 확인하고 변수에 대입한다. 이 데이터는 시리즈 형태다. (컬럼 1개)

2) 내림차순 정렬
   sort_values(ascending=False)를 통해 내림차순으로 정렬한다. 가장 상위에 있는 수가 결측치가 가장 많은 수다.

3) 가장 상위에 있는 인덱스명 출력
   결측치가 가장 많은 수의 인덱스명을 출력한다. 여기서 말하는 인덱스명은 원 데이터에서는 컬럼명이다.

```
# 1) 결측치 수 컬럼별로 확인 및 변수에 대입
df_cntNull = df.isnull().sum()

# 2) 내림차순 정렬
df_cntNull = df_cntNull.sort_values(ascending=False)

# 3) 가장 상위에 있는 인덱스명 출력
print(df_cntNull.index[0])
```

```
f1
```

풀이 2

인덱스를 값으로 만들고 이 값을 loc를 활용해 출력해 보자. reset_index( )를 활용해 기존의 인덱스 값을 컬럼으로 만들고, 새로운 인덱스로 리셋하는 방법이 있다.

1) 결측치 수 컬럼별로 확인 및 변수에 대입
   df.isnull().sum()으로 결측치를 확인하고 변수에 대입한다. 이 데이터는 시리즈 형태다. (컬럼 1개)

2) 인덱스 리셋을 활용해 기존 인덱스를 새로운 컬럼으로 변경
   reset_index( )를 활용해 기존 인덱스 값을 컬럼으로 만든다. 이때 만들어진 컬럼명은 index다.

3) 출력하고자 하는 값을 찾아 출력
   loc를 활용해 출력하고자 하는 컬럼명을 찾아서 출력한다.

```
df = pd.read_csv("members.csv")

# 1) 결측치 수 컬럼별로 확인 및 변수에 대입
df_cntNull = df.isnull().sum()

# 2) 인덱스 리셋을 활용해 기존 인덱스를 새로운 컬럼으로 변경
df_cntNull = df_cntNull.reset_index()

# 3) 출력하고자 하는 값을 찾아 출력
print(df_cntNull.loc[3, 'index'])

f1
```

작업형 ● 제2유형

문제 여행 보험 패키지 상품을 구매할 확률값을 예측하시오.

- 제공된 데이터 목록: train.csv, test.csv
- 예측할 컬럼: TravelInsurance(여행 보험 패키지를 구매했는지 여부, 0: 구매 안함, 1: 구매)
- 학습용 데이터(train)를 이용하여 여행 보험 패키지 상품을 구매할 예측 모형을 만든 후 이를 평가용 데이터(test)에 적용하여 얻은 예측(가입 확률)값을 다음과 같은 형식의 CSV 파일로 생성하시오. (제출한 모델의 성능은 ROC-AUC 평가지표에 따라 채점)

- 제출 csv 파일명 및 형태: result.csv

```
index,y_pred
1,0.961511
2,0.151313
3,0.236632
```

| 데이터 |

```
import pandas as pd
train = pd.read_csv("train.csv")
test = pd.read_csv("test.csv")
```

풀이

1. 문제 정의
여행 보험 패키지 데이터다. 여행 보험 패키지 상품(TravelInsurance) 구매 여부를 예측하시오.
- 평가 기준은 ROC-AUC로 평가
- label(target)은 구매 여부((TravelInsurance): 0: 구매 안함, 1: 구매)
- 제출 방식은 test 데이터로 구매할 확률을 csv로 제출(파일명: result.csv)

2. 라이브러리 및 데이터 불러오기
판다스 라이브러리와 주어진 train과 test 데이터셋을 불러온다. train과 test 2개의 파일만 주어졌다. label(target)은 train에 포함되어 있다.

```
import pandas as pd
train = pd.read_csv("train.csv")
test = pd.read_csv("test.csv")
```

3. 탐색적 데이터 분석(EDA)
데이터의 크기를 확인한다. train은 1,490개의 행과 10개의 컬럼이 있고, test는 497개의 행과 9개의 컬럼이 있다.

```
train.shape, test.shape
```
((1490, 10), (497, 9))

train 데이터 샘플을 확인한다. 카테고리(문자)와 연속형(숫자) 컬럼이 혼합되어 있는 것을 확인할 수 있다. 'Unnamed: 0'이라는 알 수 없는 컬럼이 보이고, 마지막 컬럼에 있는 TravelInsurance라는 label이 숫자로 된 것을 확인할 수 있다.

```
train.head(3)
```

	Unnamed: 0	Age	Employment Type	GraduateOrNot	AnnualIncome	FamilyMembers	ChronicDiseases	FrequentFlyer	EverTravelledAbroad	TravelInsurance
0	888	28	Private Sector/Self Employed	Yes	1250000	6	1	No	No	0
1	1308	31	Private Sector/Self Employed	Yes	1250000	7	1	No	No	0
2	151	29	Private Sector/Self Employed	Yes	1250000	7	0	No	No	1

데이터 자료형(타입)을 확인한다. int가 6개, object가 4개인 것을 확인할 수 있다. object(4개) 컬럼은 인코딩이 필요하다.

```
train.info()
```

```
<class 'pandas.core.frame.DataFrame'>
RangeIndex: 1490 entries, 0 to 1489
Data columns (total 10 columns):
 #   Column              Non-Null Count  Dtype
---  ------              --------------  -----
 0   Unnamed: 0          1490 non-null   int64
 1   Age                 1490 non-null   int64
 2   Employment Type     1490 non-null   object
 3   GraduateOrNot       1490 non-null   object
 4   AnnualIncome        1490 non-null   int64
 5   FamilyMembers       1490 non-null   int64
 6   ChronicDiseases     1490 non-null   int64
 7   FrequentFlyer       1490 non-null   object
 8   EverTravelledAbroad 1490 non-null   object
 9   TravelInsurance     1490 non-null   int64
dtypes: int64(6), object(4)
memory usage: 116.5+ KB
```

기초 통계 값을 간단히 살펴보자. 'Unnamed: 0' 컬럼은 큰 의미가 없어 보인다. train['Unnamed: 0'].nunique( )로 확인해 보면 데이터의 수와 종류가 1,490으로 같다. 이럴 경우 전처리에서 삭제해도 되고 삭제하지 않아도 머신러닝 모델에서 자동으로 중요도를 낮게 평가한다. Age는 25세에서 35세까지 있다. AnnualIncome 데이터가 단위가 커서 자동으로 지수 표기법으로 변경되어 있다. FamilyMembers는 2명에서 9명, 그 외 컬럼은 0과 1로 구성되어 있다.

```
train.describe()
```

	Unnamed: 0	Age	AnnualIncome	FamilyMembers	ChronicDiseases	TravelInsurance
count	1490.000000	1490.000000	1.490000e+03	1490.000000	1490.000000	1490.000000
mean	992.277181	29.600000	9.310738e+05	4.755705	0.280537	0.352349
std	566.637006	2.887829	3.763057e+05	1.603613	0.449412	0.477862
min	0.000000	25.000000	3.000000e+05	2.000000	0.000000	0.000000
25%	502.250000	28.000000	6.000000e+05	4.000000	0.000000	0.000000
50%	994.500000	29.000000	9.000000e+05	5.000000	0.000000	0.000000
75%	1479.750000	32.000000	1.250000e+06	6.000000	1.000000	1.000000
max	1983.000000	35.000000	1.800000e+06	9.000000	1.000000	1.000000

AnnualIncome 지수 표기법으로 표기되어 있어서 보기에 어려움이 있다면 판다스 설정을 변경하도록 한다. '.4f'는 소수 넷째 자리까지 표기하라고 설정하는 것이다.

```
pd.options.display.float_format = '{:.4f}'.format
train.describe()
```

	Unnamed: 0	Age	AnnualIncome	FamilyMembers	ChronicDiseases	TravelInsurance
count	1490.0000	1490.0000	1490.0000	1490.0000	1490.0000	1490.0000
mean	992.2772	29.6000	931073.8255	4.7557	0.2805	0.3523
std	566.6370	2.8878	376305.6803	1.6036	0.4494	0.4779
min	0.0000	25.0000	300000.0000	2.0000	0.0000	0.0000
25%	502.2500	28.0000	600000.0000	4.0000	0.0000	0.0000
50%	994.5000	29.0000	900000.0000	5.0000	0.0000	0.0000
75%	1479.7500	32.0000	1250000.0000	6.0000	1.0000	1.0000
max	1983.0000	35.0000	1800000.0000	9.0000	1.0000	1.0000

> **TIP**
>
> **지수 표기법(Exponential Notation)**
> 판다스에서 값이 크거나 소수점 이하의 숫자가 많을 때 이를 축약해 나타내는 것이 지수 표기법이다. 예를 들어, 10,000은 1×10^4이므로 1e+4로 나타내고, 0.0001은 1×10^{-4}이므로 1e-4로 나타낸다. 1e+4는 1 다음에 소수점이 뒤로 4칸, 1e-4는 1 다음에 소수점이 앞으로 4칸 이동한 것을 의미한다.
>
>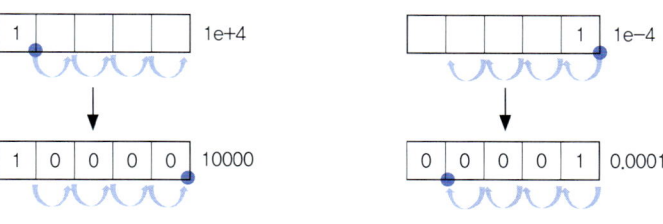

object 컬럼의 unique 개수를 확인해 보자. 모두 2개씩 카테고리를 갖고 있다.

```
train.describe(include='object') # 또는 include='O'
```

	Employment Type	GraduateOrNot	FrequentFlyer	EverTravelledAbroad
count	1490	1490	1490	1490
unique	2	2	2	2
top	Private Sector/Self Employed	Yes	No	No
freq	1056	1270	1175	1209

test 데이터셋에 있는 object 컬럼도 확인한다. test 데이터도 train 데이터와 유사한 형태임을 확인할 수 있다. 정확하게는 각 컬럼별로 train['컬럼명'].value_counts( )로 확인한다.

```
test.describe(include='O')
```

	Employment Type	GraduateOrNot	FrequentFlyer	EverTravelledAbroad
count	497	497	497	497
unique	2	2	2	2
top	Private Sector/Self Employed	Yes	No	No
freq	361	422	395	398

결측치가 있는지 확인해 보자. train 데이터에는 결측치가 없음을 확인할 수 있다.

```
train.isnull().sum()
```

```
Unnamed: 0           0
Age                  0
Employment Type      0
GraduateOrNot        0
AnnualIncome         0
FamilyMembers        0
ChronicDiseases      0
FrequentFlyer        0
EverTravelledAbroad  0
TravelInsurance      0
dtype: int64
```

test 데이터의 결측치를 확인할 때는 sum( )을 하나 더 붙였다. 결측치 수의 합을 출력한다. 0이 출력되어 결측치를 모두 더한 개수가 0임을 확인할 수 있다.

```
test.isnull().sum().sum()
```

```
0
```

TravelInsurance 컬럼의 종류에 따른 개수를 각각 확인해 보자. 클래스 0은 965개로 '구매 안함'을 나타내고 있고, 클래스 1은 525개로 '구매함'을 나타내고 있다.

```
train['TravelInsurance'].value_counts()
```

```
0    965
1    525
Name: TravelInsurance, dtype: int64
```

4. 데이터 전처리

타겟컬럼을 변수에 옮겨두고 자료형이 object인 컬럼을 판다스에서 제공하는 함수를 활용해 원-핫 인코딩하자. pd.get_dummies( )를 활용하면 범주형 데이터만 자동으로 원-핫 인코딩을 진행한다. 베이스라인에서는 레이블 인코딩 또는 원-핫 인코딩 중에서 좀 더 편한 것으로 작업하면 된다. 원-핫 인코딩 전과 후의 컬럼의 변화를 눈으로 확인하자.

만약 변환한 후 차이가 있다면 다음과 같이 의심해 볼 수 있다.

- train과 test 범주형 컬럼의 카테고리 수가 다름 → train과 test 데이터를 합쳐서 인코딩 진행
- label이 숫자가 아닌 범주형 데이터로 원-핫 인코딩 처리됨 → label 데이터를 분리하고 인코딩 진행

```
target = train.pop('TravelInsurance')
print(train.shape, test.shape)
train = pd.get_dummies(train)
test = pd.get_dummies(test)
print(train.shape, test.shape)

(1490, 9) (497, 9)
(1490, 13) (497, 13)
```

심화학습 train과 test 범주형 컬럼의 카테고리 수가 다르다면?

train과 test 데이터를 합쳐서 인코딩하고 다시 분할하는 방법이 있다. 이때 train과 test는 컬럼 수가 다르므로 합쳤다가 분할했을 때 test의 'TravelInsurance' 컬럼에 생성된다. 따라서 test에서 'TravelInsurance'를 제거한다. 또는 타깃 'TravelInsurance' 컬럼을 train에서 미리 분리하고, 데이터를 합치면 된다.

```
combined = pd.concat([train, test])
combined_dummies = pd.get_dummies(combined)
n_train = len(train)
train = combined_dummies[:n_train]
test = combined_dummies[n_train:]
```

이 방법은 데이터 누출(Data Leakage) 문제를 야기할 수 있다. test 데이터에만 있는 카테고리가 있을 경우 카테고리 학습 정보가 머신러닝 학습 과정에 포함되어 성능에 영향을 미칠 수 있기 때문이다. 빅데이터 분석기사 시험에서는 코드를 평가하지 않으니 안심하자.

판다스에서 pd.get_dummies( )를 활용해 원-핫 인코딩하면 컬럼명이 다음과 같이 변경된다. 예를 들어, GraduateOrNot 컬럼을 살펴보면 GraduateOrNot_No와 GraduateOrNot_Yes로 변경되었음을 확인할 수 있다.

```
train.columns

Index(['Unnamed: 0', 'Age', 'AnnualIncome', 'FamilyMembers', 'ChronicDiseases',
    'TravelInsurance', 'Employment Type_Government Sector',
    'Employment Type_Private Sector/Self Employed', 'GraduateOrNot_No',
    'GraduateOrNot_Yes', 'FrequentFlyer_No', 'FrequentFlyer_Yes',
    'EverTravelledAbroad_No', 'EverTravelledAbroad_Yes'],
    dtype='object')
```

5. 검증 데이터 분할

train 데이터를 활용해 검증 데이터(20%)를 분할한다. random_state는 특정 숫자로 고정해야 매번 동일한 분할을 한다. 만약 고정하지 않으면 코드를 실행할 때마다 분할 데이터가 달라져 성능이 무엇 때문에 좋아졌는지 떨어졌는지 파악하기 힘들다. 따라서 반드시 random_state를 사용하자.

```
from sklearn.model_selection import train_test_split
X_tr, X_val, y_tr, y_val = train_test_split(train,
                          target,
                          test_size=0.2,
                          random_state=0)
X_tr.shape, X_val.shape, y_tr.shape, y_val.shape
```

```
((1192, 13), (298, 13), (1192,), (298,))
```

6. 머신러닝 학습 및 평가

5개의 머신러닝 분류 모델을 활용해 보자.

```
from sklearn.linear_model import LogisticRegression
from sklearn.tree import DecisionTreeClassifier
from sklearn.ensemble import RandomForestClassifier
import xgboost as xgb
import lightgbm as lgb
from sklearn.metrics import roc_auc_score
```

roc_auc는 1에 가까울수록 성능이 좋은 모델이다. 5개 모델 중에서는 랜덤포레스트 모델이 높은 성능을 보이고 있다. 다만, LightGBM 모델은 에러가 발생했다. 원인을 살펴보고 해결해 보자.

(1) 로지스틱 회귀 모델

```
lr = LogisticRegression(random_state=0)
lr.fit(X_tr, y_tr)
pred = lr.predict_proba(X_val)
print(roc_auc_score(y_val, pred[:,1]))
```

```
0.5334795321637427
```

(2) 의사결정 나무 모델

```
dt = DecisionTreeClassifier(random_state=0)
dt.fit(X_tr, y_tr)
pred = dt.predict_proba(X_val)
print(roc_auc_score(y_val, pred[:,1]))
```

```
0.726803118908382
```

(3) 랜덤포레스트 모델

```
rf = RandomForestClassifier(random_state=0)
rf.fit(X_tr, y_tr)
pred = rf.predict_proba(X_val)
print(roc_auc_score(y_val, pred[:,1]))
```

0.8506578947368421

(4) Xgboost 모델

```
xg = xgb.XGBClassifier(random_state=0)
xg.fit(X_tr, y_tr)
pred = xg.predict_proba(X_val)
print(roc_auc_score(y_val, pred[:,1]))
```

0.8084795321637427

(5) LightGBM 모델 심화

```
lg = lgb.LGBMClassifier(random_state=0, verbose=-1)
lg.fit(X_tr, y_tr)
pred = lg.predict_proba(X_val)
print(roc_auc_score(y_val, pred[:,1]))
```

[에러] LightGBMError: Do not support special JSON characters in feature name.

에러가 발생했다. 이번 에러는 컬럼명의 특수 문자 ':' 때문에 발생했다. 따라서 컬럼명을 rename( ) 함수를 활용해 변경하고 다시 실행하자.

만약 'Unnamed: 0' 컬럼이 모두 다른 값으로 필요 없다고 판단해 삭제했다면 이와 같은 에러가 발생하지 않았을 것이다. 모델마다 입력되는 데이터에 따라 워닝이나 에러가 나타날 수 있다.

```
X_tr.rename(columns={'Unnamed: 0': 'Unnamed'}, inplace=True)
X_val.rename(columns={'Unnamed: 0': 'Unnamed'}, inplace=True)

lg = lgb.LGBMClassifier(random_state=0, verbose=-1)
lg.fit(X_tr, y_tr)
pred = lg.predict_proba(X_val)
print(roc_auc_score(y_val, pred[:,1]))
```

0.8198830409356724

7. 예측 및 결과 파일 생성

제출 양식 형태로 컬럼명을 작성하고 데이터프레임을 만들자. index 컬럼은 test 데이터의 인덱스로 y_pred 컬럼은 1 확률값만 대입한 다음 csv 파일로 생성한다. index 파라미터는 반드시 False로 설정한다.

```
pred = rf.predict_proba(test)
pd.DataFrame({'index':test.index,'y_pred':pred[:,1]}).to_csv('result.csv', index=False)
```

제출하기 전에 완성된 csv를 다시 불러와 제출 양식과 동일한지 눈으로 확인해 보자.

```
pd.read_csv("result.csv")
```

	index	y_pred
0	0	0.2400
1	1	0.0800
2	2	0.1200
3	3	0.9800
4	4	0.2900
...	...	...
492	492	0.0800
493	493	0.9900
494	494	0.1600
495	495	0.9800
496	496	1.0000

497rows × 2columns

8. 성능 개선 심화

베이스라인 모델이 완성되었다. 시험에서는 첫 번째 "제출" 버튼을 클릭할 차례다.

성능을 개선한 두 번째 모델을 만들어 보자. 검증 데이터를 활용해 나온 첫 번째 점수는 0.85다. 이 점수보다 높은 점수를 얻기 위해 데이터 전처리(인코딩, 스케일링)를 진행해 보자. 성능 개선을 할 때는 쉬운 비교를 위해 베이스라인에서 성능이 좋았던 랜덤포레스트 모델만 활용하겠다.

| 데이터 전처리 |

원-핫 인코딩을 레이블 인코딩으로 변경해 보자. 점수가 더 올라간 것을 확인할 수 있다.

```
# 데이터 불러오기
import pandas as pd
train = pd.read_csv("train.csv")
test = pd.read_csv("test.csv")

target = train.pop('TravelInsurance')

# 레이블 인코딩
from sklearn.preprocessing import LabelEncoder
cols =['Employment Type', 'GraduateOrNot', 'FrequentFlyer',
'EverTravelledAbroad']
```

```python
for col in cols:
    le = LabelEncoder()
    train[col] = le.fit_transform(train[col])
    test[col] = le.transform(test[col])

# 검증 데이터 분할
from sklearn.model_selection import train_test_split
X_tr, X_val, y_tr, y_val = train_test_split(train,
                                            target,
                                            test_size=0.2,
                                            random_state=0)
X_tr.shape, X_val.shape, y_tr.shape, y_val.shape

# 랜덤포레스트
rf = RandomForestClassifier(random_state=0)
rf.fit(X_tr, y_tr)
pred = rf.predict_proba(X_val)
print(roc_auc_score(y_val, pred[:,1]))

# 베이스라인(원-핫 인코딩): 0.8506578947368421
# 레이블 인코딩: 0.8610380116959064

0.8610380116959064
```

기존 베이스라인 모델에서 스케일링을 추가한다. 이번에는 로버스트 스케일링을 활용해 보자. 미미하게 성능이 개선되었다. 여유가 있다면 민맥스, 스탠더드 스케일링을 활용해 보자.

```python
# 데이터 불러오기
import pandas as pd
train = pd.read_csv("train.csv")
test = pd.read_csv("test.csv")

target = train.pop('travelInsurance')

# 스케일링
from sklearn.preprocessing import RobustScaler
scaler = RobustScaler()
cols = ['Age', 'AnnualIncome', 'FamilyMembers', 'ChronicDiseases']

train[cols] = scaler.fit_transform(train[cols])
test[cols] = scaler.transform(test[cols])

# 레이블 인코딩
from sklearn.preprocessing import LabelEncoder
cols =['Employment Type', 'GraduateOrNot', 'FrequentFlyer',
'EverTravelledAbroad']
```

```
for col in cols:
    le = LabelEncoder()
    train[col] = le.fit_transform(train[col])
    test[col] = le.transform(test[col])

# 검증 데이터 분할
from sklearn.model_selection import train_test_split
X_tr, X_val, y_tr, y_val = train_test_split(train.drop(train,
                                            target,
                                            test_size=0.2,
                                            random_state=0)
X_tr.shape, X_val.shape, y_tr.shape, y_val.shape

# 랜덤포레스트
rf = RandomForestClassifier(random_state=0)
rf.fit(X_tr, y_tr)
pred = rf.predict_proba(X_val)
print(roc_auc_score(y_val, pred[:,1]))

# 베이스라인(원-핫 인코딩): 0.8506578947368421
# 레이블 인코딩: 0.8610380116959064
# 스케일링(로버스트): 0.8611842105263158

0.8611842105263158
```

시험 환경에서 성능을 개선할 때는 주석으로 기록해 두자.

데이터 전처리	ROC-AUC 점수	제출
베이스라인(원-핫 인코딩)	0.8506578947368421	선택/1차 제출
레이블 인코딩	0.8610380116959064	선택
스케일링(로버스트)	0.8611842105263158	선택/2차 제출

제출 양식에 맞춰 두 번째 csv를 생성하고 제출하자. 앞서는 csv까지 한번에 생성하는 코드로 작성했고, 이 코드는 to_csv로 분리했다. 작성하기 편한 방식을 활용하자.

```
pred = rf.predict_proba(test)
submit = pd.DataFrame({'index':test.index,'y_pred':pred[:,1]})
submit.to_csv('result.csv', index=False)
```

제4회 기출 문제

2022년 6월 25일 시행

작업형 ● 제1유형

문제 1 'age' 컬럼의 3사분위수와 1사분위수의 차이를 절댓값으로 구하고, 소수점 이하를 버리고, 정수로 출력하시오.

- data: data4-1.csv

```
import pandas as pd
df = pd.read_csv("data4-1.csv")
```

풀이

1) 3사분위수와 1사분위수의 차이를 절댓값으로 계산

quantile()을 활용해 사분위수를 구한다. 3사분위수 0.75 지점과 1사분위수 0.25 지점을 구하고, 차이를 절댓값으로 계산한다.

2) 소수점 이하를 버리고, 정수로 출력

int()를 활용해 소수점 이하를 버리고, 정수로 출력한다.

```
# 1) 3사분위수와 1사분위수의 차이를 절댓값으로 계산
q1 = df['age'].quantile(0.25)
q3 = df['age'].quantile(0.75)
result = abs(q1 - q3)

# 2) 소수점 이하를 버리고, 정수로 출력
print(int(result))

50
```

문제 2 모든 reactions 중 loves와 wows를 합한 반응 비율이 40%보다 크고 50%보다 작은 데이터를 찾고, 이 중 type 컬럼이 'video'인 데이터의 개수를 구하시오.

- data: data4-2.csv

```
import pandas as pd
df = pd.read_csv("data4-2.csv")
```

풀이

데이터를 살펴보면 likes, loves, wows, hahas, sads, angrys 컬럼의 합이 reactions 컬럼임을 확인할 수 있다. 분모를 reactions로 두고 분자를 loves와 wows의 합으로 계산해 40~50% 비율을 구하면 된다.

1) 비율이 40%보다 크고 50%보다 작은 조건

likes, loves, wows, hahas, sads, angrys 컬럼 반응의 합이 reactions다. 조건1은 40%보다 큰 값을 찾고, 조건2는 50%보다 작은 값을 찾는다.

2) type이 video인 조건

조건3은 type 컬럼이 video인 값을 찾는다.

3) 조건에 맞는 데이터 수 구하기

len( ) 함수를 활용해 조건에 맞는 데이터의 개수를 구한다.

```
# 1) 비율이 40%보다 크고 50%보다 작은 조건
cond1 = (df['loves']+df['wows']) / df['reactions'] > 0.4
cond2 = (df['loves']+df['wows']) / df['reactions'] < 0.5

# 2) type이 video인 조건
cond3 = df['type'] == 'video'

# 3) 조건에 맞는 데이터 수 구하기
print(len(df[cond1 & cond2 & cond3]))

90
```

문제 3 'date_added' 컬럼의 날짜가 2018년 1월이면서 'country'에서 United Kingdom 단독 제작인 데이터의 개수를 구하시오.

- data: data4-3.csv

```
import pandas as pd
df = pd.read_csv("data4-3.csv")
```

풀이 1

1) datetime으로 형 변환
pd.to_datetime을 활용해 object 자료형을 datetime 자료형으로 변경한다.

2) dt를 활용해 year와 month 파생변수 생성
datetime 자료형에서 dt를 활용해 year와 month를 뽑아낸다.

3) 조건
country는 United Kingdom, year는 2018, month는 1이 되는 조건을 만든다.

4) 조건에 맞는 데이터 수 출력
len( ) 함수를 활용해 3개의 조건에 맞는 데이터의 개수를 출력한다.

```python
# 1) datetime으로 형 변환
df['date_added'] = pd.to_datetime(df['date_added'])

# 2) dt를 활용해 year와 month 파생변수 생성
df['year'] = df['date_added'].dt.year
df['month'] = df['date_added'].dt.month

# 3) 조건
cond1 = df['country'] == "United Kingdom"
cond2 = df['year'] == 2018
cond3 = df['month'] == 1

# 4) 조건에 맞는 데이터 수 출력
print(len(df[cond1 & cond2 & cond3]))

6
```

풀이 2

datetime으로 자료형이 변환된 데이터는 대소 관계를 나타내는 >, <, =를 활용해 1월 1일부터 1월 31일까지 기간을 선택할 수 있다.

```python
df = pd.read_csv("data4-3.csv")

# 1) datetime으로 형 변환
df['date_added'] = pd.to_datetime(df['date_added'])

# 2) 조건
cond1 = df['country'] == "United Kingdom"
```

```
cond2 = df['date_added'] >= '2018-1-1'
cond3 = df['date_added'] <= '2018-1-31'

# 3) 조건에 맞는 데이터 수 출력
print(len(df[cond1 & cond2 & cond3]))

6
```

작업형 ● 제2유형

문제 고객의 개인 정보와 행동 패턴을 기반으로 고객의 세분화(Segmentation) 결과를 예측하시오.

- 제공된 데이터 목록: train.csv, test.csv
- 예측할 컬럼: Segmentation(고객 세분화 결괏값: 1, 2, 3, 4)

  학습용 데이터(train.csv)를 이용하여 고객의 세분화 결과를 예측하는 모델을 만든 후 이를 평가용 데이터(test.csv)에 적용하여 얻은 예측값을 다음과 같은 형식의 CSV 파일로 생성하시오.

제출 파일은 다음 2개의 컬럼을 포함해야 한다.
- ID: 고객 식별자
- Segmentation: 예측된 세분화 결과
- 제출 파일명: 'result.csv'

제출한 모델의 성능은 Macro F1 Score 평가지표에 따라 채점한다.

- 제출 csv 파일명 및 형태: result.csv

```
ID, Segmentation
458989,1
458994,2
459000,3
459003,4
```

| 데이터 |

```
import pandas as pd
train = pd.read_csv("train.csv")
test = pd.read_csv("test.csv")
```

풀이

1. 문제 정의

고객 세분화(Segmentation) 데이터. 고객의 개인 정보와 행동 패턴을 기반으로 고객 세분화(Segmentation)를 예측하시오.

- 평가 기준은 Macro F1 Score로 평가
- label(target)은 고객 세분화(Segmentation) 결과로 값은 1, 2, 3, 4
- 제출 방식은 test 데이터에 대한 세분화 결과를 csv 파일로 제출(파일명: result.csv)
- 최종 제출 파일 내용은 2개의 컬럼을 갖고 있어야 함(ID와 예측된 Segmentation)

2. 라이브러리 및 데이터 불러오기

판다스 라이브러리와 주어진 train과 test 데이터셋을 불러온다.

```
import pandas as pd
train = pd.read_csv("train.csv")
test = pd.read_csv("test.csv")
```

3. 탐색적 데이터 분석(EDA)

데이터의 크기를 확인한다. train은 6,665개의 행과 11개의 컬럼이 있고, test는 2,154개의 행과 10개의 컬럼이 있다.

```
train.shape, test.shape
```

((6665, 11), (2154, 10))

train 데이터 샘플을 확인한다. 카테고리(문자)와 연속형(숫자) 컬럼이 혼합되어 있는 것을 확인할 수 있다. 마지막 컬럼에 있는 Segmentation 컬럼에서 클래스가 숫자로 된 것을 확인할 수 있다.

```
train.head()
```

	ID	Gender	Ever_Married	Age	Graduated	Profession	Work_Experience	Spending_Score	Family_Size	Var_1	Segmentation
0	462809	Male	No	22	No	Healthcare	1.0	Low	4.0	Cat_4	4
1	466315	Female	Yes	67	Yes	Engineer	1.0	Low	1.0	Cat_6	2
2	461735	Male	Yes	67	Yes	Lawyer	0.0	High	2.0	Cat_6	2
3	461319	Male	Yes	56	No	Artist	0.0	Average	2.0	Cat_6	3
4	460156	Male	No	32	Yes	Healthcare	1.0	Low	3.0	Cat_6	3

test 데이터 샘플을 확인한다.

```
test.head()
```

	ID	Gender	Ever_Married	Age	Graduated	Profession	Work_Experience	Spending_Score	Family_Size	Var_1
0	458989	Female	Yes	36	Yes	Engineer	0.0	Low	1.0	Cat_6
1	458994	Male	Yes	37	Yes	Healthcare	8.0	Average	4.0	Cat_6
2	459000	Male	Yes	59	No	Executive	11.0	High	2.0	Cat_6
3	459003	Male	Yes	47	Yes	Doctor	0.0	High	5.0	Cat_4
4	459005	Male	Yes	61	Yes	Doctor	5.0	Low	3.0	Cat_6

데이터 자료형(타입)을 확인한다. int가 3개, float가 2개, object가 6개인 것을 확인할 수 있다. object(6개) 컬럼은 인코딩이 필요하다.

```
train.info()
```

```
<class 'pandas.core.frame.DataFrame'>
RangeIndex: 6665 entries, 0 to 6664
Data columns (total 11 columns):
 #   Column           Non-Null Count  Dtype
---  ------           --------------  -----
 0   ID               6665 non-null   int64
 1   Gender           6665 non-null   object
 2   Ever_Married     6665 non-null   object
 3   Age              6665 non-null   int64
 4   Graduated        6665 non-null   object
 5   Profession       6665 non-null   object
 6   Work_Experience  6665 non-null   float64
 7   Spending_Score   6665 non-null   object
 8   Family_Size      6665 non-null   float64
 9   Var_1            6665 non-null   object
 10  Segmentation     6665 non-null   int64
dtypes: float64(2), int64(3), object(6)
memory usage: 572.9+ KB
```

기초 통계 값을 간단히 살펴보자. Age는 18세에서 89세까지 있다. Work_Experience는 0에서 14까지, Family_Size는 1에서 9까지, Segmentation은 1에서 4까지 있는 것을 확인할 수 있다. test 데이터도 유사하다.

```
train.describe()
```

	ID	Age	Work_Experience	Family_Size	Segmentation
count	6665.00000	6665.000000	6665.000000	6665.000000	6665.000000
mean	463519.84096	43.536084	2.629107	2.841110	2.542836

std	2566.43174	16.524054	3.405365	1.524743	1.122723
min	458982.00000	18.000000	0.000000	1.000000	1.000000
25%	461349.00000	31.000000	0.000000	2.000000	2.000000
50%	463575.00000	41.000000	1.000000	2.000000	3.000000
75%	465741.00000	53.000000	4.000000	4.000000	4.000000
max	467974.00000	89.000000	14.000000	9.000000	4.000000

object 컬럼의 unique 개수를 확인해 보자.

```
train.describe(include='object')
```

	Gender	Ever_Married	Graduated	Profession	Spending_Score	Var_1
count	6665	6665	6665	6665	6665	6665
unique	2	2	2	9	3	7
top	Male	Yes	Yes	Artist	Low	Cat_6
freq	3677	3944	4249	2192	3999	4476

test 데이터셋에 있는 object 컬럼도 확인한다. test 데이터도 train 데이터와 유사한 형태임을 확인할 수 있다. 정확하게는 각 컬럼별로 train['컬럼명'].value_counts( )로 확인한다.

```
test.describe(include='object')
```

	Gender	Ever_Married	Graduated	Profession	Spending_Score	Var_1
count	2154	2154	2154	2154	2154	2154
unique	2	2	2	9	3	7
top	Male	Yes	Yes	Artist	Low	Cat_6
freq	1184	1272	1345	696	1326	1421

결측치가 있는지 확인해 보자. train과 test 모두 결측치가 없음을 확인할 수 있다.

```
train.isnull().sum().sum()
```
0

```
test.isnull().sum().sum()
```
0

Segmentation 컬럼의 종류에 따른 개수를 각각 확인해 보자. 클래스 4가 가장 많고, 클래스 2가 가장 작으나 큰 차이는 없다.

```
train['Segmentation'].value_counts()

4    1757
3    1720
1    1616
2    1572
Name: Segmentation, dtype: int64
```

4. 데이터 전처리

target 컬럼을 변수에 옮겨두고, 자료형이 object인 컬럼을 판다스에서 제공하는 함수를 활용해 원-핫 인코딩하자. pd.get_dummies()를 활용해 범주형 데이터만 자동으로 원-핫 인코딩을 진행한다. 19개의 컬럼이 추가되었다.

```
target = train.pop('Segmentation')
print(train.shape, test.shape)
train = pd.get_dummies(train)
test = pd.get_dummies(test)
print(train.shape, test.shape)

(6665, 10) (2154, 10)
(6665, 29) (2154, 29)
```

5. 검증 데이터 분할

train 데이터를 활용해 검증 데이터(20%)를 분할한다. random_state는 특정 숫자로 고정해야 매번 동일한 분할을 한다. 만약 고정하지 않으면 코드를 실행할 때마다 분할 데이터가 달라져 성능이 무엇 때문에 좋아졌는지 떨어졌는지 파악하기 힘들다. 따라서 반드시 random_state를 사용하자.

```
from sklearn.model_selection import train_test_split
X_tr, X_val, y_tr, y_val = train_test_split(train,
                                            target,
                                            test_size=0.2,
                                            random_state=0)
X_tr.shape, X_val.shape, y_tr.shape, y_val.shape

((5332, 29), (1333, 29), (5332,), (1333,))
```

6. 머신러닝 학습 및 평가

5개의 머신러닝 분류 모델을 활용해 보자. 이번 문제는 이진 분류가 아닌 다중 분류 문제다. 평가지표 방식만 달라질 뿐, 머신러닝 모델은 분류 모델을 이진 분류와 동일하게 사용한다.

평가지표가 F1 Score라면 predict_proba(각 클래스를 예측할 확률값)이 아닌 predict(각 클래스 예측)을 활용한다.

```
from sklearn.linear_model import LogisticRegression
from sklearn.tree import DecisionTreeClassifier
```

```
from sklearn.ensemble import RandomForestClassifier
import xgboost as xgb
import lightgbm as lgb
from sklearn.metrics import f1_score
```

F1 Score는 1에 가까울수록 성능이 좋은 모델이다. 5개 모델로 예측해 보니 Xgboost 모델은 에러가 발생했다. 원인을 살펴보고 해결해 보자.

(1) 로지스틱 회귀 모델

```
lr = LogisticRegression(random_state=0)
lr.fit(X_tr, y_tr)
pred = lr.predict(X_val)
print(f1_score(y_val, pred, average='macro'))

0.10208955223880598
```

(2) 의사결정 나무 모델

```
dt = DecisionTreeClassifier(random_state=0)
dt.fit(X_tr, y_tr)
pred = dt.predict(X_val)
print(f1_score(y_val, pred, average='macro'))

0.4278378337625865
```

(3) 랜덤포레스트 모델

```
rf = RandomForestClassifier(random_state=0)
rf.fit(X_tr, y_tr)
pred = rf.predict(X_val)
print(f1_score(y_val, pred, average='macro'))

0.5020137672414862
```

(4) Xgboost 모델

에러가 발생했다. Xgboost 분류 모델은 예측 클래스가 0부터 시작해야 한다. 4개의 클래스라면 0, 1, 2, 3으로 있어야 정상 동작된다. 예측 전과 후에 값 변경이 필요해 Xgboost는 사용하지 않겠다.

```
xg = xgb.XGBClassifier(random_state=0)
xg.fit(X_tr, y_tr)
pred = xg.predict(X_val)
print(f1_score(y_val, pred, average='macro'))

ValueError: Invalid classes inferred from unique values of `y`. Expected: [0 1 2 3], got [1 2 3 4]
```

(5) LightGBM 모델

```
lg = lgb.LGBMClassifier(random_state=0, verbose=-1)
lg.fit(X_tr, y_tr)
pred = lg.predict(X_val)
print(f1_score(y_val, pred, average='macro'))
```

0.5392434827587952

7. 예측 및 결과 파일 생성

제출 양식 형태로 컬럼명을 작성하고 데이터프레임을 만들자. ID 컬럼은 test 데이터의 ID고, Segmentation 컬럼에는 예측값을 대입한 후 csv 파일로 생성한다. index 파라미터는 반드시 False로 설정한다.

```
pred = lg.predict(test)
submit = pd.DataFrame({
    'ID': test['ID'],
    'Segmentation': pred
})
submit.to_csv("result.csv", index=False)
```

제출하기 전에 완성된 csv를 다시 불러와 제출 양식과 동일한지 확인해 보자.

```
pd.read_csv("result.csv")
```

	ID	Segmentation
0	458989	2
1	458994	3
2	459000	3
3	459003	2
4	459005	2
...	...	...
2149	467950	1
2150	467954	4
2151	467958	1
2152	467961	2
2153	467968	4

8. 성능 개선 심화

베이스라인 모델이 완성되었다. 시험에서는 첫 번째 "제출" 버튼을 클릭할 차례다.

성능을 개선한 두 번째 모델을 만들어 보자. 검증 데이터를 활용해 나온 첫 번째 점수는 0.539다. 이 점수보다 높은 점수를 얻기 위해 데이터 전처리(인코딩, 스케일링)를 진행해 보자. 성능 개선을 할 때는 쉬운 비교를 위해 베이스라인에서 성능이 좋았던 LightGBM 모델만 활용하겠다.

| 데이터 전처리 |

데이터 전처리에서 ID를 꼭 제외해야 하는지에 대해 질문을 자주 받는다. 일반적으로는 시계열 데이터가 아니고 모두 다른 값이면 제외하지만, 제외하지 않아도 머신러닝이 자동으로 중요도를 선정한다. 베이스라인에서 ID를 삭제해 보면 점수가 더 떨어진 것을 확인할 수 있다. 성능 개선 기준은 점수를 기준으로 하기 때문에 ID는 삭제하지 않겠다.

```python
# 데이터 불러오기
import pandas as pd
train = pd.read_csv("train.csv")
test = pd.read_csv("test.csv")
target = train.pop('segmentation')

# ID 제외
train.drop('ID', axis=1, inplace=True)
test_ID = test.pop('ID')

# 원-핫 인코딩
train = pd.get_dummies(train)
test = pd.get_dummies(test)

# 검증 데이터 분할
from sklearn.model_selection import train_test_split
X_tr, X_val, y_tr, y_val = train_test_split(train,
                                             target,
                                             test_size=0.2,
                                             random_state=0)
X_tr.shape, X_val.shape, y_tr.shape, y_val.shape

# LightGBM
lg = lgb.LGBMClassifier(random_state=0, verbose=-1)
lg.fit(X_tr, y_tr)
pred = lg.predict(X_val)
print(f1_score(y_val, pred, average='macro'))

# 베이스라인(ID포함, 원-핫 인코딩): 0.5392434827587952
# ID 삭제: 0.5277491575057244
```

```
0.5277491575057244
```

원-핫 인코딩을 레이블 인코딩으로 변경해 보자. 점수가 더 떨어진 것을 확인할 수 있다.

```python
# 데이터 불러오기
import pandas as pd
```

```
train = pd.read_csv("train.csv")
test = pd.read_csv("test.csv")
target = train.pop('Segmentation')

# 레이블 인코딩
from sklearn.preprocessing import LabelEncoder
# cols = train.select_dtypes(include='object').columns
cols = ['Gender', 'Ever_Married', 'Graduated', 'Profession', 'Spending_Score','Var_1']

for col in cols:
    le = LabelEncoder()
    train[col] = le.fit_transform(train[col])
    test[col] = le.transform(test[col])

# 검증 데이터 분할
from sklearn.model_selection import train_test_split
X_tr, X_val, y_tr, y_val = train_test_split(train,
                                            target,
                                            test_size=0.2,
                                            random_state=0)
X_tr.shape, X_val.shape, y_tr.shape, y_val.shape

# LightGBM
lg = lgb.LGBMClassifier(random_state=0, verbose=-1)
lg.fit(X_tr, y_tr)
pred = lg.predict(X_val)
print(f1_score(y_val, pred, average='macro'))

# 베이스라인(ID포함, 원-핫 인코딩): 0.5392434827587952
# 레이블 인코딩: 0.5253104251107019(사용 안함)

0.5253104251107019
```

기존 베이스라인 모델에서 스케일링을 추가한다. 이번에는 스탠더드 스케일링을 활용해 보자. 성능이 개선되었다. 여유가 있다면 민맥스와 로버스트 스케일링도 비교 적용해 보자. 스케일링을 할 때는 label값(Segmentation)은 제외한다.

```
# 데이터 불러오기
import pandas as pd
train = pd.read_csv("train.csv")
test = pd.read_csv("test.csv")
target = train.pop('Segmentation')

# 스케일링
from sklearn.preprocessing import StandardScaler
scaler = StandardScaler()
```

```python
cols = ['ID', 'Age', 'Work_Experience', 'Family_Size']
train[cols] = scaler.fit_transform(train[cols])
test[cols] = scaler.transform(test[cols])

# 원-핫 인코딩
train = pd.get_dummies(train)
test = pd.get_dummies(test)

# 검증 데이터 분할
from sklearn.model_selection import train_test_split
X_tr, X_val, y_tr, y_val = train_test_split(train,
                            target,
                            test_size=0.2,
                            random_state=0)
X_tr.shape, X_val.shape, y_tr.shape, y_val.shape

# LightGBM
lg = lgb.LGBMClassifier(random_state=0, verbose=-1)
lg.fit(X_tr, y_tr)
pred = lg.predict(X_val)
print(f1_score(y_val, pred, average='macro'))

# 베이스라인(ID 포함, 원-핫 인코딩): 0.5392434827587952
# 스탠더드 스케일링: 0.5412871352631483

0.5412871352631483
```

데이터 전처리	F1-Score 점수	제출
베이스라인(원-핫 인코딩)	0.5392434827587952	선택/1차 제출
ID 삭제	0.5277491575057244	
레이블 인코딩	0.5253104251107019	
스케일링(스탠더드)	0.5412871352631483	선택/2차 제출

제출 양식에 맞춰 csv를 생성하고 두 번째 파일을 제출하자.

```python
# 최종 제출 파일
pred = lg.predict(test)
submit = pd.DataFrame({'ID': test['ID'],'Segmentation': pred})
submit.to_csv("result.csv", index=False)
```

제5회 기출 문제

2022년 12월 3일 시행

작업형 ● 제1유형

문제 1 종량제 봉투 종류가 '규격봉투'고, 종량제 봉투 용도가 '음식물쓰레기'인 2L 가격 평균을 구하시오. 단, 가격이 0이면 평균에서 제외하고, 반올림 후 정수를 출력하시오.

- data: data5-1.csv (데이터 출처: 공공데이터포털)

```
import pandas as pd
df = pd.read_csv("data5-1.csv")
```

풀이

1) 조건1.종량제 봉투 종류 '규격봉투'
첫 번째 조건은 종량제 봉투 종류로 규격봉투를 선택한다.

2) 조건2.종량제 봉투 용도 '음식물쓰레기'
두 번째 조건은 종량제 봉투 용도로 음식물쓰레기를 선택한다. 조건1과 2는 컬럼명의 끝 단어가 다르다. 실수하지 않도록 주의하자.

3) 조건3. 2L 가격이 0이면 제외
세 번째 조건은 2L 가격 중 0값을 제외한다. 시험 직후 이 조건을 실수로 빠뜨렸다는 수험생들이 많았다. 작업형1은 주석으로 작업해야 할 내용을 먼저 작성한 후 코딩하는 방법을 추천한다.
세 번째 조건은 최솟값이 0이므로 df['2ℓ가격'] > 0이라고 작성해도 된다.

4) 조건 적용한 데이터
3개의 조건을 적용한 데이터를 선택한다.

5) 2L 가격 평균 계산, 반올림, 정수 출력
2L 가격 평균을 계산하고 반올림 후 정수로 출력한다. round(값, 소수 자릿수) 함수에서는 소수 자릿수(두 번째 파라미터 값)에 아무것도 넣지 않으면 정수형(int)을 반환한다. 따라서 int( )로 감싸주지 않아도 된다. 다만, 두 번째 파라미터를 작성하지 않더라도 round( )와 int( )는 다르다. 예를 들어, int(3.8)은 3이지만, round(3.8)은 4다.

```
# 1) 조건1.종량제 봉투 종류 '규격봉투'
cond1 = df['종량제봉투종류'] == '규격봉투'

# 2) 조건2.종량제 봉투 용도 '음식물쓰레기'
cond2 = df['종량제봉투용도'] == '음식물쓰레기'

# 3) 조건3. 2L 가격이 0이면 제외
cond3 = df['2ℓ가격'] != 0
```

```
# 4) 조건 적용한 데이터
df = df[cond1 & cond2 & cond3]

# 5) 2L 가격 평균 계산, 반올림, 정수 출력
print(round(df['2ℓ가격'].mean()))

118
```

문제 2 bmi 수치가 정상인 사람 수와 위험체중인 사람 수의 차이를 절댓값으로 구하시오. (정수로 출력)

- data: data5-2.csv

```
import pandas as pd
df = pd.read_csv("data5-2.csv")
```

- bmi(체질량 지수): 몸무게(kg)/키(m)의 제곱 단위
- 단위: Height(cm), Weight(kg)

BMI
- 저체중: BMI 18.5 미만
- 정상체중: BMI 18.5 이상~23 미만
- 과체중 또는 위험체중: BMI 23이상~25 미만
- 비만체중: 25 이상

풀이

1) bmi 파생변수 계산
   파생변수를 계산하기 앞서 단위의 변환이 필요하다. 문제에서 bmi 계산 수식을 보면 키는 m 단위다. 현재 Height는 단위가 cm로 되어 있고, 계산을 위해서는 m 단위로 변경이 필요하다. 그리고 bmi를 계산하기 위해 제곱연산자(**)를 사용한다.

2) 조건1. 정상체중 bmi
   문제에서 제시한 정상체중의 BMI 범위 대로 조건을 만든다.

3) 조건2. 위험체중 bmi
   문제에서 제시한 위험체중의 BMI 범위대로 조건을 만든다.

4) 조건1의 인원과 조건2의 인원 차이 계산, 절댓값 처리
   정상체중 인원과 위험체중 인원의 차이를 계산하고 절댓값으로 출력한다.

```
# 1) bmi 파생변수 계산
df['bmi'] = df['Weight'] / (df['Height']/100)**2

# 2) 조건1. 정상체중 bmi
cond1 = (df['bmi'] >= 18.5) & (df['bmi'] < 23)

# 3) 조건2. 위험체중 bmi
cond2 = (df['bmi'] >= 23) & (df['bmi'] < 25)

# 4) 조건1의 인원과 조건2의 인원 차이 계산, 절댓값 처리
print(abs(len(df[cond1]) - len(df[cond2])))

144
```

⊕ **연산자 우선순위**: 제곱의 우선순위가 나누기보다 높다. 따라서 제곱을 먼저 한 후 나누기를 실행한다. 곱하기와 나누기는 우선순위가 같으며, 우선순위가 같을 때는 왼쪽에서 오른쪽 순으로 계산한다. 우선순위를 잘 모르겠다면 괄호를 작성하면 된다.

문제 3
순 전입학생이 가장 많은 학교의 전체 학생 수를 구하시오. (순 전입학생 = 전입 학생 − 전출 학생)

- data: 5-3student.csv(데이터 출처: 학교알리미)

```
import pandas as pd
df = pd.read_csv("data5-3.csv")
```

풀이

순 전입학생 수가 가장 많은 A 학교의 데이터를 살펴본 결과, 전입 학생 923명, 전출 학생 0명으로 순 전입학생은 총 923명이다. 전출 학생이 0명이다 보니 923명을 출력해야 할지, A 학교 전체 학생 수 230명을 출력해야 할지 이 시험을 응시한 수험생들은 고민이 되었다고 한다. 문제에서는 순 전입학생을 묻는 것이 아니라 전체 학생 수를 묻고 있다. 이에 전체 학생 수를 출력해야 한다. 시간적 여유가 있어 검산을 하고 싶다면 1~6학년 전체 학생 수를 더해보는 것도 방법이다.

1) '순 전입' 파생변수 계산
'전입 학생 수'에서 '전출 학생 수'를 뺀 '순전입' 수를 새로운 컬럼으로 만든다.

2) '순 전입' 컬럼 기준으로 내림차순 정렬
새로 만든 '순전입' 컬럼을 기준으로 내림차순으로 정렬한다. 가장 큰 값이 첫 번째 행에 온다.

3) 첫 번째 행의 전체 학생 수 값 선택
첫 번째 행의 '전체 학생 수' 컬럼 값을 출력한다.

```
# 1) '순전입' 파생변수 계산
df['순 전입'] = df['전입학생수(계)'] - df['전출학생수(계)']

# 2) '순 전입' 컬럼 기준으로 내림차순 정렬
df = df.sort_values('순전입', ascending=False)

# 3) 첫 번째 행의 전체 학생 수 값 선택
print(int(df.iloc[0,-2]))

230
```

작업형 ● 제2유형

문제 차량의 특징 기반 데이터를 활용해 test 데이터의 중고차 가격을 예측하시오.

- 제공된 데이터 목록: train.csv, test.csv
- 예측할 컬럼: price(차량 가격)

학습용 데이터(train.csv)를 이용하여 차량 가격을 예측하는 모델을 만든 후 이를 평가용 데이터(test.csv)에 적용해 얻은 예측값을 다음과 같은 형식의 CSV 파일로 생성하시오.

제출 파일은 다음 1개의 컬럼을 포함해야 한다.
- pred: 예측된 차량 가격
- 제출 파일명: 'result.csv'

제출한 모델의 성능은 RMSE(Root Mean Square Error) 평가지표에 따라 채점한다.
- 제출 csv 파일명 및 형태: result.csv(수치형 데이터)

```
pred
11000
20500
19610
...
11995
```

| 데이터 |

```
import pandas as pd
train = pd.read_csv("train.csv")
test = pd.read_csv("test.csv")
```

풀이

1. 문제 정의
자동차 데이터다. 차량의 특징을 기반으로 가격(price)을 예측하시오.
- 평가 기준은 RMSE(Root Mean Square Error)로 평가
- label(target)은 차량 가격(price)
- 제출 방식은 test 데이터에 대한 차량 가격 예측 결과를 csv 파일로 제출(파일명: result.csv)
- 최종 제출 파일 내용은 1개의 컬럼을 갖고 있어야 함(컬럼명: pred)

2. 라이브러리 및 데이터 불러오기
판다스 라이브러리와 주어진 train과 test 데이터셋을 불러온다.

```
import pandas as pd
train = pd.read_csv("train.csv")
test = pd.read_csv("test.csv")
```

3. 탐색적 데이터 분석(EDA)
데이터의 크기를 확인한다. train은 3,759개의 행과 9개의 컬럼이 있고, test는 1,617개의 행과 8개의 컬럼이 있다.

```
train.shape, test.shape
```

```
((3759, 9), (1617, 8))
```

train 데이터 샘플을 확인한다. 카테고리(문자)와 연속형(숫자) 컬럼이 혼합되어 있는 것을 확인할 수 있다. label 데이터인 price가 항상 끝에 오지 않을 수도 있다. 세 번째 컬럼에 차량 가격 정보가 있다.

```
train.head(3)
```

	model	year	price	transmission	mileage	fuelType	tax	mpg	engineSize
0	EcoSport	2017	10298	Manual	25013	Petrol	150	53.3	1.0
1	Focus	2016	10491	Manual	30970	Diesel	0	74.3	1.5
2	S-MAX	2017	13498	Manual	60200	Diesel	150	56.5	2.0

test 데이터 샘플을 확인한다.

```
test.head(3)
```

	model	year	transmission	mileage	fuelType	tax	mpg	engineSize
0	S-MAX	2016	Manual	23905	Diesel	125	56.5	2.0
1	Fiesta	2018	Manual	16895	Petrol	145	40.3	1.5
2	Kuga	2017	Manual	12109	Petrol	165	45.6	1.5

데이터 자료형(타입)을 확인한다. int가 4개, float가 2개, object가 3개인 것을 확인할 수 있다. object(3개) 컬럼은 인코딩이 필요하다.

```
train.info()
```

```
<class 'pandas.core.frame.DataFrame'>
RangeIndex: 3759 entries, 0 to 3758
Data columns (total 9 columns):
 #   Column        Non-Null Count  Dtype
---  ------        --------------  -----
 0   model         3759 non-null   object
 1   year          3759 non-null   int64
 2   price         3759 non-null   int64
 3   transmission  3759 non-null   object
 4   mileage       3759 non-null   int64
 5   fuelType      3759 non-null   object
 6   tax           3759 non-null   int64
 7   mpg           3759 non-null   float64
 8   engineSize    3759 non-null   float64
dtypes: float64(2), int64(4), object(3)
memory usage: 264.4+ KB
```

기초 통계 값을 간단히 살펴보자. train과 test 최대 최소 값의 큰 차이는 없다. price는 1095부터 48000까지 있다.

```
train.describe()
```

	year	price	mileage	tax	mpg	engineSize
count	3759.000000	3759.000000	3759.000000	3759.000000	3759.000000	3759.000000
mean	2016.876031	12353.321362	23191.786379	114.444001	57.793083	1.352807

std	2.033660	4750.338051	19223.258713	61.713682	10.099221	0.437130
min	2002.000000	1095.000000	5.000000	0.000000	20.900000	0.000000
25%	2016.000000	9000.000000	9997.500000	75.000000	52.300000	1.000000
50%	2017.000000	11495.000000	18180.000000	145.000000	58.900000	1.200000
75%	2018.000000	15310.000000	31000.000000	145.000000	65.700000	1.500000
max	2020.000000	48000.000000	144000.000000	570.000000	201.800000	5.000000

`test.describe()`

	year	mileage	tax	mpg	engineSize
count	1617.000000	1617.000000	1617.000000	1617.000000	1617.000000
mean	2016.752628	23817.544836	113.089054	57.804082	1.362894
std	2.182152	20130.026364	63.584868	10.567025	0.436878
min	2005.000000	5.000000	0.000000	20.900000	0.000000
25%	2016.000000	10422.000000	30.000000	52.300000	1.000000
50%	2017.000000	18471.000000	145.000000	58.900000	1.200000
75%	2018.000000	31098.000000	145.000000	65.700000	1.600000
max	2020.000000	150890.000000	570.000000	201.800000	5.000000

object 컬럼의 unique 개수를 확인해 보자. 차종(model)은 19종류, 트랜스미션과 연료는 각각 3종류다.

`train.describe(include='O')`

	model	transmission	fuelType
count	3759	3759	3759
unique	19	3	3
top	Fiesta	Manual	Petrol
freq	1372	3234	2541

test 데이터셋에 있는 object 컬럼도 확인한다. test 데이터도 train 데이터와 유사한 형태임을 확인할 수 있다.

```
test.describe(include='O')
```

	model	transmission	fuelType
count	1617	1617	1617
unique	19	3	3
top	Fiesta	Manual	Petrol
freq	591	1385	1085

결측치가 있는지 확인해 보자. train과 test에 결측치가 없음을 확인할 수 있다.

```
train.isnull().sum().sum()
```
0

```
test.isnull().sum().sum()
```
0

회귀의 경우 label(target)이 연속형이다. 따라서 분류와 같이 value_counts( )를 통해 확인한다면 아래와 같은 결과를 확인할 수 있다. 종류가 1,443개다. 만약 분류와 회귀를 구분하기 어렵다면 예측할 값만 value_counts( )로 확인해 봐도 알 수 있다. 결과가 수백, 수천 개가 나온다면 회귀로 판단하자.

```
train['price'].value_counts()
```
```
12000    33
9000     31
11000    30
11500    27
10000    27
         ..
8782     1
14620    1
15320    1
17994    1
6830     1
Name: price, Length: 1443, dtype: int64
```

일반적으로 회귀의 label(target)은 시각화로 확인한다. 시험 환경에서 시각화를 지원하지는 않지만, 데이터 분석을 학습하는 차원에서 확인해 보자. 금액(x축)과 수량(y축)을 히스토그램(histogram)으로 표현했다.

```
train['price'].hist()
```

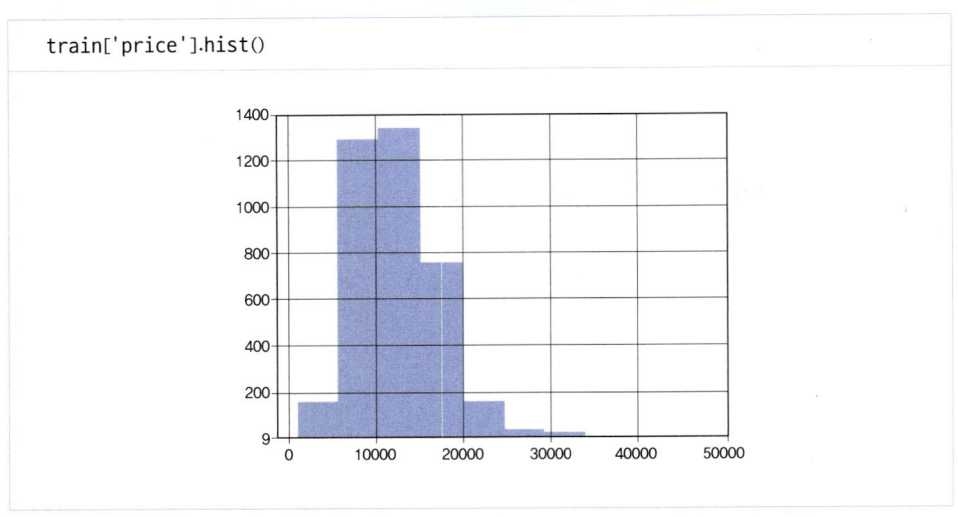

4. 데이터 전처리
자료형이 object인 컬럼을 판다스에서 제공하는 함수를 활용해 원-핫 인코딩한다.

```
target = train.pop('price')
print(train.shape, test.shape)
train = pd.get_dummies(train)
test = pd.get_dummies(test)
print(train.shape, test.shape)
```

```
(3759, 9) (1617, 8)
(3759, 31) (1617, 30)
```

5. 검증 데이터 분할
train 데이터를 활용해 검증 데이터(20%)를 분할한다.

```
from sklearn.model_selection import train_test_split
X_tr, X_val, y_tr, y_val = train_test_split(train,
                                             target,
                                             test_size=0.2,
                                             random_state=0)
X_tr.shape, X_val.shape, y_tr.shape, y_val.shape
```

```
((3007, 30), (752, 30), (3007,), (752,))
```

6. 머신러닝 학습 및 평가

평가지표는 RMSE다. 만약 시험장에서 함수가 기억나지 않는다면 알고 있는 회귀 평가지표를 사용하자. 오차를 계산하는 방식이 다소 차이는 있지만, 임시 방편으로 활용할 수 있다. 작업형2의 경우 채점은 코드에서 생성한 csv 파일로만 한다.

```
from sklearn.metrics import root_mean_squared_error
```

머신러닝 회귀 모델을 활용해 보자. RMSE는 0에 가까울수록(오차가 작을수록) 좋은 모델이다. 4개 모델 중에서는 LightGBM 모델이 좋은 성능을 보이고 있다. 참고로 회귀는 predict( )로만 예측한다. 선형 회귀 모델은 random_state 하이퍼파라미터가 없기 때문이다.

선형 회귀 모델

```
from sklearn.linear_model import LinearRegression
lr = LinearRegression()
lr.fit(X_tr, y_tr)
pred = lr.predict(X_val)
root_mean_squared_error(y_val, y_pred)
```

1822.4658269216968

랜덤포레스트 모델

```
from sklearn.ensemble import RandomForestRegressor
rf = RandomForestRegressor(random_state=0)
rf.fit(X_tr, y_tr)
pred = rf.predict(X_val)
root_mean_squared_error(y_val, y_pred)
```

1342.4372706543252

Xgboost 모델

```
import xgboost as xgb
xg = xgb.XGBRegressor(random_state=0)
xg.fit(X_tr, y_tr)
pred = xg.predict(X_val)
root_mean_squared_error(y_val, y_pred)
```

1252.4232343438716

LightGBM 모델

```
import lightgbm as lgb
lg = lgb.LGBMRegressor(random_state=0, verbose=-1)
lg.fit(X_tr, y_tr)
pred = lg.predict(X_val)
root_mean_squared_error(y_val, y_pred)
```

1221.9041801017495

7. 예측 및 결과 파일 생성

제출 양식 형태로 컬럼명을 작성하고 데이터프레임을 만들자. pred로 컬럼명을 만들고 예측 결괏값을 대입한다. 그러고 나서 csv 파일로 생성한다. index 파라미터는 반드시 False로 설정한다.

```
pred = lg.predict(test)
result = pd.DataFrame({
    'pred':pred
})
result.to_csv("result.csv", index=False)
```

제출하기 전에 완성된 csv를 다시 불러와 제출 양식과 동일한지 눈으로 확인해 보자.

```
pd.read_csv("result.csv")
```

	pred
0	15608.179533
1	16253.821307
2	14625.513849
3	17710.268855
4	6421.654383
...	...
1612	10979.790600
1613	17712.971139
1614	9202.004820
1615	14188.185921
1616	6261.434242

1617 rows × 1 columns

8. 성능 개선 심화

베이스라인 모델이 완성되었다. 시험에서는 첫 번째 "제출" 버튼을 클릭할 차례다.

성능을 개선한 두 번째 모델을 만들어 보자. 검증 데이터를 활용해 나온 첫 번째 오차는 1221.9다. 이보다 낮은 오차를 얻기 위해 데이터 전처리(인코딩, 스케일링)를 진행해 보자. 성능 개선을 할 때는 쉬운 비교를 위해 베이스라인에서 성능이 좋았던 LightGBM 모델만 활용하겠다.

| 주의할 점 |

성능 개선과 관련된 점수(결과)는 같을 수도 있지만, 환경(버전)에 따라 다른 결과가 나올 수도 있다. 결과와 상관없이 검증 데이터를 활용해 평가했을 때 성능이 좋은 쪽으로 선택하면 된다.

| 데이터 전처리 |

원-핫 인코딩을 레이블 인코딩으로 변경한 결과, 오차가 감소하여 성능이 개선되었다. 시험에서는 모델과 인코딩 방식만 비교해도 충분하다.

```python
# 데이터 불러오기
import pandas as pd
train = pd.read_csv("train.csv")
test = pd.read_csv("test.csv")

# target 데이터
target = train.pop('price')

# 레이블 인코딩
from sklearn.preprocessing import LabelEncoder
cols = train.select_dtypes(include='O').columns

for col in cols:
    le = LabelEncoder()
    train[col] = le.fit_transform(train[col])
    test[col] = le.transform(test[col])

# 검증데이터 분리
from sklearn.model_selection import train_test_split
X_tr, X_val, y_tr, y_val = train_test_split(train, target, test_size=0.2, random_state=0)
X_tr.shape, X_val.shape, y_tr.shape, y_val.shape

# LightGBM
import lightgbm as lgb
lg = lgb.LGBMRegressor(random_state=0, verbose=-1)
lg.fit(X_tr, y_tr)
pred = lg.predict(X_val)
from sklearn.metrics import root_mean_squared_error
root_mean_squared_error(y_val, y_pred)
```

```
# 베이스라인(원핫인코딩): 1221.9041801017495
# 레이블 인코딩: 1184.573934411357
```
1184.573934411357

데이터 전처리	RMSE	제출
베이스라인(원핫인코딩)	1221.9041801017495	선택/1차 제출
레이블 인코딩	1184.573934411357	선택/2차 제출

최종적으로 적용된 모델이다. csv 파일까지 생성한다. 시험에서는 두 번째 제출을 진행하면 된다.

```
# 최종 제출 파일
pred = lg.predict(test)
result = pd.DataFrame({
    'pred':pred
})
result.to_csv("result.csv", index=False)
```

제6회 기출 문제

2023년 6월 24일 시행

작업형 ● 제1유형

문제 1 출동시간과 도착시간 차이가 평균적으로 가장 오래 걸린 소방서의 시간을 분으로 변환해 출력하시오.

- data: data6-1-1.csv

```
import pandas as pd
df = pd.read_csv("data6-1-1.csv")
```

풀이

1) datetime 형태로 변경
도착시간과 출동시간을 object에서 datetime 자료형으로 변경한다.

2) 출동시간과 도착시간의 차이를 분으로 계산
도착시간에서 출동시간을 뺀 시간을 분으로 계산한다. dt.total_seconds( ) 함수는 전체 시간을 초 단위로 변환한다. 이를 60으로 나누면 분이 된다.

3) 소방서별 평균 시간 차이 계산
소방서별 시간 차이의 평균을 구한다. groupby('소방서')에서는 소괄호를 사용해 그룹핑 기준 컬럼을 선택하고, ['시간차이(분)'].mean( )을 활용해 시간 차이(분) 컬럼의 평균만 구한다.

4) 평균 차이가 가장 큰 소방서의 시간을 찾고 출력
idxmax( )는 가장 큰 값의 인덱스명(값)을 반환받는다. '소방서9' 값을 갖고 있는 인덱스의 값을 출력한다. 출력 결과를 round( )로 반올림해 정수를 출력한다.

```
# 1) datetime 형태로 변경
df['도착시간'] = pd.to_datetime(df['도착시간'])
df['출동시간'] = pd.to_datetime(df['출동시간'])

# 2) 출동시간과 도착시간의 차이를 분으로 계산
df['시간차이(분)'] = (df['도착시간'] - df['출동시간']).dt.total_seconds() / 60

# 3) 소방서별 평균 시간 차이 계산
avg_diff = df.groupby('소방서')['시간차이(분)'].mean()

# 4) 평균 차이가 가장 큰 소방서의 시간을 찾고 출력
idx = avg_diff.idxmax()
```

```
result = avg_diff[idx]
print(round(result))
81
```

result의 결괏값은 80.6588888888889고 이를 반올림했다. 간혹 80이 '분'이고 소수점 이하는 '초'로 이해하는 경우도 있다. 더욱이 0.3(30초로 해석) 이상이면 반올림해야 한다는 잘못된 판단을 하기도 한다.
80.6588888888889는 '분'이다. 80도 '분'이고, 소수점 이하도 '분'이다. 예시 코드를 살펴보자. 5.5분이 있을 때 5도 '분'이고, 0.5도 '분'이다. 0.5를 초로 재계산하면 30초가 나온다. 따라서 '분'에 round( ) 함수로 반올림하는 것이 정상이다.

```
min = 5.5
print(int(min),"분")
print((min-int(min))*60,"초")
5 분
30.0 초
```

문제 2 학교에서 교사 한 명당 맡은 학생 수가 가장 많은 학교를 찾고, 그 학교의 전체 교사 수를 구하시오.

- data: data6-1-2.csv

```
import pandas as pd
df = pd.read_csv("data6-1-2.csv")
```

풀이 1

1) 총 학생 수 계산
1학년부터 6학년까지 더한 값을 총 학생 수로 계산한다.

2) 교사 한 명당 맡은 학생 수
총 학생 수/교사 수로 교사 한 명당 맡은 학생의 수를 계산한다.

3) 학생/교사 최댓값의 인덱스명
2번의 최댓값을 가진 행을 idxmax( )로 구한다. idxmax( )를 활용할 때 주의할 점은 "인덱스명"을 반환한다는 것이다.

4) 학생/교사 최댓값의 학교 교사 수 출력
인덱스명으로 값을 찾기 위해서는 loc를 활용한다. 교사 수를 묻고 있으므로 idxmax( )로 반환받은 인덱스명과 '교사 수' 컬럼을 선택해 값을 출력한다.

```
# 1) 총 학생 수 계산
df['총학생수'] = df.iloc[:, 2:].sum(axis=1)
```

```
# 2) 교사 한 명당 맡은 학생 수
df['학생/교사'] = df['총학생수'] / df['교사수']

# 3) 학생/교사 최댓값의 인덱스명
idx = df['학생/교사'].idxmax()

# 4) 학생/교사 최댓값의 학교 교사 수 출력
print(df.loc[idx, '교사수'])
```

19

풀이 2

1) 교사 한 명당 맡은 학생 수
(1학년에서 6학년을 더한 수)/교사 수로 교사 한 명당 맡은 학생의 수를 계산한다.

2) 학생/교사 컬럼을 내림차순으로 정렬
'학생/교사'를 기준으로 내림차순으로 정렬하면 '학생/교사' 컬럼에서 가장 큰 값이 첫 번째 행이다.

3) 최상단 행의 교사 수 값 출력
정렬을 하고 나면 인덱스명(값)이 뒤섞이게 된다. 따라서 이때는 iloc를 사용한다. 첫 번째 행의 교사 수 값을 출력한다.

```
import pandas as pd
df = pd.read_csv("data6-1-2.csv")

# 1) 교사 한 명당 맡은 학생 수
df['학생/교사'] = (df['1학년'] + df['2학년'] + df['3학년'] + df['4학년'] + df['5학년'] + df['6학년']) / df['교사수']

# 2) 학생/교사 컬럼을 내림차순으로 정렬
df = df.sort_values('학생/교사', ascending=False)

# 3) 최상단 행의 교사 수 값 출력
print(df.iloc[0, 1])
```

19

문제 3 연도별로 총 범죄 건수(범죄 유형별 발생 건수의 합)의 월평균 값을 구한 후 그 값이 가장 큰 연도를 찾아 해당 연도의 총 범죄 건수의 월평균 값을 출력하시오. (반올림하여 정수 출력)

- data: data6-1-3.csv

```
import pandas as pd
df = pd.read_csv("data6-1-3.csv")
```

풀이

1) 총 범죄 건수 계산
범죄 유형별 발생 건수를 합하고, 새로운 컬럼에 대입한다. 행별 합을 위해 축(axis)을 1로 설정했다.

2) 연도 슬라이싱
연도별 계산을 위해 연도 컬럼을 새로 만들고, 날짜 컬럼에서 str을 활용해 연도만 슬라이싱한다.

3) 연도별 총 범죄 건수 합 계산
총 범죄 건수를 연도별로 그룹핑하고 합한다.

4) 가장 큰 값의 월평균 계산
"가장 큰 연도를 찾고, 해당 연도의 총 범죄 건수의 월평균 값을 구하는 과정"을 문제의 요구대로 단계별로 풀어도 된다. 필자는 이미 연도별로 그룹핑한 데이터를 result에 담았기 때문에 연도를 구하는 과정 없이 result에서 가장 큰 값을 12로 나누고 반올림 후 출력했다.

```
# 1) 총 범죄 건수 계산
df['총 범죄 건수'] = df.iloc[:, 1:7].sum(axis=1)

# 2) 연도 슬라이싱
df['연도'] = df["날짜"].str[:4]

# 3) 연도별 총 범죄 건수 합 계산
result = df['총 범죄 건수'].groupby(df["연도"]).sum()

# 4) 가장 큰 값의 월평균 계산
print(round(result.max()/12))
```

```
533
```

작업형 ● 제2유형

문제 건물 데이터를 기반으로 건물의 난방 부하(에너지 효율성)를 예측하시오.

- 제공된 데이터 목록: train.csv, test.csv
- 예측할 컬럼: Heat_Load(Very Low, Low, Medium, High, Very High)

학습용 데이터(energy_train.csv)를 이용하여 난방 부하 결과를 예측하는 모델을 만든 후 이를 평가용 데이터(energy_test.csv)에 적용해 얻은 예측값을 다음과 같은 형식의 CSV 파일로 생성하시오.

제출 파일은 다음 1개의 컬럼만 포함해야 한다.

- pred: 예측 결과
- 제출 파일명: 'result.csv'

제출한 모델의 성능은 Macro F1-Score 평가지표에 따라 채점한다.

- 제출 csv 파일명 및 형태: result.csv

```
pred
Low
High
Very Low
Low
```

제6회 작업형2 데이터셋
제6회 작업형2는 다중 분류 문제다. 결측치가 없고, object 자료형이 포함되어 있으며, 나이대가 구간으로 나눠진 결과를 예측했다. 특이점은 베이스라인 모델만으로도 높은 평가 결과가 나온다는 것이다. 본 6회 기출문제는 이와 유사한 다중 분류 데이터로 구성했다.

| 데이터 |

```
import pandas as pd
train = pd.read_csv("energy_train.csv")
test = pd.read_csv("energy_test.csv")
```

풀이

1. 문제 정의
에너지 효율성을 평가하기 위한 난방 부하를 예측하는 문제다.
- 평가 기준은 Macro F1 Score로 평가
- label(target)은 난방 부하(Heat_Load)임(Very Low, Low, Medium, High, Very High)
- 제출 방식은 test 데이터에 대한 예측 결과를 csv 파일로 제출(파일명: result.csv)
- 최종 제출 파일 내용은 1개의 컬럼을 갖고 있어야 함(컬럼명: pred)

2. 라이브러리 및 데이터 불러오기
판다스 라이브러리와 주어진 train과 test 데이터셋을 불러온다.

```
import pandas as pd
train = pd.read_csv("energy_train.csv")
test = pd.read_csv("energy_test.csv")
```

3. 탐색적 데이터 분석(EDA)

데이터의 크기를 확인한다. train은 537개의 행과 10개의 컬럼이 있고, test는 231개의 행과 9개의 컬럼이 있다.

```
train.shape, test.shape
```

((537, 10), (231, 9))

train 데이터 샘플을 확인한다. 카테고리(문자)와 연속형(숫자) 컬럼이 혼합되어 있는 것을 확인할 수 있다. 마지막 컬럼에 있는 Heat_Load 컬럼에서 클래스가 문자로 구분된 것을 확인할 수 있다.

```
train.head()
```

	Compac	Surf_Area	Wall_Area	Roof	Height	Orient	Glaze_Area	Glaze_Distr	Cool_Load	Heat_Load
0	0.74	686.0	245.0	220.5	Short	South	0.25	3	14.72	Very Low
1	0.98	514.5	294.0	Small	Tall	South	0.40	2	33.94	High
2	0.90	686.0	318.5	Medium	Tall	West	0.25	1	37.58	High
3	0.74	686.0	245.0	220.5	Short	South	0.25	2	15.18	Very Low
4	0.98	514.5	294.0	Small	Tall	East	0.25	2	29.69	High

test 데이터 샘플을 확인한다.

```
test.head()
```

	Compac	Surf_Area	Wall_Area	Roof	Height	Orient	Glaze_Area	Glaze_Distr	Cool_Load
0	0.64	784.0	343.0	220.5	Short	South	0.40	4	22.25
1	0.82	612.5	318.5	Large	Tall	North	0.40	3	32.43
2	0.76	661.5	416.5	Medium	Tall	South	0.10	5	33.64
3	0.74	686.0	245.0	220.5	Short	East	0.40	1	17.25
4	0.64	784.0	343.0	220.5	Short	North	0.25	5	20.13

데이터 자료형(타입)을 확인한다. int가 1개, float가 5개, object가 4개인 것을 확인할 수 있다. 4개 중 1개는 target(Heat_Load)다.

```
train.info()
```

```
<class 'pandas.core.frame.DataFrame'>
RangeIndex: 537 entries, 0 to 536
```

```
Data columns (total 10 columns):
 #   Column       Non-Null Count  Dtype
---  ------       --------------  -----
 0   Compac       537 non-null    float64
 1   Surf_Area    537 non-null    float64
 2   Wall_Area    537 non-null    float64
 3   Roof         537 non-null    object
 4   Height       537 non-null    object
 5   Orient       537 non-null    object
 6   Glaze_Area   537 non-null    float64
 7   Glaze_Distr  537 non-null    int64
 8   Cool_Load    537 non-null    float64
 9   Heat_Load    537 non-null    object
dtypes: float64(5), int64(1), object(4)
memory usage: 42.1+ KB
```

object 컬럼의 unique 개수를 확인해 보자.

```
train.describe(include='object')
```

	Roof	Height	Orient	Heat_Load
count	537	537	537	537
unique	4	2	4	5
top	220.5	Tall	South	Very Low
freq	257	280	145	142

test 데이터셋에 있는 object 컬럼도 확인한다. 예측할 컬럼인 Heat_Load를 제외하고는 유사한 형태다.

```
test.describe(include='object')
```

	Roof	Height	Orient
count	231	231	231
unique	4	2	4
top	220.5	Short	North
freq	127	127	74

결측치가 있는지 확인해 보자. train과 test 모두 결측치가 없음을 확인할 수 있다.

```
train.isnull().sum().sum()
```
```
0
```

```
test.isnull().sum().sum()
```

```
0
```

Heat_Load 컬럼의 종류에 따른 개수를 각각 확인해 보자. 5개의 클래스가 있고, Very Low가 가장 많다.

```
train['Heat_Load'].value_counts()
```

```
Very Low     142
Low          123
High         122
Very High     79
Medium        71
Name: Heat_Load, dtype: int64
```

4. 데이터 전처리

인코딩을 처리하기 앞서 예측할 값이 object라면 다른 변수에 옮겨둔다. train에는 Heat_Load가 있고, test에는 없기 때문에 원-핫 인코딩을 하면 컬럼 수가 달라지게 된다. pop('Heat_Load')를 사용해 target 변수에 Heat_Load값을 대입하고, train에서는 삭제한다.

```
target = train.pop('Heat_Load')
```

pd.get_dummies()를 사용해 원-핫 인코딩한다. 인코딩한 후 train과 test 컬럼의 수가 같은 것을 확인했다.

```
print(train.shape, test.shape)
train = pd.get_dummies(train)
test = pd.get_dummies(test)
print(train.shape, test.shape)
```

```
(537, 9) (231, 9)
(537, 16) (231, 16)
```

5. 검증 데이터 분할

train 데이터를 활용해 검증 데이터(20%)를 분할한다. 앞서 Heat_Load를 target 변수에 담아뒀기 때문에 train_test_split(train,target)과 같이 사용한다.

```
from sklearn.model_selection import train_test_split
X_tr, X_val, y_tr, y_val = train_test_split(train,
                                            target,
                                            test_size=0.2,
                                            random_state=0)
X_tr.shape, X_val.shape, y_tr.shape, y_val.shape
```

```
((429, 16), (108, 16), (429,), (108,))
```

6. 머신러닝 학습 및 평가

여러 개인 머신러닝 분류 모델을 활용해 보자. 이번 문제는 이진 분류가 아닌 다중 분류 문제다. 평가지표 방식만 달라질 뿐, 머신러닝 모델은 분류 모델을 이진 분류와 동일하게 사용한다.

평가지표가 F1 Score라면 predict_proba(각 클래스를 예측할 확률값)이 아닌 predict(각 클래스 예측)을 활용한다.

```
from sklearn.tree import DecisionTreeClassifier
from sklearn.ensemble import RandomForestClassifier
import xgboost as xgb
import lightgbm as lgb
from sklearn.metrics import f1_score
```

F1 Score는 1에 가까울수록 성능이 좋은 모델이다. 4개 모델로 예측해 보니 특별히 튜닝이나 전처리를 하지 않았음에도 모두 0.9가 넘는 높은 점수가 나왔다.

(1) 의사결정 나무 모델

```
dt = DecisionTreeClassifier(random_state=0)
dt.fit(X_tr, y_tr)
pred = dt.predict(X_val)
print(f1_score(y_val, pred, average='macro'))

0.9167995817564094
```

(2) 랜덤포레스트 모델

```
rf = RandomForestClassifier(random_state=0)
rf.fit(X_tr, y_tr)
pred = rf.predict(X_val)
print(f1_score(y_val, pred, average='macro'))

0.9277616846430405
```

(3) Xgboost 모델

```
xg = xgb.XGBClassifier(random_state=0)
xg.fit(X_tr, y_tr)
pred = xg.predict(X_val)
print(f1_score(y_val, pred, average='macro'))

ValueError: Invalid classes inferred from unique values of `y`. Expected: [0 1 2 3 4], got ['High' 'Low' 'Medium' 'Very High' 'Very Low']
```

에러가 발생했다. Xgboost 분류 모델은 예측 클래스가 0부터 시작해야 한다. 5개의 클래스라면 0, 1, 2, 3, 4로 변경해야 정상 동작된다. 문자를 숫자로 변경하는 방법으로 LabelEncoder를 사용해 보자. le.inverse_transform( )으로 원래 문자로 복원이 가능하다.

```
# target 인코딩
from sklearn.preprocessing import LabelEncoder
le = LabelEncoder()
y_tr_adjusted = le.fit_transform(y_tr)

# 모델 학습 및 예측
xg = xgb.XGBClassifier(random_state=0)
xg.fit(X_tr, y_tr_adjusted)
pred = xg.predict(X_val)

# 예측값을 원래 문자로 변경
pred = le.inverse_transform(pred)

print(f1_score(y_val, pred, average='macro'))
```

```
0.9374839068652628
```

(4) LightGBM 모델

LightGBM 모델 학습 시 버전에 따라 로그 내용이 그대로 출력되기도 한다. verbose=-1 설정으로 로그 내용을 출력하지 않을 수 있다.

```
lg = lgb.LGBMClassifier(random_state=0, verbose=-1)
lg.fit(X_tr, y_tr)
pred = lg.predict(X_val)
print(f1_score(y_val, pred, average='macro'))
```

```
0.9319703995747777
```

7. 예측 및 결과 파일 생성

성능이 상대적으로 좋은 Xgboost 모델을 선택해 제출하면 된다. 하지만 인코딩을 한 번 더 해야 하는 번거로움이 있으므로 입문자가 시험 환경에서 사용하기에는 어려울 수도 있다. LightGBM 또는 랜덤포레스트로도 0.9점대로 높은 성능을 보이고 있어 어느 것을 선택해도 좋은 모델이 될 것이다. 필자는 LightGBM을 선택하고 test 데이터를 예측했다. 그리고 작업형2 문제에서 요구한 대로 컬럼명은 pred, 파일명은 result.csv로 만들었다.

```
pred = lg.predict(test)
submit = pd.DataFrame({
    'pred': pred
})
submit.to_csv("result.csv", index=False)
```

제출하기 전에 완성된 csv를 다시 불러와 제출 양식과 동일한지 눈으로 확인해 보자.

```
pd.read_csv("result.csv")
```

	pred
0	1
1	0
2	0
3	1
4	1
...	...
226	4
227	1
228	4
229	1
230	3

231rows × 1columns

8. 크로스 밸리데이션 심화

6회 시험에서 f1 점수가 0.9점대라는 높은 점수가 나와서 많은 수험생을 당황스럽게 했다. 0.9점대의 높은 점수를 받은 모델은 추가 전처리가 필요하지 않을 것으로 보이며 그대로 제출하면 된다. 그러나 이렇게 높은 점수는 검증 데이터의 분할 방식에 따른 운 좋은 결과일 수도 있다. 지금까지는 검증 데이터를 20~30%로 나눠 모델의 성능을 평가했지만, 더 정확한 성능 평가를 위해 여유가 있다면 크로스 밸리데이션을 사용하는 것이 좋다.

(1) K-fold 크로스 밸리데이션(Cross-Validation)

train 데이터를 K개로 동일한 크기로 나눈다. 나눈 데이터를 K개의 세트라고 부른다면 각각의 세트를 모두 검증용으로 한 번씩 사용하면서 나머지 K-1개 세트를 훈련 데이터로 사용한다. 결국 모든 데이터가 훈련 데이터와 검증 데이터로 사용되도록 한다. 예를 들어, K가 5라면 이 과정을 다섯 번 거쳐 5개의 평가 결과를 얻게 된다. 최종적으로 이 5개의 평가 결과의 평균을 내어 모델의 성능을 평가한다. 여기서는 랜덤포레스트 모델을 사용했고, 성능 결과의 평균은 0.9318588885917534다.

```python
import pandas as pd
from sklearn.ensemble import RandomForestClassifier
from sklearn.model_selection import cross_val_score

train = pd.read_csv("energy_train.csv")
test = pd.read_csv("energy_test.csv")

# 데이터 전처리
target = train.pop('Heat_Load')
```

```
train = pd.get_dummies(train)
test = pd.get_dummies(test)

# 모델 준비
rf = RandomForestClassifier(random_state=0)

# 크로스 밸리데이션 수행(5-fold)
scores = cross_val_score(rf, train, target, cv=5, scoring='f1_macro')
print(scores)

# 평균 F1 스코어 출력
print(scores.mean())
```

```
[0.91726901 0.90856297 0.92346084 0.95283204 0.95716959]
0.9318588885917534
```

TIP

크로스 밸리데이션의 scoring

cross_val_score()의 scoring은 평가지표를 의미한다. 사이킷런에서 지원하는 평가지표를 abc 순서대로 정리하면 다음과 같은 평가지표를 확인할 수 있다. 크로스 밸리데이션의 scoring 중에 회귀 평가지표 중 일부는 neg(negative의 약자)가 붙어 있다. 크로스 밸리데이션에서는 높은 점수가 더 좋은 것으로 간주되기 때문에 기본적으로 평가지표가 높을수록 좋다가 되어야 한다. 그런데 회귀 평가지표는 낮을수록 좋은 평가지표기 때문에 neg를 붙여서 음수 값으로 변경해 높을수록 성능이 좋다는 방향성에 맞게 변환한다.

```
['accuracy', 'adjusted_mutual_info_score', 'adjusted_rand_score',
'average_precision', 'balanced_accuracy', 'completeness_score',
'explained_variance', 'f1', 'f1_macro', 'f1_micro', 'f1_samples', 'f1_
weighted', 'fowlkes_mallows_score', 'homogeneity_score', 'jaccard',
'jaccard_macro', 'jaccard_micro', 'jaccard_samples', 'jaccard_weighted',
'max_error', 'mutual_info_score', 'neg_brier_score', 'neg_log_loss', 'neg_
mean_absolute_error', 'neg_mean_absolute_percentage_error', 'neg_mean_
gamma_deviance', 'neg_mean_poisson_deviance', 'neg_mean_squared_error',
'neg_mean_squared_log_error', 'neg_median_absolute_error', 'neg_root_
mean_squared_error', 'normalized_mutual_info_score', 'precision',
'precision_macro', 'precision_micro', 'precision_samples', 'precision_
weighted', 'r2', 'rand_score', 'recall', 'recall_macro', 'recall_micro',
'recall_samples', 'recall_weighted', 'roc_auc', 'roc_auc_ovo', 'roc_auc_
ovo_weighted', 'roc_auc_ovr', 'roc_auc_ovr_weighted', 'top_k_accuracy',
'v_measure_score']
```

(2) 모델 학습 및 예측

크로스 밸리데이션은 모델의 성능을 평가하는 단계에 불과하다. 모델 학습과 예측은 별도로 진행해야 한다. 크로스 밸리데이션에서 평가된 랜덤포레스트 모델을 사용해 전체 데이터에 대해 다시 학습을 진행한 후 예측 결과를 csv 파일로 저장한다. 그리고 시험에서는 제출 버튼을 클릭하자.

```
rf.fit(train, target)
pred = rf.predict(test)
submit = pd.DataFrame({'pred': pred})
submit.to_csv("result.csv", index=False)
```

작업형 ● 제3유형

문제 1 감기약 위약(플라시보)을 투여받은 환자의 부작용은 항암약 위약(플라시보)을 투여받은 환자의 부작용과 차이가 있는가?

효과가 없는 위약(가짜약)을 환자에게 제안하지만, 환자의 심리적인 요인에 의해 병세가 호전되기도 하고 부작용을 느끼기도 한다. 감기약(위약)을 투여받은 환자들 중 일부는 부작용을 경험했는데, 이 부작용의 알려진 발생 비율은 다음과 같다.

구분	부작용	비율
1	아픔	10%
2	조금 아픔	5%
3	속쓰림	15%
4	이상 없음	70%

항암약(위약)을 투여받은 실제 환자 그룹에서 관찰된 부작용은 다음과 같다.

```
import pandas as pd
df = pd.DataFrame({
    "항암약":[4,4,3,4,1,4,1,4,1,4,4,2,1,4,2,3,2,4,4,4]
    })
print(df.head(3))
  항암약
0   4
1   4
2   3
```

(1은 '아픔', 2는 '조금 아픔', 3은 '속쓰림', 4는 '이상 없음'을 의미한다.)

- 귀무가설(H_0): 감기약(위약)의 부작용과 항암약(위약)의 부작용은 동일하다.
- 대립가설(H_1): 감기약(위약)의 부작용과 항암약(위약)의 부작용은 다르다.

문제 1-1 항암약을 투여받은 환자 중 '이상 없음'의 비율을 0과 1 사이로 구하시오.

문제 1-2 감기약의 예상 부작용 비율과 항암약의 부작용 관찰값이 통계적으로 유의미하게 차이가 있는지 확인하려 한다. 카이제곱 검정을 사용해 검정 통계량을 구하시오.

문제 1-3 위의 p-value를 구하시오.

문제 1-1 풀이 1

1) 이상 없음(4)의 빈도 계산

df['항암약']==4 조건의 결과는 True(1) / False(0)으로 반환된다. 이 결과를 모두 더하면 True의 수가 된다. 결국 4의 빈도가 계산된다.

2) 항암약을 투여받은 환자 중 '이상 없음' 비율 계산

전체 데이터 수를 len( ) 함수로 구하고, 앞서 구한 4의 빈도를 전체 수로 나누면 비율이 계산된다.

```
# 1) 이상 없음(4)의 빈도 계산
cnt = sum(df['항암약']==4)

# 2) 항암약을 투여받은 환자 중 '이상 없음' 비율 계산
ratio = cnt / len(df)
print(ratio)

0.55
```

문제 1-1 풀이 2

카테고리별 비율 계산

value_counts( )에는 빈도를 계산해 준다. normalize=True 옵션을 설정하면 각 값의 상대적 비율(총합은 1)로 반환된다. 4의 비율인 0.55가 출력된 것을 확인할 수 있다.

```
# 1) 카테고리별 비율 계산
print(df['항암약'].value_counts(normalize=True))

4    0.55
1    0.20
2    0.15
3    0.10
Name: 항암약, dtype: float64
```

문제 1-2 풀이

1) 각 카테고리의 비율을 리스트로 만들기
문제에서 표로 제시된 값을 카테고리 1, 2, 3, 4 순서대로 리스트로 만든다.

2-1) 기대 빈도 수 계산
감기약의 부작용으로 알려진 비율에 항암약 데이터 수를 곱해 기대 빈도 수를 구한다.

2-2) 기대 빈도 수 계산 (다른 방법)
리스트 컴프리헨션(List Comprehension) 방법을 사용할 줄 아는 수험생이라면 다음과 같이 구할 수도 있다.

```
from scipy.stats import chisquare

# 1) 각 카테고리의 비율을 리스트로 만들기
prob = [0.1, 0.05, 0.15, 0.7]

# 2-1) 기대 빈도 수 계산
print("데이터 수: ", len(df))
expected_counts = [0.1*20, 0.05*20, 0.15*20, 0.7*20]
print(expected_counts)

# 2-2) 기대 빈도 수 계산(다른 방법)
expected_counts = [x*len(df) for x in prob]
print(expected_counts)

데이터 수:  20
[2.0, 1.0, 3.0, 14.0]
[2.0, 1.0, 3.0, 14.0]
```

3) 관찰 빈도 수 계산
간단하게는 value_counts( )의 결괏값만 갖고 리스트를 만들면 된다. 다음은 value_counts( )의 결과를 index 순서로 정렬한 후 리스트화시킨 코드다.

```
# 3) 관찰 빈도 수 계산
observed_counts = df['항암약'].value_counts().sort_index().to_list()
print(observed_counts)

[4, 3, 2, 11]
```

4) 카이제곱 검정 수행
카이제곱 검정 수행 결과, 검정 통계량은 6.9761904761904760이다. 카이제곱 검정을 수행할 때 관찰된 빈도와 기대 빈도를 정확하게 파악해야 실수가 없다. 관찰 빈도가 첫 번째, 기대 빈도가 두 번째로 입력된다. chisquare(observed_counts, expected_counts)와 같이 작성도 가능하다.

```
# 4) 카이제곱 검정 수행
print(chisquare(f_obs=observed_counts, f_exp=expected_counts))
Power_divergenceResult(statistic=6.976190476190476,
pvalue=0.07266054733847573)
```

문제 1-3 풀이

앞서 풀이한 카이제곱 검정 결과에서 p-value를 확인할 수 있다. 0.07266054733847573다.

문제 2 다중 선형 회귀 모델을 구축하고, 각 소문제에 답하시오.

- data: data6-3-2.csv
- 독립변수: solar(태양 에너지), wind(바람의 세기), O_3(오존 농도)
- 종속변수: temperature(온도)

```
import pandas as pd
df = pd.read_csv("data6-3-2.csv")
print(df.head(3))

   solar  wind    o3  temperature
0  89.14  6.28  33.52         23.0
1 109.97  1.04  27.01         20.7
2 102.83  6.42  41.00         20.5
```

문제 2-1 주어진 데이터를 기반으로 다중 선형 회귀 모델을 구축하고, 독립변수 o3의 회귀 계수를 구하시오.

문제 2-2 문제 2-1에서 적합한 모델에서 'solar'와 'o3'이 고정된 상태에서 'wind'의 세기가 증가함에 따라 'temperature'가 감소한다. 이 회귀 모델에서 'wind'의 회귀 계수에 대한 p-value를 구하시오.

문제 2-3 문제 2-1에서 적합한 모델에서 solar:100, wind:5, o3:30일 때, 예측값을 구하시오.

1) R 스타일 formula
formula를 문자열로 작성한다. '종속변수 ~ 독립변수1 + 독립변수2 + 독립변수3'이다. temperature를 종속변수, solar, wind, o3를 독립변수로 설정한다.

2) 회귀 모델 학습
statsmodels의 ols()로 선형 회귀 모델을 학습한다. formula와 data를 입력값으로 대입한다.

3) 회귀 모델 요약 정보
회귀 모델 요약 정보에는 모델의 성능, 변수별 회귀 계수, 통계적 유의성 검정, 신뢰 구간 등 다양한 내용을 담고 있다. 그중에서 독립변수 o3에 대한 회귀 계수를 찾는다. 0.0749다.

```python
from statsmodels.formula.api import ols

# 1) R 스타일 formula
formula = 'temperature ~ solar + wind + o3'

# 2) 회귀 모델 학습
model = ols(formula, data=df).fit()

# 3) 회귀 모델 요약 정보
summary = model.summary()
print(summary)
```

```
                            OLS Regression Results
==============================================================================
Dep. Variable:            temperature   R-squared:                       0.044
Model:                            OLS   Adj. R-squared:                  0.014
Method:                 Least Squares   F-statistic:                     1.464
Date:                Mon, 11 Sep 2023   Prob (F-statistic):              0.229
Time:                        16:25:21   Log-Likelihood:                -195.45
No. Observations:                 100   AIC:                             398.9
Df Residuals:                      96   BIC:                             409.3
Df Model:                           3
Covariance Type:            nonrobust
==============================================================================
                 coef    std err          t      P>|t|      [0.025      0.975]
------------------------------------------------------------------------------
Intercept     19.0507      1.994      9.555      0.000      15.093      23.008
solar          0.0039      0.015      0.251      0.802      -0.027       0.035
wind          -0.0252      0.090     -0.280      0.780      -0.204       0.153
o3             0.0749      0.036      2.079      0.040       0.003       0.146
```

```
=================================================================
Omnibus:                   0.654   Durbin-Watson:              2.328
Prob(Omnibus):             0.721   Jarque-Bera (JB):           0.672
Skew:                      0.187   Prob(JB):                   0.715
Kurtosis:                  2.855   Cond. No.                1.20e+03
=================================================================
```

Notes:
[1] Standard Errors assume that the covariance matrix of the errors is correctly specified.
[2] The condition number is large, 1.2e+03. This might indicate that there are strong multicollinearity or other numerical problems.

문제 2-1 풀이 2

params['o3']를 사용해 학습된 모델에서 o_3의 회귀 계수를 출력한다.

```
print("2-1. o3의 회귀계수:", model.params['o3'])
```

2-1. o3의 회귀계수: 0.0749385437813658

문제 2-2 풀이

wind와 temperature의 선형 관계 p-value

다중 선형 회귀 분석은 문제 2-1에서 분석한 모델을 사용한다. 'wind'와 'temperature' 간의 선형 관계에 대한 p-value는 약 0.7797이다.

```
print("2-2. wind의 p-value:", model.pvalues['wind'])
```

2-2. wind의 p-value: 0.7797177202071661

문제 2-3 풀이

1) 새 데이터를 데이터프레임으로 만들기

solar값은 100, wind값은 5, o_3값은 30으로 데이터프레임을 만든다. 문제 2-1에서 모델을 구축했을 때와 같은 컬럼명을 사용해야 한다.

```python
# 1) 새 데이터를 데이터프레임으로 만들기
new_data = pd.DataFrame({
    'solar': [100],
    'wind': [5],
    'o3': [30]
})
print(new_data)
```

```
   solar  wind  o3
0    100     5  30
```

2) 적합(구축)된 모델을 사용해 예측

예측값을 구하기 위해 model.predict( )를 사용한다.

```python
# 2) 구축된 모델을 사용해 예측
pred = model.predict(new_data)
```

```
0    21.56163
dtype: float64
```

제7회 기출 문제

2023년 12월 2일 시행

작업형 ● 제1유형

문제 1 결측치가 있는 행을 제거한 후 학생이 가장 많이 수강한 과목을 찾고, 해당 과목 점수를 표준화(스탠더드 스케일)한 다음 가장 큰 표준화된 값을 구하시오. (반올림하여 소수 셋째 자리까지 계산)

- data: student_assessment.csv

```
import pandas as pd
df = pd.read_csv("student_assessment.csv")
```

풀이

1) 결측치 제거
dropna()를 활용해 결측치가 있는 모든 행을 제거한다. 결측치 제거 전후의 데이터프레임 크기를 출력해 제거된 행의 수를 확인한다.

2) 가장 많이 수강한 과목 필터링
value_counts()를 사용해 각 과목별 수강한 학생의 수를 계산하고, idxmax()로 가장 많이 수강한 과목의 ID를 찾는다.

3) 과목 점수 스탠더드 스케일
사이킷런의 StandardScaler를 사용해 과목 점수를 스탠더드 스케일로 변환한다.

4) 가장 큰 값
max()를 사용해 가장 큰 값을 찾고, 이를 round()로 소수점 셋째 자리까지 반올림해 출력한다.

```
# 1) 결측치 제거
# print(df.shape)
df = df.dropna()
# print(df.shape)

# 2) 가장 많이 수강한 과목 필터링
id = df['id_assessment'].value_counts().idxmax()
cond = df['id_assessment'] == id
df = df[cond]

# 3) 과목 점수 스탠더드 스케일
from sklearn.preprocessing import StandardScaler
```

```
scaler = StandardScaler()
df['score'] = scaler.fit_transform(df[['score']])

# 4) 가장 큰 값
print(round(df['score'].max(), 3))

2.183
```

문제 2 DE1~DE77 컬럼 중 주가지수의 종가 'close'와 가장 상관 관계가 높은 변수를 찾아 해당 변수의 평균값을 구하시오. (반올림하여 소수 넷째 자리까지 계산)

- data: stock_market.csv

```
import pandas as pd
df = pd.read_csv("stock_market.csv")
```

풀이

1) close와의 상관 관계(절댓값)
corr()는 데이터프레임의 모든 숫자형 변수 간의 상관 계수를 계산한다. 상관 계수는 −1부터 1까지의 값을 가지며, −1에 가까울수록 강한 음의 상관 관계, 1에 가까울수록 강한 양의 상관 관계를 의미하고, 0은 상관 관계가 없음을 나타낸다. df.corr()['close']를 통해 'close' 컬럼과 다른 모든 컬럼 간의 상관 계수를 계산하고, abs()를 사용해 이 값들의 절댓값을 구한다. 이는 상관 관계의 방향성(양/음)에 관계없이 크기만을 고려하기 위함이다.

2) 상관 관계가 높은 변수명
loc['DE1':'DE77']를 사용해 DE1부터 DE77까지의 변수들 중에서 'close' 컬럼과의 상관 계수를 계산한다. 계산된 상관 계수들 중 가장 큰 값을 idxmax()를 활용해 컬럼의 이름(변수명)을 구한다.

3) '2)'에서 구한 변수명의 평균값
2번에서 구한 변수명의 평균값을 구한다. 결괏값을 반올림해 소수 넷째 자리까지 출력한다.

```
# 1) close와의 상관 관계(절댓값)
df_corr = df.corr()['close'].abs()

# 2) 상관 관계가 높은 변수명
col = df_corr.loc['DE1':'DE77'].idxmax()

# 3) '2)'에서 구한 변수명의 평균값
print(round(df[col].mean(), 4))

-0.0004
```

문제 3 IQR을 이용해 이산화탄소(CO_2) 이상치 수를 찾으시오.

Q1(제1사분위수): 하위 25%값

Q3(제 3사분위수): 상위 25%값

IQR(사분위수 범위): IQR = Q3 − Q1

lower(하한선): Q1 − 1.5 * IQR, 이 값보다 작은 데이터는 이상치로 간주

upper(상한선): Q3 + 1.5 * IQR, 이 값보다 큰 데이터는 이상치로 간주

- data: chem.csv

```
import pandas as pd
df = pd.read_csv("chem.csv")
```

풀이

1) IQR 계산

Q1은 CO_2의 1사분위수(하위 25%)를 나타내며, df['CO_2'].quantile(0.25)를 통해 계산한다.
Q3는 CO_2의 3사분위수(상위 75%)를 나타내며, df['CO_2'].quantile(0.75)를 통해 계산한다.
IQR은 Q3와 Q1의 차이로 사분위수 범위를 나타낸다.

2) 상한 및 하한 계산

upper는 상한선을 의미하며, Q3+1.5 * IQR로 계산하고, 이 값보다 큰 데이터는 이상치로 간주한다.
lower는 하한선을 의미하며, Q1−1.5 * IQR로 계산하고, 이 값보다 작은 데이터는 이상치로 간주한다.

3) 이상치 식별

df[(df['CO_2'] < lower) | (df['CO_2'] > upper)]를 사용해 CO_2값이 lower보다 작거나 upper보다 큰 모든 데이터를 필터링해 이상치로 식별한다.

4) 이상치 수

len(outliers)를 사용해 식별된 이상치의 개수를 구한다.

```
# 1) IQR 계산
Q1 = df['CO2'].quantile(0.25)
Q3 = df['CO2'].quantile(0.75)
IQR = Q3 - Q1

# 2) 상한 및 하한 계산
upper = Q3 + 1.5 * IQR
lower = Q1 - 1.5 * IQR

# 3) 이상치 식별
outliers = df[(df['CO2'] < lower) | (df['CO2'] > upper)]

# 4) 이상치 수
print(len(outliers))

304
```

작업형 ● 제2유형

문제 W-mart 매장의 판매 데이터를 기반으로 판매액을 예측하시오.

- 제공된 데이터 목록: mart_train.csv(훈련 데이터), mart_test.csv(평가용 데이터)
- 예측할 컬럼: total(총 판매액)

학습용 데이터(mart_train.csv)를 이용하여 총 판매액을 예측하는 모델을 만든 후 이를 평가용 데이터(mart_test.csv)에 적용해 얻은 예측값을 다음과 같은 형식의 CSV 파일로 생성하시오.

제출 파일은 다음 1개의 컬럼을 포함해야 한다.

- pred: 예측된 총 판매액
- 제출 파일명: 'result.csv'

제출한 모델의 성능은 RMSE(Root Mean Square Error) 평가지표에 따라 채점한다.

- 제출 CSV 파일명 및 형태: result.csv(수치형 데이터)

```
pred
10000
20000
30000
40000
...
```

제7회 작업형2 데이터셋
제7회 작업형2 시험에서는 RMSE 결과가 400,000~800,000대로 나타나 성능 평가가 좋은지 안좋은지 판단하기 어려웠다. 따라서 본 제7회 기출문제는 이와 유사한 유형의 데이터를 사용해 문제를 구성했다.

| 데이터 |

```
import pandas as pd
train = pd.read_csv("mart_train.csv")
test = pd.read_csv("mart_test.csv")
```

풀이

1. 문제 정의
W-mart 매장의 판매 데이터를 활용해 총 판매액(total)을 예측하는 문제다.
- 평가 기준은 RMSE(Root Mean Square Error)로 평가
- label(target)은 총 판매액(total)
- 제출 방식은 test 데이터에 대한 총 판매액 예측 결과를 csv 파일로 제출(파일명: result.csv)
- 최종 제출 파일 내용은 1개의 컬럼을 갖고 있어야 함(컬럼명: pred)

2. 라이브러리 및 데이터 불러오기
판다스 라이브러리와 주어진 train과 test 데이터셋을 불러온다.

```
import pandas as pd
train = pd.read_csv("mart_train.csv")
test = pd.read_csv("mart_test.csv")
```

3. 탐색적 데이터 분석(EDA)
데이터의 크기를 확인한다. train은 700개의 행과 10개의 컬럼이 있고, test는 300개의 행과 9개의 컬럼이 있다.

```
train.shape, test.shape
```
((700, 10), (300, 9))

train 데이터 샘플을 확인한다. 카테고리(문자)와 연속형(숫자) 컬럼이 혼합되어 있는 것을 확인할 수 있다. total 컬럼(target)은 연속형 숫자로 확인할 수 있다.

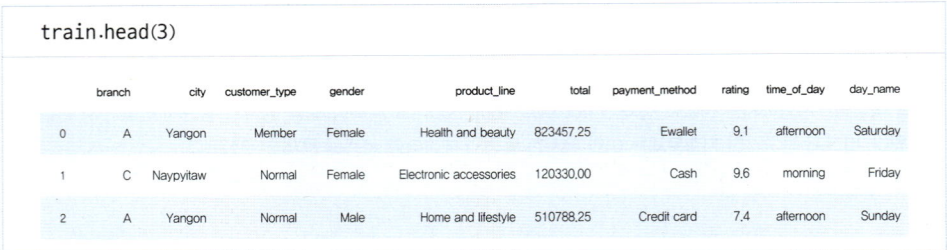

test 데이터 샘플을 확인한다.

	branch	city	customer_type	gender	product_line	payment_method	rating	time_of_day	day_name
0	C	Naypyitaw	Normal	Female	Fashion accessories	Ewallet	9.6	afternoon	Thursday
1	B	Mandalay	Normal	Male	Food and beverages	Credit card	4.3	evening	Wednesday
2	B	Mandalay	Member	Female	Fashion accessories	Credit card	5.0	evening	Wednesday

데이터 자료형(타입)을 확인한다. float가 2개, object가 8개인 것을 확인할 수 있다.

```
train.info()
```

```
<class 'pandas.core.frame.DataFrame'>
RangeIndex: 700 entries, 0 to 699
Data columns (total 10 columns):
 #   Column          Non-Null Count  Dtype
---  ------          --------------  -----
 0   branch          700 non-null    object
 1   city            700 non-null    object
 2   customer_type   700 non-null    object
 3   gender          700 non-null    object
 4   product_line    700 non-null    object
 5   total           700 non-null    float64
 6   payment_method  700 non-null    object
 7   rating          700 non-null    float64
 8   time_of_day     700 non-null    object
 9   day_name        700 non-null    object
dtypes: float64(2), object(8)
memory usage: 54.8+ KB
```

기초 통계 값을 간단히 살펴보자. rating은 4~10 사이의 숫자로 확인할 수 있고, total은 지수 표기법으로 표시되었다. 일반 표기법으로 변경하고자 한다면 판다스 설정을 다음과 같이 변경하면 된다. pd.set_option('display.float_format', '{:.10f}'.format)

```
train.describe()
```

	total	rating
count	7.000000e+02	700.000000
mean	4.850780e+05	7.003429
std	3.643907e+05	1.713078
min	1.904175e+04	4.000000
25%	2.001195e+05	5.500000
50%	3.818745e+05	7.000000
75%	7.061276e+05	8.425000
max	1.563975e+06	10.000000

object 컬럼의 unique 개수를 확인해 보자.

```
train.describe(include='object')
```

	branch	city	customer_type	gender	product_line	payment_method	time_of_day	day_name
count	700	700	700	700	700	700	700	700
unique	3	3	2	2	6	3	3	7
top	A	Yangon	Normal	Male	Sports and travel	Cash	evening	Saturday
freq	236	236	354	356	127	246	309	114

test 데이터셋에 있는 object 컬럼도 확인한다. unique의 수가 같은 것을 확인할 수 있다.

```
test.describe(include='object')
```

	branch	city	customer_type	gender	product_line	payment_method	time_of_day	day_name
count	300	300	300	300	300	300	300	300
unique	3	3	2	2	6	3	3	7
top	A	Yangon	Member	Female	Electronic accessories	Ewallet	evening	Saturday
freq	104	104	155	157	58	110	123	50

TIP

object 컬럼 카테고리 비교
특정 컬럼의 카테고리가 동일한지 비교할 수 있다.
set_train = set(train['컬럼명'])
set_test= set(test['컬럼명'])
print(set_train == set_test)

결측치가 있는지 확인해 보자. train과 test 모두 결측치가 없음을 확인할 수 있다.

```
train.isnull().sum().sum()
```
0

```
test.isnull().sum().sum()
```
0

total 컬럼의 종류에 따른 개수를 각각 확인해 보자. target이 연속형(수치) 데이터일 때는 다음과 같이 많은 종류가 나온다. 695개다. 예측할 컬럼이 연속형 숫자고, 회귀 문제라는 것을 확인할 수 있다.

```
train['total'].value_counts()
283641.7500000000    2
263875.5000000000    2
415422.0000000000    2
326450.2500000000    2
130851.0000000000    2
                    ..
293391.0000000000    1
137103.7500000000    1
348232.5000000000    1
104107.5000000000    1
1535625.0000000000   1
Name: total, Length: 695, dtype: int64
```

target이 연속형 숫자일 때는 describe( )로 최솟값, 최댓값, 평균값을 확인해 보자. 앞서도 확인했지만, 이번에는 일반 표기법으로 살펴보자. 가장 작은 값은 약 19041, 가장 큰 값은 약 1563975로 차이가 큰 것을 확인할 수 있다.

```
pd.set_option('display.float_format', '{:.10f}'.format)
train['total'].describe()
count        700.0000000000
mean      485078.0175000000
std       364390.7265411940
min        19041.7500000000
25%       200119.5000000000
50%       381874.5000000000
75%       706127.6250000000
max      1563975.0000000002
Name: total, dtype: float64
```

4. 데이터 전처리

pop( )을 사용해 target 변수에 total값을 대입하고, train에서는 total 컬럼을 삭제한다.

```
target = train.pop('total')
```

pd.get_dummies( )를 사용해 원-핫 인코딩한다. 인코딩 후 train과 test 컬럼의 수가 같은 것을 확인할 수 있다.

```
print(train.shape, test.shape)
train = pd.get_dummies(train)
test = pd.get_dummies(test)
print(train.shape, test.shape)
```

(700, 9) (300, 9)
(700, 30) (300, 30)

5. 검증 데이터 분할

train 데이터를 활용해 검증 데이터(20%)를 분할한다.

```
from sklearn.model_selection import train_test_split
X_tr, X_val, y_tr, y_val = train_test_split(train,
                                            target,
                                            test_size=0.2,
                                            random_state=0)
X_tr.shape, X_val.shape, y_tr.shape, y_val.shape
```

((560, 30), (140, 30), (560,), (140,))

6. 머신러닝 학습 및 평가

평가지표는 rmse이다. 사이킷런에서 제공하는 rmse 함수를 불러온다.

```
from sklearn.metrics import root_mean_squared_error
```

RMSE는 숫자가 0에 가까울수록 성능이 좋은 모델이다. 4개 모델로 예측하고 검증 데이터로 비교하자.

(1) 선형 회귀 모델

```
from sklearn.linear_model import LinearRegression
lr = LinearRegression()
lr.fit(X_tr, y_tr)
pred = lr.predict(X_val)
root_mean_squared_error(y_val, pred)
```

374016.3661648522

(2) 랜덤포레스트 모델

```
from sklearn.ensemble import RandomForestRegressor
rf = RandomForestRegressor(random_state=0)
rf.fit(X_tr, y_tr)
pred = rf.predict(X_val)
root_mean_squared_error(y_val, pred)

385935.56337360526
```

(3) Xgboost 모델

```
import xgboost as xgb
xg = xgb.XGBRegressor(random_state=0)
xg.fit(X_tr, y_tr)
pred = xg.predict(X_val)
root_mean_squared_error(y_val, pred)

442570.7070483747
```

(4) LightGBM 모델

LightGBM 모델 학습 시 버전에 따라 로그 내용이 그대로 출력되기도 한다. verbose=-1 설정으로 로그 내용을 출력하지 않을 수 있다.

```
import lightgbm as lgb
lg = lgb.LGBMRegressor(random_state=0, verbose=-1)
lg.fit(X_tr, y_tr)
pred = lg.predict(X_val)
root_mean_squared_error(y_val, pred)

404369.88780394377
```

7. 예측 및 결과 파일 생성

성능이 상대적으로 좋은 선형 회귀(Linear Regression) 모델을 선택해 제출한다. 작업형2 문제에서 요구한 대로 컬럼명은 pred, 파일명은 result.csv로 만들었다.

```
pred = lr.predict(test)
result = pd.DataFrame({
    'pred':pred
})
result.to_csv("result.csv", index=False)
```

제출하기 전에 완성된 csv를 다시 불러와 제출 양식과 동일한지 확인해 보자. 회귀 평지지표(수식)로 계산한다. 따라서 회귀 문제인 경우 제출 양식에 있는 샘플이 정수형이라서 소수점을 처리하지 않아도 된다.

```
pd.read_csv("result.csv")
```

	pred
0	485484.5740277335
1	474683.4165377701
2	486669.1574532854
3	426407.8222290426
4	599942.9042138032
...	...
295	501132.5887398275
296	554273.9221195824
297	540502.7549631428
298	550704.8821613131
299	506543.6684025061

300 rows × 1 columns

8. 성능 개선 심화

제7회 시험에서 수험생이 자체 평가한 RMSE 결괏값이 검증 데이터에 따라 십만대(400,000~800,000) 점수가 나왔다. 성능이 좋은지 판단하기 어려웠다. 이때는 여러 모델과 비교해 보거나 전처리를 다르게 처리해 비교하는 방법이 있다. 레이블 인코딩 적용 시 약간의 모델 성능이 개선된 것을 확인할 수 있다.

데이터 전처리	RMSE	제출
베이스라인(원-핫 인코딩)	374016.3661648522	선택/1차 제출
레이블 인코딩	371070.1344734549	선택/2차 제출

```
# 데이터 불러오기
import pandas as pd
train = pd.read_csv("mart_train.csv")
test = pd.read_csv("mart_test.csv")

# target 데이터
target = train.pop('total')

# 레이블 인코딩
from sklearn.preprocessing import LabelEncoder
cols = train.select_dtypes(include='O').columns
```

```
for col in cols:
    le = LabelEncoder()
    train[col] = le.fit_transform(train[col])
    test[col] = le.transform(test[col])

# 검증 데이터 분리
from sklearn.model_selection import train_test_split
X_tr, X_val, y_tr, y_val = train_test_split(train, target, test_size=0.2, random_state=0)

# 선형 회귀
from sklearn.linear_model import LinearRegression
lr = LinearRegression()
lr.fit(X_tr, y_tr)
pred = lr.predict(X_val)
from sklearn.metrics import root_mean_squared_error
print(root_mean_squared_error(y_val, pred))

# 최종 제출 파일
pred = lr.predict(test)
result = pd.DataFrame({
    'pred':pred
})
result.to_csv("result.csv", index=False)

371070.1344734549
```

작업형 ● 제3유형

문제 1 로지스틱 회귀

조개 정보를 나타낸 데이터다. 주어진 데이터에서 300개 중 앞에서부터 210개는 train으로, 90개는 test 데이터로 나눈다. 모델을 학습(적합)할 때는 train 데이터를 사용하고, 예측할 때는 test 데이터를 사용한다. 모델은 다중 로지스틱 회귀를 써서 성별(gender)을 예측하되, 페널티는 부과하지 않는다.

- 종속변수: gender(0: 암컷, 1: 수컷)
- data: clam.csv

"페널티는 부과하지 않는다"는 표현은 결론적으로 신경 쓰지 않아도 된다. 페널티는 주로 L1페널티(Lasso 회귀), L2페널티(Ridge 회귀) 등이 있다. 과적합을 방지하기 위해 사용된다. 추가 제한 조건이 없다는 의미다.

```
import pandas as pd
df = pd.read_csv("clam.csv")

# 데이터셋 분할
print(df.shape)
train = df.iloc[:210]
test = df.iloc[210:]
print(train.shape)

print(df.head())
```
```
(300, 6)
(210, 6)
   age    length  diameter    height    weight  gender
0    6  0.474627  0.211352  0.178189  78.971766       1
1    1  0.465847  0.339388  0.170522  98.781960       1
2    4  0.122807  0.238691  0.106924  88.792625       0
3    4  0.204579  0.360543  0.034261   1.028847       0
4    8  0.243458  0.358037  0.128080   6.503367       0
```

문제 1-1 weight를 독립변수, gender를 종속변수로 사용해 로지스틱 회귀 모델을 만들고, weight 변수가 무게가 한 단위 증가할 때 수컷일 오즈비 값은? (반올림하여 소수 넷째 자리까지 계산)

문제 1-2 gender를 종속변수로 하고 나머지 변수들(age, length, diameter, height, weight)을 독립변수로 사용하는 로지스틱 회귀 모델을 적합시킨 후 잔차 이탈도(Residual Deviance)를 계산하시오. (반올림하여 소수 둘째 자리까지 계산)

문제 1-3 독립변수 weight만 사용해 학습한 모델에서 test 데이터의 gender를 예측하고, Error Rate(오류율)를 구하시오. (반올림하여 소수 셋째 자리까지 계산)

문제 1-1 풀이

1) 로지스틱 회귀 모델 생성 및 학습

logit( ) 함수를 사용해 로지스틱 회귀 모델을 생성하고 학습한다. 모델은 gender를 종속변수, weight를 독립변수로 사용한다.

2) 오즈비 계산

학습된 모델에서 weight에 대한 계수 값을 가져온다. np.exp( ) 함수를 사용해 오즈비로 변환한다.
round( ) 함수를 사용해 오즈비를 소수점 넷째 자리까지 반올림하여 출력한다. 계산된 오즈비는 weight가 한 단위 증가할 때마다 gender가 수컷일 확률이 얼마나 증가하는지를 나타낸다. 1.0047이다.

```
from statsmodels.formula.api import logit
import numpy as np

# 1) 로지스틱 회귀 모델 생성 및 학습
model = logit("gender ~ weight", data=train).fit()

# 2) 오즈비 계산
odds_ratio = np.exp(model.params['weight'])
print(round(odds_ratio, 4))
```

```
Optimization terminated successfully.
        Current function value: 0.690045
        Iterations 4
1.0047
```

문제 1-2 풀이

1) 로지스틱 회귀모델 적합(학습)
문제에서 요구한 독립변수를 사용해 로지스틱 회귀 모델을 적합(학습)한다.

2) 잔차이탈도 계산
잔차이탈도(residual deviance)는 모델의 적합도를 평가하는 지표이다. 잔차이탈도는 로그 우도 값에 −2를 곱한 값입니다.
로그 우도(log-likelihood)는 로지스틱 회귀 모델의 로그 우도는 모델이 주어진 데이터에 얼마나 잘 맞는지를 나타내는 지표다. 로그 우도 값이 클수록 모델이 데이터를 잘 설명한다는 의미이다.

```
# 1) 로지스틱 회귀 모델 생성 및 학습
formula = "gender ~ age + length + diameter + height + weight"
model = logit(formula, data=train).fit()

# 2) 잔차이탈도
print(round(-2 * model.llf, 2))
```

```
Optimization terminated successfully.
    Current function value: 0.683173
    Iterations 4
286.93
```

문제 1-3 풀이

- 기준: 예측한 확률값이 0.5 미만이면 0, 0.5 이상이면 1

1) test 데이터를 사용해 예측

모델을 학습할 때는 train 데이터를 사용하고, 예측할 때는 test 데이터를 사용한다. gender를 target 변수에 옮겨두고 성별(gender)을 예측한다. 로지스틱 회귀 모델(logit)을 통해 각 관측치가 1에 속할 확률을 계산한다. 이 확률이 0.5 이상이면 1로 분류, 0.5 미만이면 0으로 분류한다. 이렇게 해서 pred 변수에는 실제 범주형 예측값(0 또는 1)이 저장된다.

2) 실제 값과 예측값을 사용해 정확도 계산

accuracy_score( ) 함수는 실제 값(target)과 예측값(pred)을 받아 모델의 정확도를 계산한다. 정확도는 모든 예측 중에서 올바르게 예측된 비율을 의미한다.

3) 오류율 계산

오류율은 1에서 정확도를 뺀 값으로 잘못 예측된 비율을 나타낸다. 0.478이다.

```
from sklearn.metrics import accuracy_score

# 1) test 데이터를 사용해 예측(0.5 미만: 0, 0.5 이상: 1)
target = test.pop('gender')
pred = model.predict(test)
pred = (pred > 0.5).astype(int)

# 2) 실제 값과 예측값을 사용해 정확도 계산
accuracy = accuracy_score(target, pred)

# 3) 오류율 계산
error_rate = 1 - accuracy
print(round(error_rate, 3))
```
```
0.478
```

TIP

오류율

오류율(Error Rate)은 분류 모델에서 예측한 결과가 실제 값과 얼마나 다른지를 나타내는 지표다. 다시 말해, 모든 예측 중에서 잘못된 예측의 비율을 의미한다.

오류율 = 잘못된 예측의 수/전체 예측의 수

정확도(Accuracy)는 모든 예측 중 올바른 예측의 비율을 나타내며, 오류율과 정확도는 서로 보완적인 관계에 있다. 간단히 말해, 오류율이 낮을수록 모델의 성능이 좋다고 평가할 수 있다.

정확도 = 1 − 오류율

문제 2 선형 회귀

- data: system_cpu.csv

```
import pandas as pd
df = pd.read_csv("system_cpu.csv")
print(df.head())

          ERP     Feature1    Feature2    Feature3     CPU
0        30.6       235.1        44.5        44.0    112.3
1        40.3        36.6        46.4        36.1     58.6
2        57.7        52.2        66.5         2.0     55.3
3       128.3       196.2        59.8        57.4    103.2
4        80.3        75.2        59.6        58.2    104.1
```

문제 2-1 ERP와 가장 상관 관계가 높은 값을 구하시오. (반올림하여 소수 셋째 자리까지 계산)

문제 2-2 CPU 컬럼이 100 미만인 것만 찾아 ERP를 종속변수, 나머지 변수들을 독립변수로 설정해 선형 회귀 모델을 만들고 적합한 결정 계수를 구하시오. (반올림하여 소수 셋째 자리까지 계산)

문제 2-3 문제 2-2에서 만든 모델에서 독립변수 중 p-value가 가장 높은 값을 구하시오. (반올림하여 소수 셋째 자리까지 계산)

문제 2-1 풀이

1) ERP와 각 변수 간의 상관 계수 계산
데이터프레임의 corr( )를 사용해 모든 변수 간의 상관 계수를 계산한다.

2) ERP와 다른 변수들과의 상관 계수 출력
ERP 변수와 다른 모든 변수들과의 상관 계수를 선택하고, 이를 내림차순(ascending=False)으로 정렬한다. 즉, ERP와 가장 높은 상관 관계를 가진 변수부터 시작해 낮은 상관 관계를 가진 변수 순으로 정렬한다. 상관 계수의 절댓값이 중요하다. 예를 들어, 상관 계수가 +0.9와 −0.95인 두 변수가 있다면 −0.95의 절댓값이 더 크기 때문에 음의 상관 관계를 가진 변수가 ERP와 더 강한 상관 관계를 가진 것으로 간주된다. 문제에서는 ERP와 가장 상관 관계가 높은 변수는 Feature3이고, 0.882가 정답이다.

```
iimport pandas as pd
df = pd.read_csv("system_cpu.csv")

# 1) ERP와 각 변수 사이의 상관계수 계산
corr_matrix = df.corr()

# 2) ERP와 다른 변수들과의 상관계수 출력
erp_corr = corr_matrix['ERP'].sort_values(ascending=False)
print(erp_corr)
```

```
ERP         1.000000
Feature3    0.882194
CPU         0.092455
Feature2    0.092432
Feature1    -0.053848
Name: ERP, dtype: float64
```

문제 2-2 풀이

1) CPU가 100 미만인 데이터 필터링
CPU값이 100 미만인 행만 필터링해 새로운 데이터프레임 filtered_df를 생성한다. 이는 선형 회귀 분석을 수행하기 위한 데이터셋의 사전 조건 설정이다.

2) 선형 회귀 모델 생성
statsmodels의 ols( ) 함수를 사용해 선형 회귀 모델을 생성한다. ols( ) 함수는 최소제곱법(Ordinary Least Squares, OLS)을 사용해 선형 회귀 모델을 만든다.
'ERP ~ Feature1 + Feature2 + Feature3 + CPU'는 모델의 수식을 나타내며, ERP를 종속변수, Feature1, Feature2, Feature3, CPU를 독립변수로 설정한다.
data=filtered_df는 모델을 적합시킬 데이터로 filtered_df를 사용한다는 것을 명시한다. fit( )를 사용해 모델을 만든다.

3) 모델 요약 정보 출력
summary( )를 사용해 생성된 모델의 요약 정보를 가져온다. 이 요약 정보에는 모델의 성능을 나타내는 여러 통계량이 포함되어 있다. 출력 정보 중 결정 계수(R-squared)는 모델이 데이터를 얼마나 잘 설명하는지를 나타내는 지표로 0.755이다.

- R-squared: 결정 계수
- Adj. R-squared: 수정된 결정 계수

```python
from statsmodels.formula.api import ols

# 1) CPU가 100 미만인 데이터 필터링
filtered_df = df[df['CPU'] < 100]

# 2) 선형 회귀 모델 생성: ERP를 종속변수, 나머지 변수들을 독립변수로 설정
model = ols('ERP ~ Feature1 + Feature2 + Feature3 + CPU', data=filtered_df).fit()

# 3) 모델 요약 정보 출력
print(model.summary())
```

```
OLS Regression Results
==============================================================================
Dep. Variable:                    ERP   R-squared:                       0.755
Model:                            OLS   Adj. R-squared:                  0.736
Method:                 Least Squares   F-statistic:                     39.30
Date:                Tue, 02 Jul 2024   Prob (F-statistic):           5.36e-15
Time:                        07:53:28   Log-Likelihood:                -260.40
No. Observations:                  56   AIC:                             530.8
Df Residuals:                      51   BIC:                             540.9
Df Model:                           4
Covariance Type:            nonrobust
==============================================================================
                 coef    std err          t      P>|t|      [0.025      0.975]
------------------------------------------------------------------------------
Intercept     51.4133     19.112      2.690      0.010      13.045      89.782
Feature1      -0.0242      0.059     -0.409      0.684      -0.143       0.094
Feature2       0.0602      0.106      0.569      0.572      -0.152       0.273
Feature3       1.4126      0.113     12.458      0.000       1.185       1.640
CPU           -0.4651      0.234     -1.985      0.053      -0.936       0.005
==============================================================================
Omnibus:                        3.758   Durbin-Watson:                   1.762
Prob(Omnibus):                  0.153   Jarque-Bera (JB):                2.757
Skew:                           0.436   Prob(JB):                        0.252
Kurtosis:                       3.648   Cond. No.                         780.
==============================================================================
```

문제 2-3 풀이

1) 독립변수 중 p-value가 가장 높은 값

문제 2-2 풀이에서 출력된 모델 요약 정보를 살펴보자. 가장 높은 p-value는 0.6840이다.

TIP

p-value

선형 회귀 모델의 요약 정보에서 각 독립변수의 계수(회귀 계수)와 관련된 통계적 유의성을 평가하기 위해 p-value를 사용한다. p-value는 해당 변수의 계수가 통계적으로 유의미한지의 여부를 판단하는 데 사용되며, 일반적으로 p-value가 0.05 미만이면 해당 변수의 계수가 통계적으로 유의미하다고 간주한다. 즉, 해당 변수가 종속변수에 미치는 영향이 우연히 발생한 것이 아니라는 것을 의미한다.

제8회 기출 문제

2024년 6월 22일 시행

작업형 ● 제1유형

문제 1

1) 대륙(continent)별 맥주 소비량('beer_servings')의 평균을 계산하고, 평균이 가장 큰 대륙을 찾으시오.
2) 1번에서 찾은 대륙에서 맥주 소비량이 5번째로 많은 국가('country')의 맥주 소비량을 구하시오.

- data: drinks.csv

```
import pandas as pd
df = pd.read_csv("drinks.csv")
```

풀이

1) 대륙별 맥주 소비량의 평균

groupby( )를 사용해 대륙별로 그룹핑하고, 각 그룹(대륙)별 맥주 소비량의 평균을 계산한다. idxmax( )는 시리즈에서 가장 큰 값의 인덱스를 반환한다. 즉, 맥주 소비량 평균이 가장 큰 대륙의 이름을 반환한다.

2) 국가별 맥주 소비량

해당 대륙의 데이터만 필터링하고, 맥주 소비량을 기준으로 내림차순 정렬한다. iloc를 사용해 맥주 소비량이 5번째로 많은 국가의 맥주 소비량을 구한다.

```
# 1) 대륙별 맥주 소비량의 평균
continent = df.groupby("continent")['beer_servings'].mean() # Europe
top_continent = continent.idxmax()

# 2) 국가별 맥주 소비량
cond = df['continent'] == top_continent
df = df[cond]
df = df.sort_values('beer_servings', ascending=False)
df.iloc[4, 1] # 또는 df.iloc[4]['beer_servings']

313
```

문제 2

1) '관광객비율'이 두 번째로 높은 국가의 '사업' 방문객 수를 a라고 정의하시오.
2) '관광'이 두 번째로 높은 국가의 '공무' 방문객 수를 b라고 정의하시오.
3) a와 b의 합을 구하시오.

- 방문객 합계 = 관광 + 공무 + 사업 + 기타
- 관광객 비율 = 관광 / 방문객 합계

- data: tourist.csv

```
import pandas as pd
df = pd.read_csv("tourist.csv")
```

풀이 1

1) 방문객 합계 및 관광객 비율 계산
방문객 합계를 계산한 후 '관광객비율'을 계산한다.

2) 조건에 맞는 값 찾기
'관광객비율'이 두 번째로 높은 국가의 '사업' 방문객 수를 a로 정의하고, '관광'이 두 번째로 높은 국가의 '공무' 방문객 수를 b로 정의한다. 그런 다음 a와 b의 합을 구한다.

```
# 1) 방문객 합계 및 관광객 비율 계산
df['방문객합계'] = df['관광']+df['공무']+df['사업']+df['기타']
df['관광객비율'] = df['관광'] / df['방문객합계']

# 2) 조건에 맞는 값 찾기
a = df.sort_values('관광객비율', ascending=False).iloc[1, 3] # 또는 iloc[1]['사업']
b = df.sort_values('관광', ascending=False).iloc[1, 2] # 또는 iloc[1]['공무']

print(a+b)
```
```
441
```

풀이 2

sort_values로 두 번째로 높은 국가의 방문객 수를 찾는 대신에 nlargest를 사용할 수도 있다. nlargest는 특정 열에서 상위 n개의 값을 가진 행을 반환하는데, 이를 통해 두 번째로 높은 '관광객비율'과 '관광' 값을 가진 국가를 쉽게 찾을 수 있다.

```
# 1) 방문객 합계 및 관광객 비율 계산
df['방문객합계'] = df['관광']+df['공무']+df['사업']+df['기타']
df['관광객비율'] = df['관광'] / df['방문객합계']
```

```
# 2) 조건에 맞는 값 찾기
a = df.nlargest(2, '관광객비율').iloc[1]['사업']
b = df.nlargest(2, '관광').iloc[1]['공무']

print(a+b)

441
```

문제 3

1) 주어진 데이터에서 'co'와 'nmhc' 컬럼을 각각 Min-Max 스케일링하시오.
2) 스케일링된 'co', 'nmhc' 컬럼의 표준편차를 각각 구하시오.
3) 'co' 컬럼의 표준편차에서 'nmhc' 컬럼의 표준편차를 뺀 값을 소수점 3자리로 반올림하여 구하시오.

- Min-Max 스케일링 = $(X - min\_X) / (max\_X - min\_X)$
- X 변수의 최솟값: min_X
- X 변수의 최댓값: max_X

- data: chem.csv

```
import pandas as pd
df = pd.read_csv("chem.csv")
```

풀이 1

1) Min-Max 스케일링(데이터프레임으로 만들기)
  'co'와 'nmhc' 컬럼을 Min-Max 스케일링해 'co_scaled'와 'nmhc_scaled' 컬럼을 생성한다. scaler.fit_transform( )의 입력값은 데이터프레임이므로 df[['co']]와 같이 넣는다. 출력은 넘파이 배열이므로 df['co_scaled']와 같이 데이터프레임의 새로운 컬럼으로 할당한다.

2) 표준편차 계산(판다스 표준편차)
  스케일링된 'co_scaled'와 'nmhc_scaled' 컬럼의 표준편차를 판다스의 std( ) 함수를 사용해 계산한다.

3) 표준편차 차이 계산 및 반올림
  'co_scaled' 컬럼의 표준편차에서 'nmhc_scaled' 컬럼의 표준편차를 뺀 값을 계산하고, round( ) 함수를 사용해 결과를 소수점 3자리로 반올림하여 출력한다.

```
from sklearn.preprocessing import MinMaxScaler
```

```
# 1) Min-Max 스케일링(데이터프레임으로 만들기)
scaler = MinMaxScaler()
df['co_scaled'] = scaler.fit_transform(df[['co']])
df['nmhc_scaled'] = scaler.fit_transform(df[['nmhc']])

# 2) 표준편차 계산(판다스 표준편차)
co_std = df['co_scaled'].std()
nmhc_std = df['nmhc_scaled'].std()
print(co_std, nmhc_std)

# 3) 표준편차 차이 계산 및 반올림
std_diff = round(co_std - nmhc_std, 3)
print(std_diff)
```

```
0.2856516497116944 0.30306170205783971
-0.017
```

풀이 2

만약 scaler.fit_transform(df[['co']])의 결과를 데이터프레임이 아닌 변수에 담는다면 이는 numpy 배열 형태가 된다. 따라서 이 변수의 표준편차를 구하면 numpy의 표준편차 계산 방식이 적용된다.

판다스와 넘파이의 표준편차 계산 방식은 분모 값에서 차이가 있다.

- 판다스: 기본적으로 샘플 표준편차(Sample Standard Deviation)를 계산하며, 이는 ddof=1(자유도 1)을 사용하고 분모는 n−1이다.
- 넘파이: 기본적으로 모집단 표준편차(Population Standard Deviation)를 계산하며, 이는 ddof=0(자유도 0)을 사용하고 분모는 n이다.

단, 이 문제에서는 두 컬럼의 표준편차 차이를 계산했기 때문에 판다스와 넘파이의 표준편차 결과가 동일하게 나타날 수 있다. 그러나 각각의 계산은 다를 수 있으므로 표준편차 계산 시 판다스 방식을 사용하는 것을 추천한다.

```
from sklearn.preprocessing import MinMaxScaler

# 1) Min-Max 스케일링(transform의 결과는 넘파이)
scaler = MinMaxScaler()
co_scaled = scaler.fit_transform(df[['co']])
nmhc_scaled = scaler.fit_transform(df[['nmhc']])

# 2) 표준편차 계산(넘파이 표준편차)
co_std = co_scaled.std()
```

```
nmhc_std = nmhc_scaled.std()
print(co_std, nmhc_std)

# 3) 표준편차 차이 계산 및 반올림
std_diff = round(co_std - nmhc_std, 3)
print(std_diff)


0.2842198028519168 0.3015425862157
-0.017
```

작업형 ● 제2유형

문제 통신사에서 고객에게 청구될 총 금액을 예측하시오.

- 제공된 데이터 목록: churn_train.csv(훈련 데이터), churn_test.csv(평가용 데이터)
- 예측할 컬럼: TotalCharges(총 청구액)

학습용 데이터(churn_train.csv)를 이용하여 총 청구액을 예측하는 모델을 만든 후 이를 평가용 데이터(churn_test.csv)에 적용해 얻은 예측값을 다음과 같은 형식의 CSV 파일로 생성하시오.

제출 파일은 다음 1개의 컬럼을 포함해야 한다.

- pred: 예측된 총 청구액
- 제출 파일명: 'result.csv'

제출한 모델의 성능은 MAE(Mean Absolute Error) 평가지표에 따라 채점한다.

- 제출 CSV 파일명 및 형태: result.csv(수치형 데이터)

```
pred
3510
800
3970
950
1280
...
```

| 데이터 |

```
import pandas as pd
train = pd.read_csv("churn_train.csv")
test = pd.read_csv("churn_test.csv")
```

풀이

- train의 데이터 크기는 (4116, 19), test의 데이터 크기는 (1764, 18)이다. 여기서 주목해야 할 부분은 test 데이터의 행 수가 1764라는 점이다. 마지막에 최종 예측한 값의 행 수가 1764인지 반드시 확인해야 한다.
- 결측치는 없으며, 지면상 생략했지만 object 타입 컬럼도 train과 test 데이터 간에 차이가 없다.
- customerID는 문자로, 머신러닝 입력 데이터로는 사용할 수 없어서 카테고리 수를 확인했다. 컬럼의 수(4116)와 카테고리의 수가 일치하기 때문에 큰 의미가 없다. 만약 반복되는 ID라면 유의미한 ID일 수 있으므로 레이블 인코딩을 추천한다.
- target 컬럼의 최솟값은 20.03이고, 최댓값은 8589.60이다.

```python
# 문제 정의
# 평가: MAE
# target: TotalCharges
# 최종 파일: result.csv(컬럼 1개 pred)

# 라이브러리 및 데이터 불러오기
import pandas as pd
train = pd.read_csv("churn_train.csv")
test = pd.read_csv("churn_test.csv")

# 탐색적 데이터 분석(EDA)
print("===== 데이터 크기 =====")
print("Train Shape:", train.shape)
print("Test Shape:", test.shape)

print("\n ===== 데이터 정보(자료형) =====")
print(train.info())

print("\n ===== train 결측치 수 =====")
print(train.isnull().sum().sum())

print("\n ===== test 결측치 수 =====")
print(test.isnull().sum().sum())

print("\n ===== customerID unique 수 =====")
print(train['customerID'].nunique())

print("\n ===== target 기술 통계 =====")
print(train['TotalCharges'].describe())
```

```
===== 데이터 크기 =====
Train Shape: (4116, 19)
Test Shape: (1764, 18)

===== 데이터 정보(자료형) =====
<class 'pandas.core.frame.DataFrame'>
RangeIndex: 4116 entries, 0 to 4115
Data columns (total 19 columns):
 #   Column            Non-Null Count  Dtype
---  ------            --------------  -----
 0   customerID        4116 non-null   object
 1   gender            4116 non-null   object
 2   SeniorCitizen     4116 non-null   int64
 3   Partner           4116 non-null   object
 4   Dependents        4116 non-null   object
 5   tenure            4116 non-null   int64
 6   PhoneService      4116 non-null   object
 7   MultipleLines     4116 non-null   object
 8   InternetService   4116 non-null   object
 9   OnlineSecurity    4116 non-null   object
 10  OnlineBackup      4116 non-null   object
 11  DeviceProtection  4116 non-null   object
 12  TechSupport       4116 non-null   object
 13  StreamingTV       4116 non-null   object
 14  StreamingMovies   4116 non-null   object
 15  Contract          4116 non-null   object
 16  PaperlessBilling  4116 non-null   object
 17  PaymentMethod     4116 non-null   object
 18  TotalCharges      4116 non-null   float64
dtypes: float64(1), int64(2), object(16)
memory usage: 611.1+ KB
None

===== train 결측치 수 =====
0

===== test 결측치 수 =====
0

===== customerID unique 수 =====
4116
```

```
===== target 기술 통계 =====
count    4116.000000
mean     2566.580782
std      1911.356766
min        20.030000
25%      1020.922500
50%      2144.285000
75%      3765.670000
max      8589.600000
Name: TotalCharges, dtype: float64
```

- customerID 컬럼은 제거하고, TotalCharges 컬럼은 target 변수로 옮긴다.
- 베이스라인에서는 레이블 인코딩을 진행하고, 데이터를 80:20 비율로 훈련 데이터와 검증 데이터로 나눈다.
- 랜덤포레스트 모델을 사용한 예측 결과 MAE는 약 951.096, LightGBM 모델을 사용한 예측 결과 MAE는 약 952.793이다.
- 이대로 제출하면 하이퍼파라미터 튜닝 없이도 작업형2에서 40점 만점에 무리가 없다. 입문자가 튜닝을 잘못 적용하는 경우 오히려 감점이 될 수 있으니 참고하자.

```python
# 데이터 전처리
train = train.drop('customerID', axis=1)
test = test.drop(['customerID'], axis=1)
target = train.pop('TotalCharges')

# 레이블 인코딩
from sklearn.preprocessing import LabelEncoder
cols = train.select_dtypes(include='O').columns

for col in cols:
    le = LabelEncoder()
    train[col] = le.fit_transform(train[col])
    test[col] = le.transform(test[col])

# 검증 데이터 분리
from sklearn.model_selection import train_test_split
X_tr, X_val, y_tr, y_val = train_test_split(train, target, test_size=0.2, random_state=0)

# 랜덤포레스트
from sklearn.ensemble import RandomForestRegressor
rf = RandomForestRegressor(random_state=0)
rf.fit(X_tr, y_tr)
pred = rf.predict(X_val)
```

```
# MAE
from sklearn.metrics import mean_absolute_error
print(mean_absolute_error(y_val, pred))

# LightGBM 모델
import lightgbm as lgb
lg = lgb.LGBMRegressor(random_state=0, verbose=-1)
lg.fit(X_tr, y_tr)
pred = lg.predict(X_val)
print(mean_absolute_error(y_val, pred))

# 최종 제출 파일
pred = rf.predict(test)
result = pd.DataFrame({
    'pred':pred
})
result.to_csv("result.csv", index=False)
```

```
951.0960435538027
952.7925407798712
```

CSV 파일을 생성하고 나서 꼭 확인해야 할 것이 두 가지 있다. 첫 번째는 pred의 행 수가 test의 행 수가 같은지 확인한다. 다르면 0점 처리된다. 두 번째는 생성한 CSV 파일의 컬럼이 1개인지, 컬럼명이 문제에서 요구하는 것과 일치하는지 확인한다.

```
# 1. pred 행의 수
print(pred.shape)

# 2. 생성한 csv 확인
print(pd.read_csv("result.csv").head())
```

```
(1764,)
        pred
0  3707.6212
1   923.7132
2  4057.4078
3   952.6143
4  1322.1638
```

> **TIP**
> - 문제에서 보여준 CSV 예시가 정수형이어서 예측값을 정수로 처리하는 경우가 있다. 그러나 예측값을 굳이 정수로 바꿀 필요는 없다. 회귀 평가지표(MAE, MSE, RMSE, RMSLE 등)는 실제 값과 예측값의 차이를 계산하고 평균을 내는 방식이므로 예측값이 소수점이 포함된 값이어도 상관없다.
> - 실제 시험에서는 랜덤포레스트보다 LightGBM의 MAE 성능이 더 좋았다(검증 데이터에 따라 다를 수 있음). 하지만 LightGBM의 일부 예측값이 음수로 나와서 걱정하는 경우가 있었다. 그러나 평가지표는 실제 값과 예측값의 차이를 절댓값이나 제곱으로 계산하기 때문에 음수 예측값이 나와도 문제가 되지 않는다. 따라서 MAE를 기준으로 의사결정하는 것이 맞다.

작업형 ● 제3유형

문제 1 로지스틱 회귀

- data: churn.csv

```
import pandas as pd
df = pd.read_csv("churn.csv")
```

문제 1-1 주어진 데이터에서 로지스틱 회귀 분석을 수행해 유의확률(p-value)이 0.05 이상인 유의하지 않은 독립변수의 개수를 구하시오. (종속변수: Churn, 독립변수: Churn을 제외한 모든 변수)

문제 1-2 유의확률(p-value)이 0.05 미만인 유의한 변수만을 사용해 다시 로지스틱 회귀 분석을 수행하시오. 이 회귀식의 유의한 회귀 계수(상수항 포함)의 합계를 구하시오. (반올림하여 소수 셋째 자리까지 계산)

문제 1-3 문제 1-2에서 수행한 로지스틱 회귀식에서 'DataUsage' 변수가 5만큼 증가할 때 오즈비(Odds Ratio)를 구하시오. (반올림하여 소수 셋째 자리까지 계산)

문제 1-1 풀이

1) 로지스틱 회귀 분석을 위한 포뮬라 생성
로지스틱 회귀분석을 위한 포뮬라를 생성한다.

2) 로지스틱 회귀 모델 생성 및 학습
statsmodels의 logit 모델을 사용해 회귀 분석을 수행하고, 포뮬라를 사용해 모델을 적합(fit)시킨다.

3) 유의하지 않은 독립변수의 개수 구하기
각 독립변수의 p-value를 확인해 p-value가 0.05보다 큰(즉, 유의하지 않은) 변수의 개수를 파악한다. 이때 Intercept항은 독립변수가 아니므로 제외한다. 정답은 8이다.

```python
# 1) 로지스틱 회귀 분석을 위한 포뮬라 생성
formula = "Churn ~ AccountWeeks + ContractRenewal + DataPlan + DataUsage +
CustServCalls + DayMins + DayCalls + MonthlyCharge + OverageFee + RoamMins"

# 2) 로지스틱 회귀 모델 생성 및 학습
from statsmodels.formula.api import logit
model = logit(formula, data=df).fit()

# 3) 유의하지 않은 독립변수의 개수 구하기
print(model.summary())
sum(model.pvalues[1:] >0.05) # Intercept는 독립변수가 아니므로 제외
```

```
Optimization terminated successfully.
         Current function value: 0.393603
         Iterations 6
                           Logit Regression Results
==============================================================================
Dep. Variable:                  Churn   No. Observations:                 1000
Model:                          Logit   Df Residuals:                      989
Method:                           MLE   Df Model:                           10
Date:                Sun, 07 Jul 2024   Pseudo R-squ.:                   0.02367
Time:                        08:42:24   Log-Likelihood:                 -393.60
converged:                       True   LL-Null:                        -403.14
Covariance Type:            nonrobust   LLR p-value:                    0.03924
==============================================================================
                    coef    std err          z      P>|z|      [0.025      0.975]
------------------------------------------------------------------------------
Intercept         -2.2146      0.913     -2.425      0.015      -4.005      -0.424
AccountWeeks       0.0026      0.002      1.114      0.265      -0.002       0.007
ContractRenewal    0.1603      0.325      0.493      0.622      -0.477       0.798
DataPlan           0.2874      0.198      1.454      0.146      -0.100       0.675
DataUsage         -0.1698      0.072     -2.343      0.019      -0.312      -0.028
CustServCalls      0.1374      0.074      1.858      0.063      -0.008       0.282
DayMins           -0.0036      0.002     -2.092      0.036      -0.007      -0.000
DayCalls           0.0023      0.004      0.526      0.599      -0.006       0.011
MonthlyCharge      0.0042      0.005      0.778      0.436      -0.006       0.015
OverageFee        -0.0127      0.036     -0.352      0.725      -0.084       0.058
RoamMins           0.0098      0.034      0.292      0.770      -0.056       0.076
==============================================================================
8
```

문제 1-2 풀이

1) 유의한 변수 선택
이전 회귀 분석 결과에서 유의확률(p-value)이 0.05 미만인 유의한 변수만 선택하고, 유의한 변수들만 포함한 새로운 포뮬라를 생성한다.

2) 로지스틱 회귀
새로운 포뮬라를 사용해 다시 로지스틱 회귀 분석을 수행한다.

3) 유의한 회귀 계수 합계
상수항(Intercept)을 포함한 유의한 회귀 계수의 합계를 계산한다. 정답은 -1.2130이다.

```python
# 1) 유의한 변수 선택
print(model.pvalues<0.05)
formula = "Churn ~ DataUsage + DayMins"

# 2) 로지스틱 회귀
model = logit(formula, data=df).fit()

# 3) 유의한 회귀 계수 합계
print(model.summary())
round(sum(model.params),3)
```

```
Intercept           True
AccountWeeks        False
ContractRenewal     False
DataPlan            False
DataUsage           True
CustServCalls       False
DayMins             True
DayCalls            False
MonthlyCharge       False
OverageFee          False
RoamMins            False
dtype: bool
Optimization terminated successfully.
         Current function value: 0.397599
         Iterations 6
                 Logit Regression Results
```

```
Logit Regression
================================================================
Dep. Variable:         Churn      No. Observations:    1000
Model:                 Logit      Df Residuals:         997
Method:                  MLE      Df Model:               2
Date:         Fri, 05 Jul 2024    Pseudo R-squ.:      0.01375
Time:                16:32:10     Log-Likelihood:     -397.60
converged:               True     LL-Null:            -403.14
Covariance Type:    nonrobust     LLR p-value:       0.003908
================================================================
              coef    std err       z     P>|z|   [0.025   0.975]
----------------------------------------------------------------
Intercept   -1.0395    0.303    -3.434    0.001   -1.633   -0.446
DataUsage   -0.1697    0.071    -2.376    0.017   -0.310   -0.030
DayMins     -0.0039    0.002    -2.264    0.024   -0.007   -0.001
================================================================
-1.213
```

문제 1-3 풀이

1) 변수의 회귀 계수 추출

'DataUsage' 변수의 회귀 계수를 추출한다.

2) 오즈비 계산

'DataUsage' 변수가 5만큼 증가할 때의 오즈비는 exp(coef * 5)로 계산한다. 정답은 0.428이다.

```
# 1) 변수의 회귀 계수 추출
import numpy as np
coef = model.params['DataUsage']

# 2) 오즈비 계산
round(np.exp(coef * 5),3)
```

0.428

문제 2 다중 선형 회귀

- data: piq.csv

```
import pandas as pd
df = pd.read_csv("piq.csv")
```

문제 2-1 주어진 데이터를 이용해 종속변수(PIQ)와 독립변수(Brain, Height, Weight)로 다중 선형 회귀 분석을 수행하시오. 이때 유의확률(p-value)이 가장 작은 변수의 회귀 계수 값을 구하시오. (반올림하여 소수 셋째 자리까지 계산)

문제 2-2 문제 2-1에 적합한 모델의 결정 계수(R-squared) 값을 구하시오. (반올림하여 소수 둘째 자리까지 계산)

문제 2-3 뇌 크기(Brain)가 90, 키(Height)가 70, 몸무게(Weight)가 150일 때의 PIQ를 예측하시오. (반올림하여 정수로 계산)

문제 2-1 풀이

1) 다중 선형 회귀 분석
주어진 데이터를 사용해 종속변수(PIQ)와 독립변수(Brain, Height, Weight)로 회귀 모델을 생성하고 적합(fit)시킨다.

2) 가장 작은 p-value를 가진 변수의 회귀 계수 찾기
회귀 분석 결과에서 유의확률(p-value)이 가장 작은 변수를 찾고, 해당 변수의 회귀 계수 값을 추출해 출력한다.

```python
# 1) 다중 선형 회귀 분석
from statsmodels.formula.api import ols
model = ols('PIQ ~ Brain + Height + Weight', data=df).fit()

# 2) 가장 작은 p-value를 가진 변수의 회귀 계수 찾기
print(model.summary())

# 정답: 2.343
```

```
OLS Regression Results
==============================================================================
Dep. Variable:                    PIQ   R-squared:                       0.370
Model:                            OLS   Adj. R-squared:                  0.329
Method:                 Least Squares   F-statistic:                     9.024
Date:                Fri, 05 Jul 2024   Prob (F-statistic):           8.25e-05
Time:                        16:32:50   Log-Likelihood:                -217.27
No. Observations:                  50   AIC:                             442.5
Df Residuals:                      46   BIC:                             450.2
Df Model:                           3
Covariance Type:            nonrobust
==============================================================================
```

```
                 coef    std err       t      P>|t|    [0.025    0.975]
------------------------------------------------------------------------
Intercept      74.5114   50.564     1.474    0.147   -27.269   176.292
Brain           2.3431    0.456     5.141    0.000     1.426     3.261
Height         -2.6444    1.064    -2.485    0.017    -4.786    -0.503
Weight          0.0406    0.167     0.243    0.809    -0.296     0.377
========================================================================
Omnibus:                  8.608    Durbin-Watson:        2.386
Prob(Omnibus):            0.014    Jarque-Bera (JB):     2.629
Skew:                     0.041    Prob(JB):             0.269
Kurtosis:                 1.880    Cond. No.             3.48e+03
========================================================================
```

문제 2-2 풀이

1) 결정 계수(R-squared) 값

model.rsquared를 사용해 모델의 결정 계수 값을 추출한다. 결정 계수(R-squared)는 모델이 종속변수의 변동을 얼마나 잘 설명하는지를 나타내는 지표다. 이 값을 소수 둘째 자리까지 반올림한다.

```
# 1) 결정 계수(R-squared) 값
print(round(model.rsquared,2))
```

0.37

문제 2-3 풀이

1) 새로운 데이터 생성
pandas 라이브러리를 사용해 새로운 데이터를 생성한다.

2) PIQ 예측
model.predict( ) 함수를 사용해 생성된 새로운 데이터의 PIQ값을 예측한다. 정답: 106

```python
# 1) 새로운 데이터 생성
new_data = pd.DataFrame({'Brain':[90], 'Height':[70], 'Weight':[150]})

# 2) PIQ 예측
pred = model.predict(new_data)
print(pred)
print(round(pred[0]))
```

```
0    106.38302
dtype: float64
106
```

제9회 기출 문제

2024년 11월 30일 시행

작업형 ● 제1유형

9회 작업형 1은 이전 모든 회차를 통틀어 가장 어려운 난이도로 출제되었으며, 문제 해결을 위해 더욱 높은 수준의 기술과 깊이 있는 접근이 요구되었다.

문제 1

1) 총대출액은 신용대출과 담보대출의 합이다.
2) 각 지역코드 내에서, 성별(예: 1과 2)별로 '총대출액'의 합계를 계산하시오.
3) 성별 간 총대출액의 차이가 가장 큰 지역코드를 구하시오.

- data: loan.csv

```
import pandas as pd
df = pd.read_csv("loan.csv")
```

풀이 1

1) 총대출액 컬럼 생성
신용대출 컬럼과 담보대출 컬럼을 더해 총대출액 컬럼을 생성한다.

2) 지역코드와 성별별로 총대출액 합산 계산
지역코드와 성별을 기준으로 그룹화한 후, 총대출액의 합계를 구한다. 그 후, unstack( )을 사용하여 성별(1과 2)을 열(columns) 형태로 변환한다. 이때, 성별 값(1과 2)이 새로운 컬럼명이 되어 숫자로 표시된다.

3) 성별 간 총대출액 차이가 가장 큰 지역코드 찾기 (절댓값 사용)
성별(1과 2) 간 총대출액 차이를 abs( ) 함수를 사용하여 절댓값으로 변환한 후, idxmax( ) 함수를 사용해 가장 큰 차이를 보이는 지역코드를 찾는다. 컬럼명이 숫자(1, 2)이므로 grouped[1], grouped[2]와 같이 접근해야 한다.

```
# 1) 총대출액 컬럼 생성
df['총대출액'] = df['신용대출'] + df['담보대출']

# 2) 지역코드와 성별별로 총대출액 합계 계산
grouped = df.groupby(['지역코드', '성별'])['총대출액'].sum().unstack()
```

```
# 3) 성별 간 총대출액 차이가 가장 큰 지역코드 찾기 (절댓값 사용)
grouped['차이'] = abs(grouped[1] - grouped[2])
result = grouped['차이'].idxmax()
result

4100000278
```

풀이 2

1) 총대출액 컬럼 생성
신용대출 컬럼과 담보대출 컬럼을 더해 총대출액 컬럼을 생성한다.

2) 지역코드와 성별별로 총대출액 합산 계산
pivot_table(index='지역코드', columns='성별', values='총대출액', aggfunc='sum')을 사용하여 지역코드를 기준으로 행(index)을 설정하고, 성별을 열(columns)로 변환하여 총대출액 합계를 구한다.

3) 성별 간 총대출액 차이가 가장 큰 지역코드 찾기 (절댓값 사용)
성별(1과 2) 간 총대출액 차이를 abs() 함수를 사용하여 절댓값으로 변환한 후, idxmax() 함수를 사용해 가장 큰 차이를 보이는 지역코드를 찾는다.

```
# 1) 총대출액 컬럼 생성
df['총대출액'] = df['신용대출'] + df['담보대출']

# 2) 지역코드와 성별별로 총대출액 합계 계산
pivot_result = df.pivot_table(index='지역코드', columns='성별', values='총대출액', aggfunc='sum')

# 3) 성별 간 총대출액 차이가 가장 큰 지역코드 찾기 (절댓값 사용)
pivot_result['차이'] = abs(pivot_result[1] - pivot_result[2])
result = pivot_result['차이'].idxmax()
result

4100000278
```

문제 2

1) 검거율은 검거건수 / 발생건수이다.
2) 각 연도에서 가장 높은 검거율을 기록한 범죄유형을 찾으시오.
3) 해당 범죄유형의 검거건수를 구한 후, 이 값들을 모두 합산하시오. (정수로 구하시오)

- data: crime.csv

```
import pandas as pd
df = pd.read_csv("crime.csv")
```

풀이 1

1) "발생건수"와 "검거건수"를 따로 분리
데이터프레임에서 "구분" 컬럼을 기준으로 발생건수와 검거건수를 구분한다.
iloc[:, 2:]를 사용하여 첫 두 개의 열(연도, 구분)을 제외한 데이터를 가져온다.

2) 검거율 계산 (검거건수 / 발생건수)
발생건수와 검거건수를 나누어 검거율을 계산한다. 이때 인덱스가 맞지 않으면 행 단위 연산이 제대로 이루어지지 않거나, NaN 값이 발생할 수 있다. 이에 reset_index(drop=True)를 적용하여 인덱스를 초기화한다.

3) 각 연도에서 검거율이 가장 높은 범죄유형 찾기
idxmax(axis=1)를 사용하여 각 연도별 검거율이 가장 높은 범죄 유형을 찾는다.

4) 가장 높은 검거율을 기록한 범죄유형의 검거건수 가져오기
가장 높은 검거율을 보이는 범죄 유형의 검거건수를 가져와 총합을 구한다.
for 문을 사용하여 listbox에 들어있는 각 범죄유형(열 이름)을 순회하면서 df2.loc[인덱스, 범죄유형]으로 검거 건수를 가져온다. 가져온 검거 건수를 result 변수에 계속 더하고, 모든 반복이 끝나면 최종 합계를 출력한다.

```
# 1) "발생건수"와 "검거건수"를 따로 분리
cond1 = df["구분"] == "발생건수"
cond2 = df["구분"] == "검거건수"
df1 = df[cond1].iloc[:, 2:] # 발생건수만 가져오기
df2 = df[cond2].iloc[:, 2:] # 검거건수만 가져오기

# 2) 검거율 계산 (검거건수 / 발생건수)
df1 = df1.reset_index(drop=True)
df2 = df2.reset_index(drop=True)
df3 = df2 / df1

# 3) 각 연도에서 검거율이 가장 높은 범죄유형 찾기
listbox = df3.idxmax(axis=1)

# 4) 가장 높은 검거율을 기록한 범죄유형의 검거건수 가져오기
result = 0
for index, item in enumerate(listbox):
    result = result + df2.loc[index, item]

result

7799
```

풀이 2

1) 데이터를 길게 변환
pd.melt( )를 사용하여 데이터를 "연도"와 "구분"을 기준으로 길게 변환한다.
새로운 "범죄유형" 컬럼을 생성하고, 해당하는 "건수" 값을 저장한다.

2) 피벗(pivot)하여 발생건수와 검거건수를 한 행에 모으기
pivot_table( )을 이용하여 "연도"와 "범죄유형"을 인덱스로 설정하고, "구분"을 열로 변환한다.
reset_index( )를 사용하여 데이터프레임을 정리한다.

3) 검거율 계산
"검거건수"를 "발생건수"로 나누어 검거율을 계산한다.

4) 각 연도별로 검거율이 가장 높은 범죄유형 찾기
groupby("연도")["검거율"].idxmax( )를 사용하여 각 연도별 검거율이 가장 높은 범죄유형의 인덱스를 찾는다.
해당 인덱스를 사용하여 가장 높은 검거율을 기록한 범죄유형 데이터를 가져온다.

5) 각 연도별 최고 검거율 범죄유형의 검거건수를 모두 합산하기
찾은 범죄 유형의 검거건수를 모두 합산하여 최종 결과를 출력한다. 정수만 요구하므로, 실제 정답은 정수(7799)로 입력하면 된다.

```python
# 1) 데이터를 길게 변환
df_long = pd.melt(df, id_vars=["연도", "구분"], var_name="범죄유형", value_name="건수")

# 2) 피벗(pivot)하여 발생건수와 검거건수를 한 행에 모으기
df_pivot = df_long.pivot_table(index=["연도", "범죄유형"], columns="구분", values="건수").reset_index()

# 3) 검거율 계산
df_pivot["검거율"] = df_pivot["검거건수"] / df_pivot["발생건수"]

# 4) 각 연도별로 검거율이 가장 높은 범죄유형 찾기
listbox = df_pivot.groupby("연도")["검거율"].idxmax()
max_crime = df_pivot.loc[listbox]

# 5) 각 연도별 최고 검거율 범죄유형의 검거건수를 모두 합산하기
result = max_crime["검거건수"].sum()
result
```

7799.0

문제 3

1) 만족도의 결측치는 만족도의 평균값으로 대체한다.
2) 근속연수의 결측치는 같은 부서 내에서 동일한 성과등급을 가진 직원들의 평균 근속연수로 대체한다. 이때, 평균 근속연수는 소수점 이하를 절사하여 정수로 변환하여 사용한다.
3) 각 직원의 '연봉 / 근속연수' 값을 계산하여, 그 값이 세 번째로 큰 직원의 근속연수를 구하시오.
4) 각 직원의 '연봉 / 만족도' 값을 계산하여, 그 값이 두 번째로 큰 직원의 교육 참가 횟수를 구하시오.
5) (3)과 (4)의 값을 더한 결과를 구하시오. (정수로 구하시오)

- data: hr.csv

```
import pandas as pd
df = pd.read_csv("hr.csv")
```

풀이 1

1) 만족도 결측치 처리
df["만족도"].mean( )을 사용하여 만족도 컬럼의 평균값을 계산한다.
fillna( )을 사용하여 결측값을 평균값으로 채운다.

2) 근속연수 결측치 처리 (부서와 성과등급 기준 평균값으로 채움)
groupby(["부서", "성과등급"])["근속연수"].transform("mean")을 사용하여 부서와 성과등급별 근속연수의 평균값을 계산한다.
astype(int)를 적용하여 평균값을 정수형으로 변환하고, fillna( )을 사용하여 결측값을 채운다.

3) 연봉 / 근속연수 계산 후 세 번째로 높은 사람의 근속연수
df["연봉_근속연수"] = df["연봉"] / df["근속연수"]을 계산하여 새로운 컬럼을 만든다.
nlargest(3, '연봉_근속연수')를 사용하여 연봉 대비 근속연수가 가장 높은 상위 3명을 선택한다.
iloc[-1]를 사용하여 세 번째로 높은 근속연수 값을 가져온다. iloc[-1]을 사용하는 이유는 nlargest(3, "연봉_근속연수")의 결과에서 마지막 행이 세 번째로 높은 값이기 때문이다.

4) 연봉 / 만족도 계산 후 두 번째로 높은 사람의 교육 참가 횟수
df["연봉_만족도"] = df["연봉"] / df["만족도"]를 계산하여 새로운 컬럼을 만든다.
nlargest(2, '연봉_만족도')를 사용하여 연봉 대비 만족도가 가장 높은 상위 2명을 선택한다.
iloc[-1]을 사용하여 두 번째로 높은 교육 참가 횟수 값을 가져온다. (-1 은 마지막 사람을 의미한다.)

5) 결과 출력
A + B 값을 계산한 후 결과를 출력한다. 정수를 요구하므로, 실제 정답은 정수(7)로 입력하면 된다.

```
# 1) 만족도 결측치 처리
m = df["만족도"].mean()
df["만족도"] = df["만족도"].fillna(m)
```

```
# 2) 근속연수 결측치 처리(부서와 성과등급 기준 평균값으로 채움)
gm = df.groupby(["부서", "성과등급"])["근속연수"].transform("mean")
gm = gm.astype(int)
df["근속연수"] = df["근속연수"].fillna(gm)

# 3) 연봉 / 근속연수 계산 후 세 번째로 높은 사람의 근속연수 (A)
df["연봉_근속연수"] = df["연봉"] / df["근속연수"]
df_year = df.nlargest(3, '연봉_근속연수')
A = df_year.iloc[-1]["근속연수"]

# 4) 연봉 / 만족도 계산 후 두 번째로 높은 사람의 교육 참가 횟수 (B)
df["연봉_만족도"] = df["연봉"] / df["만족도"]
df_like = df.nlargest(2, '연봉_만족도')
B = df_like.iloc[-1]["교육 참가 횟수"]

# 5) 결과 출력
result = A + B
result

7.0
```

풀이 2

1) 고객만족도 결측치 처리
만족도 컬럼의 평균값을 구한 뒤, 결측치를 평균값으로 채운다.
fillna( )을 사용하여 NaN 값을 대체한다.

2) 근속연수 결측치 처리 (부서와 성과등급 기준 평균값으로 채움)
부서 및 성과등급을 기준으로 근속연수의 평균값을 계산한 후, 결측치를 채운다.
정수형(int)으로 변환하여 처리한다.

3) 연봉 / 근속연수 계산 후 세 번째로 높은 사람의 근속연수
연봉 / 근속연수 비율을 계산하여 새로운 컬럼을 만든다.
sort_values(by="연봉_근속연수", ascending=False)를 사용하여 내림차순 정렬을 수행한다.
iloc[2]를 사용하여 세 번째로 높은 값을 찾는다.

4) 연봉 / 만족도 계산 후 두 번째로 높은 사람의 교육 참가 횟수
연봉 / 만족도 비율을 계산하여 새로운 컬럼을 만든다.
sort_values(by="연봉_만족도", ascending=False)를 사용하여 내림차순 정렬을 수행한다.
iloc[1]를 사용하여 두 번째로 높은 값을 찾는다.

5) 결과 출력
A + B 값을 계산한 후 결과를 출력한다. 정수를 요구하므로, 실제 정답은 정수(7)로 입력하면 된다.

```
# 1) 만족도 결측치 처리
m = df["만족도"].mean()
df["만족도"] = df["만족도"].fillna(m)

# 2) 근속연수 결측치 처리 (부서와 성과등급 기준 평균값으로 채움)
gm = df.groupby(["부서", "성과등급"])["근속연수"].transform("mean")
gm = gm.astype(int)
df["근속연수"] = df["근속연수"].fillna(gm)

# 3) 연봉 / 근속연수 계산 후 세 번째로 높은 사람의 근속연수
df["연봉_근속연수"] = df["연봉"] / df["근속연수"]
df_year = df.sort_values(by="연봉_근속연수", ascending=False)
A = df_year.iloc[2]["근속연수"]

# 4) 연봉 / 만족도 계산 후 두 번째로 높은 사람의 교육 참가 횟수
df["연봉_만족도"] = df["연봉"] / df["만족도"]
df_like = df.sort_values(by="연봉_만족도", ascending=False)
B = df_like.iloc[1]["교육 참가 횟수"]

# 5) 결과 출력
result = A + B
result

7.0
```

작업형 ● 제2유형

문제 농작물에서 농약 검출 여부를 예측하시오.

- 제공된 데이터 목록: farm_train.csv (훈련 데이터), farm_test.csv (평가용 데이터)
- 예측할 컬럼: 농약검출여부 (0:미검출, 1:검출, 2:재검사 필요)

학습용 데이터(farm_train.csv)를 이용하여 농약 검출 여부를 예측하는 모델을 구축한 후, 이를 평가용 데이터(farm_test.csv)에 적용하여 예측 결과를 다음과 같은 형식의 CSV 파일로 생성하시오.

제출 파일은 다음 1개의 컬럼을 포함해야 한다.
- pred: 예측된 검출 여부
- 제출 파일명: 'result.csv'

제출한 모델의 성능은 macro F1 Score 평가지표에 따라 채점됩니다.

- 제출 CSV 파일명 및 형태: result.csv(수치형 데이터)

```
pred
0
1
0
2
0
...
```

| 데이터 |

```
import pandas as pd
train = pd.read_csv("farm_train.csv")
test = pd.read_csv("farm_test.csv")
```

> 풀이

- Train(4000, 9), Test(1000, 8) 크기를 가지고 있다. 예측 결과로 제출할 행의 크기는 1000개이다.
- 데이터 정보 확인 결과 모든 컬럼에 결측치가 없음을 알 수 있다.
- 타겟 변수인 '농약검출여부'는 값 2가 1989번, 값 0이 1758번, 값 1이 253번으로 불균형 데이터셋임을 확인할 수 있다.

```
# 문제 정의
# 평가: f1-macro
# target: 농약검출여부
# 최종 파일: result.csv(컬럼 1개 pred)

# 라이브러리 및 데이터 불러오기
import pandas as pd
train = pd.read_csv("farm_train.csv")
test = pd.read_csv("farm_test.csv")

# 탐색적 데이터 분석(EDA)
print("===== 데이터 크기 =====")
print("Train Shape:", train.shape)
print("Test Shape:", test.shape)

print("\n ===== 데이터 샘플 =====")
print(train.head())

print("\n ===== 데이터 정보(자료형) =====")
print(train.info())
```

```python
print("\n ===== train object컬럼 unique 수 =====")
print(train.describe(include='object'))

print("\n ===== test object컬럼 unique 수 =====")
print(test.describe(include='object'))

print("\n ===== train 결측치 수 =====")
print(train.isnull().sum().sum())

print("\n ===== test 결측치 수 =====")
print(test.isnull().sum().sum())

print("\n ===== target unique 수 =====")
print(train['농약검출여부'].value_counts())
```

===== 데이터 크기 =====
Train Shape: (4000, 9)
Test Shape: (1000, 8)

===== 데이터 샘플 =====

	농업면적	연도	지역	비료사용량	비료잔여량	작물종류	토양유형	농약검출여부	등급
0	20079	2004	대구	407	146	보리	점토	2	C
1	73858	2012	울산	221	1967	밀	점토	0	B
2	65718	2012	강원	370	2253	쌀	점토	0	B
3	37366	2005	광주	274	1487	쌀	양토	0	B
4	81515	2007	충남	213	683	쌀	양토	1	B

===== 데이터 정보(자료형) =====
<class 'pandas.core.frame.DataFrame'>
RangeIndex: 4000 entries, 0 to 3999
Data columns (total 9 columns):

#	Column	Non-Null Count	Dtype
0	농업면적	4000 non-null	int64
1	연도	4000 non-null	int64
2	지역	4000 non-null	object
3	비료사용량	4000 non-null	int64
4	비료잔여량	4000 non-null	int64
5	작물종류	4000 non-null	object
6	토양유형	4000 non-null	object
7	농약검출여부	4000 non-null	int64
8	등급	4000 non-null	object

dtypes: int64(5), object(4)
memory usage: 281.4+ KB
None

```
===== train object컬럼 unique 수 =====
         지역   작물종류  토양유형   등급
count   4000   4000   4000  4000
unique    15      3      3     3
top      전북     보리    양토     A
freq     302   1374   1357  1364

===== test object컬럼 unique 수 =====
         지역   작물종류  토양유형   등급
count   1000   1000   1000  1000
unique    15      3      3     3
top      대전      쌀    양토     A
freq      84    352    347   336

===== train 결측치 수 =====
0

===== test 결측치 수 =====
0

===== target unique 수 =====
농약 검출여부
2    1989
0    1758
1     253
Name: count, dtype: int64
```

- train 데이터에서 타겟 변수인 '농약검출여부'를 분리하여 따로 저장한다.
- 범주형 변수는 pd.get_dummies( ) 함수를 사용해 원핫 인코딩하며, 라벨 인코딩도 가능하지만 트리 모델에서는 원핫 인코딩이 더 안정적이어서 이를 선택했다.
- train 데이터를 train_test_split으로 80:20 비율로 나눠 검증 데이터를 분리하며, random_state=0을 지정해 실행할 때마다 동일한 데이터 분할이 이루어지도록 한다.
- 랜덤포레스트 모델과 LightGBM 모델을 각각 학습시키고, 검증 데이터에 대한 예측 결과를 바탕으로 macro F1 score를 계산하여 모델 성능을 평가한다.
- 성능 비교후, 최종적으로 lightGBM 모델을 사용해 test 데이터를 예측하고, 결과를 'pred' 컬럼으로 저장한 후 result.csv 파일로 출력한다.
- 하이퍼파라미터 튜닝 없이도 이렇게 제출하면 작업형 2에서 40점 만점을 받는 데 무리가 없다.

```python
# 데이터 다시 불러오기
train = pd.read_csv("farm_train.csv")
test = pd.read_csv("farm_test.csv")
```

```python
# 데이터 전처리
target = train.pop('농약검출여부')

# 원핫 인코딩
train = pd.get_dummies(train)
test = pd.get_dummies(test)

# 검증데이터 분리
from sklearn.model_selection import train_test_split
X_tr, X_val, y_tr, y_val = train_test_split(train, target, test_size=0.2, random_state=0)

# 랜덤포레스트
from sklearn.ensemble import RandomForestClassifier
rf = RandomForestClassifier(random_state=0)
rf.fit(X_tr, y_tr)
pred = rf.predict(X_val)

# macro F1 score
from sklearn.metrics import f1_score
print("랜덤포레스트")
print(f1_score(y_val, pred, average='macro'))

# LightGBM
import lightgbm as lgb
lg = lgb.LGBMClassifier(random_state=0, verbose=-1)
lg.fit(X_tr, y_tr)
pred = lg.predict(X_val)
print("lightgbm")
print(f1_score(y_val, pred, average='macro'))

# 최종 제출 파일 (lightGBM)
pred = lg.predict(test)
result = pd.DataFrame({
    'pred':pred
})
result.to_csv("result.csv", index=False)
```

```
랜덤포레스트
0.8532014300116062
lightgbm
0.9100316620356779
```

CSV 파일을 생성한 후 반드시 확인해야 할 두 가지가 있다. 첫째, pred의 행 수가 test 데이터의 행 수와 동일한지 확인해야 한다. 만약 다르면 0점 처리된다. 둘째, 생성된 CSV 파일의 컬럼 수가 1개인지, 그리고 컬럼명이 문제에서 요구한 것과 일치하는지 확인해야 한다.

```
# 1) pred 행의 수와 test의 행의 수 비교
print("pred: ",pred.shape) # test 행의 수: 1000

# 2) 생성한 csv 확인
print(pd.read_csv("result.csv").head())
pred:  (1000,)
        pred
0         2
1         0
2         0
3         2
4         0
```

TIP

불균형 데이터 다루는 법: 3가지 실전 팁

타겟 변수가 불균형할 경우 성능을 개선하기 위해 다음과 같은 기법을 적용할 수 있다. 하지만 반드시 성능이 향상되는 것은 아니므로, 적용 후 성능을 비교해보자.

1. stratify 옵션을 활용한 데이터 분할

train 데이터를 train_test_split으로 나눌 때 stratify=target 옵션을 사용하면 클래스 비율을 유지한 채 데이터를 분할할 수 있다. 불균형 데이터에서는 특정 클래스의 샘플이 너무 적어 학습이 어려워질 수 있는데, 이를 방지하는 데 유용하다.

```
train_test_split(train, target, test_size=0.2, random_state=0, stratify=target)
```

2. class_weight='balanced' 옵션을 사용한 랜덤포레스트

랜덤포레스트 모델을 학습할 때 class_weight='balanced'를 설정하면, 각 클래스의 샘플 수에 따라 가중치를 자동으로 조정하여 불균형 문제를 완화할 수 있다.

```
RandomForestClassifier(random_state=0, class_weight='balanced')
```

3. is_unbalance=True 옵션을 활용한 LightGBM

LightGBM에서는 is_unbalance=True를 설정하면 내부적으로 클래스의 분포를 고려하여 학습이 진행된다. 즉, 적은 샘플을 가진 클래스에 더 높은 가중치를 부여해 모델이 해당 클래스를 무시하지 않도록 한다.

```
lgb.LGBMClassifier(random_state=0, verbose=-1, is_unbalance=True)
```

작업형 ● 제3유형

문제 1 다중 선형 회귀

주어진 데이터에서 id를 기준으로 다음과 같이 데이터를 분할하여 아래 소문제를 해결한다.

- train 데이터: $1 \leq id \leq 140$
- test 데이터: $id > 140$

- data: design.csv

```
import pandas as pd
df = pd.read_csv("design.csv")
```

문제 1-1 train 데이터에서 c1, c2, c3, c4, c5를 독립변수로, design을 종속변수로 하는 다중 회귀모형을 적합한 후, 절편을 제외한 독립변수 중 p-value가 0.05보다 작은 변수의 개수를 구하시오.

문제 1-2 1-1에서 적합한 회귀모형의 결과를 바탕으로, p-value가 0.05 이하인 유의한 독립변수만을 선택하여 새로운 다중 회귀모형을 적합한 후, train 데이터에서 design의 예측값을 산출하고 예측값과 실제 design 값 사이의 피어슨 상관계수를 반올림하여 소수 셋째 자리까지 계산하시오.

문제 1-3 1-2에서 적합한 회귀모형을 이용하여 test 데이터에서 design의 예측값을 산출한 후, 예측값과 실제 design 값 사이의 RMSE (Root Mean Squared Error)를 반올림하여 소수 셋째 자리까지 계산하시오.

문제 1-1 풀이

1) train, test 데이터 분리

데이터프레임 df에서 id 값이 140 이하인 데이터를 train으로, 140 초과인 데이터를 test로 분리한다.

2) 전체 변수 사용 회귀분석

ols를 사용하여 종속변수(design)와 독립변수(c1, c2, c3, c4, c5)를 포함하는 선형 회귀 모델을 생성하고 train 데이터로 적합(학습)한다.

3) 유의하지 않은 독립변수의 개수 구하기

각 독립변수의 p-value를 확인하여, p-value가 0.05보다 작은(즉, 유의한) 변수의 개수를 계산한다. 이때, Intercept(상수항)은 독립변수가 아니므로 제외한다. 결과적으로 유의한 변수의 개수는 3이다.

```python
from statsmodels.formula.api import ols

# 1) train, test 데이터 분리
cond1 = df['id'] <= 140
cond2 = df['id'] > 140
train = df[cond1].copy()
test = df[cond2].copy()
```

```
# 2) 전체 변수 사용 회귀분석
model = ols("design ~ c1 + c2 + c3 + c4 + c5", data=train).fit()
print(model.summary())

# 3) 상수항(Intercept)은 제외하고, p-value가 0.05보다 작은 독립변수의 개수를 계산
print(model.pvalues[1:] < 0.05)
sum(model.pvalues[1:] < 0.05)
```

OLS Regression Results
==
Dep. Variable:	design	R-squared:	0.266
Model:	OLS	Adj. R-squared:	0.238
Method:	Least Squares	F-statistic:	9.697
Date:	Sat, 15 Feb 2025	Prob (F-statistic):	6.37e-08
Time:	13:46:37	Log-Likelihood:	-468.72
No. Observations:	140	AIC:	949.4
Df Residuals:	134	BIC:	967.1
Df Model:	5		
Covariance Type:	nonrobust		

==

	coef	std err	t	P>|t|	[0.025	0.975]
Intercept	53.0220	2.294	23.112	0.000	48.485	57.559
c1	-4.9403	2.008	-2.460	0.015	-8.912	-0.969
c2	11.3795	2.045	5.564	0.000	7.335	15.424
c3	2.6960	1.920	1.404	0.163	-1.101	6.493
c4	5.7978	2.176	2.664	0.009	1.494	10.102
c5	-1.5018	2.067	-0.726	0.469	-5.590	2.587

==

Omnibus:	3.969	Durbin-Watson:	2.052
Prob(Omnibus):	0.137	Jarque-Bera (JB):	3.019
Skew:	0.227	Prob(JB):	0.221
Kurtosis:	2.441	Cond. No.	7.68

==

Notes:
[1] Standard Errors assume that the covariance matrix of the errors is correctly specified.

```
c1    True
c2    True
c3    False
c4    True
c5    False
dtype: bool
3
```

문제 1-2 풀이

1) 유의한 변수만 사용한 회귀 분석
이전 회귀분석 결과에서 p-value가 0.05보다 작은(즉, 통계적으로 유의한) 변수들만 선택하여 새로운 회귀 모델을 생성한다. 여기서는 c1, c2, c4만을 독립변수로 사용하여 design을 예측하는 선형 회귀 모델을 적합(학습)한다.

2) train 데이터에서 design 값 예측
학습된 회귀 모델을 사용하여 train 데이터의 design 값을 예측하고, 그 결과를 새로운 컬럼 pred_design에 저장한다.

3) 피어슨 상관계수 계산
실제 design 값과 예측된 pred_design 값 간의 피어슨 상관계수를 계산하여, 모델의 예측력이 어느 정도인지 평가한다. 결과값을 반올림하여 소수 셋째 자리까지 구한다.

```
# 1) 유의한 변수만 사용한 회귀 분석
model = ols("design ~ c1 + c2 + c4", data=train).fit()

# 2) train 데이터에서 design의 예측
train['pred_design'] = model.predict(train)

# 3) 상관계수 계산 (기본값: 피어슨)
result = train['design'].corr(train['pred_design'])
round(result,3)
```

```
0.501
```

TIP

상관계수 종류

method를 설정하면 다양한 상관계수를 사용할 수 있다. 예를 들어, col1과 col2의 상관관계를 알고 싶다면 다음과 같이 사용한다. df['col1'].corr(df['col2'], method='pearson')
이때, method를 지정하지 않으면 기본적으로 피어슨 상관계수가 사용된다.
또한 상관계수는 두 변수의 관계를 나타내므로, df['col1'].corr(df['col2'])와 df['col2'].corr(df['col1'])의 값은 항상 동일하다. 즉, 비교하는 두 변수의 순서를 바꿔도 결과는 변하지 않는다.

method	설명
pearson	피어슨 상관계수 (기본값)
kendall	켄달 순위 상관계수
spearman	스피어만 순위 상관계수

문제 1-3 풀이

1) test 데이터에서 design 값 예측

학습된 회귀 모델을 사용하여 test 데이터의 design 값을 예측하고, 그 결과를 새로운 컬럼 pred_design에 저장한다.

2) test 데이터에 대한 RMSE 계산

sklearn.metrics의 root_mean_squared_error 함수를 사용하여 RMSE(Root Mean Squared Error, 평균 제곱근 오차)를 계산한다.

test 데이터의 실제 design 값과 예측된 pred_design 값을 비교하여 RMSE를 구한 후, 반올림하여 소수 셋째 자리까지 구한다.

```
# 1) test데이터에서 design값 계산
test['pred_design'] = model.predict(test)

# 2) test데이터에 대한 RMSE 계산
from sklearn.metrics import root_mean_squared_error
rmse = root_mean_squared_error(test['design'], test['pred_design'])
round(rmse, 3)

8.488
```

문제 2 로지스틱 회귀

- 종속 변수 (타겟 변수): Churn (고객 이탈 여부; 1: 이탈, 0: 유지)
- 독립 변수 (설명 변수):
  - MonthlyCharges (월 사용 요금)
  - CustomerTenure (고객 유지 기간)
  - HasPhoneService (전화 서비스 이용 여부)
  - HasTechInsurance (기술 보험 가입 여부)
- data: retention.csv

```
import pandas as pd
df = pd.read_csv("retention.csv")
```

문제 2-1 주어진 데이터를 사용하여 고객 이탈(Churn)을 예측하는 로지스틱 회귀 모형을 적합한 후, MonthlyCharges 변수의 p-value를 반올림하여 소수 셋째 자리까지 구하시오.

문제 2-2 적합한 로지스틱 회귀모형을 바탕으로, 전화 서비스를 받지 않은 고객이 이탈할 확률 대비 전화 서비스를 받은 고객이 이탈할 확률에 대한 오즈비(Odds Ratio)를 계산하시오. (반올림하여 소수 셋째 자리까지 계산)

문제 2-3 적합한 로지스틱 회귀모형을 이용하여 각 고객의 이탈 확률을 예측한 후, 예측된 이탈 확률이 0.3 초과하는 고객의 수를 구하시오.

문제 2-1 풀이

1) 로지스틱 회귀모형을 학습
고객 이탈(Churn)을 예측하는 로지스틱 회귀모델을 적합(학습)한다.

2) 모델 분석 결과 확인
학습된 모델의 계수, p-value, 신뢰구간 등을 통해 각 독립변수가 고객 이탈에 미치는 영향을 분석할 수 있다.

3) 월 사용 요금(MonthlyCharges)의 p-value 확인
월 사용 요금(MonthlyCharges)의 p-value는 0.008로 확인되었다. p-value가 0.05 미만이므로, 월 사용 요금은 고객 이탈에 유의미한 영향을 미친다고 할 수 있다.

```python
import pandas as pd
from statsmodels.formula.api import logit

# 1) 로지스틱 회귀분석 수행
formula = 'Churn ~ MonthlyCharges + CustomerTenure + HasPhoneService + HasTechInsurance'
model = logit(formula, data=df).fit()

# 2) 학습된 모델의 회귀 분석 결과 출력
print(model.summary())

# 3) 'MonthlyCharges' 변수의 p-value 확인
round(model.pvalues['MonthlyCharges'], 3)
```

```
Optimization terminated successfully.
         Current function value: 0.582234
         Iterations 6
                           Logit Regression Results
==============================================================================
Dep. Variable:                  Churn   No. Observations:                   80
Model:                          Logit   Df Residuals:                       75
Method:                           MLE   Df Model:                            4
Date:                Sat, 15 Feb 2025   Pseudo R-squ.:                  0.1585
Time:                        15:32:57   Log-Likelihood:                -46.579
converged:                       True   LL-Null:                       -55.352
Covariance Type:            nonrobust   LLR p-value:                  0.001513
==============================================================================
```

```
              coef    std err      z      P>|z|    [0.025   0.975]
-----------------------------------------------------------------------
Intercept    -4.4731   1.437    -3.114    0.002    -7.289   -1.657
MonthlyCharges 0.0503  0.019     2.640    0.008     0.013    0.088
CustomerTenure 0.0428  0.014     3.016    0.003     0.015    0.071
HasPhoneService -0.3558 0.525   -0.677    0.498    -1.386    0.674
HasTechInsurance -0.4868 0.518  -0.940    0.347    -1.502    0.529
=======================================================================
0.008
```

문제 2-2 풀이

풀이 코드는 간단하다. 오즈비를 깊이 이해하지 못하더라도 충분히 해결할 수 있다. 아래 설명은 참고용으로 살펴보자.

1) 오즈비 계산

오즈비(Odds Ratio)는 어떤 요소(예를 들어 전화 서비스 사용 여부)가 고객 이탈에 얼마나 영향을 미치는지를 쉽게 보여주는 지표다.
- 모델의 회귀 계수: 로지스틱 회귀에서는 각 변수의 회귀 계수가 로그 오즈(log-odds)를 의미한다.
- 지수 함수 변환: np.exp() 함수를 사용하여 이 값을 오즈비로 구할 수 있다.

오즈비 해석 방법
- 오즈비 > 1: 전화 서비스를 사용하는 고객이 이탈할 가능성이 더 높다는 의미
- 오즈비 < 1: 전화 서비스를 사용하는 고객이 이탈할 가능성이 더 낮다는 의미
- 오즈비 = 1: 전화 서비스 사용이 고객 이탈에 아무런 영향을 주지 않는다는 의미

따라서, 여기서 0.701이라는 오즈비는 전화 서비스 이용이 고객 이탈을 줄이는 데에 기여하고 있음을 보여줍니다.
그러나, P-값이 0.05보다 크다. 해당 변수의 영향은 통계적으로 유의하지 않으므로 오즈비 해석 시 주의가 필요하다.

```python
# 1) 오즈비 계산
import numpy as np
result = np.exp(model.params['HasPhoneService'])
round(result, 3)
```

```
0.701
```

문제 2-3 풀이

1) 각 고객의 이탈 확률을 예측

model.predict(df)를 사용하여 각 고객이 이탈할 확률(0~1 사이의 값)을 계산한다.
예를 들어, 어떤 고객의 예측 확률이 0.25이면 25% 확률로 이탈할 가능성이 있음을 의미한다.

2) 예측한 이탈 확률이 0.3 초과하는 고객의 수

pred_probs > 0.3 는 고객의 이탈 확률이 30%를 초과하는지를 확인하여 True/False 값을 반환한다. sum(pred_probs > 0.3) 는 True(1)인 값들을 모두 더해 조건을 만족하는 고객 수를 계산한다. 즉, 이 코드는 "이탈 가능성이 30%를 넘는 고객이 몇 명인지" 찾는 역할을 한다

```
# 1) 각 고객의 이탈 확률을 예측
pred_probs = model.predict(df)

# 2) 예측한 이탈 확률이 0.3 초과하는 고객의 수
sum(pred_probs > 0.3)
```

65